शेयर बाजार SECRETS

पछले तेजी के दौर में जब सेंसेक्स 3,000 के निचले स्तर से चढ़कर 6,000 और 7,000 से होता हुआ 21,000 तक पहुँचा था, सबको यही लगा कि यह शेयरों के अधि-मूल्यांकन को प्रतिबिंबित करता है और बाजार का गिरना तय है। यह तीन साल तक लगातार जारी रहा।

जिन लोगों ने वर्ष 2013-14 के दौरान बाजार में प्रवेश किया है, वे एक मायने में भाग्यवान् हैं। वे इस दौड़ में तब शामिल हुए, जब भाव चढ़ने आरंभ ही हुए हैं। इस अवधि में सेंसेक्स बिना सुधार के और लगभग निर्बाध रूप से 21,000 से 27,000 तक पहुँच गया। लंबे समय बाद बुद्धिमत्तापूर्ण सुधार के पश्चात् मार्च 2014 के बाद बाजार चढ़ना आरंभ हो गया और जाहिर है कि यह कई सालों तक जारी रहनेवाला है। ऐसे दुर्लभ काल में लोगों को अपनी पुरानी बुरी स्मृतियों से बाहर आना होगा और इस बात पर विश्वास जमाना होगा कि नया चक्र आरंभ हो चुका है और आनेवाले समय में अच्छे दिन जारी रहेंगे।

प्रस्तुत पुस्तक में लेखक ने हर तरह के आकार व उद्देश्यवाले निवेशकों को ध्यान में रखते हुए भारतीय शेयर बाजार की कार्यशैली का सरल व संक्षिप्त रूप में समग्र विश्लेषण प्रस्तुत करने का प्रयास किया है। विभिन्न उदाहरणों में नवीनतम आँकड़े शामिल करने से पाठकों को शेयरों में निवेश संबंधी विभिन्न बुनियादी अवधारणाओं को समझने में मदद मिलेगी। उम्मीद है कि यह पुस्तक सभी पाठकों के लिए एक गाइड बनकर दिशा-निर्देश देगी, जिससे वे अपनी दीर्घावधिक वित्तीय सुरक्षा के लक्ष्य को आसानी से प्राप्त कर सकेंगे।

सोमा वल्लियप्पन प्रशिक्षक, कोच, लेखक, प्रखर विचारक, प्रेरक वक्ता, प्रबंधन सलाहकार, अर्थशास्त्र में स्नातक और बिजनेस एडमिनिस्ट्रेशन में स्नातकोत्तर हैं। उन्होंने एक्स.एल.आर.आई., जमशेदपुर से इमोशनल इंटेलिजेंस में व्यापक प्रशिक्षण भी लिया है। सोमा वल्लियप्पन एन.एफ.एन.एल.पी. (अमेरिका) से एन.एल.पी. में प्रमाणित मास्टर प्रैक्टिशनर भी हैं।

सोमा वल्लियप्पन ने 25 वर्षों से भी अधिक समय तक विभिन्न संगठनों में मानव संसाधन प्रबंधन में कई वरिष्ठ प्रबंधकीय पदों पर कार्य किया है, जिनमें उत्पादन, वित्तीय सेवाएँ और आई.टी.ई.एस. सेक्टरों की भेल, वर्लपूल और पेप्सिको जैसी कंपनियाँ शामिल हैं।

वे ग्रेट लेक्स, आई.एफ.एम.आर., बी.आई.एम., ए.आई.एम.एस. आदि से विभिन्न क्षमताओं; जैसे अतिथि शिक्षक, एम.डी.पी. ट्रेनर या बोर्ड ऑफ स्टडीज मेंबर हैं। वे कॉरपोरेट ट्रेनर हैं और उन्होंने वरिष्ठ प्रबंधन एवं अन्य स्तर के कर्मचारियों के लिए सैकड़ों कार्यक्रम तैयार व पेश किए हैं।

उन्होंने शेयर बाजार, व्यक्तिगत वित्त, आत्म-विकास, भावनात्मक बुद्धि, समय प्रबंधन, विपणन और लीडरशिप जैसे विविध विषयों पर तमिल में 50 से भी अधिक और अंग्रेजी में 2 पुस्तकों का लेखन किया है। उनकी पुस्तक 'यू वेस यू—एवरीथिंग यू नीड टू नो अबाउट इमोशनल इंटेलिजेंस' को आई.एस.टी.डी. ने वर्ष 2013 में पुरस्कार प्रदान किया। शेयरों में निवेश पर उनकी 'अला अला पनम' शीर्ष पुस्तक को विशिष्ट सफलता मिली और उसकी अब तक 1,25,000 से अधिक प्रतियाँ बिक चुकी हैं। उनकी हाल की प्रसिद्ध पुस्तक 'बुल्स एंड बीयर—ऑल अबाउट शेयर्स' भी खासी चर्चित हुई।

संपर्क : www.writersomavalliappan.com
और writersomavalliappan@gmail.com

शेयर बाजार SECRETS

(तेजी और मंदी समझने की पूरी पुस्तक)

सोमा वल्लियप्पन

प्रकाशक
प्रभात प्रकाशन प्रा. लि.
4/19 आसफ अली रोड, नई दिल्ली–110002
फोन : 011–23289777 • हेल्पलाइन नं. : 7827007777
इ–मेल : prabhatbooks@gmail.com ❖ वेब ठिकाना : www.prabhatbooks.com

संस्करण
2024

अनुवाद
नितिन माथुर

पेपरबैक मूल्य
चार सौ पचास रुपए

मुद्रक
नरुला प्रिंटर्स, दिल्ली

★

SHARE BAZAR SECRETS
by Soma Valliappan
(Hindi translation of 'BULLS AND BEARS')

Published by **PRABHAT PRAKASHAN PVT. LTD.**
4/19 Asaf Ali Road, New Delhi-110002

ISBN 978-93-5266-619-5

₹ 450.00 (PB)

श्रद्धेय पिताजी

श्री सी.टी. सोमैया

को,

जो हमेशा से मेरे

प्रेरणा-स्रोत रहे हैं।

प्रस्तावना

युवावस्था से ही पैसे बचाने की शुरुआत करना और उन्हें बढ़ते देखना ऐहिक बुद्धिमानी है। सभी के, विशेष रूप से युवाओं के, लिए अपनी भावी जरूरतों को पूरा करने के लिए योजना बनाना व बचत करना अनिवार्य है।

संभावित निवेशक के लिए बहुत से विकल्प मौजूद हैं। बैंकों के सावधि व आवर्ती जमा से शुरू होकर शेयर और म्यूचुअल फंड तक हर प्रकार के निवेश के अपने फायदे और नुकसान हैं। विभिन्न निवेश मार्गों के तहत सुरक्षा, तरलता और प्रतिफल जैसे बुनियादी सिद्धांतों सहित उपलब्ध विभिन्न अवसर निवेश का रिटर्न तय करते हैं।

अब हमारे देश में भी शेयर बाजार निवेश के मार्ग के तौर पर साख व लोकप्रियता हासिल कर रहा है। बहुत से लोग इसमें उतरने से इसलिए घबराते हैं, क्योंकि इसे जोखिम भरा तथा समझने की दृष्टि से बेहद जटिल माना जाता है।

सोमा वल्लियप्पन ने इस पुस्तक में ठीक इसी विषय को उठाया है। सरल व आसानी से समझ आनेवाली भाषा में लिखते हुए उन्होंने सभी बुनियादी विचारों को स्पष्ट रूप से तथा उदाहरण देकर समझाया है। अध्यायों की शुरुआत शेयर क्या होते हैं, शेयरों में निवेश कैसे करें, इसकी विभिन्न पद्धतियाँ, बाधाएँ और अंत में जोखिमों के बारे में बताते हैं।

प्रासंगिक बिंदुओं को तालिकाओं व ग्राफ द्वारा स्पष्ट करने के साथ ही इस पुस्तक में कुछ वास्तविक जीवन के उदाहरण दिए गए हैं, जिससे पाठकों को अच्छे व बुरे निवेश के परिणामों को समझने में मदद मिलती है।

यह सभी आम धारणाओं को तोड़ती है और पहली बार निवेश करनेवालों के मन में इतना आत्मविश्वास भर देती है कि वे शेयर बाजार में शुरुआत कर सकें। 'शब्दावली' अध्याय में शेयर बाजार में अकसर प्रयुक्त होनेवाले विभिन्न शब्दों के अर्थ बताए गए हैं। यह पुस्तक नवागंतुकों को स्वयं ही विभिन्न विकल्पों को अपनाकर व खँगालकर अपने लिए सबसे बेहतरीन विकल्प को चुनने के लिए प्रोत्साहित करती है।

मैं लेखक को बधाई देता हूँ, जिन्होंने इतनी आसान भाषा में समुचित उदाहरणों सहित इस पुस्तक को नौसिखियों के लिए मूल्यवान् गाइड बनाने का श्रमसाध्य कार्य किया। मैं इस पुस्तक को उन सभी के लिए अनुशंसित करता हूँ, जो शेयर बाजार में प्रारंभिक प्रयास करना चाहते थे, लेकिन एक सरल हैंडबुक के अभाव में ऐसा कर नहीं सके हैं और उनके लिए भी, जो बाजार में तो हैं, लेकिन अभी भी अपना मार्ग तलाश रहे हैं।

मुझे पूरा विश्वास है कि इस पुस्तक को गाइड के तौर पर उपयोग करने की इच्छा रखनेवाले अपने सामने आनेवाले हालात का सामना करने में खुद को पूरा आत्मविश्वासपूर्ण व सक्षम महसूस करेंगे।

मैं सभी पाठकों और श्री वल्लियप्पन की पूर्ण सफलता की कामना करता हूँ।

—एस. कृष्णकुमार

वरिष्ठ उपाध्यक्ष व प्रमुख—इक्विटी

सुंदरम एसेट मैनेजमेंट कंपनी लि.

मद्रास

भूमिका

आज 15 सितंबर, 'इंजीनियर दिवस' को जब मैं यह पृष्ठ लिख रहा हूँ, निफ्टी 8,042 पर और सेंसेक्स 26,816 पर है। पूँजी बाजार में थोड़े ही समय में 28% का इजाफा हुआ है और ऐसा लगता है कि यह बढ़त जारी रहेगी। भारतीय शेयर बाजार में विदेशी निवेशकों के निरंतर आ रहे पूँजी प्रवाह के चलते विशेषज्ञ सूचकांक और निजी शेयरों के लिए बड़े लक्ष्य निर्धारित कर रहे हैं। सिर्फ वर्ष 2014 में ही एफ.आई.आई. (फॉरेन इंस्टीट्यूशनल इन्वेस्टर) ने शेयरों में 85,000 करोड़ रुपए निवेश कर दिए हैं।

अपने तीस साल के शेयर बाजार के अध्ययन अनुभव में मैं यदा-कदा बाजार में तीन तेजी और मंदी देख चुका हूँ। ऐसा लगता है कि हम भारत में एक बार फिर तेजी का बाजार देखने वाले हैं। यदि अन्य प्रासंगिक कारक इसकी गति में बाधा नहीं बने और यदि निश्चित आर्थिक संकेत अनुकूल बने रहे तो भारतीय शेयर बाजार अगले दो या चार सालों तक बेहतरीन प्रदर्शन करेगा।

कुछ लोग सोच सकते हैं कि ऐसा कैसे संभव है। बाजार पहले से ही उतार पर है और अब इसमें केवल सुधार की ही गुंजाइश है। ऐसा सोचनेवालों को एक बुनियादी नियम को समझने की जरूरत है क्रि बाजार दो भिन्न कोणों से आगे बढ़ता है—पहला, भाव के संबंध में और दूसरा समय के संबंध में।

यह तेजी हो या मंदी, अचानक शुरू हो जाती है। आनेवाले समय में जो होना है और जो अगले कुछ वर्षों तक जारी रहना है, वह समय आधारित 'सुधार' है। यहाँ 'सुधार' शब्द में भाव बढ़ना भी शामिल है। निचले स्तर से सही स्तर तक बढ़ना भी सुधार ही है। उठाए जा रहे सभी आवश्यक कदम उचित हैं, जिनसे विशेषज्ञ 'रीरेटिंग' बता रहे हैं। इस रेटिंग को वृद्धि में संशोधित किया गया है।

पिछले तेजी के दौर में जब सेंसेक्स 3,000 के निचले स्तर से चढ़कर 6,000 और 7,000 से होता हुआ 21,000 तक पहुँचा था, सबको यही लगा कि यह शेयरों

के अधि-मूल्यांकन को प्रतिबिंबित करता है और बाजार का गिरना तय है। यह तीन साल तक लगातार जारी रहा।

ऐसा ही मंदी के दौर में भी हुआ। अतः दोनों ही दिशाओं में समय आधारित सुधार होना निश्चित व अपरिहार्य है। इनकी अवधि और मात्रा भले ही अलग हो सकती है, लेकिन ऐसा होना अवश्यंभावी है।

इस परिघटना से अनजान बहुत से लोग लंबे समय बाद जैसे ही भाव बढ़ते देखते हैं, जल्दबाजी में अपने दीर्घ प्रतीक्षित, लंबे समय से रखे अच्छे शेयरों को लागत भाव पर बेच देते हैं। तेजी के पिछले दो दौरों को देखने, चूकने और सबसे महत्त्वपूर्ण उस लहर को समझने के बाद मुझे प्रतीत व महसूस होता है कि इस बार यह पुनः लघु-आवधिक व छोटी छलाँग नहीं होगी, बल्कि दीर्घकालीन शुरुआत है।

बिजनेस स्टैंडर्ड और ए.एन.एम.आई. (एसोसिएशन ऑफ नेशनल एक्सचेंज मेंबर्स ऑफ इंडिया) द्वारा चेन्नई में आयोजित 14 जून के निवेशक सम्मेलन के दौरान दो में से एक वक्ता होने पर निवेशकों को मेरी यही सलाह थी कि "इस बार इसे टेस्ट मैच की तरह खेलिए, न कि ट्वेंटी-ट्वेंटी की तरह, यानी अपने पोर्टफोलियो का निर्माण कर मजबूत पारी खेलें।"

जिन लोगों ने वर्ष 2013-14 के दौरान बाजार में प्रवेश किया है, वे एक मायने में भाग्यवान् हैं। वे इस दौड़ में तब शामिल हुए, जब भाव चढ़ने आरंभ ही हुए हैं। इस अवधि में सेंसेक्स बिना सुधार के और लगभग निर्बाध रूप से 21,000 से 27,000 तक पहुँच गया। लंबे समय बाद बुद्धिमत्तापूर्ण सुधार के पश्चात् मार्च 2014 के बाद बाजार चढ़ना आरंभ हो गया और जाहिर है कि यह कई सालों तक जारी रहने वाला है। ऐसे दुर्लभ काल में लोगों को अपनी पुरानी बुरी स्मृतियों से बाहर आना होगा और इस बात पर विश्वास जमाना होगा कि नया चक्र आरंभ हो चुका है और आनेवाले समय में अच्छे दिन जारी रहेंगे।

मुझे ऐसे बहुत से लोग मिले हैं, जो बाजार के लंबे अनुभव और अपनी अच्छी शिक्षा के बावजूद बेहद साधारण गलतियाँ करते रहते हैं और सबसे महत्त्वपूर्ण कि वे हर बार वही गलती करते हैं। मैंने देखा है, लोग सिर्फ खरीदना और बेचना सीख लेते हैं (बिल्कुल वैसे, जैसे बाजार में सब्जियाँ खरीदी जाती हैं)। इसके साथ ही कुछ आकस्मिक व भाग्यवश हुए लाभ की घटनाओं से वे यह मानने लगते हैं कि उन्होंने शेयर बाजार को समझ लिया है। तब वे अपने विचारों को आजमाते हैं और ब्रोकरों या बाजार से मिले 'टिप्स' पर ध्यान देने लगते हैं और इस तरह वे अपने लिए स्वयं गड्ढा खोद लेते हैं। यह कोई बढ़ा-चढ़ाकर कही बात नहीं है।

अपने अनुभव के चलते मैं पूरे विश्वास के साथ कह सकता हूँ कि केवल फुटकर क्षेत्र में ही नहीं, बल्कि एच.एन.आई. वर्ग में भी ऐसे कई हजार निवेशक हैं, जिन्होंने चढ़ते बाजार या निरंतर 'बढ़त' में भी पैसों का नुकसान उठाया। इसमें समान बात यह है कि शेयर बाजार में बाजार के हालात अच्छे होने पर भी अधिक लोग पैसे नहीं कमा पा रहे हैं। इसके बावजूद वे सभी ऐसा करने के रोमांच व उत्तेजना समेत अन्य बहुत से कारणों से बाजार में टिके हुए हैं।

मुझे लगता है कि शेयर बाजार पैसा कमाने की दृष्टि से एक महत्त्वपूर्ण स्थान है, क्योंकि यह सभी के लिए उपलब्ध है, फिर चाहे वे कितने भी शिक्षित हों, किसी भी कारोबार या उद्योग से हों—और सबसे महत्त्वपूर्ण, कम या अधिक किसी भी आय वर्ग के हों। सबसे बढ़कर, इसके लिए समय देने या यात्रा करने और निश्चित अवधि तक किसी खास स्थान पर होने की आवश्यकता नहीं है। इसके लिए सिर्फ बाजार की अच्छी समझ और शांत मन की आवश्यकता है।

मुझे पूरा विश्वास है कि बाजार के और आगे बढ़ने पर मीडिया में इस पर काफी हो-हल्ला मचेगा और बहुत सारे 'अब तक अनजान रहे' लोग शेयर बाजार में उतरने लगेंगे। उन्हें आवेगपूर्णता या जल्दबाजी नहीं दिखानी चाहिए।

मैंने इसी मंशा से सन् 2004 में तमिल में शेयर बाजार पर अपनी पहली पुस्तक (अला अला पनम 1) लिखी, जो तुरंत हिट हो गई और उसकी 1.25 लाख प्रतियाँ बिकीं। इस पर शानदार प्रतिक्रिया प्राप्त हुई और मुझे निरंतर हर दिशा से हर तरह के लोगों से मेल प्राप्त होने लगे, जिसमें डॉक्टरों, चार्टर्ड अकाउंटेंट, इंजीनियर, घरेलू महिलाएँ, कॉलेजों के प्रवक्ता और छात्र सभी शामिल हैं। वे सभी शेयर बाजार के मूल सिद्धांतों पर सरल भाषा व भारतीय शेयर बाजार के वास्तविक उदाहरणों द्वारा समझाने के लिए मेरी सराहना करते तथा मुझे धन्यवाद देते हैं।

बहुत से सार्वजनिक व्याख्यानों के दौरान लोगों ने मुझे इसे अंग्रेजी में भी लिखने का निवेदन किया, जिससे यह अधिक पाठकों तक पहुँच सके।

अब कई वर्षों तक लगातार मेहनत और सतत अध्ययन के बाद शेयर बाजार पर मेरी यह पुस्तक प्रकाशित हुई है। इस पुस्तक के संभव होने के लिए मैं धन्यवाद देना चाहूँगा भेल (BHEL), त्रिची में मेरे सहकर्मी श्री एस. मोहन, जिन्होंने सैकड़ों पृष्ठों में फैली इसकी हस्तलिपियों को टाइप करने का कार्य किया और श्रीमती सुनीता राघवन को, जिन्होंने इस पुस्तक का संपादन किया है।

मैंने इसमें हर तरह के आकार व उद्देश्यवाले निवेशकों को ध्यान में रखते हुए भारतीय शेयर बाजार की कार्यशैली का सरल व संक्षिप्त रूप में समग्र विश्लेषण प्रस्तुत

करने का प्रयास किया है। मेरा मानना है कि विभिन्न उदाहरणों में ताजा डाटा शामिल करने से पाठकों को शेयरों में निवेश संबंधी विभिन्न बुनियादी अवधारणाओं को समझने में मदद मिलेगी। मुझे उम्मीद है कि यह पुस्तक सभी पाठकों के लिए बतौर गाइड ठोस निवेश अभ्यास बन सकेगी, जिससे वे अपनी दीर्घावधिक वित्तीय सुरक्षा के लक्ष्य को आसानी से प्राप्त कर सकेंगे।

—सोमा वल्लियप्पन

अबिरामपुरम, चेन्नई–18

इ-मेल : writersomavalliappangmail.com

हिंदी में अनूदित संस्करण के लिए प्रस्तावना

मुझे इस बात की प्रसन्नता है कि शेयर बाजार के विषय पर मेरी पुस्तक हिंदी में प्रकाशित हो रही है और लाखों पाठकों तथा उन लोगों तक पहुँच रही है, जो शेयर बाजार में दिलचस्पी रखते हैं।

ब्याज की कम दरों और सरकार की ओर से भौतिक परिसंपत्तियों की तुलना में वित्तीय परिसंपत्तियों पर जोर दिए जाने के इस युग में मुझे खुशी है कि इन विषयों पर लिखी गई इस पुस्तक का प्रकाशन हिंदी में किया जा रहा है।

भारत में लंबे समय से शेयर बाजारों में निवेश और शेयरों की खरीद-बिक्री कुछ लोगों का विशेषाधिकार बनी कर रह गई थी, आम लोग इसमें शामिल नहीं होते थे। इसका एक बड़ा कारण यह था कि इसे समझना या समझाना आसान नहीं था। मैंने वर्ष 1982 से शेयरों में निवेश करना शुरू किया और मुझे नुकसान उठाना पड़ा, जबकि मुझे यह पता भी नहीं चला कि मेरे पैसे का नुकसान क्यों और कैसे हुआ। मैं गहरे सदमे में था, लेकिन मैं भागा नहीं, बल्कि बाजार का अध्ययन करना शुरू किया। फिर एक समय के बाद न केवल मैंने अपने नुकसान की भरपाई की, बल्कि मुनाफा भी कमाया।

इसने मुझे शेयर बाजार की मौलिक बातों पर एक पुस्तक लिखने के लिए प्रेरित किया, जिसका तमिल शीर्षक है 'अल्ला अल्ला पाणम' और हिंदी में इसका मतलब है 'कई टन पैसा।' यह 2005 में प्रकाशित हुई और देखते-ही-देखते इसने जबरदस्त कामयाबी हासिल कर ली। अब तक इसकी 1.5 लाख प्रतियाँ बिक चुकी हैं। फिर पाठकों ने पत्रों और इ-मेल के माध्यम से मुझसे ट्रेडिंग, एफ एंड ओर, पोर्टफोलियो आदि पर और अधिक लिखने का आग्रह तथा और मैंने उसी नाम से एक सीरीज में चार और किताबें लिखीं। वे सभी सफल रहीं और बाजार में उनकी बिक्री भी अच्छी है।

फिर वर्ष 2013 में मैंने इसे अंग्रेजी में 'बुल्स एंड बियर्स ऑल अबाउट शेयर्स' के नाम से लिखा। यह भी जबरदस्त कामयाबी हासिल की और अब इस अंग्रेजी पुस्तक का अनुवाद तथा प्रकाशन हिंदी भाषा में किया गया है। मुझे पूर्ण विश्वास है कि दो अन्य

भाषाओं में लिखी शेयर बाजार पर मेरी पुस्तकों की तरह ही हिंदी भाषा की यह पुस्तक भी सफल रहेगी।

यदि आप चाहें तो मुझे मेरे इ-मेल towritersomavalliappan@gmail.com पर जरूर लिखें। मुझे बेहद खुशी होगी।

मेरा दृढ़ विश्वास है कि यदि कोई शांत मन से एक निश्चित अवधि तक निरंतर जुटा रहता है तो वह अवश्य धन जुटा लेगा।

पाठकों, निवेशकों और कारोबारियों को मेरी हार्दिक शुभकामनाएँ।

—सोमा वलियप्पन

पुस्तक के बारे में

जीवित रहने के लिए पैसे कमाना आवश्यक है और ऐसा करने के लिए लोग नौकरी करते हैं या व्यापार आरंभ करते हैं। लेकिन अपनी भौतिक इच्छाओं की पूर्ति हेतु व्यक्ति को खाली बैठने की जगह पैसे कमाना चाहिए। पैसा कमाना मूल मंत्र है, और अब इस कार्य में सफल होना केवल भाग्य की बात नहीं रह गई है। इसके लिए निवेश के विभिन्न उपकरणों की सही समझ, वे किस तरह बढ़ते व घटते हैं, उन्हें कब खरीदना व बेचना/निवेश करना है और कब बाहर निकल जाना है, यह जानना बेहद महत्त्वपूर्ण है।

इस संदर्भ में, शेयर बाजार की धन सृजन में महत्त्वपूर्ण भूमिका है। जैसा कहा जाता है, अच्छे शेयर की पहचान कैसे की जाए, कब खरीदें और कब बेचें, इसकी उचित समझ होना ट्रेडिंग में सफल होने के लिए आवश्यक है। लेकिन गुरु न हो तो ये अंधे कुएँ के जैसे हैं। असफलताओं की अत्यधिक कहानियों के चलते नव प्रवेशकों के लिए यह भयभीत करनेवाला हो सकता है। लेकिन सफल निवेशक किसी और ही मिट्टी के बने प्रतीत होते हैं। वे ऐसे जोखिम लेते हैं, जो किसी आम आदमी के वश की बात नहीं है।

सोमा वल्लियप्पन लिखित 'शेयर बाजार Secrets' इस मिथक को तोड़ती है। आम धारणा के विपरीत, शेयर बाजार में निवेश करना जुआ खेलने जैसा नहीं है। यह कुछ बुनियादी सिद्धांतों पर काम करती है और नीति-नियमों से नियंत्रित होती है, वैसे ही जैसे निवेश की कोई भी अन्य वैध प्रणाली होती है। व्यक्ति में निवेश के लिए अच्छी कंपनियों और उचित भाव को पहचानने तथा थोड़ा सावधान रहने की आवश्यकता है।

इस पुस्तक में श्री सोमा वल्लियप्पन ने अपने 30 वर्षों के अनुभव का उपयोग कर नौसिखियों के लिए शेयर बाजार का रहस्य खोलते हुए भिन्न कारोबारियों द्वारा शेयर बाजार में निवेश हेतु उपयोग की जानेवाली विभिन्न प्रणालियों का खुलासा किया है। निवेश के दौरान 'जोखिम लेनेवाले' एवं जोखिम के अनिच्छुक विभिन्न व्यक्तित्ववालों के लिए उनके सुविधा स्तर को देखते हुए भलीभाँति समझाया है कि ट्रेड हो रहे शेयरों में क्या देखें, इनमें किस तरह निवेश करें और यह दीर्घावधिक निवेश हो या लघु-आवधिक।

इससे संबंधित चित्र, ग्राफ और सूचियों से बात को स्पष्ट रूप से समझने में मदद मिलती है। इस प्रक्रिया में, वे निवेश की इन उपकरणों की कार्य-प्रणाली तथा उनसे प्राप्त होनेवाले अपेक्षित लाभ की रूपरेखा भी बयान करते हैं।

'बुल्स एंड बीयर्स ऑल अबाउट शेयर्स' सबसे पहले तमिल में ('अला-अला पनम' नाम से) प्रकाशित हुई थी और इसके साथ ही यह उन लोगों के लिए हैंडबुक बन गई, जो शेयर बाजार के अनिश्चित संसार में डुबकी लगाने से पहले अभी सोच-विचार ही कर रहे थे। इसके अंग्रेजी संस्करण (हिंदी अनुवाद) के प्रकाशन का उद्देश्य देश भर में बड़ी आबादी तक पहुँच बनाना है, जिससे वे भी सोमा वल्लियप्पन के अनुभव और पूर्ण ज्ञान से लाभान्वित हो सकें।

अनुक्रम

1

निवेश

सन् 2004 में मैं चेन्नई में एक फ्लैट खरीदने की योजना बना रहा था। इस प्रक्रिया में मुझे जमीन के दस्तावेज देखने का अवसर मिला। यह दक्षिण चेन्नई के एक अच्छे इलाके अबिरामपुरम स्थित एक फ्लैट का मूल भूमि दस्तावेज था।

किसी ने 3,000 वर्ग फीट की इस जमीन (प्लॉट) को 10,000 रुपए में बेचा था। यह सौदा सन् 1958 में हुआ था। दस साल बाद, यानी सन् 1968 में इसी प्लॉट को 60,000 रुपए की कीमत पर बेचा गया। सन् 2004 में, छत्तीस साल बाद, उसी जमीन के लिए एक बिल्डर 35 लाख रुपए देने को तैयार था। इसी दौरान मुझे यह दस्तावेज देखने का अवसर मिला।

अभी रुकिए, कहानी यहीं समाप्त नहीं हो रही।

अपने होश कायम रखिए। मई 2012 में 3,000 वर्ग फीट की उस अविभाजित भूमि की कीमत थी 500 लाख रुपए! जिस समय आप इसे पढ़ रहे हैं, उसकी कीमत में और अधिक इजाफा हो गया होगा।

यह है जमीन में निवेश की शक्ति। सन् 1958 में जमीन में निवेश किए 10,000 रुपयों में 54 वर्षों के भीतर लगभग पाँच हजार गुना की वृद्धि हो गई।

अब शायद आप मेरी बात समझ गए होंगे। ये 10,000 रुपए अपनी लोहे की अलमारी या बैंक के सुरक्षा लॉकर में रखे होते तो क्या होता? निश्चित ही यह मुद्रा काफी अलग दिखने लगती, जिससे लोगों के मन में संदेह पनपता कि वे नोट असली हैं या नकली!

इसके अतिरिक्त, उनके मूल्य में कोई वृद्धि नहीं होती, बल्कि उनका मूल्य घट जाना और अधिक अपमान की बात होती, जो मुद्रास्फीति के कारण होता।

इसके विपरीत, जमीन में निवेश किया गया धन 5,000 गुना बढ़ गया। वाह!

निश्चित ही 5,000 गुना की बढ़त जमीन में निवेश करनेवाले सभी लोगों के साथ और हमेशा संभव न हो, लेकिन कुछ स्थानों पर ऐसा हुआ है; बल्कि संभवतः मुंबई और दिल्ली जैसे शहरों में तो खूब हुआ है।

कुछ लोगों को अपनी बचत स्वर्ण के रूप में रखने की आदत होती है। चलिए, देखते हैं कि यदि कोई सन् 1958 में यही 10,000 रुपए स्वर्ण में निवेश करता तो क्या होता।

तब स्वर्ण की कीमत 12.50 रुपए प्रति ग्राम थी (वाकई!) उन 10,000 रुपयों में व्यक्ति 800 ग्राम सोना खरीद सकता था। जुलाई 2012 में सोने की कीमत 2,800 रुपए प्रति ग्राम थी। (संयोगवश मई 2014 की शुरुआत में भी सोने की कीमत यही थी) इसकी कुल कीमत 22,40,000 होती। दूसरे शब्दों में, सोने में किया गया निवेश 54 सालों में 224 गुना बढ़ गया।

यदि इतनी ही धनराशि बैंक एफ.डी. (सावधि जमा) में निवेशित की जाती तो यह बढ़कर 40,28,000 रुपए, यानी 54 सालों में 400 गुना हो जाती (12% की अनुमानित औसत दर पर)।

इस बिंदु पर हम शेयरों में उपस्थित अवसरों की गणना या तुलना नहीं कर रहे। यह हम पुस्तक में आगे चलकर करेंगे।

इन 10,000 रुपयों को इनमें से किसी में भी निवेश किया जा सकता है। लेकिन अगर कोई इन्हें अपने लॉकर या दराज में निष्क्रिय पड़ा रहने दे या इसी तरह बैंक के जमा खाते में पड़ा रहने दे (जहाँ इस पर सालाना 4 से 6% की आय हो) तो क्या इसे अपराध नहीं माना जाना चाहिए (क्योंकि यह आपका व परिवार का खोया अवसर होगा)?

धन को जमीन या सोने या सावधि जमा (एफ.डी.) या म्यूचुअल फंड या शेयरों में निवेश करना चाहिए। इसे कभी भी मुक्त या निष्क्रिय पड़े रहने नहीं देना चाहिए। जिस तरह कोई चतुर नियोक्ता अपने कर्मचारियों को हमेशा व्यस्त रखकर उनसे बेहतरीन काम लेता है, हमारे धन को भी अपने मालिक की (मैं व आप, और कौन!) इसी तरह सेवा करनी चाहिए।

सभी निवेश एक जैसे नहीं होते। जैसा कि पहले अध्याय में चर्चा हुई थी, भिन्न निवेशों में विभिन्न अवसर मौजूद रहते हैं। तब कुछ उच्च रिटर्नवाले विख्यात निवेश होने पर भी लोग अन्य प्रकार के निवेश क्यों करते हैं?

इसका जवाब बहुत आसान है। विभिन्न लोगों की निवेश आवश्यकताएँ भी भिन्न होती हैं। जहाँ लोग अच्छा लाभ कमाने के लिए निवेश करते हैं, वहीं उनकी अन्य जरूरतें भी होती हैं। कई बार उनके निवेश संबंधी निर्णय पूरी तरह से इन्हीं पर निर्भर होते हैं।

1. सबसे पहले सुरक्षा

निवेश का कारण धन का मूल्य वर्धित करना है। धन का विकास या प्रोत्साहन निवेश का प्रमुख उद्‌देश्य है। लेकिन किस कीमत पर? बहुत से लोग अधिक पैसे कमाने के प्रयास में अपने श्रमपूर्वक कमाए धन को खतरे में डाल देते हैं।

अजीब बात है! कुछ निवेश ऐसे भी होते हैं, जो मूल पूँजी को ही हड़प जाते हैं। क्या लोग ऐसे रास्तों पर भी चलते हैं? हाँ, ऐसे भी लोग हैं, जो अधिक लाभ कमाने के लिए स्वयं इन कार्यों का चयन करते हैं। हमारे देश में हाल ही में ऐसे बहुत से 'अवसर' सामने आते रहे हैं और सावधान रहें कि ऐसे ही और भी बहुत से कार्य फिलहाल भी जारी हैं (जिन्हें मीडिया प्रकाश में लाता है)।

1990 के दशक की शुरुआत में कुछ कंपनियाँ (प्राय: बेनिफिट फंड) प्रति वर्ष 36% से 48% तक ब्याज के साथ ही मुफ्त चाँदी या सोने के सिक्के देने या किसी योजना में जोड़ लेने का प्रस्ताव दिया करती थीं! किसी-न-किसी कारणवश वे कंपनियाँ असफल हो जाती थीं। यह असफलता केवल 36% का शानदार ब्याज ही नहीं, बल्कि निवेश की गई रकम चुकाने में भी होती थी!

कई मामलों में अंतत: लाभ के रूप में बस, वह सोने का 1 या 2 ग्राम का सिक्का ही रह जाता। अपने वादों को पूरा करने में अक्षम वे कंपनियाँ अपनी दुकान बंद करके भाग निकलतीं।

हजारों सेवानिवृत्त लोग अपने जीवन भर की श्रमपूर्वक कमाई खो चुके हैं। ये निवेश न केवल ब्याज दिलाने में नाकाम रहते हैं, बल्कि गायब होने के साथ ही मूल रकम चुकाने में भी असमर्थ रहते हैं।

ये रोमांचकारी 'निवेश' खुद मूल रकम के ही डूब जाने जैसे खतरों से परिपूर्ण होते हैं! इसी तरह कुछ निवेशकों को बिना समुचित सुरक्षा के धन कर्ज देना भी अत्यधिक जोखिमपूर्ण होता है, जिससे विनाशकारी स्थितियाँ उत्पन्न हो सकती हैं।

कहानी की सीख यह है कि किसी भी तरह के निवेश का बुनियादी मापदंड सुरक्षा होना चाहिए।

आज सरकारी बॉण्ड (राष्ट्रीय बचत प्रमाण-पत्र, किसान विकास पत्र, डाकघर जमा) के संभवत: सबसे सुरक्षित निवेश हैं, क्योंकि इनके लिए सरकार गारंटी देती है और वह भी केंद्र सरकार! बैंक सावधि जमा (एफ.डी.) भी कुछ हद तक सुरक्षित है, क्योंकि यह जमा बीमा निगम द्वारा प्रति जमाकर्ता 1 लाख रुपए तक बीमित होता है। अगर बैंक फेल हो जाता है तो यह राशि जमाकर्ता को मिल जाएगी, जैसा ग्लोबल ट्रस्ट बैंक के साथ हुआ। किसी भी तरह की आपदा आने पर 1,00,000 रुपए तक की जमा

राशि सुरक्षित रहेगी। इसके बाद...कुछ नहीं और यही कारण है कि व्यक्ति को अपने निवेश को कई बैंकों की एफ.डी. में वितरित रखना चाहिए।

2. तरलता

निवेश में दूसरी ध्यान रखने योग्य बात जरूरत पड़ने पर निवेश को भुनाने की संभावना होती है।

लोग जमीन में निवेश करने से क्यों बचते हैं? क्योंकि भारत में (अभी तक) जमीन या रियल एस्टेट के लिए विनियमित बाजार नहीं है। इसके अतिरिक्त, जमीन/प्लॉट को सोने की तरह बेचा या बैंक सावधि जमा जैसी सरलता व शीघ्रता सहित भुनाया नहीं जा सकता।

इन्हें बेचते समय उचित कीमत (न कि मनचाही कीमत) के लिए व्यक्ति को लंबा इंतजार करना पड़ सकता है। कई बार तो इसमें वर्षों लग जाते हैं। जमीन को तुरंत बेचना तुलनात्मक रूप से कठिन है।

यही कारण है कि जमीन को गैर-तरल संपत्ति कहा जाता है। इसमें अधिक तरलता नहीं होती। व्यक्ति इसे अपनी इच्छानुसार शीघ्रता से नहीं बेच सकता। यदि अत्यधिक प्रयास किए जाएँ तो निश्चित ही इसे बेचा सकता है, लेकिन बाजार कीमत से कम दामों पर। इसका परिणाम—जल्दबाजी में बिक्री, घाटे का सौदा।

रियल एस्टेट का कारोबार, यानी आवासीय प्लॉट या फ्लैट को खरीदना व बेचना कुछ वक्त के लिए तो विकल्प हो सकता है, लेकिन हमेशा के लिए नहीं। चेन्नई की ईस्ट कोस्ट रोड (ओल्ड महाबलीपुरम रोड, जिसे गोल्ड महाबलीपुरम रोड भी कहा जाता है) पर जमीन की कीमतें आसमान छू रही थीं। वे सुनामी के बाद कौड़ियों के मोल रह गईं। (हालाँकि आपदा के तुरंत बाद मुश्किल से मिलनेवाले खरीदारों की भारी गिरावट के बाद अब यह फिर सँभल गई है।)

3. प्रतिफल

निस्संदेह, तीसरी और सबसे अंतिम ध्यान देने योग्य बात होने पर भी यह धन निवेश के लिए सबसे महत्त्वपूर्ण है। इससे पहले हमने जमीन, सोना और सावधि जमा जैसे वित्तीय निवेश के कई प्रतिफल रूप देखे।

"मुझे और अधिक कहाँ मिल सकता है?" "किस निवेश विकल्प से मुझे सबसे अधिक रिटर्न प्राप्त हो सकता है?"

अपनी जरूरतों के चलते लोग अपने धन को अति जोखिमपूर्ण निवेश में डालकर समस्याओं को आमंत्रित कर लेते हैं।

प्राथमिकताएँ बदलती हैं

आमतौर पर इस क्रम में सुरक्षा, तरलता और प्रतिफल—तीन सबसे महत्त्वपूर्ण ध्यान रखने योग्य चीजें हैं।

यह क्रम मात्र एक सामान्य दिशा-निर्देश है। जी हाँ, 'सबसे पहले सुरक्षा, उसके बाद तरलता और तीसरा प्रतिफल' का यह क्रम इन पहलुओं के आधार पर परिवर्तित भी हो सकता है।

- उम्र
- संपत्ति आधारित
- पारिवारिक जिम्मेदारियाँ
- मौजूदा आय
- जोखिम लेने की क्षमता।

उम्र

एक सेवानिवृत्त व्यक्ति और हाल ही में नौकरी पानेवाला युवा काफी अलग होते हैं। अधिकांश सेवानिवृत्त व्यक्तियों की आय का साधन उनकी पेंशन या बैंक का ब्याज होता है। दुर्लभ मामलों में यह किराए से होनेवाली आमदनी हो सकती है। यह न केवल वास्तविक आय से कम होती है, बल्कि समय के साथ ही इसका मूल्य निरंतर घटता जाता है। वे लोग अपनी आय में इजाफा नहीं कर सकते या संभवत: नई नौकरी नहीं कर सकते या उम्र के चलते अधिक प्रयास नहीं कर सकते। अत: उनके लिए उन्होंने जो कुछ भी कमाया या बचाया है, वह बहुत महत्त्वपूर्ण है। इसलिए उनके लिए सुरक्षा सबसे बड़ी प्राथमिकता है।

वहीं दूसरी ओर, एक युवा अविवाहित व्यक्ति दौड़-भाग कर सकता है, अच्छी संभावनाओं के लिए नौकरी बदल सकता है और स्थान-परिवर्तन भी कर सकता है। समय के साथ ही उसकी आय में भी बढ़ोतरी होगी। अपना कौशल व अनुभव बढ़ने के साथ ही उसकी तरक्की होना तय है। उसे अपनी बचत की सुरक्षा की अधिक चिंता करने की जरूरत नहीं होती और वह अपना धन कम प्रतिफल निवेशों में रख सकता है। साथ ही, अविवाहित होने के कारण उसे कम समय के भीतर बड़ी रकम की आवश्यकता संभवत: न पड़े। वह अपना धन जमीन में निवेश कर उसके बढ़ने की प्रतीक्षा कर सकता है। ऐसे लोगों के लिए प्राथमिकता चक्र 'प्रतिफल, सुरक्षा और तरलता' होगा।

वहीं एक मध्य आयु के व्यक्ति के लिए, जो लगभग दस सालों से काम कर रहा हो, जिसकी पत्नी घरेलू हो, बच्चे स्कूल जाते हों, उसकी जरूरतें इन पहलुओं पर निर्भर होंगी—अधिक प्रतिफल व कम स्तर का जोखिम। उसे अपने धन का कुछ हिस्सा सबसे पहले सुरक्षा की दृष्टि से निवेश करना चाहिए।

संपत्ति आधारित

निवेश उद्देश्य केवल व्यक्ति की उम्र पर ही नहीं, बल्कि उसे प्राप्त वित्त पर भी निर्भर करता है।

हो सकता है कि व्यक्ति का परिवार समृद्ध हो, संपत्तिवान् हो या उनका व्यापार बढ़िया चल रहा हो। ऐसे लोगों को विरासत में माता-पिता से कुछ संपत्ति अवश्य मिलती है। उनकी स्थिति उन लोगों से काफी अलग है, जिनके माता-पिता बस, काम चलाने भर का कमा पाते हैं या कर्ज में डूबे हैं। कुछ लोग उच्च शिक्षा के लिए बैंकों से कर्ज लेते हैं। इस अवस्था में उनके वेतन के चेक का स्वागत उनकी प्रतीक्षारत कर्ज-अदायगी करती है। ऐसे लोग युवा होने के बावजूद जोखिम नहीं ले सकते।

पारिवारिक जिम्मेदारियाँ

वृद्ध माता-पिता, बीमार माता-पिता, व्यक्ति पर निर्भर भाई-बहन भी कुछ ऐसे मसले हैं, जिनके बारे में युवाओं को विचार करना होता है। ऐसे में, सबकुछ उन्हीं की कमाई पर निर्भर होता है। वे अधिक धन कमाने के लिए जोखिम नहीं ले सकते। यहाँ एक बार फिर सबसे पहले सुरक्षा ही उद्देश्य होगी।

जोखिम लेने की क्षमता

कुछ ऐसे लोग भी होते हैं, जो युवा हैं, वित्तीय रूप से भी सक्षम हैं; लेकिन इसके बावजूद 'अधिक जोखिमपूर्ण, अधिक प्रतिफल' में निवेश नहीं करते। इसका कारण उनका दृष्टिकोण है। कुछ लोग चीजों को सहजता से नहीं ले पाते। वे छोटे या अस्थायी नुकसान पर भी चिंतित हो जाते हैं। वे नुकसान व गलत फैसलों को लेकर अकसर परेशान रहते हैं। जोखिम लेने की दृष्टि से लोग बेहद अलग किस्म के होते हैं। कुछ लोग जोखिम झेल सकते हैं, जबकि बाकी नहीं झेल पाते।

जोखिम लाभ अनुपात

प्रत्येक निवेश में अलग परिणाम के जोखिम व लाभ शामिल रहते हैं। बस, केवल इनका अनुपात भिन्न होता है।

किसी को लॉटरी के टिकट में अच्छा लाभप्रद अवसर दिख सकता है, जिसका पुरस्कार बड़ी धनराशि हो। यह 10 करोड़ रुपए जितनी बड़ी भी हो सकती है। टिकट की कीमत मात्र 10 रुपए है। दस रुपए के निवेश में (कुछ 'होशियार लोग' यही मानते हैं) उन्हें 10 करोड़ रुपए के लाभ की संभावना प्राप्त होती है।

सचमुच यह बड़े प्रतिफल वाला निवेश है। शायद सबसे अधिक प्रतिफल है। (घुड़-दौड़ और सभी प्रकार के जुए भी ऐसा ही अवसर हैं) लेकिन इस निवेश में जोखिम क्या है? सारा निवेश खो जाता है। यह सबसे बड़ा जोखिम है। फिर से कह सकते हैं कि यह सबसे अधिक है।

हाँ, देखने में प्रतीत होता है कि बड़ा लाभ मतलब अधिक जोखिम। लेकिन वास्तविकता में 1 करोड़ रुपए (लाभ) पाने की संभावनाएँ न्यूनतम हैं। जबकि 10 रुपए खो बैठने की संभावना अत्यंत प्रबल है। अत: वास्तव में यह अत्यधिक जोखिमपूर्ण निवेश है।

ऐसा अत्यधिक जोखिमपूर्ण निवेश केवल प्रत्यक्ष व स्पष्ट लॉटरी या दौड़ और अन्य किस्म के जुए तक ही सीमित नहीं है। अन्य सामान्य निवेश अवसरों में भी जोखिम तो होता ही है।

कुछ रियल स्टेट ब्रोकर घरेलू प्लॉट खरीदने की अनुशंसा करते हैं। ग्राहक को लुभाने के लिए वे कहते हैं—

"यह बेहद सस्ता है। आप इसे खरीद क्यों नहीं लेते?"

"इसे इतना सस्ता क्यों बेच रहे हैं?"

"क्योंकि जमीन के स्वामित्व को लेकर मामूली सा विवाद चल रहा है।"

"इसमें कोई जोखिम तो नहीं है?"

"हाँ, तभी तो इतनी कम कीमत पर मिल रहा है।"

कुछ लोग ऐसे भी होते हैं, जो जोखिम लेते हुए वह जमीन खरीद लेते हैं। इसी तरह, शेयर बाजार में भी कुछ डार्क हॉर्स की अनुशंसा होती रहती है। डार्क हॉर्स और कुछ नहीं, बल्कि कंपनियों के ऐसे शेयर होते हैं, जो बहुत कम भाव पर उपलब्ध हों। मौजूदा डाटा के हिसाब से उनके कम भाव को उचित माना जा सकता है, बल्कि उन्हें उसी या उससे भी कम भाव का माना जाता है। इसके बावजूद कुछ वर्गों में इसकी मल्टीबैगर (ब्लॉकबस्टर जैसा) होने की 'संभावनाओं' के चलते इसे 'अच्छे शेयर' के तौर पर अनुशंसित किया जाता है।

क्या यह संभावना प्रदर्शन में परिवर्तित होती है? पक्का नहीं है। हो भी सकती है और नहीं भी। अगर ऐसा होता है तो यह लाभ है। अगर ऐसा नहीं होता तो यह जोखिम है।

एक अन्य चरमावस्था बहुत कम जोखिम और बहुत कम लाभ वाली भी है। राष्ट्रीय बचत प्रमाण-पत्र (एन.एस.सी.) में मूल पूँजी खोने का जोखिम बहुत कम (या बिल्कुल नहीं) होता है, क्योंकि इसमें केंद्र सरकार की गारंटी है।

इस कम जोखिम की कीमत 'कम लाभ' होती है। एन.एस.सी. पर प्रतिवर्ष केवल

8% ब्याज ही मिलता है। एन.एस.सी. को आठ साल समाप्त होने से पहले नहीं भुनाया जा सकता। यह तरलता के पैमाने पर खरा नहीं उतरता। जहाँ जोखिम कम होगा, वहाँ लाभ भी कम होगा।

व्यक्ति को प्रतिफल व लाभ के तत्त्वों पर खरा होना चाहिए, जैसा कि पहले उल्लेखित है। यह इन पर निर्भर है—

- उम्र (उम्र जितनी कम होगी, जोखिम उतना अधिक ले सकेंगे और इसका उलटा)।
- पारिवारिक जिम्मेदारियाँ (जिम्मेदारियाँ जितनी अधिक, जोखिम उतना कम)।
- मौजूदा आय (कम आय, कम जोखिम)।
- संपत्ति आधारित (संपत्ति का मूल्य जितना कम, जोखिम उतना कम)।
- जोखिम लेने की क्षमता (जोखिम के हौसले पर निर्भर)।

अब हम संक्षेप में आज मौजूद अवसर और उनकी मुख्य विशेषताओं को देखेंगे।

इन विभिन्न अवसरों की पड़ताल करते हुए हम शेयरों में निवेश से तुलना व अंतर देखेंगे, जो इस पुस्तक का प्रमुख उद्‌देश्य है। हम सिर्फ इनकी तुलना करेंगे। यही वास्तविक तुलना होगी। हम संक्षेप में, वित्तीय संपत्ति में हर तरह के निवेश की पड़ताल करेंगे, न कि भौतिक संपत्ति में निवेश की।

वित्तीय संपत्ति

शुरुआत के लिए सबसे पहले वित्तीय संपत्तियों की एक सूची बना लेते हैं।

1. जमा

- डाकघर आवर्ती जमा
- बैंक में सावधि/मियादी जमा
- बैंकों में आवर्ती जमा।

2. सरकारी निवेश योजनाएँ

- राष्ट्रीय बचत प्रमाण-पत्र (एन.एस.सी.)
- लोक भविष्य निधि (पी.पी.एफ.)
- किसान विकास पत्र (के.वी.पी.)।

3. ऋण निवेश

- सार्वजनिक क्षेत्र के बॉण्ड (उदा. बिजली वित्त विभाग)
- केंद्र सरकार की प्रतिभूतियाँ
- ट्रेजरी बिल
- राज्य सरकारों के बॉण्ड

- सरकार/कॉरपोरेट द्वारा जारी डिबेंचर (ऋण-पत्र)
- वित्तीय संस्थाओं (आई.एफ.सी.आई., आई.डी.बी.आई. आदि) द्वारा जारी बॉण्ड।

4. म्यूचुअल फंड

- डेब्ट (ऋण) से संबंधित (मूल पूँजी की सुरक्षा हेतु महत्त्वपूर्ण)
- ग्रोथ ओरिएंटिड (निवेशकों के प्रतिफल/ रिटर्न हेतु महत्त्वपूर्ण)
- संतुलित (आंशिक डेब्ट और आंशिक ग्रोथ ओरिएंटिड इक्विटी)।

5. ई.एल.एस.एस

6. शेयर

- इक्विटी शेयर
- प्रिफरेंस शेयर (तरजीह शेयर)
- एक्सचेंज ट्रेडेड फंड्स (ई.टी.एफ.) निवेश शेयर।

7. डेरिवेटिव्ज उत्पाद

- फ्यूचर
- ऑप्शन
- इंडेक्स फंड्स।

8. बीमा

- बंदोबस्ती बीमा पॉलिसी (एंडोवमेंट पॉलिसी)
- संपूर्ण जीवन पॉलिसी
- टर्म इंश्योरेंस पॉलिसी
- मनी बैक पॉलिसी
- यूनिट लिंक्ड इंश्योरेंस योजनाएँ (यू.एल.आई.पी.)
- पेंशन उत्पाद
- बच्चों के लिए पॉलिसी।

कोई भी व्यक्ति उपर्युक्त सूची में से अपने हालात व जरूरत के मुताबिक किसी को भी चुन सकता है। एक से अधिक विकल्प को चुनना चाहिए और निवेश के अनुपात में समय-समय पर बदलाव करते रहना चाहिए।

बल्कि एक संतुलित दृष्टिकोण लेकर चलना चाहिए और विभिन्न राशि विभिन्न योजनाओं में निवेश करनी चाहिए। ऐसा करने के लिए व्यक्ति को इन सबके बारे में जानकारी होना आवश्यक है।

विभिन्न वित्तीय संपत्तियों की विशेषताएँ

फिक्स्ड रिटर्न संपत्ति

इस वर्ग में आनेवाली संपत्तियों में प्रतिफल या रिटर्न (ब्याज दर) पहले से ही पूर्व निश्चित व प्रकट होने के साथ ही प्रतिबद्ध भी है। इसलिए निवेशक यह सुनिश्चित कर सकता है कि निवेश की गई धनराशि से उसे निश्चित रूप से इतने प्रतिशत आय हो सकेगी।

बैंकों की सभी सावधि जमा, कंपनियों, संस्थानों, डाकघरों की सभी एफ.डी. इस श्रेणी में आती हैं। इनकी रेंज 6 से 11% प्रतिवर्ष होती है और इसमें समय-दर-समय तथा संस्थान-दर-संस्थान परिवर्तन होते रहते हैं।

इसी तरह डिबेंचर और बॉण्ड्स में भी स्थिर रिटर्न मिलता है। कंपनी चाहे निजी हो या सरकारी, उसके लाभ या हानि से यह रिटर्न प्रभावित नहीं होता।

उपर्युक्त सूची में से 1, 2 और 3 श्रेणी में सूचीबद्ध सभी 'फिक्स्ड रिटर्न' के अंतर्गत आते हैं (सिवाय बीमा योजनाओं के, जो कुछ अन्य परिस्थितियों पर भी आधारित होती हैं)।

परवर्ती रिटर्न संपत्ति (वेरिएबल रिटर्न एसेट)

शीर्षक 4, 5 और 6 के तहत आनेवाले निवेश परवर्ती रिटर्न प्रकृति के हैं। कोई भी कंपनी इनके डिविडेंड (लाभांश) और बोनस की पहले से घोषणा नहीं करती। वे कर ही नहीं सकते। उनके द्वारा निवेश को दी गई आय साल-दर-साल भिन्न होती है। यह बढ़ व घट सकती है और कुछ मामलों में वे लाभांश देने से इनकार भी कर सकते हैं, यानी खराब हुई फसल की भाँति उस साल कोई रिटर्न नहीं मिलेगा।

दिलचस्प बात यह है कि यह परिवर्तनशीलता केवल रिटर्न तक ही सीमित नहीं रहती। इसका प्रभाव मूल पूँजी पर भी पड़ता है। जी हाँ, समय-समय पर बाजार की चाल के आधार पर निवेशित धनराशि भी बढ़ व घट सकती है।

टैक्स में छूट

निवेश से प्राप्त प्रतिफल की गणना करते समय व्यक्ति को प्रतिफल से संबंधित टैक्स अदायगी का भी ध्यान रखना होगा। निवेश से हुआ प्रत्येक वित्तीय प्रतिफल आय माना जाता है और इस पर टैक्स लगता है। इसलिए प्रतिफल की तुलना आय कर घटाने के बाद करनी चाहिए।

हालाँकि कुछ स्रोतों से प्राप्त आय पर कुछ हद तक टैक्स में छूट प्राप्त है।

उदाहरण के लिए, एन.एस.सी., के.वी.पी., पी.एफ., पी.पी.एफ. और कुछ निश्चित (इन्फ्रास्ट्रक्चर) बॉण्ड पर आयकर अधिनियम की धारा 80सी के तहत 1.50 लाख रुपए तक की टैक्स छूट है। यहाँ तक कि बैंक जमा से ब्याज आय पर भी इसी धारा 80सी के तहत (न्यूनतम 5 वर्ष के लिए निवेशित 1.50 लाख रुपए तक पर) टैक्स छूट है।

ये टैक्स व टैक्स छूट प्रावधान जुलाई 2014 के हैं। इनमें साल-दर-साल बदलाव संभव है, जो प्रतिवर्ष लोकसभा में वित्त मंत्री द्वारा अकसर फरवरी के अंतिम दिन पेश किए जानेवाले केंद्रीय बजट में उल्लेखित रहता है।

निर्धारित समयावधि

ये ऐसे निवेश हैं, जिनमें निवेशित धन पूर्व निर्धारित निश्चित समय के बाद ही वापस मिलता है, उदाहरण के लिए, एन.एस.सी., के.वी.पी., सरकारी बॉण्ड तथा कंपनियों द्वारा जारी किए गए डिबेंचर्स। इस श्रेणी में कुछ म्यूचुअल फंड (क्लोज एंडेड) भी आते हैं।

एन.एस.सी. और के.वी.पी. के अतिरिक्त ऋण निवेश सूची में आनेवाली अन्य सभी वस्तुओं को खुले बाजार में प्रीमियम या छूट, जो प्रस्तावित ब्याज दर पर निर्भर हो, और तत्कालीन समय पर बाजार में प्रचलित ब्याज दर के आधार पर बेचा जा सकता है।

कोई भी व्यक्ति एन.एस.सी. और के.वी.पी. या किसी भी अन्य बॉण्ड को गिरवी रखकर कर्ज भी ले सकता है। उसे कर्ज पर निवेश की गई रकम की प्राप्ति से अधिक ब्याज देना पड़ सकता है। लेकिन आपातकालीन आवश्यकताओं को पूरा करने के लिए ऐसा करना संभव है।

फिक्स्ड रिटर्न और परवर्ती रिटर्न निवेश में अंतर

फिक्स्ड रिटर्न निवेश में रिटर्न के लिए जो भी रकम तय की जाती है, वह देनी ही होती है। यह अनुपात में कम जरूर होती है, लेकिन तय राशि मिलने की गारंटी होती है।

लेकिन परवर्ती निवेश योजना में रिटर्न अधिक (जैसे शेयर या म्यूचुअल फंड में कुछ समय के लिए), कम और कुछ मामलों में शून्य भी हो सकता है। अतः इन पर नजदीकी से नजर बनाए रखनी होती है और जरूरत पड़ने पर निवेश को तुरंत परिवर्तित करने का निर्णय लेना होता है। जिन लोगों के पास संबंधित बाजार में क्या चल रहा है, यह देखने का समय या रुझान नहीं है, उनके लिए फिक्स्ड रिटर्न का विकल्प चुनना अधिक बेहतर रहेगा।

पी.पी.एफ.—लोक भविष्य निधि

कोई भी व्यक्ति, फिर चाहे वह रोजगारशुदा हो या बेरोजगार, इस योजना में निवेश कर सकता है। यह 15 वर्षीय योजना है। टैक्स लाभ लेने के लिए इसमें प्रति वर्ष न्यूनतम 500 रुपए का अबाधित निवेश करना होगा। सन् 2014 में इसकी ब्याज दर 8% प्रतिवर्ष रही। पी.पी.एफ. पर मिलनेवाले ब्याज पर आयकर में छूट है (यह 80सी के तहत मिलने वाली 1.50 लाख रुपए की छूट का हिस्सा है)।

तीसरे वर्ष के बाद इस पर लोन लेने की अनुमति है और सातवें साल के बाद इसमें से कुछ हिस्सा निकाला जा सकता है। इस 15 वर्षीय योजना को 5 वर्ष के गुणन में आगे भी बढ़ाया जा सकता है।

एन.एस.सी.—राष्ट्रीय बचत प्रमाण-पत्र

यह छह वर्षीय योजना है। इसमें न्यूनतम निवेश 1,000 रुपए है। 80सी योजना के तहत (टैक्स लाभ लेने के लिए) अधिकतम 1 लाख रुपए निवेश कर सकते हैं। इस योजना से प्राप्त ब्याज आय पर टैक्स में छूट है। वर्तमान व्यवस्था (2014) के चलते यह योजना निश्चित आय स्तर से अधिक वाले लोगों के लिए नहीं है।

डाकघर मासिक आय योजना

यह छह वर्षीय योजना है, जिसमें प्रतिवर्ष 8% ब्याज और सत्र के समापन पर यानी छठे साल 10% बोनस भी मिलता है। इसमें प्रति व्यक्ति न्यूनतम निवेश 1,000 रुपए और अधिकतम 3 लाख रुपए तथा संयुक्त निवेश 6 लाख रुपए है। इससे प्राप्त मासिक आय पर धारा 80सी के तहत छूट प्राप्त है।

के.वी.पी.—किसान विकास पत्र

निश्चित सालों (जारी करते समय प्रचलित परिवर्तित ब्याज दरों के अनुसार) के बाद निवेशित राशि दोगुनी हो जाती है। इस कारण परिपक्वता अवधि में अकसर परिवर्तन हो जाता है। इसमें कोई टैक्स लाभ नहीं मिलता। निवेशित राशि को न्यूनतम ढाई वर्ष बाद ही निकाला जा सकता है।

सावधि जमा (फिक्स्ड डिपॉजिट)

पाँच साल के लिए निवेशित 1 लाख रुपए तक की बैंक एफ.डी. से प्राप्त ब्याज पर आय कर की धारा 88सी के तहत छूट है। इससे अधिक की राशि लागू स्लैब के

अनुसार निजी आय कर की देनदार होगी। बैंक भी इस टैक्स को बतौर टी.डी.एस. काट सकते हैं। यदि व्यक्ति फॉर्म 15जी जमा करवा देता है तो बैंक स्रोत पर टैक्स नहीं काटेगा। व्यक्ति को आय कर रिटर्न भरते समय इसका उल्लेख करना होगा।

एफ.डी. को जरूरत पड़ने पर कभी भी बंद किया और भुनाया जा सकता है। लेकिन तय समय से पहले वापस लेने पर कम ब्याज मिलने के साथ ही आय कर छूट के लिए भी अपात्र हो जाएँगे।

सरकारी बॉण्ड

निवेश अवधि 1 साल से लेकर 30 साल तक होती है। सरकारी बॉण्ड में निवेश हेतु डीमैट अकाउंट होना आवश्यक है। सरकारी बॉण्डों के ब्याज से प्राप्त आय (3,000 रुपए प्रतिवर्ष तक) पर धारा 88 के तहत अतिरिक्त टैक्स लाभ उपलब्ध है।

संक्षिप्त विवरण

में निवेश	तरलता	सुरक्षा	ध्यान अपेक्षा	टैक्स लाभ	न्यूनतम आवश्यक राशि
इक्विटी शेयर	मध्यम से उच्च	न्यून	सामान्यतः हाँ	डिविडेंड आय पर कोई टैक्स नहीं। शेयर 12 माह के भीतर बेचे गए तो लाभ पर 15% की दर से कैपिटल गेन टैक्स	न्यून
डिबेंचर	न्यून	मध्यम	सामान्यतः न	कोई टैक्स लाभ नहीं	न्यून
पी.एस.यू. एवं सरकारी बॉण्ड	औसत	उच्च	अधिक नहीं	उपलब्ध	न्यून
आर.बी.आई. टैक्स फ्री बॉण्ड	औसत	उच्च	नहीं	हाँ	न्यून

म्यूचुअल फंड का डिबेंचर में निवेश	उच्च	औसत	नहीं	टैक्स लगेगा	न्यून
म्यूचुअल फंड का इक्विटी शेयर में निवेश	उच्च	न्यून	हाँ, इक्विटी शेयर की भाँति	नहीं	न्यून
ई.एल. एस.एस.	शून्य-लॉक अवधि पूर्ण होने तक	औसत	नहीं	हाँ, निवेश व डिविडेंड पर	नहीं

शेयरों में निवेश

अब हम समुचित निवेश की आवश्यकता समझ लेने के बाद पुस्तक के मुख्य विषय शेयर पर चलते हैं। स्वर्ण, आवासीय प्लॉट, जमीन या सरकारी बॉण्ड और बैंक एफ.डी. खरीदने की तरह ही शेयरों में निवेश भी धन विकास की पद्धति है।

यदि सही ढंग से किया जाए तो शेयरों में निवेश उपर्युक्त सभी में सबसे बेहतर साबित हो सकता है। इसे अभिव्यक्त करने के सही शब्द हैं—'हाँ, यह ठीक है, अगर उचित ढंग से किया जाए।'

□

2

शेयर कारोबार क्या है ?

व्यापार के लिए धन की आवश्यकता होती है। व्यापार शुरू करनेवालों को कंपनी का 'प्रवर्तक' (प्रमोटर) कहा जाता है। वे कंपनी को आरंभ करने के लिए अपना धन निवेश करते हैं। सारी निवेशित पूँजी उनकी होने के कारण वह 'एकल स्वामित्व' कंपनी होती है। वे उसके एकल स्वामी होते हैं।

कई बार वे कुछ अन्य लोगों (दोस्त या रिश्तेदार) को भी आमंत्रित या शामिल करते हुए उन्हें अपने व्यापार/कंपनी में निवेश की अनुमति दे देते हैं। ऐसा होने पर कंपनी मालिकों की संख्या एक से अधिक होने से वह भागीदारी फर्म बन जाती है। जब मूल पूँजी प्रदान करनेवालों की संख्या और बढ़ जाती है, तब उस कंपनी को प्राइवेट लिमिटेड कंपनी के तौर पर जाना जाता है।

ऐसी कंपनियाँ अच्छा प्रदर्शन कर सकती हैं और संभवत: उन्हें आगे और अधिक पूँजी की भी आवश्यकता होगी। तब प्रवर्तक/भागीदार और पैसा निवेश करते हैं या वे संभवत: 'पब्लिक' होने का विकल्प चुन सकते हैं।

'पब्लिक होने' का तात्पर्य और कुछ नहीं, बल्कि बड़े पैमाने पर अपरिचित जनता को पैसे लगाने के लिए आमंत्रित करना है और उन्हें कंपनी के मालिकों (शेयरधारकों) में शुमार करना है।

अधिकांश जानी-मानी और बड़ी कंपनियाँ, जैसे—रिलायंस इंडस्ट्रीज, इन्फोसिस, टी.सी.एस., रैनबैक्सी लैब, भेल, टिस्को—ये सभी ऐसी ही पब्लिक लिमिटेड कंपनियाँ हैं। पब्लिक सेक्टर कंपनी (पी.एस.यू.) और पब्लिक लिमिटेड कंपनी में अंतर होता है। पब्लिक सेक्टर कंपनियों में प्रमुख स्वामित्व केवल सरकार का होता है। इन कंपनियों में पब्लिक व अन्य निजी पक्षों का स्वामित्व शेयर 50% से कम होता है। पब्लिक लिमिटेड कंपनियों की पूँजी में बड़ा हिस्सा प्रवर्तकों का होता है। अन्य लोगों की पूँजी कम हो

सकती है, लेकिन फिर भी उन सभी को 'शेयरधारक' ही कहा जाता है।

ऐसी कंपनियों के शेयर नेशनल स्टॉक एक्सचेंज (एन.एस.ई.) या बॉम्बे स्टॉक एक्सचेंज (बी.एस.ई.) जैसे शेयर बाजारों में सूचीबद्ध होते हैं। इसके बाद इनके शेयर खरीदने का कोई भी इच्छुक व्यक्ति इसे बेचने की मंशा रखनेवालों से इसे खरीद सकता है। जो शेयरधारक इन शेयरों को बेचना चाहते हैं, वे ब्रोकरों के माध्यम से इन्हें शेयर बाजार में बेच सकते हैं। जहाँ कुछ लोग इन शेयरों को बेचते हैं तो कुछ ऐसे लोग भी होते हैं, जो इन्हें खरीदना चाहते हैं। शेयर के भाव हस्तांतरण के दौरान इनकी माँग व आपूर्ति प्रचलन से निर्धारित होते हैं।

उदाहरण के लिए—29 मई, 2014 को हीरो मोटर कॉर्प का शेयर 2,265 रुपए में उपलब्ध था। उस दिन उसमें 82 रुपए की गिरावट आई। हाँ, इससे पिछले कारोबारी दिवस पर यानी 28 मई, 2014 को हीरो के इसी शेयर का भाव 2,347 रुपए प्रति शेयर था। फिर किसी कारण से कुछ लोग हीरो के शेयर 2,265 रुपए पर बेचने के लिए तैयार थे तो वहीं कुछ लोग इस भाव पर खरीदने के लिए।

29 मई, 2014 को टी.सी.एस. के शेयर अपने पिछले दिन के कारोबारी दिवस की क्लोजिंग प्राइस 2,150 रुपए की जगह 2,180 रुपए के भाव पर खरीदे व बेचे जा रहे थे। हीरो के शेयरों के विपरीत उस दिन टी.सी.एस. के शेयरों के भाव 30 रुपए बढ़ गए थे।

यह भाव गतिविधि मात्र दो दिनों की है। अब हम कुछ अधिक समय में शेयर की कीमतों के बीच का अंतर देखेंगे। इस अवधि में इनके भाव रोजाना बदलते रहते हैं। प्रत्येक कारोबारी दिवस यानी शेयर बाजार के कार्य-दिवसों पर शेयरों का भाव अधिक या कम कुछ भी हो सकता है।

बजाज ऑटो के शेयर 1,941 रुपए पर चल रहे हैं (29 मई, 2014)। अगर आप यह जानना चाहते हैं कि छह साल पहले यानी वर्ष 2008 में इस शेयर के दाम क्या थे, तो जरा अपनी साँसें सँभालिए। तब यह 320 रुपए के भाव पर था! इसका मतलब मई 2014 में यह वर्ष 2008 के भाव से छह गुना (600%) पर चल रहा था।

कहानी यहीं समाप्त नहीं होती। मई 2014 में 1,941 रुपए का भाव भी तब था, जब बजाज ऑटो प्रबंधन ने वर्ष 2010 में एक पर एक बोनस शेयर दिया था। इसका मतलब कि उस विशेष समय जितने भी शेयरधारकों के पास बजाज ऑटो के जितने भी शेयर थे, उसे उतने ही शेयर और दिए गए, वे भी बिल्कुल मुफ्त। इस अनुपात को एक पर एक कहा जाता है।

यदि किसी के पास बजाज के 50 शेयर थे तो उसे मुफ्त में 50 शेयर और दे दिए गए। कल्पना करते हैं कि एक श्रीमान एक्स. ने सन् 2008 में 320 रुपए के भाव पर बजाज ऑटो के 50 शेयर खरीदे थे। उस समय उसके 16,000 रुपए खर्च (निवेशित)

हुए होंगे। सन् 2010 में उसे और 50 शेयर मुफ्त (बोनस शेयर) में मिले—यह ठीक है कि उसने इन शेयरों को इतने समय तक अपने पास रखा। इसके बाद 16,000 रुपए का निवेश करने पर उसके पास अब 100 शेयर थे।

29 मई, 2014 को श्रीमान एक्स. ने वे सभी 100 शेयर बाजार भाव पर बेच दिए, जो 1,941 रुपए था। इससे उसे 1,94,100 रुपए प्राप्त हुए। यह उसके द्वारा निवेशित रकम से 12 गुना अधिक था। प्रतिशत में कहें तो चार साल में यह 1200% हो गया!

मूल धन बढ़ने के साथ ही बजाज ऑटो के सभी शेयरधारकों को नियमित रूप से लाभांश दिया गया। वर्ष 2006 में यह लाभांश 200% था (प्रति 50 शेयर 1,000 रुपए), 2007 और 2008 में यह फिर से 200% रहा (बोनस के बाद 100 शेयरों के लिए 2,000+2,000 रुपए), 2009 में यह 250% रहा, 2010 में 500% और 2011 में यह और 250% रहा। इसके बाद अगले दो साल (मई 2014) तक यह 400% रहा। पूँजी बढ़ने के साथ ही इस पर कुल लाभांश 23,000 रुपए से अधिक रहा।

वाह! शेयरों में निवेश की यही शक्ति और आकर्षण है। यह कोई अपवाद नहीं है। ऐसे और भी कई 'मल्टीबैगर' उदाहरण हैं, जो सन् 2003 की तेजी में कई बार सामने आए, जिन्हें हम थोड़ा आगे चलकर देखेंगे।

बजाज ऑटो के शेयरों का भाव बढ़ना ऑटो सेक्टर में विकास की कहानी का हिस्सा है। भारत के शेयर बाजार में उछाल सन् 2003 से शुरू हुआ और 2008 तक जारी रहा। ऐसा प्रतीत होता है कि सन् 2014 में एक बार बाजार में तेजी की शुरुआत हो चुकी है। विशेषज्ञों का मानना है कि यह अगले पाँच से सात साल तक जारी रहनेवाली है। ऑटोमोबाइल के बिना किसी भी तरह का आर्थिक विकास संभव नहीं है, अत: ऑटो सेक्टर की हीरो मोटर कॉर्प, टाटा मोटर्स, एम एंड एम, मारुति, टी.वी.एस. मोटर्स जैसी सभी कंपनियों ने सन् 2014 से लाभ के मोर्चे और शेयर भाव के मोर्चे—दोनों पर ही अच्छा प्रदर्शन करना आरंभ कर दिया है।

ऐसा केवल ऑटो सेक्टर में ही नहीं है। ऐसे बहुत से उच्च विकास सेक्टर शेयर हैं, जो वर्ष 2004-05 में बहुत सस्ते मिल रहे थे, अब निवेशकों को उन सबसे शानदार रिटर्न मिल रहा है। वर्ष 2014 में कहा जा रहा है कि बहु-प्रतीक्षित निवेश चक्र जल्दी ही आरंभ होनेवाला है और सीमेंट, पॉवर एवं आधार तंत्र से जुड़ी अन्य कंपनियाँ अच्छा प्रदर्शन करने लगेंगी।

भारत को जनसांख्यिकीय लाभ हासिल है और इसके 45 करोड़ से अधिक युवाओं को अच्छी शिक्षा मिलनी ही चाहिए। वे सभी अपने हितों के चलते धन कमाने के इच्छुक होंगे और इसके लिए उन्हें नौकरी या व्यापार करना होगा। किसी भी स्थिति में आनेवाले कुछ सालों तक उनके द्वारा खर्च किए जाने समेत बड़े पैमाने पर आर्थिक गतिविधियाँ

जारी रहेंगी। अतः कॉरपोरेट भारत को अच्छा प्रदर्शन करना ही होगा, जिससे बहुत सी कंपनियों के शेयरों के भावों में इजाफा होगा।

हम शेयरों से संबंधित हर चीज पर काफी विस्तार से चर्चा करेंगे; लेकिन इससे पहले हमें यह देखना होगा कि 'शेयर' शब्द का मतलब क्या होता है। (बेहद बुनियादी, नहीं क्या!) जी हाँ, शेयरों से पैसा बनाने के रास्ते जानने से पहले इसका मतलब समझना बहुत आवश्यक है।

शेयर, यानी साझा करना

क्या यही परिभाषा है? जैसा कि हमने पहले देखा, एक कंपनी का स्वामित्व कई लोगों के पास हो सकता है। वे सभी उस स्वामित्व को 'साझा' करते हैं। बस, इतना ही। शेयर यानी स्वामित्व को साझा करना; सूचनाओं को साझा करना (कंपनी से संबंधित); मुनाफे को साझा करना या नुकसान को साझा करना।

शेयरों के विचार को समझने के लिए एक ऐसी ही व्यवस्था देखते हैं। इस बात पर आप भी सहमत होंगे कि मुंबई, बैंगलोर, दिल्ली और चेन्नई जैसे शहरों में स्वतंत्र मकानों के दिन समाप्त हो चुके हैं। आज बेहद धनी लोग भी फ्लैट खरीदकर उनमें रह रहे हैं। हालाँकि उन सुविधापूर्ण फ्लैटों की कीमत कुछ करोड़ होती है। चलिए, हम शेयरों की किसी चीज व मकानों से ही तुलना करते हैं, जिसे सभी समझते हैं।

मान लीजिए, दो व्यक्ति हैं—रमेश और सुरेश। रमेश एक स्वतंत्र मकान खरीदता है। वह इस बिल्डिंग का इकलौता मालिक है (जब तक उसके बेटे इस संपत्ति के लिए लड़ना नहीं शुरू कर देते!)। उसका घर 10,000 वर्ग फीट क्षेत्र में निर्मित है, जो चार मैदानों से कुछ ही बड़ा है। यह जमीन रमेश के नाम है।

सुरेश अगली पीढ़ी का व्यक्ति है। स्वतंत्र मकान की जगह वह मुंबई में एक फ्लैट खरीदता है (मुंबई में फ्लैट, यानी सुल्तान!)। यह फ्लैट बड़ी सी दो-मंजिला एक बिल्डिंग में है, जिसमें हर फ्लोर पर दो मकान हैं। उस बिल्डिंग में कुल मिलाकर चार मकान हैं।

सुरेश की बिल्डिंग 10,000 वर्ग फीट से भी अधिक में निर्मित है। चूँकि यह एक ही बिल्डिंग है, अतः सभी चार फ्लैट वालों के लिए जमीन संबंधी दस्तावेज एक जैसे हैं। लेकिन यहाँ फ्लैट सुरेश समेत चार भिन्न लोगों ने खरीदे हैं। वे सभी एक-एक फ्लैट के मालिक हैं।

वे न केवल फ्लैट के निर्मित क्षेत्र के मालिक हैं, बल्कि वे सभी बरामदे, सीढ़ियों, छत, लिफ्ट कक्ष और बिल्डिंग के आस-पास निर्मित बगीचे जैसे कॉमन एरिया के भी सह-मालिक हैं। सिर्फ कॉमन एरिया ही नहीं, बल्कि जमीन के कुल आकार के एक-चौथाई के मालिक हैं। बिल्डिंग की 2,500 वर्ग फीट जमीन के कानूनी मालिक वे ही

हैं। बिल्डर यह विशेष रूप से नहीं दरशा सकता कि वास्तव में वे कौन से 2,500 वर्ग फीट के मालिक हैं। हम सभी जानते हैं कि यह अविभाजित भूमि है, जिसे गणना और स्वामित्व के उद्‌देश्य से केवल कागजों पर विभाजित किया गया है। लेकिन बतौर जमीन और दस्तावेजों में यह अविभाजित ही रहेगी।

यदि उनमें से कोई भी फ्लैट मालिक उसे बेचना चाहेगा तो वह कुल भूमि का ¼ या अविभाजित भाग में स्थित फ्लैट ही बेच सकता है।

कंपनी एक बिल्डिंग के जैसी होती है

कोई भी संस्थान किसी बिल्डिंग के जैसा होता है। उस संस्थान/कंपनी के शेयर अविभाजित जमीन के हिस्से हैं। हम इसे आसान तुलनात्मक चार्ट द्वारा समझ सकते हैं।

रिहायशी बिल्डिंग	कंपनी
कुछ बिल्डर इसे व्यावसायिक अवसर मानते हुए फ्लैट निर्माण की योजना बनाते हैं।	कुछ उद्यमी इसे व्यावसायिक अवसर मानते हुए कंपनी शुरू करने की योजना बनाते हैं।
इन्हें प्रवर्तक कहा जाता है।	इन्हें भी प्रवर्तक कहते हैं (यहाँ भी समान नाम), वह जो प्रवर्तन और विकसित करता है।
मूल पूँजी खुद लगाता है।	मूल पूँजी के तौर पर अपना (और अपने दोस्तों व रिश्तेदारों का) धन लगाते हैं।
जमीन अधिगृहीत कर कार्य आरंभ कर देता है।	जमीन प्राप्त करता है या ऑफिस किराए पर लेता है, बतौर कंपनी रजिस्टर होता है और काम शुरू कर देता है।
योजनानुसार बिल्डिंग बनाने के लिए और धन की आवश्यकता है (प्रत्येक 4 मंजिलों पर 4 फ्लैट, यानी 16 फ्लैट निर्माण की योजना है)।	प्रोजेक्ट पूरा करने के लिए या कंपनी और व्यापार को विस्तार देने के लिए और धन की आवश्यकता है।
निर्माण से पहले ही दिलचस्पी रखनेवालों को कुछ फ्लैट बेचने का निर्णय लेता है।	कंपनी के कुछ हिस्से को स्वामित्व में दिलचस्पी रखनेवालों को बेचने का निर्णय करता है।
फ्लैट का दाम मान लीजिए, 10 लाख रुपए तय कर देता है।	कितनी पूँजी चाहिए, इसका निर्णय लेता है। मान लीजिए, यह 1 करोड़ रुपए है। प्रत्येक शेयर का भाव 10 रुपए तय कर देता है।

16 फ्लैट हैं, उचित रूप से विज्ञापित करता है और दिलचस्पी लेनेवाले ग्राहकों को बेच देता है। कुछ लोग 1 फ्लैट लेते हैं, कुछ 2 और एक बड़ी पार्टी (बड़ा परिवार) 4 फ्लैट खरीद लेता है।	अपना आई.पी.ओ. (इनीशियल पब्लिक ऑफर) निकालता है, आवेदन करनेवाली जनता को शेयर आवंटित करता है। कुछ लोग न्यूनतम 50 शेयरों के लिए आवेदन करते हैं, कुछ 500 के लिए और कुछ एच.एन.आई. व संस्थान हजारों शेयरों के लिए।
तय कीमत पर विक्रय करता है।	तय कीमत पर शेयर आवंटन करता है।
16 फ्लैट 32,000 वर्ग फीट जमीन पर बनने हैं। बिल्डिंग (फ्लैट) के अतिरिक्त प्रत्येक (नए) मालिक को 2,000 वर्ग फीट (32,000/16) भूमि का स्वामित्व मिलेगा।	आवेदकों को आवंटित शेयरों का स्वामित्व मिल जाता है।
प्रत्येक फ्लैट स्वामी को 2,000 वर्ग फीट अविभाजित भूमि का विक्रय पत्र मिल जाता है।	आवंटित संख्या के शेयरों का शेयर सर्टिफिकेट (या डीमैट प्रारूप में) जारी कर दिया जाता है, जो संपूर्ण इक्विटी पूँजी का अविभाजित हिस्सा है।
प्रवर्तक 16 में से 8 फ्लैट बचाते हैं। बिल्डिंग में अभी भी उनकी फ्लैट संख्या सबसे अधिक है। हालाँकि इसके कुछ अन्य मालिक भी हो गए हैं।	कुल शेयरों (पूँजी) का बड़ा व पूर्व निर्धारित भाग अपने पास रखते हैं और कंपनी के प्रबंधन एजेंट के तौर पर कार्य करते रहते हैं।
सभी फ्लैटों के मालिक एसोसिएशन बनाकर आम आचार संहिता तैयार करते हैं।	कंपनी के बोर्ड ऑफ डायरेक्टर्स के प्रस्तावानुसार सभी शेयरधारकों को समान रूप से लाभांश व बोनस शेयरों जैसे फायदे दिए जाते हैं।
विभिन्न कारणों से फ्लैटों का बाजार भाव बढ़ता या घटता है।	शेयर स्टॉक एक्सचेंज की सूची में शामिल हो जाता है और ट्रेडिंग के लिए उपलब्ध होता है। बाजार कंपनी के प्रदर्शन और संभावनाओं को देखते हुए शेयर का भाव तय करता है।
फ्लैट मालिक उसे रखने या खरीदने में दिलचस्पी रखनेवालों को जितना चाहे उतने दामों पर बेचने के लिए स्वतंत्र हैं।	शेयरधारक अपने हिस्से के शेयर बेचने या अपनी इच्छा के अनुसार बाजार से और शेयर खरीदने के लिए स्वतंत्र हैं।

कंपनी का प्रवर्तन व सूचीबद्धता

मान लीजिए, कंपनी का प्रवर्तन श्री सक्सेना ने किया है। उन्होंने मूल रूप से 10 लाख रुपए निवेश किए। कुछ समय बाद जब व्यापार बढ़ जाता है तो वे 15 लाख रुपए और निवेश कर देते हैं। व्यापार और बढ़ता है और उनके उत्पाद की माँग में स्थिर वृद्धि हो रही है।

अब वे बड़े स्तर पर विस्तार का निर्णय लेते हैं और इसके लिए एक मेगा प्लान बनाते हैं। उन्हें पता चलता है कि विस्तार के लिए 1 करोड़ रुपए की आवश्यकता होगी। वे बैंक से 1 करोड़ रुपए का कर्ज लेने का निर्णय लेते हैं।

उनका मित्र, जो बैंक में काम करता है, उसे यह पता चलता है कि वह सक्सेनाजी को इन्हें इसकी जगह इक्विटी (शेयर बाजार) का मार्ग अपनाने की सलाह देता है। वह कहता है, "अगर तुम कर्ज लोगे तो तुम्हें उस पर पहले ही दिन से ब्याज चुकाना होगा, फिर भले ही तुम्हें मुनाफा हो या न हो। ऐसा करना ही होगा। लेकिन अगर तुम्हारी कंपनी अन्य लोगों को शेयर देती है तो तुम्हें विस्तार के लिए पर्याप्त धनराशि मिल जाएगी। उस पैसे के लिए तुम्हें किसी को ब्याज भी नहीं देना होगा।" सक्सेना साहब हैरान थे और खुश भी।

"लेकिन लोग मुझे अपना पैसा क्यों देंगे, वह भी तब, जब उन्हें ब्याज भी नहीं मिल रहा हो?"

"यदि वे आपको अपना पैसा बतौर कर्ज या ब्याज के लिए देते हैं तो वे साहूकार हो जाएँगे। उन्हें स्थायी दर से वह ब्याज प्राप्त होगा, जो आप उन्हें देना चाहेंगे। लेकिन यदि वे वही पैसा आपकी इक्विटी शेयर लेने के लिए देते हैं तो वे आपके संस्थान का हिस्सा बन जाएँगे। वे व्यापार में आपके सह-स्वामी होंगे, इसलिए वे आपसे ब्याज नहीं माँगेंगे। लेकिन उनके पास आपकी कंपनी की संपत्ति और समृद्धि को साझा करने का अधिकार मिलेगा। उन सभी के पास आपकी कंपनी की अविभाजित पूँजी होगी। अविभाजित यानी संपूर्ण पूँजी। यह अविभाजित है, क्योंकि बाँटने के बाद भी यह एक साथ ही रहती है।

"जैसे बजाज ऑटो ने वर्ष 2010 में सभी शेयरधारकों को बोनस शेयर दिए थे। कई कंपनियाँ इसी तरह प्रत्येक शेयरधारक को इसी दर (प्रतिशत) पर लाभांश देती हैं। आपको उन सभी को लाभांश, बोनस और अन्य फायदे देने होंगे (जैसा आप अपने लिए चाहते हैं), जो भागीदार के रूप में आपके व्यापार से जुड़ेंगे। निश्चित ही यह भागीदारों के आधार पर भिन्न होगा, जो उनके द्वारा दी गई पूँजी पर निर्भर होगा।"

सक्सेनाजी को यह (उदाहरणार्थ दिया) विचार पसंद आया और दिलचस्पी दिखाने वालों से 1 करोड़ रुपए एकत्रित करने का निर्णय लिया। उन्होंने लोगों को जानकारी दी कि

उनका व्यापार बढ़िया चल रहा है और वे इसे विस्तार देना चाहते हैं और उनके पास यह व्यापारिक अवसर मौजूद हैं। यह कंपनी इस साल इतना लाभ निश्चित ही कमा सकेगी। उन्होंने यह सारा विवरण एक दस्तावेज के रूप में प्रकट किया, जिसे प्रॉस्पेक्टस कहते हैं।

"मैं उन सभी लोगों को आमंत्रित करता हूँ, जो मुझसे सह-स्वामी या शेयरधारकों के तौर पर जुड़ना चाहते हैं। प्रत्येक शेयर 10 रुपए में जारी किया जाएगा। (डिनॉमिनेशन या फेस वैल्यू)। खरीदने की इच्छा रखनेवाले 50 के गुणक में (गणना में आसानी के लिए) शेयरों के लिए आवेदन कर सकते हैं। जो भी 5,000 रुपए निवेश कर सकता हो, वह आवेदन करे। मैं उनमें से प्रत्येक व्यक्ति को 50 शेयर आवंटित करूँगा।

"अगर आप में से कोई 50,000 रुपए में 5,000 शेयर लेना चाहता हो तो मैं ऐसा भी कर सकता हूँ। मैं उन्हें आवंटित व जारी कर दूँगा।"

बहुत से लोग, ऑफिस में काम करनेवाले, घरेलू महिलाएँ और अन्य व्यापार कर रहे लोगों को इसके द्वारा सक्सेना साहब के व्यापार में अच्छा अवसर व संभावना दिखाई दी। वे जानते थे कि वे न तो ऐसा व्यापार आरंभ कर सकते हैं और न ही ऐसी कंपनी बना सकते हैं। उनके पास न तो इतना समय है और न ही इतना पैसा है।

हालाँकि उनके पास 5,000 या 50,000 रुपए जितना पैसा तो है, जिसे वे कहीं निवेश कर उस पर कुछ ब्याज प्राप्त कर सकते हैं। वे उस पैसे से और अधिक कमाई करना चाहते हैं। उन्हें इस कंपनी में 5,000 रुपए निवेश करने में कोई बड़ा जोखिम दिखाई नहीं देता—और वह भी सक्सेना साहब के पास, जिनकी साख पहले से ही बहुत अच्छी है तो अपेक्षित राशि रखनेवालों ने डी.डी. और चेक के साथ आवेदन कर दिया। सक्सेना साहब यह देखकर हैरान रह गए कि उनके 1 करोड़ रुपए के लिए 10 रुपए प्रति शेयर की दर से 10 लाख शेयरों के बदले में 5 करोड़ रुपए के 50 लाख शेयरों के लिए आवेदन प्राप्त हुए।

उनके लिए अपने प्रस्ताव का ओवर सबस्क्राइब्ड हो जाना सुखद आश्चर्य था, क्योंकि उनके शेयर पाँच गुना सबस्क्राइब्ड थे। चूँकि उन्होंने यह प्रस्ताव उन्हें दिया था, जिन्हें वे पहले से नहीं जानते थे और उन्होंने यह प्रस्ताव अखबारों और अन्य मीडिया माध्यमों से दिया था, इसलिए इसे 'पब्लिक इश्यू' के नाम से जाना जाता है।

चूँकि उन्होंने अपनी कंपनी के लिए यह प्रस्ताव पहली बार रखा था, इसलिए यह उनका (उनकी कंपनी का) पहला सार्वजनिक प्रस्ताव था। संक्षेप में कहें तो यह आई.पी.ओ. (इनीशियल पब्लिक ऑफर) था। सक्सेना साहब और उनकी कंपनी काल्पनिक है, जिसे हमने उदाहरण के तौर पर सृजित किया है। अब एक वास्तविक कंपनी को देखते हैं, जिसने आई.पी.ओ., बहुत बड़ा आई.पी.ओ., निकाला है। इस कंपनी का नाम है—डी.एल.एफ.।

डी.एल.एफ. का पब्लिक ऑफर

डी.एल.एफ. ने सन् 2007 में काफी बाधाओं के बाद एक पब्लिक ऑफर पेश किया। डी.एल.एफ. छह दशक पुरानी निजी कंपनी है। उन्होंने अपनी शुरुआत रियल एस्टेट बिजनेस से की थी और सन् 1981 में हरियाणा में डी.एल.एफ. सिटी नाम से टाउनशिप का निर्माण करते हुए खूब लाभ कमाया था। इस कंपनी के प्रवर्तक व मालिक श्री के.पी. सिंह और उनके परिवार के सदस्य हैं। इसके बाद उन्होंने निजी रूप से अपने परिजनों व दोस्तों को कुछ शेयर जारी किए। तब तक यह प्राइवेट लिमिटेड कंपनी रही।

तत्पश्चात् उन्होंने पब्लिक होने का निर्णय लिया। ऐसा करके उन्होंने एक ही झटके में काफी संपत्ति एकत्रित कर इतिहास बना दिया। इस इश्यू के बाद वे एक समय विप्रो के श्री अजीम प्रेमजी को पीछे छोड़कर भारत के चौथे सबसे अमीर व्यक्ति बन गए।

डी.एल.एफ. ने 523 प्रति शेयर के प्रीमियम पर 2 रुपए प्रति शेयर की दर से 17.5 करोड़ शेयर जारी किए।

चूँकि रियल एस्टेट के भाव स्थिर प्रगति पर थे और डी.एल.एफ. अन्य छोटी निर्माण कंपनियों के विपरीत अच्छे प्रबंधनवाली कंपनी थी, जिसने गुड़गाँव, हरियाणा में टाउनशिप का निर्माण किया था—चतुर निवेशकों ने इस इश्यू को हाथोहाथ लिया। इतना बड़ा होने पर भी यह इश्यू 3.6 गुना ओवर सबस्क्राइब्ड हो गया। इसमें क्वालिटी इंस्टीट्यूशनल बिडर (क्यू.बी.आई.) जैसे विदेशी संस्थागत निवेशक और एल.आई.सी., यू.टी.आई., आई.डी.बी.आई. आदि जैसे घरेलू संस्थागत निवेशकों के भाग 5.23 गुना का शानदार ओवर सबस्क्राइब्ड हुआ।

जी हाँ, एफ.आई.आई. और अन्य संस्थागत निवेशकों ने डी.एल.एफ. के ढेर सारे शेयरों के लिए आवेदन किया, जो समुचित मात्रा में आवंटित कर दिए गए। बहुत से खुदरा निवेशकों को भी शेयर आवंटित हुए। दिलचस्प बात यह रही कि संस्थागत निवेशकों के विपरीत सभी खुदरा निवेशकों को उतने शेयर मिल गए, जितने की उन्होंने माँग की थी, क्योंकि खुदरा भाग पूर्णतः सबस्क्राइब्ड नहीं हुआ था। यह लगभग 90% के आस-पास रहा।

डी.एल.एफ. प्रबंधन ने इस आई.पी.ओ. के माध्यम से 7,28,84,938 शेयर बड़ी संख्या में लोगों को आवंटित व जारी किए। डी.एल.एफ. के इस सफल पब्लिक इश्यू की बदौलत और भी बहुत कुछ हुआ।

- डी.एल.एफ. कंपनी को अपने इस पब्लिक ऑफर द्वारा एक ही झटके में व्यापार के लिए 9,600 करोड़ रुपए के रूप में बहुत सारा धन मिल गया।
- डी.एल.एफ. की पूँजी में वृद्धि हुई। जिन सबके नाम शेयर आवंटित किए गए

थे, उन्होंने उतना ही धन दे दिया, जितनी डी.एल.एफ. की पूँजी थी।

- बड़े संस्थागत निवेशकों समेत हजारों निवेशक उन्हें जितने शेयर आवंटित हुए थे, उतनी मात्रा में डी.एल.एफ. कंपनी के सह मालिक बन गए।

चूँकि अब सह-मालिकों की संख्या काफी बढ़ चुकी थी, इसलिए अब डी.एल.एफ. के.पी. सिंह एवं फेमिली की निजी कंपनी नहीं रह गई थी। यह पब्लिक लिमिटेड कंपनी थी। हालाँकि इस आई.पी.ओ. के बाद भी के.पी. सिंह व उनके परिवार के पास डी.एल.एफ. के 88.24% शेयर थे। इस तरह वे अभी भी सबसे बड़े शेयरधारक थे। इसी कारण अभी भी कंपनी का प्रबंधन वे ही कर रहे थे। दूसरे शब्दों में कहें तो कंपनी का प्रबंधन अभी भी उनके ही हाथ में था।

डी.एल.एफ. ने 2 रुपए की फेस वैल्यू पर 17.5 करोड़ शेयर जारी किए और बदले में पूँजी (प्रीमियम) के तौर पर उन्हें मिली धनराशि समेत 9,187.5 करोड़ रुपए प्राप्त हुए, जो डी.एल.एफ. के रिजर्व्स एंड सरप्लस खाते में जमा हो गए।

डी.एल.एफ. ने 2 रुपए का इक्विटी शेयर 525 रुपए में दिया (विवरण आगे)। इसका मतलब उन्होंने डी.एल.एफ. में स्वामित्व पाने की इच्छा रखनेवालों से प्रति शेयर 523 रुपए अधिक माँगे और प्राप्त किए।

डी.एल.एफ. ने अंतिम रूप से यही 'प्रीमियम' तय किया, माँगा और प्राप्त भी किया। लोग यह अतिरिक्त राशि देने को तैयार थे, क्योंकि वे डी.एल.एफ. के शेयरों को सचमुच इस (या इससे भी अधिक) के लायक समझते थे।

'प्रीमियम' क्या होता है?

प्रीमियम वह अतिरिक्त राशि है, जो इसे पाने की इच्छा रखनेवालों को चुकानी होती है। इसका कारण यह है कि उस उत्पाद की बहुत माँग है। उसकी माँग उपलब्धता से अधिक है। उदाहरण के लिए, जैसे रजनीकांत या शाहरुख खान की फिल्म का टिकट थिएटर में उस कीमत से अधिक पर बिकता है, जो उस पर मुद्रित हो। आई.पी.एल. क्रिकेट मैच के टिकट काउंटर के बाहर प्रीमियम पर बिकते हैं। अगर मैच इस लायक होगा तो लोग अधिक पैसे देने को भी तैयार हो जाएँगे।

एक और उदाहरण लेते हैं। एक व्यक्ति 50 रुपए वर्ग फीट की दर से जमीन खरीदता है, फिर वह उस जमीन को विकसित करता है। तत्पश्चात्, हर जगह जमीनों के दाम बढ़ने लगते हैं। यदि वह अपनी जमीन का एक टुकड़ा बेचना चाहे तो उसे इसे किस दाम पर बेचना चाहिए? क्या जितने पर उसने इसे खरीदा था—50 रुपए प्रति वर्ग फीट?

वह ऐसा क्यों करेगा? वह उसे उस समय की सबसे बेहतरीन बाजार कीमत पर बेचने का प्रयास करेगा। वह तो इसे 250 रुपए प्रति वर्ग फीट पर बेचना चाहेगा। उसका

ज्यादा पैसे माँगना गलत भी नहीं है। उसे पूरा अधिकार है कि वह बतौर 'प्रीमियम' 200 रुपए प्रति वर्ग फीट प्राप्त करे।

इसी तरह डी.एल.एफ. ने एक बिजनेस मॉडल तैयार किया, कंपनी को विकसित किया और उसे एक लाभ उत्पादक कंपनी के रूप में स्थापित किया। फिर प्रवर्तक अनजान लोगों को कंपनी के शेयर उसी कीमत पर क्यों देने लगे?

विश्लेषक गणना कर वह दर निकालते हैं, जो पब्लिक ऑफर के समय उचित होती है और लोग शेयर बाजार की परिस्थितियों (चढ़ाव व घटाव अवस्था) पर आधारित उस शेयर को किसी दर पर खरीदेंगे। इस गणना के आधार पर डी.एल.एफ. के शेयरों को 2 रुपए पर 523 रुपए का (भारी) प्रीमियम दिया गया (उसके भाव से 261 गुना अधिक)।

प्रस्ताव और आवंटन का कार्य समाप्त होने के बाद डी.एल.एफ. के शेयर मुंबई और नेशनल स्टॉक एक्सचेंज में सूचीबद्ध हो गए।

अब इन्हें बाजार कीमत पर बेचा जा रहा है। अब कोई फेस वैल्यू (2 रुपए) या प्रीमियम (523 रुपए) आदि कुछ नहीं है। जिन लोगों को आई.पी.ओ. के दौरान ये शेयर मिले थे, वे यदि इस शेयर को अपने पास न रखना चाहते हों तो इसे बेच सकते हैं। जिन लोगों ने आवेदन नहीं किया था या जिन्हें, उदाहरण के लिए क्यू.आई.बी. को, ये ओवर सबस्क्राइब्ड होने के कारण पर्याप्त संख्या में नहीं मिल सके थे, वे इसे उन लोगों के लिए खरीद सकते हैं, जो इन्हें बेचना चाहते हों। स्टॉक एक्सचेंज में यही सब किया जाता है।

आई.पी.ओ. के बाद जब शेयर स्टॉक एक्सचेंज में सूचीबद्ध हो गया, तब डी.एल.एफ. के शेयरों को सभी खरीद व बेच सकते हैं। कोई भी शेयरधारक इन्हें बेच सकता है और इनमें रुचि रखनेवाला इन्हें खरीद सकता है।

कई लोगों को लगता होगा कि डी.एल.एफ. कुछ अधिक प्रीमियम माँग रहा है, अत: सूचीबद्ध होने के बाद इसका भाव ऑफर भाव से कम हो सकता है। लेकिन अधिकांश विश्लेषक यह देखकर चकित रह गए (इस मामले में क्या वाकई ऐसा था!) और शेयर प्राप्त करनेवालों को भी (सुखद) हैरानी हुई, जब डी.एल.एफ. के शेयर का भाव 562 रुपए रहा, यानी 525 रुपए के इश्यू प्राइस से 7% अधिक था।

यह आवंटन प्राइस से 37 रुपए अधिक था। जिन लोगों के पास आवंटित शेयर थे, उन्हें 20 दिनों (आवेदन के दिन से सूचीबद्ध होने के दिन तक) के भीतर ही प्रति शेयर 37 रुपए का मुनाफा हुआ था। कुछ ने इन्हें बेच दिया तथा कुछ ने और खरीद लिये। वे ठीक थे, क्योंकि एक ही महीने में डी.एल.एफ. के शेयरों का भाव बढ़कर 650 रुपए हो गया और एक ही साल के भीतर यह 1,000 रुपए को छू गया।

इस तरह डी.एल.एफ. अब सूचीबद्ध कंपनी बन गई है और इसके शेयर स्टॉक

एक्सचेंज में खरीदने व बेचने के लिए उपलब्ध हैं।

कई लोगों को शेयर बाजार और शेयरों की आवश्यकता पर हैरानी हो सकती है। इसके होने के कई अच्छे कारण हैं और हम डी.एल.एफ. के उदाहरण में ऐसे आई.पी.ओ. का प्रभाव देख सकते हैं।

1. डी.एल.एफ. कंपनी के लिए

इनकी इक्विटी पूँजी फिलहाल उच्चतम है। साथ ही उनका रिजर्व्स एंड सरप्लस (आर एंड एस) में वृद्धि हुई। 523 रुपए प्रति शेयर की प्रीमियम धनराशि आर एंड एस खाते में गई और केवल फेस वैल्यू के 2 रुपए पूँजीगत लेखा रहेगी। लाभांश केवल इस 2 रुपए पर ही घोषित होगा।

हालाँकि जब भी कंपनी की कुल संपत्ति की गणना होगी, तब पूँजी और आर एंड एस खाते दोनों का आकलन किया जाएगा। लिमिटेड कंपनियों के लिए उनकी कुल संपत्ति बहुत महत्त्व रखती है, क्योंकि कंपनियों को अपनी कुल संपत्ति के आधार पर ही धन (कर्ज) प्राप्त करने की अनुमति होती है। जब डी.एल.एफ. जैसी कंपनियाँ पब्लिक लिमिटेड बनकर प्रीमियम एकत्रित करती हैं तो उनकी कुल संपत्ति बढ़ जाती है और इसके साथ ही उनकी कर्ज लेने की क्षमता भी बढ़ती है, जो कंपनी के हित में रहता है।

2. नए शेयरधारकों के लिए

किसी ने कंपनी बनाने के बारे में विचार किया और इसे डिजाइन किया, उत्पाद को पहचाना, उसका निर्माण किया और उसे बेचा भी। यहाँ तक सब ठीक चलता प्रतीत होता है। कंपनी स्थिर मार्ग पर चल रही है। लोगों की नजरों में वह उत्पाद सफल है—एक प्रमाणित मॉडल, एक कार्यशील मॉडल।

अब प्रवर्तक कंपनी में शामिल होने के लिए अन्य लोगों को आमंत्रित करता है। वह अपेक्षित सूचना का खुलासा करता है और जानकारी देता है। विश्लेषक भी कहते हैं कि इस व्यापार में अच्छी संभावनाएँ हैं। 'मैं इस कंपनी में शामिल क्यों नहीं हो सकता? मैं इस कंपनी में थोड़े से शेयर खरीद लूँगा। निस्संदेह वे मुझसे प्रवर्तकों द्वारा कंपनी को इस स्तर तक लाने का प्रीमियम वसूल करेंगे। कोई बात नहीं, यह यथोचित है। इसके और आगे बढ़ने की गुंजाइश भी दिखाई देती है।'

जो भी संतुष्ट होगा, उसे आवेदन करने पर शेयर मिल जाएँगे (यदि आवंटित होते हैं तो)। यहाँ 'जो भी' का अर्थ 'जो भी' ही है। जो भी—यानी वह चाहे मुकेश अंबानी, अनिल अंबानी या अजीम प्रेमजी जैसा व्यापारी ही क्यों न हो। ये उन कुछ दिग्गजों में

शामिल हैं, जिन्होंने डी.एल.एफ. के आई.पी.ओ. में बड़े लॉट के लिए आवेदन किया था।

- एल.आई.सी., आई.एफ.सी.आई., यू.टी.आई. आदि जैसे संस्थान। न केवल वित्तीय संस्थान, बल्कि कुछ विकसित देशों में तो शैक्षणिक संस्थान (विश्वविद्यालय) और बंदोबस्ती बोर्ड भी डी.एल.एफ. जैसे कॉरपोरेट के शेयरों के लिए आवेदन कर इन्हें प्राप्त करते हैं (निजी इक्विटी मार्ग द्वारा, जिसके बारे में हम आगे बताएँगे)।
- म्यूचुअल फंड और अन्य कॉरपोरेट जो अपने धन को अधिक फायदेवाली जगह निवेश करना चाहते हैं।
- और अंततः हर तरह की कमाईवाला व्यक्ति, या कहें तो कोई भी व्यक्ति (घरेलू महिला, सेवानिवृत्त व्यक्ति, छोटे दुकान मालिक, छात्र) आवेदन कर सकते हैं; क्योंकि शेयर में निवेश की यही खूबसूरती है कि इसके लिए अधिक पूँजी, शिक्षा या किसी भी तरह की व्यापारिक कुशाग्रता की आवश्यकता नहीं होती।

आवंटन के समय कंपनियाँ सुनिश्चित अंक के गुणन में आवेदन के लिए कह सकती हैं। हालाँकि सूचीबद्ध होने के बाद जब शेयर द्वितीयक बाजार में आते हैं और रोजाना ट्रेड होते हैं, जहाँ उन्हें 1 की संख्या में, यानी केवल 1 शेयर भी खरीदा जा सकता है। इस तरह किसी भी कॉरपोरेट के भीतर इक्विटी मोड में आसानी से दाखिल हो सकते हैं।

नेशनल स्टॉक एक्सचेंज में सूचीबद्ध कुछ अच्छी कंपनियों के 30 मई, 2017 को कारोबार करनेवाले शेयर हैं—

शेयर कंपनियाँ	शेयर भाव
आई.टी.सी.	281
रिलायंस इंडस्ट्रीज लि.	1353
एच.डी.एफ.सी. बैंक लि.	1557
लार्सन एंड टुब्रो लि.	1755
ऑयल एंड नेचुरल गैस कॉरपोरेशन लि.	184
एक्सिस बैंक लि.	502
एच.डी.एफ.सी.	1552
आई.सी.आई.सी.आई. बैंक लि.	309
इनफोसिस लि.	952

टाटा कंसल्टेंसी सर्विसेज लि.	2455
टाटा मोटर्स लि.	449
स्टेट बैंक ऑफ इंडिया	307

ऐसा कौन है, जिसके पास शेयर खरीदने के लिए 2,000 रुपए न हों? ज्ञान व जागरूकता के प्रसार के साथ ही 10,000 रुपए की न्यून मासिक आयवाले लोग भी शेयरों में पैसा निवेशित कर रहे हैं। सिर्फ बारहवीं कक्षा तक पढ़े चेन्नई के शोरूम में पुस्तकें बेचने वाले राजेश ने भी आवेदन किया और उसे भी डी.एल.एफ. के 20 शेयर आवंटित हुए। तब से राजेश भी डी.एल.एफ. का शेयरधारक है।

प्रवर्तक (के.पी. सिंह) को जो भी लाभ प्राप्त होते हैं, वही अन्य शेयरधारकों (कुछ संस्थान या हाई नेटवर्थ इंडिविजुअल (एच.एन.आई.) या अमीर लोग) और राजेश जैसे छोटे निवेशकों को भी मिला करते हैं। कहा जाता है कि समय सबको समान बना देता है। शेयर भी ऐसा ही महान् समभाव कर्मी होता है। जहाँ तक लाभ की बात है, जैसे शेयर, राइट शेयर, पूर्व जानकारी, मतदान अधिकार, लाभांश, बोनस आदि के मामले में सभी शेयरधारकों की एक जैसी स्थिति है। बस, शेयरों की संख्या के आधार पर इसका परिमाण अलग हो सकता है। लेकिन लाभ की दर समान ही रहती है। यदि लाभांश 10% है तो सभी शेयरधारकों को यह 10% ही मिलेगा।

लोग द्वितीयक बाजार में शेयरों का आवेदन व खरीद क्यों करते हैं? (कंपनी द्वारा शेयर बेचने का प्रस्ताव व आवंटन को प्राथमिक बाजार (प्राइमरी मार्केट) से खरीदना कहा जाता है और इन्हें स्टॉक एक्सचेंज से खरीदना या बेचना द्वितीयक बाजार (सेकंडरी मार्केट) कहलाता है।

लोग शेयर में इसलिए निवेश करते हैं, क्योंकि उन्हें इसमें बेहतर और कुछ मामलों में उत्कृष्ट रिटर्न दिखाई देता है। जैसा कि हमने पहले देखा, विभिन्न निवेशों में विभिन्न अवसर हैं तो विभिन्न कमियाँ भी हैं। अध्ययन दरशाते हैं कि **अच्छी कंपनी** के शेयरों में पैसे निवेश करने और उसे **लंबे समय** तक न छूने से अच्छे रिटर्न हासिल होते हैं। अच्छी कंपनी और लंबा समय—दो ही महत्त्वपूर्ण हैं।

देश को लाभ

कृषि और औद्योगिक विकास न होने पर लोगों को उनकी जरूरत की चीजें उचित दाम पर नहीं मिल सकेंगी। वे दिन गए, जब लोगों को कुछ भी पाने के लिए लंबे समय तक प्रतीक्षा करनी पड़ती थी। मात्र 20-25 साल पहले हमारे देश में लोगों को हर चीज

के लिए काफी लंबे समय तक प्रतीक्षा करनी पड़ती थी, फिर चाहे वे चावल या गेहूँ जैसी साधारण, लेकिन आवश्यक चीजें ही क्यों न हों। वे भी अपर्याप्त व सीमित हुआ करती थीं। निस्संदेह इसका कारण भी था। लगभग हर दूसरे या तीसरे साल अकाल पड़ता या बाढ़ आया करती। हरित क्रांति के कारण आज अकाल का अस्तित्व केवल इतिहास की पुस्तकों तक है। एक समय ऐसा भी था, जब भारतीय उन अमेरिकी जहाजों की प्रतीक्षा करते थे, जो गेहूँ लेकर आया करते थे।

किसी को दोपहिया वाहन खरीदना हो तो वह खरीद सकता था; लेकिन केवल लंब्रेटा (सिर्फ एक ब्रांड) स्कूटर होता था। साथ ही उसे पहले से बुक करवाना होता था। वाहन की डिलीवरी 6 से 12 महीनों बाद होती थी। कार का मतलब सिर्फ एंबेसडर या फिएट होता था। घर बनाने की इच्छा रखनेवालों को बहुत पहले से योजना बनानी होती थी, क्योंकि सीमेंट दुष्प्राप्य था और केवल सरकार ही इसे आवंटित कर सकती थी। यह डीजल की भाँति नियंत्रित उत्पाद था!

युवाओं को विवाह से काफी पहले एल.पी.जी. कनेक्शन बुक करवाना होता था, अन्यथा उन्हें केरोसिन स्टोव से काम चलाना पड़ता। एल.पी.जी. कनेक्शन की माँग हमेशा बनी रहती और काले बाजार में यह बहुत महँगा था। सरकार-प्रदत्त दूध का कार्ड भी कुछ अलग नहीं था। संक्षेप में, व्यक्ति को हर चीज की पहले ही से योजना बनाकर कतार में प्रतीक्षा करनी होती थी।

आज की तरह तब भी रेलवे का परिचालन केवल सरकार ही करती थी। बहुत से उत्पाद केवल सरकार ही बनाया करती थी। निजी कंपनियों को भी गंभीर रूप से नियंत्रित किया जाता था।

भेल (पावर उपकरण), बेल (इलेक्ट्रॉनिक्स), बी.ई.एम.एल. (लोडर्स और डंपर्स), सेल (स्टील), नेल्को (अल्युमिनियम), आई.डी.पी.एल. (दवाइयाँ), ए.ए.वी. आई.एन. (तमिलनाडु में दुग्ध) उत्पादन क्षेत्र की कुछ सरकारी कंपनियों के उदाहरण हैं।

हीरो साइकल्स, बाद में हीरो होंडा, केवल साइकिलों का निर्माण करती थी। उत्पादन की मात्रा बढ़ाने के लिए लाइसेंस के रूप में सरकार की अनुमति लेना आवश्यक था। वे प्रतिवर्ष 10,000 से अधिक साइकिलों का निर्माण नहीं कर सकते थे।

आज बतौर उपभोक्ता, हमें किसी भी और सब चीजों में विकल्प मौजूद हैं। क्रेडिट कार्ड के माध्यम से व्यक्ति जो चाहे, खरीद सकता है। व्यक्ति को सामान खरीदने के लिए बाहर जाने की भी जरूरत नहीं है। इ-कॉमर्स की बदौलत कार से लेकर घर, फोन आदि हर सामान कभी भी और कहीं भी खरीदा जा सकता है। हर चीज हर समय और कितनी भी मात्रा में हमेशा उपलब्ध है।

जनसंख्या में निरंतर वृद्धि के बावजूद ऐसा कैसे संभव हो सका? यह किसने संभव

बनाया? क्या सरकार ने और उद्योग आरंभ किए? क्या यह सरकारी समिति आंदोलन के कारण संभव हो सका? हमारी अर्थव्यवस्था में हुए रूपांतरण और वस्तुओं व सेवाओं की आसान उपलब्धता के लिए तत्कालीन प्रधानमंत्री श्री पी.वी. नरसिम्हा राव द्वारा आरंभ की गई नई आर्थिक नीति और उससे उत्पन्न उदारीकरण का धन्यवाद। उस समय डॉ. मनमोहन सिंह वित्त मंत्री थे।

उदार आर्थिक नीतियों और विनियंत्रित उद्योगों से बाजार में वस्तुओं व सेवाओं की बाढ़ आ गई। सैकड़ों-हजारों छोटे व मध्यम उद्योगपतियों ने आगे आकर इसे संभव बनाया। वे छोटे और मध्यम उद्योग विकसित होकर विशाल उपक्रमों जितने बड़े हुए।

आज भारत में हमारे यहाँ 3,000 से भी अधिक कंपनियाँ सूचीबद्ध हैं। गैर-सूचीबद्ध कंपनियों की संख्या तो और भी अधिक है। कंपनियों का सूचीबद्ध होना केवल शेयर बाजार प्रारूप से ही संभव है। रिलायंस इंडस्ट्रीज, जिसका 50 साल पहले अस्तित्व भी नहीं था, आज भारत की सबसे बड़ी कंपनी बन गई है। विक्रय व कुल कारोबार नहीं, बल्कि कर अदायगी के बाद वर्ष 2013-14 के लिए उसका वार्षिक मुनाफा 21,984 करोड़ था।

बजाज ऑटो, टेल्को, अशोक लेलैंड और टी.वी.एस. मोटर्स, एम एंड एम आदि के न होने पर आज हमारा परिवहन क्षेत्र कहाँ होता! जरा रैनबैक्सी, डॉ. रेड्डी लैब और सिपला जैसी फार्मा कंपनियों के योगदान की कल्पना कीजिए। आई.टी. क्षेत्र में टी.सी. एस., इन्फोसिस, विप्रो, एच.सी.एल., महिंद्रा एवं सत्यम; रियल एस्टेट में डी.एल.एफ., यूनिटेक और आई.वी.आर.सी.एल.; इन्फ्रास्ट्रक्चर में एल एंड टी, जे.पी. एसोसिएट्स—इन सभी ने भारतीय अर्थव्यवस्था का चेहरा बदला है।

ये सभी कंपनियाँ न तो सरकार के और न ही निजी स्वामित्व में थीं। इसके मालिक लाखों छोटे निवेशक हैं, जिनकी बचत को संयुक्त कर इसकी इक्विटी कैपिटल बनी। इन्होंने वस्तुओं व सेवाओं का निर्माण करते हुए लोगों की बढ़ती माँगों को पूरा किया। इसे दरशाने के लिए हम वर्ष 2016-17 में भारत में बिके कुछ वाहनों की संख्या देखते हैं।

घरेलू मोटर वाहन बिक्री (2016-17)

यात्री वाहन	37,91,540
व्यावसायिक वाहन	8,10,286
दोपहिया वाहन	1,99,29,485
तीन-पहिया वाहन	7,83,149
कुल	**2,53,14,460**

स्रोत : सियाम

सिर्फ 12 माह के भीतर 2,53,00,000 से भी अधिक वाहनों का निर्माण व विक्रय हुआ। इससे करोड़ों लोगों को रोजगार मिला। उन सबने राज्य व केंद्र सरकारों को आय कर, बिक्री कर, उत्पाद शुल्क और सीमा शुल्क चुकाया।

सरकारी राजस्व

केंद्र सरकार ने वित्त वर्ष 2017-18 (बजट में) के दौरान राजस्व के तौर पर निम्न राशि एकत्रित की।

	करोड़ रुपए में
कॉरपोरेट कर	5,38,745
व्यक्तिगत आय कर	4,41,255
धन कर	950
केंद्रीय (केंद्र सरकार) उत्पाद शुल्क	4,06,900
सीमा शुल्क	2,45,000
सेवा कर	2,75,000
गैर कर राजस्व	2,88,757

कुल मिलाकर यह 20 लाख करोड़ से भी अधिक होता है।

विदेशी मुद्रा

किसी भी अन्य देश की तरह हमें भी अपने आयात का मूल्य चुकाने के लिए विदेशी मुद्रा की आवश्यकता है। पेट्रोल व डीजल संबंधी हमारी लगभग 80% आवश्यकता आयात से ही पूरी होती है! हमें आयात का मूल्य अमेरिकी डॉलर या अन्य विदेशी मुद्राओं में चुकाना होता है। हालाँकि भारत भी बहुत सी वस्तुओं और आई.टी. जैसी सेवाओं का निर्यात कर डॉलर, यूरो, येन आदि जैसी विदेशी मुद्राएँ अर्जित करता है; लेकिन यह कुल आयातित बिल की राशि को पूरा करने के लिए पर्याप्त नहीं है।

भुगतान शेष—डेफिसिट (घाटा)

वर्ष 2011-12 में आयात और निर्यात की गई कुल वस्तुओं का हमारा परिणाम 189 अरब अमेरिकी डॉलर कम रहा। हमारा विदेशियों से सेवाएँ लेने और देने का कुल व्यापार घाटा 64 अरब अमेरिकी डॉलर रहा। इन्हें जोड़ें तो केवल वर्ष 2011-12 में ही

हमारा शेष भुगतान 125 अरब अमेरिकी डॉलर ऋणात्मक रहा।

वर्ष 2013-14 के नौ माह में प्रथम तीन तिमाही का उपलब्ध डाटा दरशाता है कि हमने जितना निर्यात किया है, उससे हमारा आयात 150 अरब अमेरिकी डॉलर कम रहा। (https://rbi.org.in/scripts/BS_PressReleaseDisplay.aspx ?prid=30738)

विदेशी मुद्रा अर्जित करने के अतिरिक्त हम विदेशी निवेश को आकर्षित करनेवाले देश भी हैं। बहुराष्ट्रीय व विदेशी कंपनियों को हमारे देश में कुछ खास क्षेत्रों में निवेश की अनुमति है। इस तरह वे विदेशी मुद्रा लाते हैं। भारत में उनके सीधे निवेश करने को प्रत्यक्ष विदेशी निवेश या एफ.डी.आई. कहा जाता है।

विदेशी किसी भी देश में केवल तभी निवेश करते हैं, जब उन्हें इनका कोई मूल्य दिखाई देता है। सन् 1991 के बाद भारत अच्छी मात्रा में विदेशी निवेश को आकर्षित कर रहा है। आँकड़े अपनी गवाही खुद देते हैं।

बीते वर्षों का एफ.डी.आई. प्रवाह

भारत में प्रत्यक्ष विदेशी निवेश

वित्त वर्ष	अरब डॉलर
2000-01	2.46
2001-02	4.07
2002-03	2.71
2003-04	2.19
2004-05	3.22
2005-06	5.54
2006-07	12.49
2007-08	24.58
2008-09	31.40
2009-10	25.83
2010-11	19.43
2011-12	28.40
2012-13	22.40
2013-14	24.30

(यदि एक डॉलर 60 रुपए का हो तो 1 अरब डॉलर का मतलब लगभग 6,000 करोड़ रुपए हुआ।)

एफ.आई.आई.

एफ.आई.आई. का पूरा नाम है—विदेशी संस्थागत निवेशक। व्यापार या कंपनी खोलनेवाली एफ.डी.आई. के विपरीत एफ.आई.आई. कंपनियों के शेयर या कॉरपोरेट तथा सरकारी बॉण्ड खरीदकर निवेश करते हैं।

तेजी से बढ़ते शेयर बाजार हमेशा विदेशी निवेशकों को आकर्षित करते रहे हैं और हाल ही के समय में भारत इसका पसंदीदा ठिकाना बन गया है।

अच्छा रिटर्न पाने की संभावनाओं की तलाश में बहुत से एफ.आई.आई. भारत में निवेश कर रहे हैं। एफ.आई.आई. को भारत में निवेश करने की अनुमति वर्ष 1994 से है। आर.बी.आई. और सेबी (SEBI) ने ये नियम स्थापित किए कि वे क्या कर सकते हैं और क्या नहीं कर सकते।

एफ.आई.आई. निवेश (रुपए में)

वित्त वर्ष	शेयरों में
1992–93	13
1993–94	5,127
1994–95	4,796
1995–96	6,942
1996–97	8,546
1997–98	5,267
1998–99	–717
1999–00	9,670
2000–01	10,207
2001–02	8,072
2002–03	2,527
2003–04	2,527
2004–05	44,123

एफ.आई.आई. निवेश (रुपए में)	
वित्त वर्ष	शेयरों में
2005–06	48,801
2006–07	25,236
2007–08	53,404
2008–09	–47,706
2009–10	110,221
2010–11	110,121
2011–12	43,738
2012–13	140,033
2013–14	79,709
2014–15**	9,602
योग	**717,688**

** 30 अप्रैल, 2014

हम में से अधिकांश के विपरीत, बल्कि एक तरह से हमारे एल.आई.सी. और म्यूचुअल फंड जैसे घरेलू संस्थागत निवेशकों की तुलना में एफ.आई.आई. अधिक बड़े लॉट खरीद रहे हैं। एक बार संतुष्टि हो जाने पर वे ऐसी कंपनियों के कुल इक्विटी शेयरों में से कुछ प्रतिशत खरीद लेते हैं।

कुछ भारतीय कंपनियों में एफ.आई.आई. होल्डिंग्स

कंपनी का नाम	विदेशी शेयर (अरब यू.एस. डॉलर में)
हाउसिंग डेवलपमेंट फाइनेंस कॉरपो. लि.	58.63
जैन इरीगेशन सिस्टम्स लि.	55.64
इंडियाबुल्स रियल एस्टेट लि.	53.73
इन्फ्रास्ट्रक्चर डेवलपमेंट फाइनेंस कंपनी लि.	51.1
यूनाइटेड स्पिरिट्स लि.	50.34

कंपनी का नाम	विदेशी शेयर (अरब यू.एस. डॉलर में)
आई.वी.आर.सी.एल. लि.	50.31
यस बैंक लि.	45.54
रिलायंस एग्रो लि.	41.66
एल.आई.सी. हाउसिंग फाइनेंस लि.	41.33
जियोडेसिक लि.	41.05
श्रीराम ट्रांसपोर्ट फाइनेंस कं. लि.	40.65
हेक्सावेयर टेक्नोलॉजीस लि.	39.79
हाउसिंग डेवलपमेंट एंड इन्फ्रास्ट्रक्चर लि.	38.62
आई.सी.आई.सी.आई. बैंक लि.	38.62
एन.सी.सी. लि.	38.38
ओप्टो सर्किट्स (इंडिया) लि.	38.24
एक्सिस बैंक लि.	37.68
एमटेक ऑटो लि.	37.03
साउथ इंडियन बैंक लि.	36.2
फेडरल बैंक लि.	36.14
इन्फोसिस टेक्नोलॉजीज लि.	36.12
एडुकॉम्प सॉल्यूशंस लि.	35.97
जी एंटरटेनमेंट एंटरप्राइजेज लि.	35.86
यूनाइटेड फास्फोरस लि.	35.53
दीवान हाउसिंग फाइनेंस कॉरपो. लि.	34.96
इंडुसिंक बैंक लि.	34.78
महिंद्रा एंड महिंद्रा फाइनेंशियल सर्विसेज लि.	34.06
करुतूरी ग्लोबल लि.	33.64
सिंटेक्स इंडस्ट्रीज लि.	33.31

कंपनी का नाम	विदेशी शेयर (अरब यू.एस. डॉलर में)
एस. कुमार नेशनवाइड लि.	33.28
स्ट्राइड्स आर्कोलैब लि.	33.08
रॉल्टा इंडिया लि.	32.8
हीरो होंडा मोटर्स लि.	32.79
धनलक्ष्मी बैंक लि.	32.66
इंडियाबुल्स फाइनेंशियल सर्विसेज लि.	32.57
मोन्नेट इस्पात एंड एनर्जी लि.	32.49
मैक्लियो रसेल इंडिया लि.	32.47
यूनिटेक लि.	31.7
एच.सी.एल. इन्फोसिस्टम्स लि.	31.62
एस्कॉर्ट्स लि.	31.07
रेडिंग्टन (इंडिया) लि.	31.06
हिंडाल्को इंडस्ट्रीज	30.91
गुजरात एन.आर.ई. कोक लि.	30.86
ग्लेनमार्क फार्मास्यूटिकल्स लि.	30.51
शोभा डेवलपर्स लि.	30.21
मणप्पुरम जनरल फाइनेंस एंड लीजिंग लि.	30
मैक्स इंडिया लि.	30

27 जून, 20016 को सबसे अधिक एफ.आई.आई. होल्डिंग वाली कुछ शीर्ष कंपनियाँ

कंपनी	एफ.आई.आई. (%)
एच.डी.एफ.सी.	77.40
आई.सी.आई.सी.आई.	64.10
एस.के.एस. माइक्रो फाइनेंस	63.80

कंपनी	एफ.आई.आई. (%)
इंडिया बुल्स हाउसिंग	58.80
डॉ. रेड्डीज लैब	52.70
एच.डी.एफ.सी. बैंक	50.90
जी. एंटरटेनमेंट	47.10
यू.पी.एल.	46.60

संदेश

शेयर बाजार देश के लिए, उद्योग के लिए, कॉरपोरेट के लिए और अंत में आम जनता के लिए लाभकारी है; क्योंकि पूँजी (शेयर) बाजार से बड़े उद्योग और सेवाओं को उत्पन्न होने की क्षमता देते हैं, जिससे बढ़ती आबादी को कुछ उत्पाद व सेवाएँ हासिल होते हैं और इसका सीधा लाभ शेयर बाजार में निवेश करनेवालों को होता है।

□

3

शेयर कारोबार से कमाई

जैसा कि हमने पिछले खंड में देखा कि आज पैसा कमाने के कई तरीके हैं। शेयर बाजार उन्हीं में से एक है। कुछ लोगों को शेयर बाजार निवेश का मार्ग नहीं, बल्कि जुआ लगता होगा! उनकी राय में, यहाँ पर धन निवेश करना सुरक्षित नहीं होता।

वे पूरी तरह से गलत भी नहीं हैं। सच तो यह है कि किसी भी तरह के निवेश में पूँजी पूरी तरह सुरक्षित नहीं होती, सिवाय सरकारी बॉण्डों के तुलनात्मक रूप से शेयर बाजार में जोखिम कुछ अधिक होता है। लेकिन यह लॉटरी या घुड़दौड़ जैसा नहीं है। तो फिर शेयर बाजार में निवेश करना जुए जैसा क्यों लगता है?

जिन्होंने भी कुछ लोगों को थोड़े ही समय में बड़े पैमाने पर धनराशि कमाते या गँवाते देखा है, उन्हें ही ऐसा महसूस होता है। उन्होंने क्यों कमाया या गँवाया? क्योंकि उन्होंने इसे जुए की तरह लिया। वे अपने पैसों को फौरन ही दोगुना या तिगुना करना चाहते थे और इसी कारण उन्होंने शेयर बाजार में पैसा लगाया था। उन्होंने अपने भाग्य पर भरोसा करते हुए बड़ा जोखिम उठाया। निस्संदेह, बहुत कम लोगों को लाभ हुआ और अधिकांश असफल रहे। लोग अपने लालच के कारण असफल हुए। अब वे बाजार को बुरा बताते हैं।

ऐसे बुद्धिमान निवेशक भी हैं, जिन्होंने शेयर बाजार में निवेश कर काफी पैसा ही नहीं बनाया, बल्कि दुनिया के सबसे रईस व्यक्ति वॉरेन बफे ने शेयरों में निवेश करके ही पैसा कमाया है। उन्होंने शेयरों में उस समय से निवेश करना आरंभ कर दिया था, जब वे सिर्फ बारह वर्ष के थे।

शेयर बाजार में जो व्यवस्थित ढंग का दृष्टिकोण रखते हैं, उन्हें उससे कहीं बेहतर रिटर्न हासिल होता है, जो वे किसी और स्थान पर निवेश करने से हासिल करते। जैसा व्यापार में करते हैं, उसमें रणनीति भी बनानी होती है और उस रणनीति का अनुपालन भी करना होता है।

शेयर बाजार से आय

दुनिया भर में ऐसे सैकड़ों व हजारों व्यक्ति हैं, जो शेयर बाजार में निवेश करते हैं और उनमें से बहुत से पैसा भी कमाते हैं। वे शेयर बाजार से पैसे कैसे कमाते हैं? उनकी पद्धति क्या है?

मोटे तौर पर कहें तो शेयर में निवेश से तीन प्रकार की कमाई होती है—

(अ) लाभांश के रूप में आय।

(ब) शेयरों के भाव बढ़ने से होनेवाला मुनाफा, जिसे कैपिटल एप्रिसिएशन (पूँजीगत मूल्य वृद्धि) के तौर पर जाना जाता है।

(स) टैक्स छूट से प्राप्त लाभ से (अन्य प्रकार की आय से तुलना करें तो)।

(अ) लाभांश से आय

सोना खरीदने से किसी किस्म की आय नहीं होती। संभवत: आभूषण पहनने की संतुष्टि जैसे कुछ अमूर्त लाभ हो सकते हैं। इसी तरह बंजर भूमि खरीद लेने पर भी किसी तरह की आय नहीं होती।

बैंक एफ.डी. और सरकारी बॉण्डों में धन लगाने से कुछ ब्याज अवश्य मिल जाता है। निश्चित ही यह भी आय ही है। बिल्डिंग और मकानों में निवेश करने से किराया मिलता है और यह निवेश से प्राप्त आय है। इसी तरह कंपनियाँ प्रतिवर्ष अपने शेयरधारकों के लिए लाभांश की घोषणा करती हैं। कुछ कंपनियाँ, जैसे—इन्फोसिस, हीरो मोटर कॉर्प और एच.सी.एल. ऐसा साल में एक से अधिक बार करती हैं और कुछ कंपनियाँ तो दो या तीन सालों में एक बार करती हैं। यह इस पर निर्भर है कि उनकी आय कितनी है और वे इसमें से कितने को वितरित करना चाहते हैं।

एक तरह से लाभांश निवेशकों द्वारा दी गई पूँजी पर दिए जानेवाले ब्याज के जैसा है। उदाहरण के लिए, रिलायंस इंडस्ट्रीज लि. ने वर्ष 2013-14 के लिए 10 रुपए की फेस वैल्यू पर 95% प्रति शेयर लाभांश दिया था। इससे पिछले साल उन्होंने 90% लाभांश दिया था।

टी.सी.एस. ने वर्ष 2013-14 और 2012-13 में क्रमश: प्रति शेयर 1 रुपए की फेस वैल्यू पर 2200% और 2500% लाभांश दिया था। विप्रो ने वर्ष 2012-13 में अपने 2 रुपए के शेयर पर 300% लाभांश दिया था।

जी हाँ, सब कंपनियाँ भिन्न प्रतिशत प्रदान करती हैं। यह उन पर निर्भर करता है। वे इसे दे भी सकती हैं और नहीं भी। इस लाभांश का निर्धारण वे अपनी बोर्ड मीटिंग में करते हैं। तत्पश्चात् शेयरधारकों की मंजूरी के लिए इस पर आम बोर्ड मीटिंग में पेश किया जाता है।

कुछ प्रबंधन खुले हाथों लाभांश देते हैं। वहीं कुछ कंपनियाँ ऐसी भी हैं, जो अधिक नहीं बाँटतीं और कमाए गए लाभ को कंपनी के 'रिजर्व एंड सरप्लस' में रखे रहती हैं।

हीरो मोटर कॉर्प अकसर अच्छा लाभांश देती है। वर्ष 2009-10 में यह 5,500% था, तो 2010-11 में यह 5,250% था। हालाँकि आगामी वर्षों में यह घटकर 2,250 और 3,000% हो गया। जिन भी कंपनियों में केंद्र सरकार के शेयरों की संख्या अधिक है और जो अच्छी चल रही हैं, वे आमतौर पर अच्छा लाभांश देती हैं; क्योंकि सरकार को भी धन की आवश्यकता (दूध दोहना) होती है। इन कंपनियों के बोर्ड में सरकार द्वारा नामित डायरेक्टर होते हैं।

घोषित लाभांश सभी शेयरधारकों में उनके पास रखे शेयरों की संख्या के अनुपात में समान प्रतिशत में वितरित किया जाता है। शेयरों में निवेश करने का सबसे प्रमुख लाभ यह लाभांश आय है। ये लाभांश शेयर की फेस वैल्यू के आधार पर घोषित किए जाते हैं। हम जो प्रतिशत देख रहे हैं, वह शेयर के बाजार भाव पर आधारित नहीं है (जो लगातार कम या ज्यादा होता रहता है)। यह शेयर की फेस वैल्यू पर आधारित है। इन्फोसिस ने वर्ष 2013-14 के लिए 1260% की घोषणा की, जो निश्चित ही काफी अधिक प्रतिशत है। लेकिन निवेशक के लिए यह अधिक बड़ी राशि नहीं है। जी हाँ, आपने ठीक कहा, इन्फोसिस के शेयर की फेस वैल्यू 5 रुपए है। इसकी 5 रुपए की फेस वैल्यू पर घोषित लाभांश 63 रुपए होगा।

प्रवर्तकों के अतिरिक्त किसी ने भी इन्फोसिस का यह शेयर 5 रुपए में नहीं खरीदा होगा। इस शेयर के बहुत से खरीदार रहे होंगे और उन सभी ने इसे अलग-अलग भाव पर खरीदा होगा। मान लीजिए, यदि किसी ने इन्फोसिस का शेयर 2,900 रुपए में खरीदा हो (सन् 2013 का भाव) तो इस पर घोषित 1260% के लाभांश से उसे प्रति शेयर 63 रुपए मिलेंगे। 2,900 रुपए के निवेश पर 63 पैसे की प्राप्ति केवल 2.17% है।

संक्षेप में कहें तो व्यक्ति को इस निवेश (जिस भाव पर शेयर खरीदा गया) से इतनी आय प्राप्त होगी। सन् 2013 में बाजार कुछ अच्छा था, अत: इस शेयर के भाव में उछाल आया। इसके चलते प्रतिफल थोड़ा अनाकर्षक हो गया। मंदी के दौर में (शेयर बाजार के लिए सुस्त वर्ष) शेयर के भाव भी घट जाते हैं। अच्छी कंपनियाँ उस दौरान भी अच्छा लाभांश देती हैं और इन लाभांशों से काफी अच्छा प्रतिफल प्राप्त होता है।

कुछ कंपनियाँ ऐसी हैं, जिनके शेयर मात्र से अच्छा लाभांश प्राप्त हो जाता है। हमें निवेश करने के लिए कंपनी को चुनने के पूर्व वेबसाइटों पर उसके ट्रैक रिकॉर्ड की जाँच कर लेनी चाहिए। जब बैंक जमा पर 6% ब्याज मिल रहा हो (चालू खाते पर तो वह भी नहीं), तब 7 या 8% प्रतिफल मिलना बुरा नहीं है, क्योंकि लाभांश की इस संपूर्ण राशि पर आय कर से छूट (फिलहाल) प्राप्त है।

अच्छा लाभांश देनेवाली कुछ कंपनियाँ

मोतीलाल ओसवाल—शेयर ब्रोकर की वेबसाइट पर अच्छा प्रतिफल दे रहे शेयरों की सूचना इस प्रकार प्रदर्शित की जाती है—

कंपनी का नाम	लाभांश (%)	एल.टी.पी. (रु.)	लाभांश प्राप्ति %	पूर्व डिविडेंड तिथि
स्वेलेक्ट एनर्जी सिस्टम्स लि.	80	346.35	34.91	18 जुलाई, 2013
वैष्णवी गोल्ड लि.	5	2.03	22.86	22 सितंबर, 2011
आर.ई.आई. एग्रो लि.	50	2.74	19.16	23 सितंबर, 2013
ओमनिटेक्स इन्फोसॉल्यूशंस लि.	15	12.00	12.71	12 सितंबर, 2013
फर्स्ट लीजिंग कंपनी ऑफ इंडिया लि.	18	14.56	12.36	6 सितंबर, 2013
प्रीमियर लि.	70	62.35	11.66	31 मई, 2013
एकेल्या काले सॉल्यूशंस लि.	270	628.20	11.11	14 फरवरी, 2014
इंडियाबुल्स सिक्योरिटीज लि.	50	25.40	10.54	5 मई, 2014
पारेख एलुमिनिक्स लि.	40	38.55	10.53	20 सितंबर, 2012
पिक्स ट्रांसमिशन लि.	15	44.00	10.35	17 सितंबर, 2013
यू.वी. बोर्ड्स लि.	15	3.45	8.90	5 सितंबर, 2013
कोचिन मिनरल्स एंड रूटाइल लि.	10	113.00	8.79	25 जून, 2014
एलांटस बेक इंडिया लि.	550	626.00	8.75	25 अप्रैल, 2014
राजकुमार फोर्ज लि.	15	18.15	8.67	2 अगस्त, 2013
लुडलो जूट एंड स्पेशलिटीज लि.	25	29.50	8.64	25 जुलाई, 2013

कंपनी का नाम	लाभांश (%)	एल.टी. पी. (रु.)	लाभांश प्राप्ति %	पूर्व डिविडेंड तिथि
स्वस्ति विनायक आर्ट एंड हेरिटेज कॉरपोरेशन	20	2.80	8.49	18 जुलाई, 2013
श्री शक्ति पेपर मिल्स लि.	15	17.80	8.41	3 सितंबर, 2013
तिरुमलाई केमिकल्स लि.	25	89.55	8.32	27 जून, 2013
एक्सिस कैपिटल मार्केट्स (इंडिया) लि.	7.5	28.95	8.18	22 अगस्त, 2013
एक्जो नोबल इंडिया लि.	750	974.50	8.11	30 जुलाई, 2014
सुराना कॉरपोरेशन लि.	18	22.80	8.10	13 जून, 2013
रेंकलिन सॉल्यूशंस लि.	5	2.70	8.02	22 सितंबर, 2011
शक्ति फाइनेंस लि.	10	13.00	7.81	17 सितंबर, 2013
हेक्सावेयर टेक्नोलॉजीज लि.	150	143.60	7.80	9 मई, 2014
स्टैनरोज मफतलाल इन्वेस्टमेंट एंड फाइनेंस लि.	60	82.45	7.48	11 जुलाई, 2013
गुजरात अपोलो इंडस्ट्रीज लि.	100	133.00	7.47	20 अगस्त, 2013

(ब) कैपिटल एप्रिसिएशन (पूँजीगत मूल्य वृद्धि)

बैंक एफ़.डी. में निवेशित धन का मूल्य कभी कम नहीं होता। यह बहुत जरूरी होता है। लेकिन साथ ही इसमें मूल्य वृद्धि भी नहीं होती। लाभांश और ब्याज बहुत अलग बातें हैं। सरकारी बॉण्डों में निवेशित धन में भी यही सुविधा होती है। आपका मूल धन सुरक्षित रहता है। यह न घटता है और न बढ़ता है।

लेकिन शेयरों में निवेशित धन की बात अलग है। इसका मूल्य कभी भी स्थिर नहीं रहता। लाभांश से होनेवाली आय के अतिरिक्त निवेशित राशि का मूल्य अपने आप ऊपर-नीचे होता रहता है। वर्ष 2009 में वॉकहार्ट के शेयर 160 रुपए के भाव पर उपलब्ध थे (भाव रेंज 67 और 201 के बीच)। मान लीजिए, यदि उस समय किसी ने 100 शेयर खरीदे हों तो उसका कुल निवेश हुआ 16,000 रुपए। कंपनी की कार्यशैली

में रूपांतर के कारण दिसंबर 2011 से इसके शेयरों के भाव स्थिर गति से बढ़ने लगे। अगस्त 2012 तक वॉकहार्ट का शेयर 1,150 रुपए पर चल रहा था। निजी कारणों से प्रबंधन ने उस अवधि में लाभांश की घोषणा नहीं की।

तब भी इसका निवेश मूल्य उल्लेखनीय ढंग से आगे बढ़ता रहा। अगस्त 2012 में वॉकहार्ट के शेयरों का क्रय-विक्रय भाव 1,160 रुपए हो गया था। यदि वह व्यक्ति वर्ष 2012 में अपने वे 100 शेयर बेच देता है तो इससे उसे 1,16,000 रुपए प्राप्त होंगे, जो उसके द्वारा निवेशित धनराशि से 1,00,000 रुपए अधिक है।

वॉकहार्ट में निवेशित 16,000 रुपए में अच्छी मूल्य वृद्धि हुई। तीन साल में यह लगभग 725% के करीब है, यानी प्रतिवर्ष 250% की वृद्धि! लेकिन यह मामला एक अपवाद है। प्रत्येक शेयरों में इस प्रकार मूल्य वृद्धि नहीं होती और न ही यह मूल्य वृद्धि प्रत्येक तीन वर्ष में होती है, जैसा कि बाद में वॉकहार्ट के साथ भी हुआ। ऐसा होना असंभव है। वहीं दूसरी ओर, यदि किसी कारण बाजार में तेजी आ जाती है (जिसकी काफी संभावना है और ऐसा होता भी है) तो शेयर बाजार लुढ़क जाएगा और वॉकहार्ट का भाव भी कम हो जाएगा।

कुछ भी मुफ्त में नहीं मिलता, और शेयरों में निवेश के साथ जोखिम जुड़े हैं। हालाँकि शेयर बाजार में निवेश से जुड़े जोखिमों को कम करने तथा सँभालने के भी तरीके हैं, जिन्हें हम आगे देखेंगे।

भेल (BHEL) की कहानी

भारत हैवी इलेक्ट्रिकल्स लि. केंद्र सरकार की नवरत्न कंपनियों में शामिल है। साथ ही अपने शानदार प्रदर्शन और निरंतर प्रतिफल की बदौलत शेयर बाजार के एफ.आई.आई. और एच.एन.आई. निवेशकों के लिए भी यह एक बेहद प्रतिष्ठित कंपनी है।

वर्ष 2003 के दौरान भेल के शेयर 300+ रुपए के भाव पर उपलब्ध थे और तभी 2003 की तेजी आरंभ हो गई। भेल ने वर्ष 2003-04, 2004-05, 2005-06 और 2006-07 में क्रमश: 40, 60, 80 और 140% लाभांश दिया। तत्पश्चात् आनेवाले वर्षों 2008, 2009, 2010 और 2011 के अंत में क्रमश: 152,170, 233 और 311% लाभांश दिया।

इसके अलावा, भेल ने उनके साथ सन् 2007 में एक विशेष तारीख को निवेश रखनेवालों को प्रति शेयर पर एक शेयर की दर से बोनस देने की भी घोषणा की। आगे चलकर सन् 2011 में भेल के शेयरों के लिए दिए गए हर 10 रुपए को 2 रुपए प्रति शेयर में बाँट दिया गया और सभी शेयरधारकों को उनके प्रत्येक 10 रुपए के शेयर के बदले 2 रुपए की फेस वैल्यू पर 5 शेयर दिए गए।

मान लीजिए, किसी व्यक्ति ने वर्ष 2003 में 10,000 रुपए निवेश किए और सुरक्षा,

रिटर्न एवं तरलता को ध्यान में रखते हुए पूरा आकलन किया और केवल भेल के ही शेयर खरीदे। उसने इसके 30 शेयर खरीद लिये। सन् 2007 में उसे बोनस शेयर के रूप में 30 शेयर और मिल गए। इससे उसके कुल शेयरों की संख्या 60 हो गई। वर्ष 2011 में शेयर बँटवारे के चलते उसके 60 शेयर बढ़कर 300 शेयर हो गए।

भेल के शेयरों का भाव 30.5.2014 को 246 रुपए था। इस तरह, 300 शेयरों का कुल मूल्य 73,800 रुपए हो गया। भेल के शेयरों में निवेशित 10,000 रुपए नौ सालों में लगभग 7.3 गुना बढ़ गए। (यदि हम इसकी बैंक एफ.डी. या सरकारी बॉण्डों से तुलना करें तो यह राशि छह से साढ़े सात सालों में दोगुनी हो जाती और जैसा भेल ने लाभांश दिया, उस लाभांश जितना ब्याज भी नहीं मिलता।)

यह है शेयर बाजार की ताकत। जब इसके हालात अच्छे हों और हमारे पास बढ़िया शेयर हों तो यह झोली भर देता है। यह सफलता की केवल एक कहानी है। ऐसी और भी बहुत हैं। अगली कहानी (सच्ची कहानी) इन्फोसिस की है, जो इससे भी अधिक दिलचस्प है।

इन्फोसिस में निवेश

आज भी इन्फोसिस का शेयर किसी सपने से कम नहीं है। शेयरधारकों को किसी भी अन्य शेयर से ऐसा लाभ नहीं मिला होगा जैसा इन्फोसिस से मिला है।

इन्फोसिस ने भी डी.एल.एफ. की ही भाँति सन् 1993 में अपना पब्लिक इश्यू उतारा और मई 2014 में उन्होंने पाँच गुना शेयर बोनस में दिए।

यह जरूरी नहीं है कि सभी कंपनियाँ 'एक पर एक' की दर से उसी तरह बोनस शेयर जारी करें, जैसे भेल ने सन् 2007 में किया था। कंपनियाँ इसे विभिन्न अनुपातों में प्रदान करती हैं। कुछ कंपनियाँ दस शेयरों पर एक शेयर देती हैं, यानी 10 पर 1, जो मात्र 10% हुआ। ये उनके द्वारा दिए गए लाभांश से भी कम हैं। लेकिन फिर भी, कुछ कंपनियाँ किसी कारण इस तरह से बोनस शेयर देती हैं।

कुछ अन्य अधिकतम संख्या भी हैं। यूनिटेक के शेयरधारकों की झोली उस समय पूरी भर गई, जब सन् 2006 में यूनिटेक ने 1 शेयर पर 12 देने की घोषणा की। जी हाँ, प्रत्येक निवेशक को प्रति शेयर 12 शेयर मुफ्त में दिए गए।

इन्फोसिस ने एक पर एक शेयर लगातार तीन बार दिया। बाद में साँस रोककर सुनिए, सन् 2004 में उन्होंने अपने सभी शेयरधारकों को प्रत्येक शेयर पर 3 शेयर दिए। बोनस की बरसात यहीं पर समाप्त नहीं हुई। प्रबंधन ने सन् 2006 में एक बार फिर बोनस शेयर देने का फैसला किया और फिर पुरानी शैली के अनुसार एक-पर-एक शेयर प्रदान किया।

शेयरधारक को इन बोनस शेयरों से क्या लाभ या फर्क पड़ता है? चलिए, इसे देखते हैं और जानते हैं कि इन्फोसिस के शेयरधारकों के साथ क्या हुआ। जैसे कि, यदि किसी ने सन् 1993 में इन्फोसिस के 100 शेयर उस समय लिये होंगे, जब कंपनी ने पब्लिक इश्यू जारी करते हुए 10 रुपए प्रति शेयर (फेस वैल्यू) और 85 रुपए प्रति शेयर के प्रीमियम पर 13,76,000 का प्रस्ताव रखा था। वे 100 शेयर सन् 1999 से पहले ही 800 शेयर हो गए। कुछ लोगों को हैरानी हो सकती है कि 100 शेयर एकदम से 800 कैसे हो सकते हैं।

पहली बार बोनस इश्यू मिलने पर 100 शेयर 200 हो गए। फिर एक बार और ऐसा ही होने पर 200 शेयर बढ़कर 400 हो गए। और जब एक बार फिर एक पर एक शेयर दिया गया तो 400 शेयर दोगुने होकर 800 हो गए। इसके बाद सन् 2000 में इन्फोसिस शेयर के लिए दिए गए प्रत्येक 10 रुपए को दो भागों में बाँटकर 5 रुपए प्रति शेयर कर दिया गया। इस कॉरपोरेट कदम से हर एक शेयर दो में तब्दील हो गया। इस तरह 800 शेयर दोगुने होकर 1,600 शेयर हो गए।

इन्फोसिस प्रबंधन ने सन् 2004 में जो किया, उनकी तुलना अब तक किसी चीज से नहीं की जा सकती। इन्फोसिस के मानकों को देखते हुए यही वास्तविक बोनस है। इन्फोसिस के प्रत्येक शेयर पर पुरस्कार-स्वरूप तीन शेयर और दिए गए, वह भी बिल्कुल मुफ्त। सभी शेयरधारकों के लिए यह एक कदम अप्रत्याशित लाभ का कारण बना। उनके 16,000 शेयर अचानक बढ़कर 6,400 शेयर हो गए।

कहानी यहीं समाप्त नहीं होती। इन्फोसिस के कार्य-कुशल और उतने ही उदार प्रबंधन ने बोनस की बारिश को जारी रखने का फैसला किया और सन् 2006 में एक बार फिर से शेयरधारकों को उपहार दिया, जिससे उसके कुल शेयरों की संख्या 12,800 हो गई।

30 मई, 2014 को इन्फोसिस के शेयरों का भाव 2,900 रुपए था। अब 12,800 शेयरों का मूल्य 3,71,20,000 है। और सन् 1993 में क्या निवेश किया गया था? 9,500 रुपए (100 रुपए प्रति शेयर की दर से 95 शेयर)। सन् 1993 में ऐसा कौन होगा, जिसके पास 9,500 रुपए नहीं होंगे? वे 9,500 रुपए, 21 साल में शानदार 3,907 गुना हो गए यानी 21 सालों में 3,90,736% का प्रतिफल। यह भी उस लाभांश से अलग है, जो कंपनी देती रही है!

बस, व्यक्ति को यह करना था कि उसे इन्फोसिस के शेयर खरीदकर चुपचाप बैठ जाना था (उन्हें बेचना नहीं, रखना था)। ऐसी पूँजीगत मूल्य वृद्धि की बराबरी केवल रियल एस्टेट के दिग्गज ही कर सकते हैं। इससे क्या संदेश मिलता है? मजबूत आधार व विकसित होती कंपनियों में धन निवेश कर कुछ समय (कुछ वर्षों) के लिए भूल

जाना चाहिए। निवेश के मामले में शेयर रियल एस्टेट से आगे है, क्योंकि एक घर या जमीन खरीदने के लिए व्यक्ति को बड़ी मात्रा में धनराशि की आवश्यकता होती है। वहीं शेयर कम पैसों में भी खरीदे जा सकते हैं। यहाँ तक कि इन्हें 1,000 या 2,000 रुपए में समय-समय पर खरीदा जा सकता है।

कर लाभ

आज कमाई करनेवाला हर व्यक्ति दो प्रकार से आय कर अदा करता है। पहला निजी आय कर। किसी वर्ष में—वित्त वर्ष कहे जानेवाले अप्रैल से अगले साल मार्च तक निश्चित मात्रा से अधिक आय होने पर टैक्स चुकाना होता है। वित्त वर्ष 2017-18 में 60 वर्ष तक की आयु वाले सभी व्यक्तियों के लिए 2,50,000 रुपए की अधिकतम सीमा और 60 वर्ष से ऊपर, लेकिन 80 वर्ष से कम वालों के लिए 3.0 लाख रुपए और 80 वर्ष से अधिक वालों के लिए 5 लाख रुपए तक की आय पर कोई टैक्स नहीं है।

इसके बावजूद लोगों को पैसे बचाने के लिए प्रोत्साहित करने के लिए सरकार ने कुछ और तरह की बचत को टैक्स फ्री करने की अनुमति दी है। प्रॉविडेंट फंड में योगदान, जीवन बीमा का प्रीमियम आदि कुछ ऐसे ही निवेश हैं। हर तरह की बचत अनुमति के बाद यह पूरी तरह से टैक्स फ्री राशि 1.50 लाख रुपए प्रति वर्ष (धारा 80सी के तहत) हो जाती है।

इस तरह कुछ तरह की आय के अतिरिक्त सभी आय टैक्स के दायरे में आती हैं। वर्तमान में इक्विटी शेयरों से प्राप्त किसी भी तरह की लाभांश राशि को आय कर से पूरी तरह छूट प्राप्त है। यह छूट बिना किसी तय राशि के या किसी भी तरह की शर्तों (न्यूनतम शेयर आदि) के बिना मिलती है। लाभांश के रूप में प्राप्त राशि चाहे करोड़ों रुपए में ही क्यों न हो, पूरी तरह से कर-मुक्त होती है।

शेयरों में निवेश का यह सबसे बड़ा फायदा है। केवल यही एक टैक्स छूट नहीं है। आय कर के अलावा कैपिटल गेन टैक्स (पूँजीगत अधिलाभ कर) जैसे कुछ अन्य टैक्स भी हैं। यह अधिलाभ लाभ (गेन बेनिफिट) उन्हीं को मिलता है, जिन्होंने शेयरों में निवेश किया हो। अगर कोई व्यक्ति संपत्ति (मकान या फ्लैट) खरीदकर कुछ समय बाद उसे बेच देता है तो उसे कमाए गए पूँजीगत अधिलाभ पर कर देना होगा। सरकार ऐसी निवेशित पूँजी से हुए लाभ पर टैक्स उगाही करती है।

फिलहाल (वर्ष 2013-14 में) पूँजीगत अधिलाभ कर 20% की दर से लिया जाता था। लाभ के लिए रियल एस्टेट, मकान/फ्लैट, जमीन आदि खरीदने या बेचने पर पूँजीगत अधिलाभ कर लगता है। लेकिन शेयरों से हुए पूँजीगत लाभ टैक्स के दायरे में नहीं आता। एक साल के पहले खरीदे गए शेयरों को बेचने में पूँजीगत अधिलाभ कर से पूरी तरह छूट

प्राप्त है। जी हाँ, इस पर बिल्कुल टैक्स नहीं लगता। लेकिन इसमें शर्त यह है कि बेचने की तारीख इसे खरीदने की तारीख से एक साल बाद की होनी चाहिए।

लेकिन अगर कोई अच्छा लाभ लेने या आवश्यकता पड़ने पर इसे एक साल से पहले बेच दे तो क्या होगा? कोई समस्या नहीं। इसकी अनुमति है। बस, काफी कम दर पर थोड़ा सा पूँजीगत अधिलाभ कर देना होगा। पूँजीगत अधिलाभ कर के अन्य प्रकार में यह 20% की जगह 15% (2013-14) है।

इस तरह टैक्स प्रबंधन की दृष्टि से भी शेयरों में निवेश अन्य निवेशों से स्पष्ट रूप से कहीं आगे है। जैसे बिजली बचाना बिजली निर्माण के समान होता है, उसी तरह टैक्स से बचाया गया धन कमाई करने के बराबर है। शेयरों में निवेश करना अधिक धन कमाने के साथ ही टैक्स बचाने का भी माध्यम है।

शुरुआत कैसे करें

पिछले दशकों के मुकाबले आज शेयर बाजार अधिक पारदर्शी हो गए हैं। सेबी, आर.बी.आई. और एन.एस.डी.एल. जैसी निगरानी एजेंसियाँ मुस्तैद हैं और निगरानी प्रक्रिया में निरंतर सुधार करती जा रही हैं। अब ऐसी धोखाधड़ी और नहीं हो सकती, जैसी इससे पहले हम अब तक सुनते आए हैं, सिवाय सत्यम जैसी घटना के, जिसका संबंध शेयर बाजार से नहीं, बल्कि कंपनी के प्रवर्तक (प्रमोटर) रामलिंगा राजू की ईमानदारी से है।

टर्मिनल-आधारित (कंप्यूटरीकृत) ट्रेडिंग पेश होने से पारदर्शिता और सभी निवेशकों को समान अवसर देना संभव हो सका। 'इलेक्ट्रॉनिक्स' के बढ़ने, शेयरों को इलेक्ट्रॉनिक प्रारूप (डी-मैट प्रारूप) से रखने और शेयरों को प्रस्तुत कर बेचना (जैसा कि कहा जाता है, माउस क्लिक करने जितनी तेजी से) तथा शेयर कारोबार को इतना सरल व परेशानी रहित होने से 'बाजार हानि' का विचार ही समाप्त हो गया। शेयर बाजार के मार्जिन राशि एकत्रित करने से प्रतिपक्ष जोखिम (काउंटर पार्टी रिस्क) से पूरी तरह से बचा जा सकता है।

इस तरह व्यक्ति को अपनी बचत का एक हिस्सा—केवल एक हिस्सा—अच्छा रिटर्न प्राप्त करने की दृष्टि से कुछ समय के लिए (यह भी न भूलने योग्य बात है) शेयर बाजार में लगाना चाहिए। दीर्घावधि में इससे बेहतर रिटर्न हासिल हो सकते हैं; हालाँकि लघु अवधि में परिवर्तनशीलता और अप्रत्याशितता के कारण कहानी कुछ और ही हो जाती है।

लोगों के तीन वर्ग

शेयर बाजार सबके लिए एक जैसा है। इससे होनेवाले फायदे व नुकसान भी सबके लिए समान हैं, इसके बावजूद सबका शेयर बाजार के प्रति एक जैसा दृष्टिकोण नहीं होता। ऐसा करने का कोई 'एकमात्र' तरीका नहीं है।

ताश के 54 पत्तों में राजा, रानी और गुलाम समेत सभी पत्ते वही होते हैं, लेकिन इससे कितनी तरह के खेल खेले जा सकते हैं! विभिन्न खिलाड़ी इसके प्रति विभिन्न दृष्टिकोणों व विपरीत दृष्टिकोणों का उपयोग करते हैं; बल्कि कई बार तो वे ही लोग विभिन्न समय पर ऐसा करते हैं!

क्रिकेट में एम.एस. धोनी, विराट कोहली, सुरेश रैना, क्रिस गेल और न्यूजीलैंड के ब्रेंडन मैकुलम जैसे खिलाड़ी काफी आक्रामक होकर खेलते हैं। वहीं रोहित शर्मा, दक्षिण अफ्रीका के जैक्स कैलिस जैसे कुछ अन्य धीमी गति से खेलते हैं। लेकिन ये सभी अपनी टीम के लिए अपने ढंग से योगदान देते हैं।

इसी क्रिकेट में इरफान पठान और लसित मलिंगा जैसे कुछ ऐसे भी लोग हैं, जिन्हें 'पिंच हिटर' कहा जाता है। वे तेज गेंदबाज हों या फिरकी, बैटिंग करनेवाला सबकी गेंद पर बिना किसी भय या झिझक के बल्ला घुमा देता है। यह दृष्टिकोण कई बार चल जाता है तो कई बार विकेट के नुकसान (पूँजी हानि) का कारण बनता है। वे टीम के लिए रन बनाने हेतु अपनी विकेट खतरे में डाल देते हैं।

शेयर बाजार में भी आगे बढ़ने के लिए ऐसे ही अलग किस्म के जोखिम व पुरस्कारवाले विभिन्न अवसर मौजूद रहते हैं। हम इन दृष्टिकोणों को मुख्य तौर पर तीन वर्गों में बाँट सकते हैं—

प्रमुख दृष्टिकोण

(अ) निवेश,

(ब) ट्रेडिंग,

(स) स्पेक्युलेशन (सट्टा)।

अगले अध्याय में हम एक-एक कर इन सभी पर विचार करेंगे।

□

4

निवेश दृष्टिकोण

वॉरेन बफे किसी परिचय के मोहताज नहीं हैं, बल्कि दुनिया भर के सबसे अमीर लोगों के बीच अपनी नुमरो उनो (सबसे बेहतरीन) स्थिति के कारण वे शेयर बाजार के बाहर भी काफी लोकप्रिय हैं। वे शेयर बाजार के सबसे सफल निवेशक हैं। उन्होंने एक बार कहा था कि शेयर बाजार समृद्धि को सक्रिय लोगों से असक्रिय लोगों के पास पहुँचानेवाला स्थान है।

मैं स्वयं ऐसे बहुत से लोगों को जानता हूँ, जिन्होंने शेयर बाजार से काफी पैसा कमाया है। हैरत की बात है कि वे बाजार में अधिक सक्रिय रहनेवाले लोगों में से नहीं हैं; बल्कि वे बाजार में कभी-कभार ही उतरते हैं। वे कोई कदम तभी उठाते हैं, जब उसकी जरूरत हो।

शेयर बाजार के प्रति उनका दृष्टिकोण बहुत सीधा होता है—निवेश करो और उसे बढ़ने का अवसर दो। उसी तरह जैसे कोई जमीन या अन्य स्थिर संपत्तियों में निवेश करता है, वे उचित समय पर अच्छे शेयर खरीदते हैं, शेयर—जैसे कि एल एंड टी, भेल (BHEL), आई.टी.सी., इन्फोसिस, टी.सी.एस., एच.डी.एफ.सी., एच.पी.सी.एल., एस.बी.आई., एच.यू.एल. आदि और भूल जाते हैं। दूसरे शब्दों में कहें तो वे खरीदते तो हैं, लेकिन बेचते शायद ही कभी हैं।

समय बीतने पर अच्छे शेयरों से शानदार रिटर्न हासिल होते हैं। जी हाँ, इस निवेश पद्धति में लोग शेयरों को तुरंत या छोटे मुनाफे के लिए कभी नहीं बेचते। वे यहाँ दीर्घावधिक लाभ के उद्देश्य से आते हैं। दीर्घावधि का अर्थ है—न्यूनतम 3 साल से लेकर 5, 10 या यहाँ तक कि 15 साल तक का समय। मैं ऐसे लोगों को भी जानता हूँ, जिनके पास एच.यू.एल. और रैनबैक्सी के शेयर 25 सालों से रखे हैं। अगर शेयर (कंपनी) का प्रदर्शन अच्छा है तो इसे बेचने की क्या जरूरत है ? उनका यह दर्शन होता है।

यह अच्छा दृष्टिकोण है ? क्या इस दृष्टिकोण का कुछ लाभ है ? शेयर बाजार में प्रवेश करनेवाले नौसिखियों की जानकारी के लिए बता दें, शेयर बाजार से सचमुच धन कमानेवाले (काफी मोटी रकम कमानेवाले) सभी लोगों ने इसी तरह ऐसा किया है।

वे पूरी सावधानी सहित शेयर चुनते हैं, उन्हें खरीदते हैं और लंबे समय तक अपने पास रखे रखते हैं। वे बाजार के बदलावों (उतार-चढ़ाव) से बेचैन नहीं होते। दिलचस्प बात यह है कि वे इन्हें तभी बेचते हैं, जब बाजार बहुत ऊपर हो या उन्हें पैसा चाहिए हो।

वॉरेन बफे इस दीर्घावधिक दृष्टिकोण में पूरी तरह विश्वास रखते हैं। उन्होंने कोका कोला के शेयर सन् 1988 में उस समय खरीदे थे, जब वे लगभग 45 डॉलर के थे और उन्हें आज ये शेयर अपने पास रखे 26 साल हो चुके हैं। कोका कोला नियमित रूप से लाभांश (बल्कि तिमाही लाभांश) दे रही है। इसके अलावा, बीते 26 सालों में उन्होंने 1:1 के अनुपात में तीन बार (वर्ष 1990, 1992 और 1996) बोनस शेयर भी दिए हैं।

उसी तरह वे भी अच्छे शेयर चुनते हैं और उन्हें लंबे समय तक अपने पास रखते हैं। वे इन्हें उस समय खरीदते हैं, जब शेयर आंतरिक मूल्य से काफी कम पर उपलब्ध होते हैं।

भारती के साथ मेरे प्रयोग!

मैं शेयर बाजार पर वक्तव्य देता हूँ और पुस्तकें लिखता हूँ, क्योंकि मुझे बाजार का अच्छा व बुरा दोनों तरह का अनुभव है। स्पष्ट कहूँ तो शुरुआती चरण में बुरे अनुभव अधिक रहे!

जब 1980 के अंतिम दशक में अपनी इस साहसिक यात्रा के आरंभ में मुझे पब्लिक लिमिटेड कंपनियों में निवेश के आसान रास्तों के बारे में जानकारी हुई तो मैं बहुत खुश था। मैं नियमित रूप से पब्लिक इश्यू (आई.पी.ओ.) के लिए आवेदन करता रहता था। मैं कुछ समय तक ऐसा ही करता रहा।

सन् 2002 में भारती एयरटेल के अपना आई.पी.ओ. निकालने पर मैंने उनके शेयरों के लिए आवेदन किया। उन दिनों भारती, बल्कि मोबाइल फोन खुद भी अधिक लोकप्रिय नहीं थे। उस समय केवल पी एंड टी—पोस्टल एंड टेलीग्राफ ऑफिस फोन (आज के लैंडलाइन) ही हुआ करते थे।

कुछ लोग भारत में होनेवाली मोबाइल क्रांति की बातें किया करते थे। उनका कहना था कि भारती बतौर कंपनी इस क्षेत्र में अच्छा मुनाफा कमा सकती है। मैंने 500 शेयरों के लिए आवेदन कर दिया। उस समय इनका इश्यू प्राइस 35 रुपए प्रीमियम मिलाकर केवल 45 रुपए था। मैं यह देखकर हैरान रह गया कि मैंने जितने शेयरों के लिए आवेदन किया था, मुझे वे सभी मिल गए—भारती टेली के 500 शेयर। आवंटन के बाद मैं रोजाना

अखबारों में भारती के शेयरों के भाव पर नजर रखने लगा। इसके भाव 50 रुपए तक पहुँचने के बाद स्थिर हो गए। चूँकि इसने 45 रुपए से शुरुआत की थी, इसलिए यह इसी भाव के आस-पास ट्रेड होता रहा। मेरी बेचैनी बढ़ने लगी। मैंने भारती में वरिष्ठ पद पर काम करनेवाले अपने एक मित्र से इस बारे में बात की।

भारती के शेयरों के भाव के बारे में मेरे खास तौर पर पूछने पर उसने बताया, "अभी भाव नहीं बढ़ने वाले, शायद ये थोड़ा नीचे ही आ जाएँ।" मुझे चिंता सताने लगी। मैंने 500 शेयरों में 22,500 रुपए निवेशित कर रखे थे। अगर इनके भाव गिरते हैं तो इसमें मेरा नुकसान है। अगर ये यहीं स्थिर रहते हैं तो मुझे अन्य संभावित ब्याज (बैंक खाते के) का नुकसान होगा।

मैंने भारती के शेयर बेचने का फैसला कर लिया। मैंने बतौर पहला लॉट 200 शेयर बेच दिए। भाव और नीचे 35 रुपए पर आ गए। मैंने 200 और बेच दिए। भाव और नीचे होकर 28 रुपए पर आ गए! मैं बेहद परेशान था और मैंने बचे हुए 100 शेयर भी बेच दिए। बस। मैंने सारे शेयर बेच दिए थे और इस पब्लिक इश्यू में घाटा उठाया। इसके बाद मैंने शेयर बाजार में भारती के प्रदर्शन पर ध्यान देना बंद कर दिया।

कुछ समय बाद एक दिन जब मैं सामान्य तौर पर शेयर के भाव देख रहा था तो मैं चकित रह गया। भारती के शेयर 70 रुपए पर ट्रेड कर रहे थे! मेरी खीज का अंदाजा लगाइए! मैंने अपने आपको अपनी धैर्यहीनता के लिए कोसा। उसके बाद से मैं भारती के शेयर भाव को नियमित रूप से देखता रहा (देखिए बुद्धिमत्ता!) मुझे चिढ़ाने के लिए शेयर के भाव लगातार बढ़ते रहे। धीमे-धीमे यह 110 रुपए को छू गया और फिर तेजी से 120 तक पहुँच गया और फिर 130 रुपए पर छलाँग लगा दी।

जैसा कि आप सभी जानते हैं कि यही अंत नहीं था। भारती ने अपनी उल्लेखनीय यात्रा को निर्बाध गति से जारी रखा और 500, 750 को पार करते हुए (जरा साँस रोककर सुनिए) 1,000 रुपए को छू गया और अक्तूबर 2007 में यह 1,149 रुपए के शिखर पर पहुँच गया।

अगर मैंने उन 500 शेयरों को 18,800 रुपए के लिए 37.60 रुपए के औसत भाव पर नहीं बेचा होता तो वर्ष 2007 में 5,72,000 की भारी रकम पा जाता। आवंटन भाव 45 रुपए था और अक्तूबर 2007 में इसका बाजार भाव 1,149 रुपए था। यह शानदार पच्चीस गुना अधिक था! एक सच्चा मल्टीबैगर, क्या नहीं? मई 2014 में भारती 343 रुपए पर ट्रेड कर रहा था (एक्स-स्टॉक स्पिलिट भाव 683 रुपए के बराबर)। इस भाव पर भी मेरे निवेश में बहु-गुणित (12 लाव में पंद्रह गुना) इजाफा हो जाता।

दीर्घावधिक निवेश का यह फायदा होता है। कौन जानता है कि भारती के शेयर का भाव वर्ष 2015, 2016 और 2017 में क्या होगा? जब मूल निवेश सिर्फ 22,500 रुपए

हो तो बेचने और चिंता करने की क्या जरूरत है! जैसा हमने पहले चर्चा की, शेयरधारक को सिर्फ पूँजीगत मूल्य वृद्धि ही प्राप्त नहीं होती, बल्कि लाभ कमानेवाली कंपनियाँ लाभांश भी देती हैं। भारती ने सन् 2009 से लाभांश देना आरंभ कर दिया था और यह 20% प्रति वर्ष की दर से दे रही है।

भारती दीर्घावधिक निवेश वाले अच्छे सौदों में से एक है। ऐसी आई.टी.सी., एच.यू.एल., एल एंड टी, एस.बी.आई., एच.पी.सी.एल., टी.सी.एस. आदि बहुत सी अच्छी कंपनियाँ हैं, जो अच्छा प्रदर्शन करते हुए लगातार आगे बढ़ रही हैं।

अच्छा, अब हमारे पास अच्छी कंपनियों के फायदा देनेवाले शेयरों को अपने पास रखने के पर्याप्त कारण हैं। अब अगला तार्किक सवाल यह है कि इन्हें कब खरीदा जाए?

कब खरीदा जाए?

(अ) जब ये खराब स्थिति में हों!

एक बार फिर से वारेन बफे का संदर्भ देते हैं। उन्होंने एक बार उल्लेखनीय ढंग से कहा था, "निवेशक को उस समय डरना चाहिए, जब बाकी लोग लालच करें और तब लालच करना चाहिए, जब अन्य लोग डर रहे हों।"

बफे ने सन् 2008 में सबप्राइम इश्यू से उत्पन्न ऋण समस्या के चरम पर होने के दौरान अमेरिका की निवेश फर्म गोल्डमैन सैश में 5 अरब डॉलर निवेशित किए। यह वह समय था, जब हर दूसरा निवेशक निवेश फर्मों से बाहर निकल रहा था। बफे का यह निर्णय भी सही साबित हुआ। गोल्डमैन सैश ने यह ऋण तीन साल में चुका दिया और लाभांश के रूप में बफे को 1.6 अरब डॉलर ऊपर से दिए। इसके अतिरिक्त, बफे ने 110 डॉलर के भाव पर खरीदे उन शेयरों को अपने पास ही रखने का विकल्प चुना, जो मई 2014 में 160 डॉलर के ट्रेड प्राइस पर चल रहे थे, जिससे उन्हें 106.6 करोड़ डॉलर का अतिरिक्त लाभ भी प्राप्त हुआ।

वॉरेन बफे जैसे अनुभवी निवेशक जहाँ कहीं भी होते हैं, उस समय बाजार में प्रवेश करते हैं, जब बाकी सब वहाँ से भाग रहे हों। वे उस समय खरीदारी करते हैं, जब बाजार में भारी गिरावट हो। जैसा कि खाड़ी युद्ध के दौरान हुआ, ट्विन टॉवर के हादसे के वक्त हुआ, इराक युद्ध के बाद हुआ, जब (कभी!) भी हुआ। केंद्र सरकार कमजोर थी, गठबंधन के साथी समर्थन वापस लेने की धमकी दे रहे हों या मूडी और फिच या एस एंड पी जैसी रेटिंग एजेंसियाँ भारत को नीचा दिखा रही हों आदि।

बहुत से चतुर निवेशकों ने 17 मई, 2004; 22 मई, 2006; 2 अप्रैल, 2007; 21 जनवरी, 2008; 24 अक्तूबर, 2008; 5 अगस्त, 2011 आदि को बड़ी संख्या में शेयर खरीदे, क्योंकि इन दिनों ब्लू चिप समेत लगभग सभी शेयर अविश्वसनीय भाव पर

उपलब्ध थे। कम या बिल्कुल जानकारी न रखनेवाले लोग बाजार से ऐसे भाग रहे थे, जैसे यह अंतिम अवसर हो। वे अपने शेयर मिट्टी के भाव बेच रहे थे। अनुभवी निवेशकों ने इसे अच्छा अवसर समझा और बाजार में दाखिल हो गए।

इन दिनों में शेयरों के भाव इतने नीचे क्यों गिरे, जिससे कुछ लोगों को शानदार मोल-तोल और मूल्यवान् खरीद का अवसर मिल सका?

शेयरों के भाव इसलिए गिर रहे थे, क्योंकि ज्यादातर लोग इन्हें जल्दबाजी में बेच रहे थे। शेयर बाजार में कुछ खबरों (पुष्ट व अपुष्ट) के चलते घबराहट की स्थिति थी। इसी बीच बड़े पैमाने पर लोगों ने रियायती मूल्यों या नुकसान की परवाह किए बिना पागलों की तरह बिकवाली आरंभ कर दी। कुछ लोगों के अलावा बाकी सभी जितना जल्दी हो सके, इन्हें बेचकर बाजार से निकल जाना चाहते थे। हर ओर सिर्फ बेचनेवाले दिख रहे थे। खरीदार ढूँढ़े नहीं मिल रहे थे। ऐसे में शेयरों के भाव कम होने के अलावा और कोई चारा नहीं था।

उदाहरण के रूप में, भारतीय शेयर बाजारों का एक ऐसा ही दिन था 17 मई, 2004, जिसे देखकर मैं खुद भी हैरान रह गया। यह कारण था चुनावों के अप्रत्याशित नतीजे का। नौसिखियों को ऐसे अनियंत्रित दिनों के बारे में जानना बहुत जरूरी है; हालाँकि ये कभी-कभार ही होते हैं, लेकिन खेल का हिस्सा होने के कारण कभी भी हो सकते हैं।

संरक्षक परिवर्तन

शेयर बाजार केंद्र सरकार के बदलने को लेकर बहुत संवेदनशील होता है; क्योंकि यह सरकार ही है, जो उद्योगों, उत्पाद दर और सीमा शुल्क तथा वैयक्तिक आय कर आदि पर निर्णय लेती है, जिनका इन सब कंपनियों/कॉरपोरेट की संभावनाओं पर बड़ा प्रभाव पड़ता है।

जैसे ही भारतीय जनता पार्टी ने गुजरात के चार बार मुख्यमंत्री रहे सुधार समर्थक नरेंद्र मोदी को अपना प्रधानमंत्री का उम्मीदवार घोषित किया, बाजार चढ़ना आरंभ हो गया। चुनावों की तारीखें घोषित होने पर बाजार में निश्चित उत्थान होने लगा। और इसके बाद नरेंद्र मोदीजी के पद सँभालने तक भारतीय शेयर बाजार लगभग प्रतिदिन चढ़ने लगा। 'फाइनेंशियल क्रॉनिकल' का mydigitalfc.com इसे पूरी तरह बयान करता है।

यह पहली बार नहीं है, जब इतनी छोटी सी अवधि में बाजार में ऐसा नाटकीय बदलाव आया हो। सन् 2004 में केंद्र में भाजपा थी और संसदीय चुनावों की घोषणा हुई। कांग्रेस, वाम व डी.एम.के. जैसी कुछ अन्य पार्टियों ने आपस में हाथ मिलाया और संप्रग (अब संप्रग 1 नाम से जानी जानेवाली) के नाम से गठबंधन की सरकार बनाई। तब शासन कर रही भाजपा ने एक और मोरचे राजग का नेतृत्व सँभाला।

उम्मीदों ने बढ़ाए 442 शेयरों के भाव

अमित मुद्गिल, 26 मई, 2014, नई दिल्ली

बीते आठ माह में आया 94,514 करोड़ रुपए का विदेशी निवेश

बीते सितंबर में भारतीय जनता पार्टी (भाजपा) के नरेंद्र मोदी को प्रधानमंत्री पद का संभावित उम्मीदवार घोषित करने के बाद से सोमवार को मोदी के 15वें प्रधानमंत्री के रूप में शपथ-ग्रहण समारोह तक बॉम्बे स्टॉक एक्सचेंज में प्रत्येक छह में से एक शेयर का भाव दोगुना हो चुका है।

13 सितंबर, 2013 को भाजपा ने मोदी को अपने प्रधानमंत्री पद का उम्मीदवार घोषित किया। तब से ही बी.एस.ई. बेंचमार्क सेंसेक्स 25.26 फीसदी चढ़ गया है। वहीं व्यापक सूचकांक बी.एस.ई. 500 में 31.37 फीसदी का उछाल आया।

इस लगभग आठ महीने की अवधि के दौरान बी.एस.ई. के 2,525 शेयरों में से 442 में 100 फीसदी का उछाल आया। वहीं बाकी में से 92 शेयरों में 90 फीसदी से 100 फीसदी के बीच रिटर्न रहा। 105 शेयर 200 फीसदी चढ़ गए, जबकि 17 शेयरों की बाजार भागीदारी में पाँच गुना से कुछ अधिक की बढ़ोतरी हुई।

ऐसा इसलिए संभव हुआ, क्योंकि इन आठ महीनों के दौरान आए 94,514 करोड़ रुपए मूल्य के विदेशी प्रवाह को मोदी के नेतृत्व वाली विकास-समर्थक सरकार से परियोजनाओं को मंजूरी, अवरोधों को दूर करने और निवेश चक्र को फिर से चालू करने से अर्थव्यवस्था को मदद देकर विकास के उच्च पथ पर ले जाने की उम्मीद है।

इन आठ महीनों में मातृ कुशल एंटरप्राइज (975 फीसदी इजाफा), बी.एफ. यूटिलिटीज (399 फीसदी इजाफा), के.ई.सी. इंटरनेशनल (346 फीसदी इजाफा), बी.ई.एम.एल. (299 फीसदी इजाफा) और सीएट (293 फीसदी इजाफा) के साथ बी.एस.ई. 500 सूचकांक के प्रमुख लाभार्थी रहे।

टी.वी.एस. मोटर, एन.सी.सी., सिंटेक्स इंडस्ट्रीज, सुजलॉन एनर्जी और सद्भाव इंजीनियरिंग, जिन्होंने 217 फीसदी से 288 फीसदी के बीच छलाँग भरी, व्यापक सूचकांक में अन्य लाभार्थियों में रहे। बी.एस.ई. 100 शेयरों में अडानी एंटरप्राइज, अशोक लेलैंड, पावर फाइनेंस कॉर्प, एच.पी.सी.एल., यू.पी.एल., क्रॉम्पटन ग्रीव्स, एच.डी.आई.एल. और फेडरल बैंक को भी इसी अवधि के दौरान 100 फीसदी से 246.49 फीसदी का लाभ हुआ।

सत्ता में रहते हुए भाजपा ने सार्वजनिक क्षेत्र के उपक्रमों में विनिवेश जैसे फैसले लिये, जो शेयर बाजार से संबंधित थे। बाजार सरकार के इस बाजार-मित्रवत् कार्य से प्रसन्न था और तेजी की दौड़ के मध्य में था, जिसकी शुरुआत अप्रैल 2003 से हो चुकी थी।

संसद् व आंध्र प्रदेश समेत कुछ राज्यों में चुनावों की घोषणा हो गई। इसी के साथ बाजार का चढ़ना भी रुक गया और वह परिणामों के आने तक 'रुको व प्रतीक्षा' करो के मोड़ में थी। यह नीचे नहीं गिरा, क्योंकि इसे भाजपा के फिर से जीतने और अपने कॉरपोरेट मित्रवत् नीतियों के साथ सरकार चलाना जारी रखने की उम्मीद थी। पूरे प्रचार व चुनावी अवधि के दौरान यह ठहराव बना रहा।

चुनाव समाप्त हो गए और 11 मई, 2004 को सबसे पहले आंध्र प्रदेश चुनावों के परिणाम आए। भाजपा के सहयोगी चंद्रबाबू नायडू (टी.डी.पी. से) चुनाव हार गए थे, जो सभी को हैरान करनेवाला रहा। कांग्रेस व उसके सहयोगी आंध्र प्रदेश विधानसभा चुनाव जीत गए थे। बाजार के संचालक चौकन्ने हो गए।

अगले दिन संसदीय चुनावों के परिणाम आने शुरू हुए और यह साफ हो गया कि भाजपा को स्पष्ट बहुमत नहीं मिलने वाला। टेलीविजन चैनलों ने प्रसन्नमुख कांग्रेसी नेताओं के चेहरे दिखाने आरंभ कर दिए। परिणाम आते-आते बाजार गिरना आरंभ हो गया। जितने अधिक परिणाम आते, गिरावट और बढ़ती जाती। राजनीतिक पार्टियों के बीच सांसदों की अच्छी संख्यावाले वाम दल के केंद्र में कांग्रेस की गठबंधन सरकार में शामिल होने की भी चर्चा थी।

इसके बाद असली तबाही तब मची, जब वाम दल के नेता ने टी.वी. चैनल पर विनिवेश मंत्रालय को ही बंद करने और पी.एस.यू. में और विनिवेश न करने की बात कही।

बस, इतना ही काफी था। बाजार में घबराहट पसर गई। बड़े संचालक और निवेशकों ने बाजार-मित्रवत् सरकारी नीतियों का अंत मान लिया। बहुत से लोगों ने अपने सारे शेयर बाजार में उतारने आरंभ कर दिए। बाजार में विक्रेताओं की भीड़ थी, लेकिन खरीदार नदारद थे। खरीदारों के न होने से शेयरों के भाव धड़ाधड़ गिरने लगे।

टी.वी. चैनल पर शेयरों के भाव देखनेवालों को अपनी आँखों पर यकीन नहीं आ रहा था। वे प्रति पल गिर रहे थे, जैसे कोई स्टॉप-वॉच या ऑटोरिक्शा का मीटर हो (जो लगातार बढ़ते ही रहते हैं)।

उदाहरण के लिए—टाटा स्टील, जो मई 2014 में लगभग 490 रुपए पर चल रहा था, अब 180 रुपए के एकदम सस्ते भाव पर मिल रहा था। उस अवधि के बाद एक पर दो के तौर पर बोनस में मिले शेयरों के बाद वस्तुतः 490 रुपए का वर्तमान भाव 735

रुपए के बराबर था। टाटा स्टील तो केवल एक उदाहरण है, लगभग सभी शेयर, जिनमें ब्लू चिप शेयर भी शामिल थे, अत्यंत कम भाव पर उपलब्ध थे।

बिकवाली और भाव गिरना इतना गंभीर हो गया कि इतिहास में पहली बार एन.एस.ई. और बी.एस.ई. में शेयर कारोबार रोकना पड़ा; क्योंकि सेंसेक्स और निफ्टी दोनों एक्सचेंजों के सूचकांक 10% तक गिर चुके थे, जो इनकी न्यूनतम सीमा है। ऐसा न्यूनतम बिंदु जितना नीचे (या इतना अधिक) सूचकांक कभी नहीं गया। अगर यह इस न्यूनतम बिंदु को छू जाता (या 10% बढ़ने पर) है तो ट्रेडिंग को तुरंत रोक दिया जाता है। (यह डर या लालच के चलते अत्यधिक काररवाई होने पर कोर लगाने का सुरक्षित उपाय था, बिल्कुल वैसा ही जैसे विद्युत् लाइन पर फ्यूज के फटने से बिजली सप्लाई बाधित हो जाती है।)

शेयरों के भाव में अचानक परिवर्तन आ गया (बहुत से शेयरों के भाव तो तीन अंकीय संख्या से दो अंकीय संख्या में परिवर्तित हो गए थे!) और इससे निवेश का मूल्य काफी कम हो गया। इस पर विश्वास करने या पचाने में अक्षम मुंबई और अहमदाबाद के ब्रोकर (जहाँ शेयर बाजार में सक्रिय लोगों की संख्या काफी अधिक है), जिनके खुद के पास भी शेयर थे, सड़कों पर निकल आए और विरोध-स्वरूप नारे लगाने लगे। (लेकिन किसके खिलाफ?)

सच कहें तो उस दिन वास्तव में कुछ नहीं बदला था। लेकिन बाजार की संवेदनशीलता में आमूलचूल परिवर्तन हो गया था। जी हाँ, संवेदनशीलता परिवर्तित होने से शेयर बाजार में सबकुछ बदल जाता है। इस संवेदनशीलता का तथ्यों से कोई लेना-देना नहीं। यह काल्पनिक लालच व डर के फलस्वरूप उत्पादित होती है। उस समय उद्योग-अमित्रवत् नीतियों का डर छाया था, जिससे ऐसी बरबादी हुई, जिसने कुछ ही दिनों के भीतर हजारों करोड़ रुपए स्वाहा कर दिए।

स्थिति ऐसी थी कि सोना व चाँदी आधे दामों पर बिक रहे थे। जो लोग हालात को समझते थे, उन्होंने चुपचाप खरीद लिया। वे अतीत में किसी भिन्न भयप्रद अवसर पर ऐसी सीधी गिरावट और फिर उसके बाद पुनः सबकुछ ठीक होता देख चुके थे। उन दिनों ब्लू चिप शेयर खरीदना उनकी प्राथमिकता थी। ऐसा फिर कभी हो तो इस अवसर का लाभ उठाया जा सकता है।

हालाँकि इसमें ध्यान रखनेवाली बात यह है कि प्रत्येक गिरावट अवसर नहीं होती। व्यक्ति को इस गिरावट के पीछे के कारणों को बेहद सावधानी सहित समझना चाहिए। कुछ गिरावटों के पीछे वास्तविक समस्याएँ भी होती हैं (न कि काल्पनिक या भयोत्पन्न), जैसे सन् 2000 में डॉट कॉम का बुलबुला फूटना और 2008 में अमेरिका के कई बैंकों का 'सबप्राइम एक्सपोजर' था। ये ऐसे मामले हैं, जिनका अर्थव्यवस्था पर लंबे

समय तक प्रभाव रहता है। गंभीर मामले उदित होने से आई अचानक गिरावट लंबे समय तक जारी रहनेवाली मंदी (डल फेज) की शुरुआत हो सकती है, बिल्कुल उसी तरह जैसे लगातार मूसलधार बारिश आने से पहले गड़गड़ाहट होती है या बिजली कड़कती है।

सन् 2008 भारत समेत सभी शेयर बाजारों के लिए एक अच्छा उदाहरण है। 21 जनवरी, 2008 को एक ही दिन में सेंसेक्स में 1,408 अंकों की गिरावट 2004 के चुनाव परिणामों के बाद की गिरावट जैसी नहीं थी। शेयरों के भाव टूटे और निरंतर गिरते रहे। उस दिन शेयर के भाव चाहे जितना भी नीचे होते, जो व्यक्ति शुरुआती गिरावट के दौरान खरीदारी कर लेता, वह अवश्य नुकसान में रहता, क्योंकि कुछ समय तक भावों का लुढ़कना जारी रहा।

निम्न सूची सन् 2008 में बी.एस.ई. सूचकांक, विशेष रूप से सेंसेक्स की गिरावट को दरशाती है।

बाजार में गिरावट के दौरान खरीदारी करना 'बाजार का फायदा' लेने की रणनीति है। इसके लिए अचानक आई गिरावट के कारणों को समझने की क्षमता, उसे तुरंत समझना और यदि गिरावट अस्थायी हो तो कम भावों का फायदा लेने के लिए फौरन कदम उठाने की आवश्यकता है। ऐसा करना केवल उन्हीं के लिए संभव है, जो बाजार में काफी समय से हों और जो परिवर्तित होते हालात को बखूबी समझते हों। अतः केवल अनुभवी निवेशक ही ऐसा कर सकते हैं।

दिनांक	सेंसेक्स अंकों में गिरावट
21 जनवरी, 2008	1408
22 जनवरी, 2008	857
11 फरवरी, 2008	834
13 मार्च, 2008	770
17 मार्च, 2008	951
27 जून, 2008	600
15 सितंबर, 2008	710
6 अक्तूबर, 2008	724
10 अक्तूबर, 2008	800
24 अक्तूबर, 2008	1070

(ब) सूर्योदय

अगर ऐसी अचानक गिरावटें और लिवाली उचित समय नहीं है (यदि भाव और नीचे जाने वाले हों) तो छोटे व नए निवेश बाजार में कब प्रवेश करें? नए व अनुभवहीन व्यक्ति अपने लिए बाजार में प्रवेश करने के सही समय को कैसे पहचानें?

इस सवाल का जवाब यह है कि उस समय लिवाली आरंभ करें, जब बाजार में तेजी का रुख शुरू होने वाला हो।

तेजी व मंदी का दौर (बुल व बीयर फेज)

शेयर बाजार में दो तरह के दौर होते हैं—एक को तेजी (बुल फेज) और दूसरे को मंदी (बियर फेज) कहा जाता है। किसी विशेष समयावधि में, जैसे दो या चार या कुछ अधिक वर्षों तक अधिकांश शेयरों के भाव लगातार चढ़ते रहते हैं। इसे तेजी का दौर कहते हैं।

बुल (साँड़) एक पशु है, जो आक्रामक ढंग से आगे बढ़ता है। इसी कारण जब शेयर के भाव निरंतर चढ़ (बढ़) रहे हों तो इसे 'तेजी का दौर' (बुल फेज) कहा जाता है और जो लोग भावों के और बढ़ने पर विश्वास कर कदम उठाते हैं, उन्हें तेजड़िया (बुल्स) कहते हैं। जब शेयरों के भाव कुछ समय तक लगातार गिरते रहें तो इसे 'मंदी का दौर' (बीयर फेज) कहा जाता है। बीयर (भालू) कुछ अधिक सुरक्षात्मक व पाँव पीछे खींच लेनेवाले होते हैं। इसी तरह कुछ लोग सावधान व सुरक्षात्मक रहते हैं। वे शेयरों के भावों को नीचे-से-नीचे आने की उम्मीद रखते हैं। अतः अवसर मिलते ही वे शेयर बेच देते हैं। ये बुल और बीयर प्रकृति के लोग ही बाजार को ऊपर या नीचे ले जाते हैं। अधिकांश समय यहाँ बुल व बीयर के बीच शक्ति परीक्षण जारी रहता है।

बुल फेज (तेजी का दौर)

अभी कुछ समय पहले हमारे शेयर बाजारों ने निम्न अवधि के बीच बुल फेज (तेजी का दौर) देखा था—

1993 से 1994

1998 से 2000 और

2003 से 2007

किसी को भी हैरानी हो सकती है कि शेयरों के भाव लगातार क्यों बढ़ते रहे और वह भी इतने वर्षों तक।

इसका कारण समझना आसान है, लेकिन इसे पहचानना उतना ही मुश्किल। शेयरों

के भाव केवल तभी चढ़ते हैं, जब कंपनी अच्छे मुनाफे में हो या इसके और अधिक मुनाफा कमाने की संभावना हो।

"कंपनियाँ अधिक कब कमाती हैं?"

"जब उनकी बिक्री बढ़ती है और लागत घटती है।"

"बिक्री कब बढ़ती है?"

"जब लोग अधिक पैसा खर्च करते हैं।"

"लोग अधिक पैसा कब खर्च करते हैं?"

"जब उनकी कमाई बढ़ती है।"

"उनकी कमाई कब बढ़ती है?"

"जब उनकी कंपनियाँ उन्हें अधिक पैसे देती हैं।"

"कंपनियाँ अधिक पैसे कब देती हैं?"

"जब लागत कम होती है।"

"लागत कब कम होती है?"

"जब कीमतें घटती हैं।"

"कीमतों का घटना कैसे प्रतिबिंबित होता है?"

"मुद्रास्फीति के आँकड़ों में।"

अतः किसी भी अर्थव्यवस्था में मुद्रास्फीति दर कम होने और ब्याज दर कम होने से कंपनियों की लागत भी कम हो जाती है और वे मुनाफा कमाना आरंभ कर देती हैं। जब उनका मुनाफा बढ़ता है, निवेशक का ध्यान उन पर जाता है और वे उनके शेयर खरीदना आरंभ कर देते हैं। शेयर खरीदनेवालों की संख्या बढ़ने पर मुनाफा और बढ़ता है, और सब जगह यही होने लगता है। इसे ही तेजी का दौर कहते हैं। जी हाँ, अधिकांश सूचीबद्ध कंपनियों की अच्छी कमाई से तेजी का दौर आरंभ होता है।

तेजी के दौर की शुरुआत में अच्छी कंपनियों के शेयरों के भाव बढ़ जाते हैं, क्योंकि इनकी खरीदारी करनेवालों में शोध आधारित सुविज्ञ निवेशक और संस्थान शामिल होते हैं। इन निवेशकों द्वारा बनाए गए मुनाफे से आकर्षित होकर संचालकों समेत कुछ अन्य लोग भी प्रवेश कर जाते हैं। हालाँकि इनके लिए अच्छे शेयर नहीं, बल्कि सस्ते शेयर खरीदना महत्त्व रखता है, जिनके भाव अभी नहीं चढ़े हों। बाजार की संवेदनशीलता अच्छी होने के कारण इन शेयरों के भाव भी बढ़ जाते हैं। ये भी मुनाफे कमा लेते हैं।

इसके साथ ही शेयर बाजार के उछाल मारने की खबरें और कुछ निवेशकों की सफलता की कहानियाँ मीडिया की सुर्खियाँ बन जाती हैं। इससे उन लोगों का ध्यान भी आकर्षित होता है, जो इससे पहले शेयर बाजार के बारे में कुछ नहीं जानते थे या जिन्हें इसकी परवाह नहीं थी। अपने तथा कुछ हद तक अपने ग्राहकों का लाभ देखते हुए नए निवेशक प्रवेश करने लगते हैं और किसी भी भाव पर शेयर खरीद लेते हैं, क्योंकि उन्हें इसकी कोई जानकारी नहीं होती।

अत्यधिक निवेशकों द्वारा लंबे समय तक सतत खरीदारी किए जाने से शेयर बाजार की नाव में उसकी ताकत से अधिक लोग सवार हो जाते हैं। चतुर निवेशक चुपचाप निकलना (बाजार से) आरंभ कर देते हैं। इससे अब तक नाक की सीध में चल रही नाव डगमगाना आरंभ कर देती है। फिर कुछ शुरुआती थपेड़े आते हैं। इनकी संख्या बढ़ने पर आखिरकार नाव उलट जाती है।

बीयर फेज (मंदी का दौर)

हर तेजी के बाद मंदी का दौर आता है। यह अपरिहार्य है, क्योंकि कम ब्याज दर, वस्तुओं की कम कीमतें, संस्थानों के उच्च मुनाफे आदि के इच्छित हालात का लंबे समय तक जारी रहना संभव नहीं होता। साथ ही तब तक और अधिक निवेशक आ चुके होते हैं, शेयरों के भाव और अधिक बढ़ गए होते हैं। यह साफ हो जाता है कि शेयर ओवरप्राइज हो गए हैं। यही मंदी का समय होता है।

तेजी का दौर एक धमाके के साथ बुरी खबर की तरह अचानक यू-टर्न ले लेता है। मंदड़िए शेयरों को मिट्टी के भाव बेचना आरंभ कर देते हैं। वे जो उनके पास हैं, उन्हें तो बेचते ही हैं, उन्हें भी बेच देते हैं, जो उनके पास नहीं हैं (इसे शॉर्टिंग कहते हैं)। बहुत लोगों के बेचने से शेयरों के भाव नरम पड़ने लगते हैं और वे कमजोर निवेशक उन्हें कितने भी मुनाफे पर बेचने के लिए तैयार हो जाते हैं। इस तरह वे भी बेचनेवालों का अंधानुकरण करने लगते हैं। इससे आपूर्ति बढ़ने लगती है और यदि तेजड़िए टकराव को जारी रखने की इच्छा रखें और जो कुछ मिले, उसे खरीदते जाएँ तो बाजार नरम पड़ने लगता है और शेयरों के भावों में गिरावट आती है।

जिन लोगों को बाजार पर और कंपनी के प्रदर्शन पर विश्वास होता है, वे ऐसी गिरावट के दौरान भी अपने शेयर नहीं बेचते। लेकिन भावों के फिर से ठीक होने के लिए उन्हें कब तक प्रतीक्षा करनी होगी ? लगातार गिरते भाव उनके धैर्य की भी परीक्षा लेते हैं।

शेयर का भाव निरंतर कम होते देखना बेहद खराब लगता है। निवेशक की पोर्टफोलियो वैल्यू (कुल निवेश मूल्य) हर दिन और नीचे होती जाती है। उन्हें लगने लगता है, 'मुझे कल ही बेच देना चाहिए था। कम-से-कम थोड़ा तो नुकसान कम होता।'

शेयरों के गिरते भाव और कमी के चलते गिरते मुनाफे के बीच बीयर अपने वारों की गति बढ़ा देता है। इसे 'बीयर हैमरिंग' कहा जाता है। वे उन शेयरों को खोजने लगते हैं, जो ओवरप्राइज हों (उनके हिसाब से) और वे उन पर वार व शिकार करते हैं। अपनी दिनोंदिन गिरती पोर्टफोलियो वैल्यू और निकट भविष्य में सबकुछ ठीक होने की धुँधलाती उम्मीद के बीच तेजड़िए पस्त होने लगते हैं। वे बाजार में और नुकसान उठाने से बचने के लिए लड़ाई को छोड़ने के बारे में सोचने लगते हैं।

अगला बदलाव नाटकीय था और अब कथित तेजड़िए भी मंदड़िए (पाला बदलकर) हो गए तथा भाव कम होने के पूर्व उनके पास जितने भी शेयर थे, उनसे अधिक (शॉर्टनिंग) बेचने लगे। उनमें से बहुत से लोग जो मुनाफा कमाने का सोच रहे थे, वे अपना दृष्टिकोण (धारा में बहते हुए) बदलकर नुकसान से वसूली करने लगे। ऐसा होने के साथ ही बाजार पूरी तरह से मंदड़ियों के हाथ आ गया और अब भावों की सुरक्षा करनेवाला कोई नहीं बचा था। अब मंदड़ियों के लिए रास्ता साफ था। एक समय ऐसा भी आया कि नए निवेशक को गंभीरता का एहसास होने लगा और उन्होंने भी बिकवाली शुरू कर दी।

यह पहली चोट थी। इसके बाद बाजार में सुधार हुआ और वह सही स्तर पर आने लगा; लेकिन इसे और गिरने से नहीं रोका जा सकता था, जहाँ अधिकांश निवेशक पैसे गँवा रहे थे। बाजार को सहारा देनेवाला कोई नहीं बचा था (दूध का जला छाछ भी फूँककर पीता है)। अतः कोई सहारा न होने से यह निरंतर नीचे जाता रहा।

अधिकांश लोग अपनी उँगलियाँ जला बैठे थे (और कुछ अपना पूरा हाथ!)। उन्होंने बाजार में वापस न आने की कसम खा ली। यह एक बुरे सपने के जैसा था और सरकार समेत कोई भी अब इस बाजार को नहीं उठा सकता था, क्योंकि बाजार का मूड बदल चुका था और अब इसे विकास के बहुतेरे प्रमाणों की आवश्यकता थी और सबसे महत्त्वपूर्ण, बाजार को ऊपर उठाने के लिए नए निवेशकों का समूह चाहिए था। घाव अभी हरे थे, इसलिए ऐसा तुरंत तो नहीं, लेकिन कुछ समय बाद हो सकता था। इसे समय आधारित सुधार (टाइमवाइस करेक्शन) कहते हैं।

हमारे बाजार ऐसे ही खौफनाक मंदी के दौर से तब भी गुजरे थे, जब सन् 1994 में हर्षद मेहता की धोखाधड़ी प्रकाश में आई (एक बड़ी बुरी खबर)। इसके बाद मंदी का दौर तब आया, जब टेक्नोलॉजी का बुलबुला फूटा। तीसरा मंदी का दौर सन् 2008 के अमेरिकी सबप्राइम इश्यू के बाद आरंभ हुआ था।

शेयर बाजार में प्रवेश की रणनीति यह भी होती है कि जब शेयरों के दाम बहुत अधिक गिरें और मूल्य कम हो, तब निवेश करें। पिछली रणनीति के विपरीत, तेजी के दौर से ठीक पहले प्रवेश नहीं करना चाहिए। भाव बढ़ने से पहले कुछ समय तक प्रतीक्षा

करनी चाहिए। ये अच्छे दिख रहे हों तो भी खरीदारी तभी करें, जब दीर्घकालीन तेजी की शुरुआत होनेवाली हो। इस अवधि (वर्षों) में शेयर बाजार अच्छा प्रदर्शन करेंगे, इतनी प्रतीक्षा तो करनी ही चाहिए।

(स) किसी भी समय

व्यक्ति को पता नहीं लग सकता कि कब तेजी आनेवाली है और कब मंदी। इसके अलावा, संभव है कि व्यक्ति खरीदारी के लिए सही अवसर आने की प्रतीक्षा न करना चाहता हो। तो फिर ऐसे में निवेश रणनीति क्या होनी चाहिए?

उचित ही है। कई बार कथित विशेषज्ञ भी कुछ होने के पहले नहीं, बल्कि बाद में उसके बारे में बता पाते हैं। इसलिए कुछ ऐसे दृष्टिकोण अवश्य होने चाहिए, जिनमें किसी भी समय निवेश करने की सलाह मिल सके।

इस रणनीति के पीछे का विचार है कि किसी भी समय, जब अच्छा निवेश अवसर मिले और व्यक्ति सचमुच ऐसा करना चाहता हो, तब उसे अच्छा व कम भाववाला शेयर कभी भी और हर समय मिल सके।

व्यक्ति को निवेश और नियमित रूप से निवेश करते रहने के लिए अच्छा व मजबूत (महत्त्व और विकास संभावना पर आधारित) शेयर चुनते समय सावधान व चयनात्मक रहना चाहिए। आवधिक अंतराल में नियमित रूप से निवेश करने की पद्धति को सिस्टेमैटिक इन्वेस्टमेंट (सुनियोजित निवेश) कहते हैं। यहाँ हम इसका संक्षेप में विवरण देंगे और आगे चलकर इस पर एक पूरा खंड होगा।

सिस्टेमैटिक इन्वेस्टमेंट

इसे भलीभाँति समझने के लिए हम मान लेते हैं कि दो व्यक्ति हैं—'अ' और 'ब'। वे दोनों ही 60,000 रुपए निवेश करना चाहते हैं और इसके लिए इन्फोसिस का शेयर चुनते हैं। श्रीमान 'अ' 60 हजार रुपए की पूरी रकम एक ही बार में (एकमुश्त) निवेश कर देना चाहते हैं और श्रीमान 'ब' एस.आई.पी. (सिस्टेमैटिक इन्वेस्टमेंट प्लान—आवधिक निवेश पद्धति) को चुनते हैं। वे दस महीनों में 6,000 रुपए प्रतिमाह निवेश करने की योजना को अपनाते हैं।

'अ' और 'ब' के बाजार में प्रवेश करते समय इन्फोसिस का शेयर 2,900 रुपए पर ट्रेड कर रहा था। 'अ' ने सीधे 60,000 रुपए में 20 शेयर खरीद लिये। 'ब' ने पहले—महीने मान लेते हैं, फरवरी में—दो शेयर खरीदे और इसके बाद आनेवाले नौ माह तक इन्फोसिस के शेयर जिस भी भाव पर मिलते, वह उन्हें खरीद लेता।

इन्फोसिस का प्रदर्शन हमेशा से बेहतरीन रहा है और यह निवेशकों का प्रिय भी है। लेकिन फरवरी 2012 के बाद विभिन्न कारणों से इसके शेयरों के भाव लगातार गिरते रहे (सचमुच), बल्कि अप्रैल 2012 में तो इसके शेयरों के भाव में भारी गिरावट आई और इसके बाद इसकी नीचे की यात्रा लगातार जारी रही। अगस्त 2012 में यह सबसे नीचे 2,109 रुपए को छू गया।

अब 'अ', जिसने एक ही बार में खरीदारी की थी, नुकसान में प्रतीत होता था; जबकि 'ब', जिसने अपनी 'खरीद' कुछ समय तक जारी रखी और विभिन्न भावों पर खरीदारी के फायदे में था। ऐसा हमेशा नहीं होता। शेयर बाजार में दोनों ही बातें संभव हैं, यानी भाव ऊपर या नीचे—कुछ भी हो सकते हैं। फिर भी, इस पद्धति को समझने के लिए हमें देखना होगा कि अंकों में ये कैसे दिखते हैं।

'अ' ने शेयर खरीदे : 20.68

'ब' ने शेयर खरीदे : 23.40

श्रीमान 'ब' का आवधिक निवेश

माह	शेयर का भाव	निवेश राशि	शेयरों की संख्या *
1	2900	6000	2.1
2	2800	6000	2.1
3	2800	6000	2.1
4	2750	6000	2.2
5	2700	6000	2.2
6	2500	6000	2.4
7	2400	6000	2.5
8	2400	6000	2.5
9	2300	6000	2.6
10	2300	6000	2.6
कुल		60000	23.4

*(शेयरों को अंश में खरीदा या बेचा नहीं जा सकता। तुलना करने के लिए इसे अंशों में दरशाया गया है)

जैसा सूची दरशाती है, गिरते बाजार में निर्धारित समय के भीतर टुकड़ों में खरीदारी करने से कम दर पर खरीदने का अवसर मिल जाता है। 'ब' ने 'अ' से 3 शेयर ज्यादा खरीदे।

लेकिन अगर इसका उलटा होता, जैसा सामान्यत: संभव था, तो चूँकि काफी विश्लेषण के बाद भाव बढ़ने की उम्मीद के साथ निवेश के लिए किसी खास शेयर को चुना गया था, ऐसे में 'अ' को फायदा होता और 'ब' संभवत: संभावित फायदे से चूक जाता।

विपरीत हालात : प्रवेश करते ही शेयर के भाव बढ़ जाते

माह	शेयर का भाव	निवेश राशि	शेयरों की संख्या
1	2900	6000	2.1
2	3000	6000	2
3	3050	6000	2
4	3000	6000	2
5	3100	6000	1.9
6	3100	6000	1.9
7	3200	6000	1.9
8	3250	6000	1.8
9	3300	6000	1.8
10	3300	6000	1.8
कुल		60000	19.3

ऐसा होने पर 'अ' के 20.68 शेयरों की तुलना में 'ब' के पास केवल 19.3 शेयर होते। अंतिम ट्रेड वैल्यू के पैमाने पर (प्रवेश के बाद भाव बढ़ने के हालात में) 'अ' के 60,000 रुपए बढ़कर 68,079 हो जाते और 'ब' के 60,000 रुपए का मूल्य 63,690 हो जाता।

अब सवाल उठ सकता है कि आवधिक निवेश (एस.आई.पी.) की इस जानकारी/ज्ञान का कैसे उपयोग किया जाए। सामान्य बाजार में किस दिशा में जाएँ (जब दोनों में से कोई सा भी दौर मजबूत न हो) ? तो सुझाव यह है कि—

- अगर भाव लगातार गिर रहे हों और शेयरों के भावों में सुधार होना निश्चित हो तो एकमुश्त खरीदारी करें (लेकिन इसके बिल्कुल नीचे आने की प्रतीक्षा न करें, क्योंकि कोई नहीं जानता कि बाजार किस हद तक गिरने वाला है।)।
- यदि तसवीर साफ न हो कि भाव गिरेंगे या चढ़ेंगे तो निर्धारित समय में छोटे लॉट खरीदें।

यदि निवेश मोड को लेकर आश्वस्त हों तो ट्रेडिंग में हिचकिचाहट क्यों, यानी किसी शेयर को लंबे समय तक लेकर बैठने की जगह नित्य खरीदें व बेचें? अच्छा सवाल है!

□

5

शेयर ट्रेडिंग

यदि कोई किसी अच्छे शेयर में 50,000 रुपए निवेश करे और पाँच साल तक प्रतीक्षा करे तो वह उसे संभवत: 1,50,000 रुपए बना सकता है।

इस पाँच साल के निवेश में वह अपने धन को तीन गुना कर लेगा, जो अच्छा रहेगा और यह तभी संभव है, जब इसे शेयर बाजार में उचित ढंग से निवेश किया जाए और यदि इस अवधि में बाजार का रुख सकारात्मक रहे।

मान लेते हैं कि बाजार अच्छा दिखता हो और किसी के पास 50,000 रुपए हों, लेकिन वह पाँच साल में इसे 1,50,000 रुपए से अधिक कमाना चाहता है...तो उसे क्या करना चाहिए? या उसे क्या सलाह दी जाए?

उसे ट्रेड करने की सलाह या सहायता दी जाए।

शेयर में ट्रेडिंग करना बिल्कुल वैसा ही है जैसा कमोडिटी, रियल एस्टेट या सोने में ट्रेडिंग करना। 'ट्रेड करने' का मतलब किसी भाव पर खरीदना और लाभ कमाने की नीयत से उसे अधिक भाव पर बेच देना। शेयरों में ट्रेडिंग भी इसी सिद्धांत पर होती है। खरीदने और फिर 'निवेश' के रूप में कुछ समय (साल) प्रतीक्षा करने की जगह कारोबारी अधिक बार क्रय-विक्रय करते हैं।

शेयरों में ट्रेडिंग

चेन्नई की एक सॉफ्टवेयर कंपनी में काम करनेवाले मेरे परिचित कुमार ने शेयर बाजार के बारे में जानकारी ली और धीरे-धीरे वह इसका काम करने का तरीका समझ गया। उस साल जब उसे बतौर वार्षिक बोनस 50,000 रुपए मिले तो उसने उसे लाभ कमाने के उद्देश्य से शेयर बाजार में निवेश करने का फैसला किया।

जब उसने शेयर ब्रोकर से बात की तो उसने कुमार को ट्रेड करने के लिए कहा,

क्योंकि उस समय बाजार 'चढ़ाव का रुख' था ('रुख' चाहे ऊपर की ओर हो या नीचे की ओर, ट्रेडिंग के लिए वह समय अच्छा होता है)। कुमार नहीं जानता था कि शेयर बाजार में लिस्टिड (सूचीबद्ध) लगभग 3,000 शेयरों में से कौन से शेयर में ट्रेड करे। उसके अनुभवी ब्रोकर ने सलाह दी कि उस काउंटर (शेयर) में निवेश करें, जिसकी रोजाना अच्छी प्राइस मूवमेंट (भाव गतिविधि) और अच्छी बढ़त (हाई वॉल्यूम) हो।

अब हमारे सामने तीन नए शब्द आते हैं। वे हैं—(1) शेयर बाजार में लिस्टिड (सूचीबद्ध), (2) प्राइस मूवमेंट (भाव गतिशीलता) और हाई वॉल्यूम (अच्छी बढ़त)। इससे पहले कि हम आगे बढ़ें, इसे ठीक से समझ लेते हैं, जिससे ट्रेडिंग के विचार को आसानी से समझा जा सके।

लिस्टिंग (सूचीबद्धता)

हमने पहले देखा कि निजी कंपनियाँ पब्लिक को शेयर इश्यू कर पब्लिक लिमिटेड हो जाती हैं। ऐसे पब्लिक इश्यू या आई.पी.ओ. के बाद (जैसा डी.एल.एफ. के मामले में हुआ) लाखों लोग वह, जिन्हें आवंटन हुआ, उन्हें उन कंपनियों के शेयर मिल गए। उसी दौरान ऐसे भी बहुत से लोग होते हैं, जो उन शेयरों को खरीदने के इच्छुक होते हैं।

जहाँ तक कंपनी के प्रबंधन का सवाल है, उन्होंने आई.पी.ओ. निकाला, आवंटन संबंधी फैसला किया (आवेदन के मुकाबले अनुपात), पैसे जमा किए और शेयर इश्यू कर दिए। इसके बाद सामान्यत: वे किसी को भी और शेयर इश्यू नहीं करते और न ही वे सीधे शेयरधारकों से शेयर खरीदते हैं।*

हालाँकि इसके बाद उन्हें सिर्फ एक काम और करना होता है—स्टॉक एक्सचेंज में सूचीबद्ध होना। वे एन.एस.ई. और बी.एस.ई. के स्टॉक एक्सचेंज जाते हैं और फीस भरते हैं और अपने शेयरों को सूची में शामिल करवा देते हैं। एन.एस.ई. और बी.एस.ई. शॉपिंग सेंटर सब्जी बाजार या फूड कोर्ट जैसे होते हैं। बाजार के मालिकों को उत्पादों से कोई मतलब नहीं होता। वे कुछ उत्पादकों और विक्रेताओं को अपना सामान बेचने के लिए दुकान लगाने की इजाजत देते हैं।

किसी खास बाजार/फूड कोर्ट में जिनकी दुकानें होती हैं, उन्हें उस बाजार (बिल्डिंग) के मालिक को बतौर किराया फीस देनी पड़ती है। एन.एस.ई. और बी.एस.ई. इसी बाजार के जैसे हैं, जिन्हें सेकंडरी मार्केट या 'खुला बाजार' कहते हैं और डी.एल.एफ., टी.सी.एस., इन्फोसिस, टाटा मोटर्स, भेल (BHEL) आदि कंपनियाँ निजी कारोबारियों के जैसी हैं।

---

*अगर वे ऐसा करते हैं तो यह एक अलग मामला है, जहाँ वे नए पब्लिक इश्यू की घोषणा कर सकते हैं, जिसमें वे पब्लिक को और शेयर बेच सकते हैं या बेचे गए शेयर वर्तमान शेयरधारकों से खरीद सकते हैं।

वे अपनी कंपनी के शेयर (उत्पाद) सूचीबद्ध करवाते हैं, जिन्हें इसकी इच्छा रखनेवाले लोगों को मुक्त भाव से खरीदा व बेचा जा सकता है। मेरे व आपके जैसे लोग और संस्थान, जिनमें एफ.आई.आई. भी शामिल हैं। इसी सूची में शामिल होने के लिए कंपनियों द्वारा एक्सचेंज को लिस्टिंग फीस देनी पड़ती है।

स्टॉक एक्सचेंज निवेशकों (ग्राहकों) के हितों को देखते हुए कॉरपोरेट गवर्नेंस जैसी अन्य परिस्थितियों की शर्तें लगाते हैं। अगर फूड कोर्ट में परोसा गया भोजन अच्छी गुणवत्ता का न हो तो उस रेस्तराँ और फूड कोर्ट दोनों की ही छवि व साख खराब होगी।

इसी तरह एक्सचेंज माँग करती है कि सूचीबद्ध कंपनियाँ उन्हें कंपनी के प्रदर्शन से संबंधित सही व समय पर जानकारी दें, जिनसे शेयर के भाव पर प्रभाव पड़ता हो, जिससे उन्हें—वे चाहे छोटी हों या बड़ी—वेबसाइट के माध्यम से निवेशकों तक पहुँचाया जा सके। इससे 'इनसाइडर ट्रेडिंग' (अंतरंगी लेन-देन) समाप्त होता है, जिससे कुछ लोग, जिनके पास कंपनी की अंदरूनी जानकारी हो, अन्य लोगों से पहले ही कंपनी के शेयर बेचकर या खरीदकर फायदा उठा लेते हैं।

शेयर बाजार प्रत्येक कार्य-दिवस (सोमवार से शुक्रवार) पर सुबह 9.15 बजे खुलता है और दोपहर 3.30 बजे तक ट्रेडिंग जारी रहती है। साल के कुछ दिन सन आउटेज (सैटेलाइट संबंधी समस्या) होता है और ऐसे दिन ट्रेडिंग को शाम 4.30 बजे के अंत या बीच एक घंटे के लिए रोक दिया जाता है।

इस छह घंटे और पंद्रह मिनट की अवधि को 'इंट्रा डे' के नाम से जाना जाता है, जिसमें विभिन्न शेयरों के भाव ऊपर व नीचे होते रहते हैं। कोई भी इन शेयरों को खरीद सकता है।

फिर कुमार पर वापस आते हैं, जो 50,000 रुपए से ट्रेड करना चाहता है। उसके ब्रोकर ने उसे एक्सिस बैंक के शेयर लेने की सलाह दी। 29 मई, 2014 को एक्सिस बैंक के शेयर 43 रुपए के भाव के अंतर पर 1,850 से 1,893 रुपए के विभिन्न भावों पर ट्रेड होते रहे। वे समय-समय पर इनमें से सभी संभावित अंकों पर ट्रेड हुए। उसी दिन किसी ने इसे उस दिन के न्यूनतम भाव 1,850 रुपए पर खरीदा था तो किसी ने इसे उस दिन के अधिकतम भाव 1,893 रुपए पर बेचा था।

इसके ठीक अगले दिन, अर्थात् 30 मई, 2014 को भाव सीमा 1,824 रुपए से बढ़कर 1,869 रुपए रही—जी हाँ, न्यूनतम और अधिकतम भाव दोनों के बीच का अंतर देखिए।

एन.ए.ई. में एक्सिस बैंक का ट्रेड विवरण
30.5.14 (दोपहर 2.50 बजे तक)

खुलने का भाव	1869
उच्च भाव	1890
न्यून भाव	1824
बंद भाव	1844
ट्रेड हुए शेयरों की संख्या	5 लाख

अभी फिलहाल ट्रेडिंग के अवसर खोजते हुए हम यह नहीं देख रहे कि इसमें चढ़ाव का रुख है या उतार का। अभी हम यह देख रहे हैं कि 'क्या भावों में कोई गतिशीलता है और क्या इसमें ट्रेडिंग का स्थान है ?'

किसी और दिन शेयर का भाव अपनी यात्रा उत्तर दिशा (ऊपर) की ओर से शुरू कर सकते हैं। इनके भाव अचानक उछाल मार सकते हैं। वहीं कुछ शेयरों के भाव कम हो रहे होंगे। सभी शेयरों के भाव एक ही दिन में इतनी तेजी से गति नहीं करते (ऊपर या नीचे)।

भाग्य (कंपनियों के) में एक ही दिन में इतना नाटकीय बदलाव कैसे हो सकता है! यह संभव नहीं है। अतः यह कुछ और है, जिसके कारण इतनी अस्थिरता आती है। यह कुछ और—और कुछ नहीं, बल्कि किसी खास समय पर उस शेयर की (खास शेयर की) 'माँग और आपूर्ति' है। ऐसी अस्थिरता वाले शेयर बहुत होते हैं, जिनके भावों में एक दिन या हफ्ते या महीने में कई बार बदलाव आता है।

ट्रेडर्स के लिए ये शेयर 'उचित' रहते हैं। ट्रेडर्स लाभ के लिए इन्हें खरीदते व बेचते हैं। यदि वे कोई शेयर खरीदें और उसके भाव लंबे समय तक स्थिर रहें तो इससे वे लाभ नहीं ले पाएँगे। वे और उनका पैसा (इन शेयरों को खरीदने में लगा) 'लॉक' हो (बँध) जाएँगे। एक सौदे में लंबे समय तक पैसे फँसे रहने का मतलब अन्य शेयरों में ट्रेड करने का 'अवसर' खोना है।

कुछ शेयर ऐसे भी होते हैं, जिनमें कम अवधि के दौरान अधिक या महत्त्वपूर्ण बदलाव नहीं होते। ऐसे शेयर ट्रेडिंग के लिए ठीक नहीं होते। उसी दिन 29 मई, 2014 को हम आई.डी.बी.आई. बैंक के शेयरों में गतिविधि होती देख सकते हैं। इसका दिन का सबसे न्यून भाव 93.50 रुपए और उच्च भाव 97.50 रुपए था। एक और दृष्टिकोण से (सुरक्षित शेयर) यह अच्छा शेयर है, लेकिन ट्रेडर्स के दृष्टिकोण से नहीं। इसमें ट्रेड करके पैसे कमाने के अधिक अवसर नहीं हैं।

शॉर्ट सेलिंग

व्यक्ति सोच सकता है कि कुमार जैसा ट्रेडर जब शेयर के भाव चढ़ न रहे हों, अर्थात् गिरते बाजार में किस तरह पैसे कमा सकता है। चलिए, एक्सिस बैंक का ही उदाहरण लेते हैं—शेयर के भाव 1,869 रुपए पर खुले (आरंभ में) और 1,844 रुपए पर बंद हुए।

तो कुमार को लाभ कैसे हुआ? यह समझा जा सकता है, अगर 1,844 रुपए (खरीद लें) से शुरू हों और 1,869 रुपए पर बंद हों (बेच दें)। लेकिन उस दिन इसके ठीक विपरीत हुआ। बतौर ट्रेडर आपको भी विपरीत काम करना पड़ सकता है! जी हाँ, वह बाजार खुलते ही बेच सकता था और दिन भर में कभी भी 1,844 रुपए या इससे भी कम भाव पर (अगर 1,844 रुपए के भाव पर बंद होने से पहले यह किसी समय 1,824 रुपए के कम भाव तक आ जाता हो) खरीद सकता है।

इसे 'इंट्रा डे शॉर्ट' कहा जाता है और इसकी अनुमति है। इंट्रा डे अर्थात् 'खरीदो और बेचो' या 'बेचो और खरीदो'—'दिन भर के भीतर'। कोई भी क्रम उचित है, बस, इसे उसी दिन के भीतर किया जाए।

शॉर्ट सेलिंग

ऐसा लगता है कि अब समय आ गया है, जब हम पहले बेचने और बाद में खरीदने के बारे में बताएँ, जिसे 'शॉर्ट सेलिंग' के नाम से जाना जाता है।

हमें पता है कि ट्रेडर्स क्या करते हैं। उनका चाहे जो भी उत्पाद हो, वे उसे एक्स रेट पर खरीदते हैं, एक्स प्लस रेट पर बेचकर इसका अंतर अपनी जेब में डाल लेते हैं। यह आम बात है और सभी ज्यादातर लोग ऐसा ही करते हैं। जिन मंडियों में बैलों का कारोबार होता है, वहाँ ऐसे बहुत से व्यापारी होते हैं, जो दोनों ही काम कर रहे होते हैं, अर्थात् वे अपने को केवल साधारण 'खरीदो और बेचो' तक सीमित नहीं रखते, बल्कि वे इसका उलटा भी करते हैं, अर्थात् वे पहले बेचते हैं और फिर खरीदते हैं। निश्चित ही इसके पीछे मंशा केवल लाभ प्राप्त करना है।

उदाहरण के लिए, कोई कैटरिंग ठेकेदार 500 किलो टमाटर खरीदना चाहता है। वह सुबह तड़के मंडी जाता है। हमारे व्यापारी मित्र ('बाबू' नाम रखते हैं) के पास टमाटर नहीं हैं; लेकिन उसे पता है कि ठेकेदार को शाम को टमाटर चाहिए।

ठेकेदार से इंतजार करने को कहकर बाबू ऊटी में अपने ससुर से बात करता है तो उसे मालूम पड़ता है कि टमाटर के भाव गिर रहे हैं और शाम के बाजार में ये और भी सस्ते हो जाएँगे। इसके बाद उसने हस्ताक्षर कर एक पर्ची पर चालू भाव

(30 रुपए) पर 500 किलो टमाटर की बात लिखकर ठेकेदार को दे दी। उसने अपने पास टमाटर न होते हुए भी बेच दिए, एक ऐसे व्यक्ति को, जिसे उसकी डिलीवरी उसी समय नहीं चाहिए थी।

जैसा अनुमान था, शाम होने तक टमाटर के भाव गिरे और 25 रुपए प्रति किलो के स्तर पर पहुँच गए। बाबू ने 500 किलो टमाटर 25 रुपए के भाव पर खरीद लिये। उसने विक्रेता को बता दिया कि वह जिस व्यक्ति को उसके पास भेजेगा, वह उसे टमाटर सौंप दे। यह व्यक्ति वह ठेकेदार था, जिसे बाबू को 500 किलो टमाटर देने थे।

बाबू ने एक पैसा भी निवेश नहीं किया, न ही उसने माल ढुलाई या श्रम किया। फिर भी इस प्रक्रिया में उसने शानदार 2,500 रुपए कमा लिये। निश्चित ही उसने यह जोखिम उठाया था कि शाम को चाहे जो भाव हों, उसे टमाटर डिलीवर कर अपनी बात रखनी थी।

शेयर बाजार में कारोबार के दौरान इसे ही 'शॉर्ट' या 'शॉर्टिंग' कहते हैं। जिसके पास शेयर नहीं होते, वह भी बेच सकता है और बेचते समय कोई नहीं पूछेगा कि उस व्यक्ति के पास ये शेयर हैं भी या नहीं। नकद बाजार में ट्रेड उसी दिन बाजार बंद होने के समय के पूर्व और फ्यूचर मार्केट के मामले में अनुबंध अवधि (इसमें सबसे नवीनतम है—महीने का आखिरी गुरुवार) के समाप्त होने के पूर्व समाप्त हो जाना चाहिए।

इस प्रक्रिया में अगर किसी को ऐसा प्रतीत होता है कि भाव बहुत ऊपर जा रहे हैं या दिन या माह के आखिर तक भाव नीचे आ सकते हैं तो वह इन्हें पहले बेचकर बाद में खरीद लेगा (अब भाव चाहे उसके लक्षित भाव पर पहुँचें या न पहुँचें—या फिर, वह चाहे रेट से अधिक ही क्यों न रहें, जिस पर उसने उन्हें बेचा होगा)।

शॉर्टिंग में भी ट्रेडर को एक निश्चित राशि ब्रोकर के पास जमा करवानी होती है, जिससे अगर कभी उसे ट्रेड में नुकसान हो तो वह बिना प्रतीक्षा किए उसे समायोजित कर सके और भुगतान देने के लिए कहे।

लेकिन भाव चाहे जो भी हो, बेचे गए शेयर उसे वह कारोबारी दिवस समाप्त होने के भीतर ही खरीदना होगा। यदि ऐसा नहीं हो सका तो एक्सचेंज इसे कारोबारी समय के बाद बाहर कहीं से खरीदने का इंतजाम करवा सकती है और उस व्यक्ति से जुरमाना वसूल करती है, जिसने शेयर बेच तो दिए, लेकिन डिलीवरी नहीं कर सका। किसी भी भाव पर खरीदारी की इस प्रक्रिया को 'ऑक्शन' (नीलामी) कहा जाता है।

इन्वेस्टमेंट कम ट्रेडिंग मॉडल (निवेश व व्यापार मॉडल)

शेयर बाजार में निवेशक होने का यह अर्थ नहीं कि आप ट्रेडिंग नहीं कर सकते। ऐसे भी लोग हैं, जो दोनों काम बखूबी करते हैं। इसका कारण है कि शेयर बाजार दीर्घावधिक के साथ ही अल्पावधिक अवसर में मौजूद रहते हैं। जहाँ दीर्घावधि में अच्छी कंपनियाँ ठीक रहती हैं और धैर्यवान् निवेशक पैसे कमाते हैं, वहीं इस बीच कंपनी के प्रदर्शन के अलावा ऐसे और भी बहुत से बाहरी कारण हो सकते हैं, जिनसे कंपनी के शेयरों का भाव नीचे चला जाए। जिस भी व्यक्ति के पास बाजार को देखने व समझने, शेयरों की गतिविधियों को निकटता से देखने और सबसे महत्त्वपूर्ण—जोखिम लेने का समय व क्षमता होगी, वह शॉर्ट टर्म की इन गतिविधियों से जरूर धन कमा सकेगा और वह भी दीर्घकालीन फायदों को गँवाए बिना। यह केक होने और इसे खाने के जैसा है। निस्संदेह केक पूरा नहीं खाना है, लेकिन यह इसका काफी बड़ा हिस्सा है। इसे एक उदाहरण द्वारा समझाया जा सकता है।

ऐसे ही एक 'इन्वेस्टर कम ट्रेडर' ने मान लेते हैं, 5.4 लाख रुपए की रकम शेयर बाजार में लगाने के लिए अलग रख ली। उसने एस.बी.आई. के शेयरों में ट्रेड करने का फैसला किया, क्योंकि वह उसे निवेश और ट्रेडिंग के लिए भी अच्छा शेयर मानता था। इससे जहाँ लंबे समय में समुचित रिटर्न प्राप्त होगा, वहीं इसके भावों में दिनोंदिन बदलाव हो रहे थे और इसका परिमाण उच्च था, जो इसे ट्रेडिंग के लिए अच्छा बनाता था।

उसके प्रवेश के समय एस.बी.आई. के शेयर 1,800 रुपए के भाव पर ट्रेड कर रहे थे। यदि वह एक ही बार में अपने सारे धन का उपयोग करना और निवेशित रहना चाहता है तो उसे एस.बी.आई. के 300 शेयर खरीदने होंगे, जिनका कुल मूल्य 5,40,000 रुपए होगा। लेकिन वह एक निवेशक होने के साथ ही ट्रेड भी करना चाहता था, इसलिए उसका दृष्टिकोण अलग था।

उसने शुरुआत में सिर्फ 200 शेयर खरीदे। इन 200 शेयरों को खरीदने में उसके 3.60 लाख रुपए खर्च हुए। अब उसके पास 1,80,000 रुपए शेष थे। अब वह प्रतीक्षा करने लगा। उसके 1,800 रुपए के भाव पर 200 शेयर खरीदते ही बाजार में शेयर के भाव, मान लीजिए, 20 रुपए कम होकर 1,780 रुपए रह गया। वह जानता था कि यह एक अच्छा शेयर है और इसके भाव केवल कुछ तकनीकी कारणों से गिर रहे हैं। अतः उसने 44,500 रुपए में 25 शेयर और खरीद लिये। अब उसके पास कुल 225 शेयर और 1,35,000 रुपए की रकम शेष थी।

अगले दिन किसी कारण से शेयर 20 रुपए और नीचे आ गया। अतः उसने 44,000 रुपए में 25 शेयर और खरीद लिये (1,760 रुपए X25) और अब उसके कुल शेयरों की संख्या बढ़कर 250 हो गई थी।

अगले दिन एस.बी.आई. के शेयर चढ़ गए (ईश्वर का धन्यवाद)। यह 1,790 रुपए पर खुला और बढ़कर 1,800 रुपए हो गया। अब वह क्या करेगा? अब उसके पास एक नहीं, बल्कि तीन विकल्प थे—

(अ) कुछ और खरीदना

(ब) कुछ शेयर बेच देना

(स) कुछ न करना।

अगर वह सिर्फ निवेशक होता तो कुछ नहीं बेचता, क्योंकि यह भाव वृद्धि बहुत मामूली थी और इससे उसे कुछ खास रिटर्न हासिल नहीं होगी। चूँकि उसने निवेश और ट्रेडिंग से फायदा लेने का निर्णय लिया है, उसने कुछ, मान लीजिए, लगभग 25 शेयर बेच दिए।

उसने 200 शेयर @ 1,800 रुपए, 25 शेयर @ 1,780 रुपए, 25 शेयर @ 1,760 रुपए पर खरीदे। अब वह इसमें से 25 शेयर बेच रहा है।

वे कौन से 25 शेयर होंगे? निस्संदेह अंतिम लॉट, जिसे उसने 1,760 रुपए पर खरीदा था, इसमें उसे 40 रुपए का लाभ होगा, जिससे कुल मुनाफा 1,000 रुपए हो जाएगा। वहीं 225 शेयर पास में होने से वह निवेशक बना रहेगा।

क्या वह अब सारे शेयर बेच देगा?

नहीं।

उसने विशेष रूप से एस.बी.आई. के शेयर चुने हैं। उसने बाजार में प्रवेश करने के पूर्व इसे अच्छी तरह पढ़ा था। इसलिए उसने न्यूनतम 200 शेयर हमेशा अपने पास ही रखे। (यह संख्या व्यक्ति-दर-व्यक्ति अलग हो सकती है, एक ही व्यक्ति के लिए समय-दर-समय अलग हो सकती है।)

शेयरों के भाव छोटी अवधि में भी ऊपर या नीचे जा सकते हैं। उसका मानना था कि आगे चलकर एस.बी.आई. के शेयरों के भाव अवश्य बढ़ेंगे और वह इससे फायदा कमाना चाहता था। फिर चाहे जो भी हो (लघु अवधि में बाजार गिरना), वह अपने 200 शेयर जल्दबाजी में नहीं बेचना चाहता था।

इसी के साथ वह भाव परिवर्तन से फायदा उठाना चाहता था। इसलिए वह अपने पास 200 से ज्यादा शेयर रखने का प्रयास कर रहा था। इस मामले में वह 250 शेयरों तक पहुँच गया। इसके बाद भाव और गिर गए। उसने और 25 या 50 शेयर खरीद लिये। (क्योंकि उसके पास 5.4 लाख की चिह्नित राशि में से शेष नकद अभी भी मौजूद था।)

शेयरों की 200 से अधिक की संख्या मजबूत इमारत के जैसी होती है। उनमें 50 या 100 शेयर और होना आँगन में तने अस्थायी शामियाने के जैसे होते हैं। वह इमारत

को हाथ लगाए बिना मौसम (बाजार भाव की गतिविधि) के अनुसार जरूरत पड़ने पर शामियाना लगा या हटा सकता था।

अब तक वह 250 शेयर खरीद चुका था और 1,000 रुपए के थोड़े से लाभ के लिए 25 शेयर बेच चुका था। इसके बाद क्या? अब उसका अगला कदम बाजार पर निर्भर था।

अब हम बाजार की कुछ गतिविधियों और उसके संभावित परिणामों पर नजर डालते हैं।

वह पूर्व निर्धारित मात्रा और निवेश संख्या (यहाँ 200 शेयर) का कड़ाई से पालन करना चाहता है; क्योंकि आगे चलकर यदि शेयरों के भाव 3,000 रुपए (लाभांश, बोनस, स्टॉक स्पिलिट, राइट्स आदि) या इससे अधिक हो जाते हैं तो वह यह अवसर चूकना नहीं चाहता।

निवेश का फैसला (विश्लेषण के बाद) करने पर उसे दीर्घावधिक लाभ के लिए इन्हें न्यूनतम संख्या (इस उदाहरण में 200) में अपने पास रखना होगा।

बाजार की गतिविधियों के लालच में आकर और अधिक आत्मविश्वास के चलते यदि वह अपने पास रखे सभी शेयरों में ट्रेड कर लेता है और यदि भाव अचानक ऊपर जाते हैं तो उसके पास अच्छा मुनाफा कमाने के लिए पर्याप्त शेयर नहीं होंगे।

भाव परिवर्तन और ट्रेडर की प्रतिक्रिया

बाजार की चाल	गतिविधि	परिणाम
शेयरों के भाव चढ़कर 1,825 रुपए हो जाते हैं	25 शेयर और बेच देता है	शेष शेयर 200; प्रति शेयर 45 रुपए का मुनाफा (1,780 रुपए में खरीदे 25 शेयर अब 1,825 रुपए पर बेचे)
भाव नीचे गिरकर 1,800 रुपए हो जाते हैं	25 शेयर खरीदे	अपने पास मौजूद शेष शेयरों की संख्या बढ़कर 225 हो जाती है
भाव 1,800 रुपए (समेकन) पर जमे रहते हैं	कोई काररवाई नहीं	

भाव छलाँग लगाकर 1,830 रुपए हो जाते हैं	कोई काररवाई नहीं (ये बढ़ क्यों रहे हैं? क्या कोई अच्छी खबर है! भाव बीते दो दिनों के 1,825 रुपए को पार कर गए। उस द्रिन काउंटर पर खरीदारों की कतार लगी थी, जिसके पीछे कुछ अज्ञात कारण थे)।	अपने पास मौजूद शेष शेयरों की संख्या बढ़कर 225 हो जाती है
भाव छलाँग लगाकर 1,855 रुपए हो जाते हैं	कोई काररवाई नहीं	शेष शेयर 225 हैं। शेयरों का मूल्य/भाव बढ़ता है।
भाव घटकर 1,835 रुपए हो जाते हैं	कोई काररवाई नहीं। हालाँकि भाव 1,855 रुपए से नीचे आ चुके हैं, फिर भी अभी भी ये पिछले बंद भाव 1,830 रुपए से अधिक है।	
भाव और घटकर 1,825 रुपए हो जाते हैं।	25 शेयर बेचता है। ये और नीचे गिर रहे हैं तो 1,800 रुपए के भाव पर अंतिम सेट के लिए 25 रुपए प्रति शेयर का मुनाफा क्यों खोएँ।	शेष शेयर 200 तक नीचे हो जाते हैं। एक और लघु आवधिक लाभ (बुक्ड) (25 रु. X 25 शेयर = 625)

इंट्रा डे ट्रेडिंग

जैसा हमने पहले देखा, ट्रेडिंग का मतलब है—उस समय खरीदारी करना, जब भाव अपेक्षाकृत नीचे हों और थोड़ी देर भाव बढ़ने की प्रतीक्षा करें। या आपके पास जो है, उसे बेच दें और खरीदने के लिए भाव के और घटने की प्रतीक्षा करें। दिन भर में 'जैसे ही' भाव में अपेक्षित दिशा में कुछ गतिविधि दिखाई दे, फौरन प्रॉफिट बुक कर लें।

यह 'जैसे ही' पाँच मिनट जितना छोटा या एक सप्ताह लंबा हो सकता है। शेयरों के वांछित भाव स्तर आने पर शेयरों को अपने पास रखने के लिए धन की ताकत होना आवश्यक है। हमने जो उदाहरण देखा है, इस व्यक्ति के पास 5.4 लाख रुपए हैं और यह 300 शेयर तक अपने पास रख सकता है। उसने 200 शेयर एक बार में और शेष 100 शेयर 25 के छोटे लॉट में खरीदे थे। वह इनकी डिलीवरी लेकर इन्हें बेचने के समय भाव की प्रतीक्षा कर सकता है।

उसे कोई जल्दी नहीं है, न ही उस पर इन्हें बेचने का कोई दबाव ही है; क्योंकि उसके पास सभी 300 शेयरों के लिए आवश्यक पूरी धनराशि मौजूद है। लेकिन इन 300 शेयरों को लेने के बाद कुछ मुनाफा हासिल करने के लिए उसे कुछ दिन प्रतीक्षा करनी होगी।

कुछ लोग थोड़ा अधिक जोखिम उठाते हैं। उनका जोखिम लेने का हौसला अलग तरह का होता है। उनके पास या तो कोई सूत्र होता है या निश्चित सूचना होती है या उन्हें भाव की गति की जानकारी (संभवत: तकनीकी विश्लेषण तालिका आधारित संस्तुति) होती है।

इस आत्मविश्वास की बदौलत वे बड़ी मात्रा में खरीदारी का फैसला करते हैं। जैसा हमने इस पुस्तक के उदाहरणार्थ व्यक्ति में देखा कि वह भाव गिरने के समय 25 शेयर खरीदता है और जब भाव बढ़ते हैं तो वह 25 शेयर बेच देता है। वह एक बार में 25 शेयरों में व्यवहार करता है। उसकी गणनाएँ सही हैं और वह तीन अवसरों पर 1,000 रुपए, 1,125 रुपए और 625 रुपए का लाभ कमाता है।

वहीं उच्च आत्मविश्वास से युक्त अन्य लोग अपने आप से पूछते हैं, "मुझे यह कैसे पता लग सकता है कि आज शेयरों के भाव किस समय बढ़ेंगे? क्यों न लिवाली कर लूँ और भाव बढ़ते ही उन्हें बेच दूँ?"

यदि भाव का यह अंतर मान लीजिए, 40 रुपए प्रति शेयर हो जाता है, तो 25 शेयरों का मुनाफा 1,000 रुपए होगा। वहीं 250 शेयरों के लिए यह मुनाफा 10,000 रुपए हो जाएगा! जबकि बाजार की चाल वही है। मैं 'वही' बेचने का कार्य कर रहा हूँ, लेकिन परिणाम शानदार हो जाते हैं! कोई सोच सकता है कि तो फिर 2,500 शेयर क्यों नहीं? एक बार में 1,00,000 रुपए का मुनाफा हो जाएगा! क्या मात्रा की (या निस्संदेह इच्छाओं की) कोई तय सीमा हो सकती है?

इच्छाओं (या लालच) की भले ही न हो, लेकिन शेयर खरीदने की सीमा हो सकती है। यह सीमा पैसा तय करता है। हमारे मित्र के पास 5.5 लाख रुपए थे, जिससे उसने एस.बी.आई. के 300 शेयर खरीद लिये। और 250 शेयर खरीदने के लिए कितने पैसों की आवश्यकता होगी? 3.5 लाख रुपए। तो 2,500 शेयरों के लिए? 35 लाख रुपए।

कहा जा सकता है, "मेरे पास इतना पैसा नहीं है। लेकिन क्या मैं फिर भी बड़ी मात्रा में (मुनाफे के लिए) ट्रेड कर सकता हूँ? क्या ऐसा करने का कोई तरीका है?"

उत्तर है—हाँ, ऐसा करने का (बेहद जोखिमपूर्ण) तरीका है। इसे 'इंट्रा डे' ट्रेड कहते हैं। 'इंटर' अर्थात् बीच, इंट्रा अर्थात् दौरान। इसमें ट्रेड एक ही दिन के भीतर पूरा होना चाहिए, यानी खरीदना व बेचना एक ही दिन की ट्रेडिंग में हो जाए। ऐसा होने पर

ट्रेड किए गए शेयरों के लिए नकद भुगतान या डिलीवरी की कोई आवश्यकता नहीं होती।

व्यक्ति 2,500 शेयर खरीदकर उन सभी को मुनाफे या नुकसान पर उसी दिन बेच सकता है। दिन समाप्त होने तक उसके पास कोई शेयर नहीं होंगे, इसलिए उसे किसी का भुगतान भी नहीं करना होगा। इस तरह कोई भी व्यक्ति बड़े पैमाने पर ट्रेड कर अच्छा मुनाफा कमा सकता है।

- यह बेहद सहज व सरल लग रहा होगा।
- क्या आप भी यही सोच रहे हैं?

उपर्युक्त बयान में कुछ पूर्वानुमान भी शामिल हैं, जिससे यह सहज व सरल दरशा रहा है। चलिए, एक-एक कर उन सभी को स्पष्ट करते हैं।

पूर्वानुमान-1

शेयर ब्रोकर किसी भी क्लाइंट को कितने भी शेयर खरीदने या बेचने की अनुमति दे देगा।

नहीं, ब्रोकर यह जोखिम नहीं लेते। वे केवल उनके पास जमा की गई धनराशि जितना ही ट्रेड करने की अनुमति देते हैं (इसे 'मार्जिन राशि' कहते हैं)। वे उस धनराशि के आधार पर क्लाइंट को निश्चित राशि के भीतर (प्रायः मार्जिन राशि से 6 से 10 गुना तक) खरीदने या बेचने की अनुमति देते हैं। इसे 'एक्सपोजर' (जोखिम) या 'सीमा' कहा जाता है। यदि कोई व्यक्ति 35 लाख रुपए की खरीदारी करना चाहता है तो उसे मार्जिन राशि के रूप में पहले 5 लाख रुपए जमा करवाने होंगे।

यदि किसी कारण खरीदारी के बाद उसी दिन भाव नीचे चले जाते हैं (जिसकी पूरी संभावना है) तो ऐसे में ब्रोकर उन शेयरों को 5 लाख रुपए के कुल नुकसान को पार करने के पहले ही बेच देगा। वह ऐसा अकसर क्लाइंट की अनुमति लेकर ही करता है। लेकिन यदि क्लाइंट और मार्जिन राशि देने पर राजी हो जाता है तो क्लाइंट को उसी स्थिति को अगले दिन भी जारी रखने की अनुमति मिल जाती है। इसके लिए वह चुनिंदा शेयर 'तरल' (व्यापक रूप से ट्रेड) होना चाहिए।

अतः इंट्रा डे ट्रेडिंग के लिए 'कुछ' पूँजी की आवश्यकता अवश्य होती है। यह 'कुछ' ब्रोकर दर ब्रोकर और क्लाइंट दर क्लाइंट अलग होता है, जो उनके बीच अतीत के विश्वास व सहजता पर निर्भर है।

एन.एस.ई. ब्रोकरों से मार्जिन एकत्रण का आग्रह करने के साथ ही ऑडिट (लेखा परीक्षा) भी करती है। नियमोल्लंघन से ब्रोकर को हानि होती है।

पूर्वानुमान-2

इंट्रा डे में मुनाफा कमाना निश्चित होता है।

यह निश्चित नहीं होता। जैसा कि हम सभी जानते हैं कि चीजें केवल वैसी ही नहीं होतीं, जैसा हम चाहते हैं। बाजार ऊपर भी जा सकता है और नीचे भी। थोड़ी अवधि के लिए बाजार की भविष्यवाणी करना आसान है, लेकिन भावों की शॉर्ट टर्म (साप्ताहिक) भविष्यवाणी करना तो कठिन होता ही है, किसी खास दिन की भविष्यवाणी करना और भी कठिन होता है।

कुछ तकनीकी विश्लेषक अनुशंसा (गणना नहीं) करके भविष्यवाणी किया करते हैं कि कौन सा शेयर बढ़ेगा या घटेगा और यह राशि कितनी होगी।

बल्कि कुछ अनपेक्षित क्षेत्रों, जैसे लंदन मेटल एक्सचेंज, रेटिंग फर्म, आर.बी.आई., स्टेटिकल इंस्टीट्यूट्स आदि से आईं 'खबरों' के चलते उनके पूर्वानुमान भी सही साबित नहीं हो पाते।

पूर्वानुमान-3

इंट्रा डे ट्रेडिंग आसान होती है।

कुछ हद तक हाँ। इंट्रा डे ट्रेडिंग के लिए साहस होना बहुत आवश्यक है। खरीद के बाद भाव नीचे जा सकते हैं। कई बार ऐसा अस्थायी तौर पर होता है। लेकिन बड़े नुकसान के डर से व्यक्ति शेयर बेच देता है। उसके बाद भाव फिर सुधर जाते हैं। कम भाव पर बेचने से हुआ नुकसान निराशा का कारण बन जाता है। अब वह जल्दबाजी में, शायद और ऊँचे भाव पर, उन्हें फिर से खरीद लेता है। लेकिन इस बार भी कोई गारंटी नहीं है कि भाव फिर से नीचे न चले जाएँ।

चूँकि भाव बहुत तेजी से बदलते हैं, इसलिए जिन्होंने बड़ी मात्रा में खरीदारी की होती है, उन पर निरंतर दबाव बना रहता है। ऐसे में गलतियाँ करने की संभावना और बढ़ जाती है। जिनके दिल मजबूत हैं, वही इसे झेल सकते हैं (नुकसान होता देखकर भी बेफिक्र रहें)।

पूर्वानुमान-4

इंट्रा डे जल्दी पैसा कमाने का तरीका है।

बाहर से ऐसा ही दिखता है। हाँ, 'जल्दी' शब्द सही है, क्योंकि यह एक ही दिन में हो जाता है। लेकिन इसका अर्थ केवल मुनाफा नहीं, बल्कि नुकसान भी है। इन दो में से एक अवश्यंभावी है और वह भी अकसर बहुत जल्दी होता है।

पूर्वानुमान-5

इन्हें पहले खरीदना और फिर बेचना होता है।

जैसा कि हमने पहले देखा कि ऐसा करना जरूरी नहीं है। यदि कभी जानकारी मिले कि किसी विशेष शेयर के भाव गिरने वाले हैं तो व्यक्ति बिना उन शेयरों को प्राप्त किए उन्हें बेच सकता है और बाद में कम भाव पर खरीद सकता है। व्यक्ति ऐसा तब भी कर सकता है, जब संपूर्ण बाजार गिर रहा हो या किसी खास शेयर के बारे में कोई निश्चित बुरी खबर हो।

हालाँकि किसी पुरानी खबर के चलते कदम उठाना खतरनाक होता है। अगर बाजार उस खबर पर पहले ही प्रतिक्रिया दे चुका हो तो उसे पुरानी माना जाना चाहिए। पुरानी खबर पर चलकर कार्य करने का दाँव उल्टा पड़ जाता है।

एस.टी.बी.टी.

इंट्रा डे के अलावा मंदी के अलावा बिना प्राप्त किए शेयर बेचने के दो स्थान और हैं। ऐसा करना का एक तरीका है—आज बेचो, कल खरीदो, अर्थात् 'सेल टुडे बाय टुमारो' (एस.टी.बी.टी.)। यहाँ व्यक्ति आज बेच सकता है और उसे डिलीवरी भी नहीं देनी होती। अगले दिन वह इसे खरीद सकता है। फिर चाहे इसके लिए उसे (फिर से खरीदने के लिए) कोई भी भाव देना पड़े। ऐसा केवल अति तरल शेयरों में ही किया जाना संभव है।

दूसरी विधि—इसे फ्यूचर मार्केट में बेच सकते हैं। फ्यूचर एक और सेगमेंट है, जहाँ शेयरों को तय संख्या, जिन्हें 'लॉट' कहा जाता है, में खरीदा व बेचा जा सकता है। एस.टी.बी.टी.—इसमें भी शेयरों को पहले बेचा और बाद में खरीदा जा सकता है (कवर्ड या स्कवायर्ड अप)। फ्यूचर मार्केट में इस कार्य के लिए अधिक समय दिया जाता है, जो अनुबंध के अनुसार (विवरण बाद में) उस दिन से लेकर तीन महीने तक का हो सकता है।

हालाँकि सभी सूचीबद्ध शेयर फ्यूचर मार्केट में ट्रेड नहीं हो सकते। शेयर बाजार द्वारा समय-समय पर निर्दिष्ट शेयरों को ही यहाँ ट्रेड किया जा सकता है।

ट्रेंड को फ्रेंड बनाएँ

'तेजी व मंदी ठीक है, लेकिन इसमें कुल मिलाकर मुझे क्या फायदा होगा?' यह सवाल किसी के भी मन में आ सकता है। इसमें बहुत कुछ शामिल है।

यहाँ बहुत से ट्रेडिंग अवसर मौजूद हैं। व्यक्ति रुख के सहारे चल रहा था। जब यह रुख ऊपर की ओर होता है (जैसा अभूतपूर्व तेजी के मामले में हुआ—वह भी चार साल

तक—मार्च 2003 से लेकर जनवरी 2008 तक), तब व्यक्ति प्रसन्नतापूर्वक 'क' भाव पर खरीदकर 'ख' भाव पर बेच सकता है।

सही ट्रेंड को भाँपकर कोई भी व्यक्ति ऐसा कर सकता है, यानी ऊपर या नीचे जाते सही शेयरों को चुनते हुए। सही शेयरों का चुनाव महत्त्वपूर्ण है, क्योंकि जैसा हमने पहले देखा कि सभी शेयरों में रोजाना भाव-परिवर्तन नहीं होता।

यदि व्यक्ति ट्रेडिंग से दूर रहना चाहता है तो इसे दैनिक आधार (इंट्रा डे) पर करना अधिक सुरक्षित है। इन हालात को लंबे समय तक जारी रखना (खरीदना या बेचना) जोखिमपूर्ण होता है, क्योंकि दुनिया के किसी भी कोने से आनेवाली किसी भी खबर का शेयर बाजार पर प्रभाव होता है, और शर्त बदकर कौन कह सकता है कि रात भर में या सप्ताह भर में क्या से क्या हो जाए!

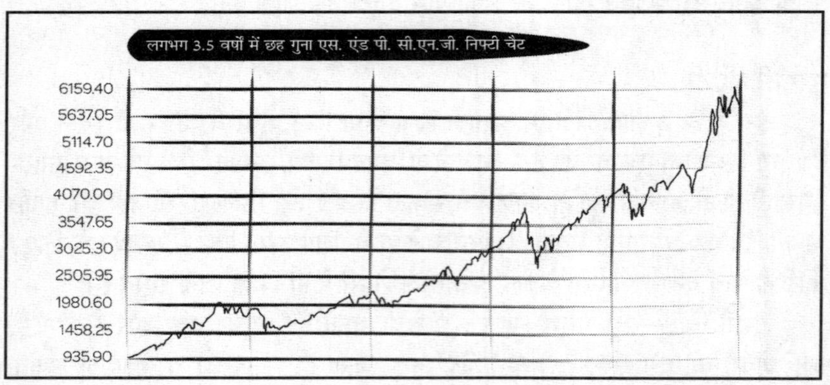

यदि ट्रेडर का भाग्य विपरीत हो तो व्यक्ति के बेचने के बाद भाव बढ़ जाते हैं या खरीदने के बाद नीचे चले जाते हैं। कुल मिलाकर रुख साफ रहता है। जैसा कि उपर्युक्त चार्ट में देखा जा सकता है कि इनके बीच कुछ छोटी लहरें भी हैं। व्यक्ति को इन छोटे घटाव-बढ़ाव से आनेवाले रुख साफ दिखाई देना चाहिए।

एन.एस.ई. के निफ्टी में वर्ष 2003 से 2007 के बीच के साढ़े तीन सालों में 600 फीसदी की शानदार बढ़ोतरी हुई। मई 2003 में यह सूचकांक 935 अंक पर था। और जनवरी 2008 में इसने 6150 का शीर्ष छू लिया। लेकिन यह सीधे-सीधे नहीं हुआ, जैसा कि चार्ट को देखकर स्पष्ट हो जाता है।

इस दौरान मई 2004 में इसमें बहुत बुरी गिरावट भी आई। यह आम चुनावों के बाद केंद्र में सरकार बदलने का समय था। इसके बाद 2005 में शेयरों के भाव एक बार फिर से गिरे और निफ्टी के अंकों में भारी गिरावट आई।

यही कारण है कि बुद्धिमान ट्रेडर्स इसे एक रात भी अपने पास नहीं रखते। बड़ा हो या छोटा, वे अपना प्रॉफिट उसी दिन में बुक कर लेते हैं और चैन की नींद सोते हैं। यदि तेजी का रुख हो तो वे उन शेयरों को चुनते व खरीदते हैं, जिनके भावों में अत्यधिक गतिविधि हो। उसी दिन बेच दें, फिर चाहे भाव बढ़ें या नहीं। यदि मुनाफा हो तो उसे काट लें। इसे ही 'प्रॉफिट बुकिंग' कहते हैं।

यदि मंदी का रुख हो तो वे ऐसे शेयरों को चुनते हैं, जिनके हाल ही में भाव अत्यधिक बढ़े हों और उन्हें बेच देते हैं। बाद में उसी दिन वे उन्हीं शेयरों को कम भाव पर खरीद लेते हैं। हालाँकि ये दोनों ही पद्धतियाँ आसान लगती हैं, लेकिन अधिकांश लोग बेचने के बाद खरीदने की जगह खरीदना और बेचना अधिक पसंद करते हैं।

दोनों में से दूसरा वाला अधिक बेहतर है, क्योंकि कई बार बाजार किसी अच्छी या बुरी खबर की प्रतिक्रिया में बहुत तेजी से बदल जाता है। ट्रेडर को इस बारे में कुछ पता नहीं होता। शेयरों के भाव बहुत ही नीचे या ऊपर जा सकते हैं।

ट्रेडिंग के संभावित परिदृश्य

इसके चार संभावित परिदृश्य हो सकते हैं—

1. खरीदने के बाद भाव बढ़ना
2. खरीदने के बाद भाव गिरना
3. बेचने के बाद भाव बढ़ना
4. बेचने के बाद भाव गिरना।

यदि खरीदने के बाद भाव बढ़ जाते हैं तो सिर्फ मुनाफा बटोरने और इसका स्वागत करने का काम बाकी रह जाता है। खरीदने के बाद अगर इनमें गिरावट आती है तो ट्रेडर को अपने पर विश्वास हो तो लॉस बुक करना अनिवार्य नहीं है। वह धन का इंतजाम कर डिलीवरी ले सकता है। वह बाजार सुधरने की प्रतीक्षा कर इन्हें बाद में बेच सकता है; लेकिन यह जोखिमपूर्ण है।

यदि व्यक्ति शॉर्टिंग (पहले बेचने) को अपनाता है और भाव कम हो जाएँ, तब तो यह ठीक है, उसे मुनाफा हो सकता है। लेकिन यह भी संभव है कि इसका उल्टा हो जाए। भावों में अत्यधिक बढ़ोतरी हो सकती है और ट्रेडर के पास उसे उच्च दर पर खरीदकर सौदा बंद करने के अलावा और कोई चारा नहीं होता। कई बार वह यह भी नहीं कर पाता, क्योंकि कभी-कभी हालात इतने अजीब हो जाते हैं कि उस शेयर (जिसे उसने शॉर्ट सेल किया था) को बेचनेवाला नहीं मिलता। किसी विशेष शेयर के विक्रेताओं का न होने और केवल क्रेताओं के होने को 'बायर फ्रीज' कहा जाता है। (वाकई स्तब्ध (फ्रीज) कर देने वाला है, नहीं क्या!)

उदाहरण के लिए—13 अगस्त, 2012 को किंगफिशर एयरलाइंस के शेयरों का भाव गिरने की उम्मीद थी, क्योंकि उनके द्वारा पेश किए पहली तिमाही के नतीजों में 651 करोड़ रुपए का नुकसान दरशाया गया था। लोगों ने सुनिश्चित मुनाफे की मंशा से इसके शेयर पहले ही बेच दिए। लेकिन उस दिन किंगफिशर के शेयर बायर फ्रीज हो गए। उस दिन इसे खरीदनेवाले बहुत थे, लेकिन बेचनेवाला कोई नहीं था। इसलिए खरीदार खरीद नहीं पा रहे थे। अत: खरीदने का सवाल ही नहीं उठता था।

किंगफिशर एयरलाइंस लि.

एन.एस.ई. भाव : 13/08/2012, 12:50 दोपहर को अद्यतन

अंतिम ट्रेड	पिछला बंद	बदलाव	खुला	संख्या
8.85	7.40	1.45 (19.59%)	7.40	41404138
दैनिक रेंज	**क्रय भाव**	**क्रय मात्रा**	**विक्रय भाव**	**विक्रय मात्रा**
8.85–7.05	8.85	3536393	0.00	0

बॉम्बे स्टॉक एक्सचेंज में भी हालात कुछ अलग नहीं थे।

बी.एस.ई. भाव : 13/08/2012, 1:02 दोपहर को अद्यतन

अंतिम ट्रेड	पिछला बंद	बदलाव	खुला	संख्या
8.88	7.40	1.48 (20.00%)	7.50	11807815
दैनिक रेंज	**क्रय भाव**	**क्रय मात्रा**	**विक्रय भाव**	**विक्रय मात्रा**
8.88–7.01	8.88	1326966	0.00	0

एक करोड़ से अधिक शेयरों के कारोबार और एन.एस.ई. में 1.45 रुपए और बी.एस.ई. में 1.48 रुपए की भाव वृद्धि के बाद इस शेयर में और कारोबार नहीं हुआ। यदि किसी ने बाद में भाव गिरने का सोचकर इसके शेयर पहले ही बेच दिए थे तो अब वे इन्हें खरीदकर सौदा समाप्त नहीं कर सकते थे।

इसके परिणामस्वरूप नीलामी का विकल्प चुनना पड़ा। इसे कारोबारी घंटों और नियमित बाजार के बाद अंजाम दिया गया, जिसमें भाव कुछ भी हो सकते थे। ट्रेडर्स के लिए यह बहुत बड़ा नुकसान था। इसलिए ट्रेड करने के इच्छुक, खासतौर पर नौसिखिए के लिए, अच्छा यही रहेगा कि वह 'खरीदे, फिर बेचे' बजाय इसके कि 'बेचे, फिर खरीदे'। कई बार भिन्न बाजारों में हालात भी अलग होते हैं। एन.एस.ई. और बी.एस.ई.

के भावों में लगभग हमेशा ही भावों में थोड़ा अंतर रहता है। यदि किसी का दोनों बाजारों में ट्रेडिंग अकाउंट है (किसी एक या भिन्न ब्रोकरों के साथ), वे इसके भिन्न भावों का उपयोग कर (इसे 'आर्बिट्रेज' कहा जाता है) पैसा कमा सकते हैं। फ्रीज के हालात में दोनों बाजारों में शायद ही कभी अंतर होता हो। यदि एक बाजार में यह फ्रीज है तो दूसरे बाजार में भी यह उसी समय या कुछ मिनट के भीतर फ्रीज हो जाता है, जैसा हमने किंगफिशर के उदाहरण में देखा है।

एम.आर.एफ. लि.

एन.एस.ई. भाव : 13/08/2012, 12:59 दोपहर को अद्यतन

अंतिम ट्रेड	पिछला बंद	बदलाव	खुला	संख्या
10,649.90	10,653.00	−310 (−0.03%)	10,684.95	2787
दैनिक रेंज	**क्रय भाव**	**क्रय मात्रा**	**विक्रय भाव**	**विक्रय मात्रा**
10,750.55–10,611.00	10,641.00	2	10,649.90	5

बी.एस.ई. भाव : 13/08/2012, 1:13 दोपहर को अद्यतन

अंतिम ट्रेड	पिछला बंद	बदलाव	खुला	संख्या
10,640.50	10,640.50	−9.35 −0.09%)	10,693.55	1689
दैनिक रेंज	**क्रय भाव**	**क्रय मात्रा**	**विक्रय भाव**	**विक्रय मात्रा**
11, 298. 00–10,617.10	10,640.50	10	10,650.00	3

इसलिए कुछ भी करने से पहले दोनों बाजारों को देख लेना चाहिए।

बी.टी.एस.टी.

इसमें सेटलमेंट (अदायगी) टी+2 दिन मिलते हैं और खरीदे गए शेयर खरीदार के ब्रोकर के पास 3 दिन के भीतर पहुँच जाते हैं; हालाँकि कई बार ये शेयर ब्रोकर तक अगले ही दिन पहुँच जाते हैं, खासतौर पर वह शेयर, जिनमें बाजार में अत्यधिक कारोबार हुआ हो।

इस अवसर का उपयोग करने को किसने 'आज खरीदो, कल बेचो'—संक्षेप में

बी.टी.एस.टी. का नाम दिया है। इनकी समय पर डिलीवरी होती रहे तो कोई समस्या नहीं आती। यदि ये नहीं आते तो इसे ऑक्शन पद्धति से प्राप्त किया जाता है, जिसके बारे में नीचे बताया गया है।

ऑक्शन (नीलामी)

ऑक्शन (नीलामी) का शेयर बाजार में भी वही अर्थ है, जो आमतौर पर उपयोग होता है। जो कोई भी कुछ बेचता है, उसे बेची गई वस्तु की डिलीवरी को सम्मान देना होगा। उनके पास ये शेयर नहीं होते और वे बिना इनके स्वामित्व के इन्हें बेच देते हैं। फिर भी, इन्हें डिलीवरी तो देनी ही होती है, जैसा कि हमने शेयर बाजार में ही ट्रेडर बाबू के उदाहरण में देखा था।

शॉर्ट सेलर को उतनी ही मात्रा में शेयर 'खरीदने' होते हैं, जितने उसने बेचे हैं। ये उतने होने चाहिए, जितनी डिलीवरी करनी है। हमारा शॉर्ट सेलर व्यक्ति जिससे खरीदता है (बाद में), अब यह डिलीवरी करना उसका काम होता है। दूसरे शब्दों में, प्रत्येक व्यक्ति के लिए ट्रेड में प्रत्येक घटा (–) के बराबर जमा (+) भी होना चाहिए। यदि इनकी संख्या बढ़ जाती है तो उन्हें इसकी डिलीवरी लेनी पड़ती है। घटा (–) के बढ़ने पर उसे डिलीवरी देनी पड़ती है।

अब समझनेवाली बात यह है कि जब घटाव अत्यधिक हो जाए और व्यक्ति इसे निष्प्रभावी करने के लिए 'खरीदारी' में असफल रहे तो क्या होगा?

अब बाजार उस 'खरीद' अनुबंध को पूरा करना चाहता है, जिसने इसे उनके शॉर्ट सेलर से खरीदा है। अत: बाजार एक ऑक्शन (नीलामी) आयोजित करता है और ट्रेडिंग टर्मिनल उन लोगों का खुलकर आह्वान करता है, जो ये शेयर प्रदान कर सकते हों।

जिन ब्रोकरों के पास ये शेयर होते हैं, वे आगे आते हैं। आमतौर पर इन शेयरों के भाव बाजार भाव से बहुत अधिक होते हैं। शॉर्ट सेलर के पास इस अत्यधिक दर (जुरमाना) को चुकाने के अलावा और कोई चारा नहीं होता। कभी-कभार शॉर्ट सेलिंग के बाद ऑक्शन के समय सारा बाजार किसी भी अन्य कारण से बाजार में गिरावट आती है। ऐसी स्थिति में (केवल) शॉर्ट सेलर को कम भाव पड़ते हैं और वे भारी दर देने से बच जाते हैं।

स्टॉप लॉस

भाव में अचानक व अप्रत्याशित गतिविधियों से बचने के लिए ट्रेडर्स उस तंत्र का उपयोग कर सकते हैं, जिसे 'स्टॉप लॉस' कहा जाता है। इसके तहत वे निश्चित दर पर खरीदकर अधिक भाव पर बेचने की प्रतीक्षा करता है। वह हर समय ट्रेडिंग स्क्रीन पर नजरें नहीं जमाए रखता। इसके बदले यदि वह इंटरनेट के माध्यम से सीधे न करके ब्रोकर द्वारा ट्रेडिंग कर रहा हो तो पहले ही लक्षित भाव लगा देता है और जैसे ही भाव आता है, शेयर अपने आप बिक जाता है। इसे 'स्टॉप लॉस सेल' कहते हैं। ऐसा ही 'स्टॉप लॉस बाय' भी होता है। इसमें 'खरीदने' का भाव सुनिश्चित किया जा सकता है और जैसे ही भाव आता है, बाय ऑर्डर निष्पादित हो जाता है। शॉर्ट सेलर्स उचित भाव पर खरीदने की इस स्टॉप लॉस क्रय विधि का खूब उपयोग करते हैं, जिससे गलत कदम उठाने से होनेवाले नुकसान से बचा जा सके।

गलत कदम से हमारा मतलब है—यदि एक ट्रेडर भाव गिरने की उम्मीद के चलते बेच देता है और फिर किसी कारण भाव चढ़ने लगते हैं तो अंतत: उसे नुकसान उठाना पड़ सकता है। यह नुकसान राशि कितनी होगी, यह इसपर निर्भर है कि उसने शेयर किस भाव पर खरीदा है। इसे भाग्य भरोसे न छोड़ने के लिए ट्रेडर्स बतौर सुरक्षा उपाय पहले ही यथोचित उच्च भाव पर 'बाय ऑर्डर' बुक कर देते हैं। इस तरह वे अपने नुकसान को एक स्तर पर रोक देते हैं।

इसी तरह वे लोग, जो खरीदते समय भाव के ऊपर जाने की उम्मीद लगाए होते हैं। लेकिन ये नीचे भी जा सकते हैं। यदि ये नीचे जाते हैं तो बड़े नुकसान का कारण बन सकते हैं। पहले से ही कम भाव पर सेल ऑर्डर लगा देने से बड़े नुकसान से बचा जा सकता है। यह 'स्टॉप लॉस सेलिंग' है—नुकसान होने से रोकना।

आमतौर पर स्टॉप लॉस भाव की सलाह चार्ट तैयार करनेवाले देते हैं, जो इस भाव तक पहुँचने के लिए किसी शेयर के इतिहास में भाव को देखते हैं। संक्षेप में कहें तो ट्रेडर्स को बड़े नुकसान से बचने के लिए स्टॉप लॉस का उपयोग अवश्य करना चाहिए।

नकद और फ्यूचर्स मार्केट

नॉन-डिलीवरी और ऑक्शन का संबंध केवल 'नकद बाजार' से है। इसके अलावा, शेयर बाजार में एक और बहुत बड़ा सेगमेंट होता है, जिसे 'फ्यूचर्स एंड ऑप्शंस' कहते हैं। एन.एस.ई. और बी.एस.ई. दोनों के एफ एंड ओ बाजार के बारे में हम बाद में बात करेंगे।

एफ एंड ओ बाजार में खेल के नियम अलग होते हैं। यहाँ व्यक्ति अपने पास शेयर हुए बिना उन्हें बेच सकता है और उसे इन्हें उसी दिन कवर भी नहीं करना होता। साथ ही दिन के लिए कोई उच्च या निम्न सीमा भी नहीं होती। यह चढ़ने और गिरने के लिए पूर्णतः खुला होता है। अभी के लिए हम नकद बाजार पर विचार करते हैं, जो बुनियादी किस्म का होता है।

वॉल्यूम (संख्या)

ट्रेडिंग के लिए हमारा कहना है कि व्यक्ति को ऐसे शेयर चुनने चाहिए, जिनमें भाव गतिशीलता अधिक होने के साथ ही जिनका वॉल्यूम भी अच्छा हो। वॉल्यूम का संबंध तरलता से है। एक शेयर किसी बहुत अच्छी कंपनी का हो सकता है। इसमें दैनिक आधार पर ऊपर या नीचे के रुख का भाव-परिवर्तन भी अच्छा हो सकता है।

लेकिन संभव है कि इसका ट्रेडिंग वॉल्यूम पर्याप्त न हो। किसी भी दिन (उस कंपनी के) शेयरों को खरीदने और बेचने की संख्या कुछ सौ या कुछ हजार ही हो, केवल इतना ही। इस शब्द 'केवल इतना ही' के यहाँ बहुत से अर्थ हैं। यदि कोई शेयर केवल सैकड़ों में ही ट्रेड हो रहा है (बाजार में होनेवाली दैनिक खरीद-फरोख्त) तो यह ट्रेडिंग की दृष्टि से ठीक नहीं है।

जैसा कि हमने पहले देखा, एक ट्रेडर उस समय फँस जाता है, जब वह खरीदारी करता है। ठीक है, फिर वह उसे बेचना चाहता है। लेकिन जिस दिन वह इसे बेचना चाहता है, इसका कोई खरीदार ही नहीं मिलता। ऐसी परिस्थिति को 'सेलर फ्रीज' कहा जाता है।

क्या ऐसा भी होता है ? हाँ, बहुत बार। शेयर बाजार में सभी शेयर अत्यधिक ट्रेड नहीं होते। आँकड़े इसकी 'वॉल्यूम' की खबर देते हैं। हमने एक ऐसा ही फ्रीज देखा था। 'डेक्कन क्रॉनिकल' होल्डिंग्स समाचार-पत्र प्रकाशन से जुड़ी कंपनी है। यह एक अच्छी कंपनी है, क्योंकि विदेशी संस्थागत निवेशक (एफ.आई.आई.) के पास इसके 23 लाख शेयर हैं और बैंक व वित्तीय संस्थानों के पास इसके 1.45 करोड़ शेयर हैं।

इसके बावजूद 13 अगस्त, 2012 को इस शेयर का कोई खरीदार नहीं था! एन.एस.ई. और बी.एस.ई. दोनों ही जगह कोई खरीदार नहीं, केवल बेचनेवाले थे। लगभग 4.82 लाख शेयर बाजार में थे और इन्हें खरीदनेवाला एक भी व्यक्ति नहीं था। जबकि इसके भाव में भी 4.7% की गिरावट आई थी।

डेक्कन क्रॉनिकल होल्डिंग्स लि.

एन.एस.ई. भाव : 13/08/2012, 1:09:52 दोपहर को अद्यतन

अंतिम ट्रेड	पिछला बंद	बदलाव	खुला	संख्या
11.15	11.70	–0.55 (–4.70%)	11.25	876262
दैनिक रेंज	**क्रय भाव**	**क्रय मात्रा**	**विक्रय भाव**	**विक्रय मात्रा**
11.35–11.15	0.00	0	11.15	258144

बी.एस.ई. भाव : 13/08/2012, 1:25 दोपहर को अद्यतन

अंतिम ट्रेड	पिछला बंद	बदलाव	खुला	संख्या
11.10	11.65	–0.55 (–4.72%)	11.15	1417942
दैनिक रेंज	**क्रय भाव**	**क्रय मात्रा**	**विक्रय भाव**	**विक्रय मात्रा**
11.40–11.10	0.00	0	11.10	224776

डेक्कन क्रॉनिकल अकेला नहीं था। 13 अगस्त, 2012 के उस दिन एन.एस.ई. में लगभग 16 शेयर तथा बी.एस.ई. में 200+ शेयर सेलर फ्रीज में शामिल थे।

बाजार के गतिशील होने के बाद 300, 500 अंक चढ़ने पर भी बहुत से शेयर कई बार महीनों तक ट्रेड नहीं हो सके। यह सेलर फ्रीज से कुछ अलग था, जहाँ अचानक शेयर के भाव गिर जाते हैं और हर कोई अपने शेयर बेचना चाहता है (चयन के लिए कैसा शेयर है!)।

सन् 2007 में एक ब्रोकर/निवेश सलाहकार ने मेरे मित्र श्री दवे को बताया कि एन.आई.आई.टी., एन.आई.आई.टी. टेक, एप्टेक, एजुकेशन सॉल्यूशंस जैसी सभी प्रशिक्षण कंपनियाँ अच्छा प्रदर्शन कर रही हैं और इनके शेयरों के भाव काफी बढ़ चुके हैं। उसे टेलीडाटा के शेयर खरीदने की सलाह दी गई, जो यही व्यापार करती थी और जिसके भाव अभी तक बढ़े नहीं थे।

हमेशा की तरह उसे बताया गया कि टेलीडाटा 'डार्क हॉर्स' और 'मल्टीबैगर' है। ये बेहद शक्तिशाली शब्द हैं, जो निवेशक को उस शेयर को किसी भी भाव पर खरीदने के लिए दीवाना कर देते हैं। दवे ने 62 रुपए की दर से 1,000 शेयर खरीद लिये और 62,000 रुपए का चेक दे दिया।

निवेश सलाहकार की बात सही प्रतीत होती थी। टेलीडाटा के शेयर चढ़ने लगे।

सिर्फ एक दिन नहीं, बल्कि अगले दोनों दिन। पहले ये 68 तक और फिर 72 तक पहुँच गए। दवे को अब प्रति शेयर 10 रुपए का मुनाफा हो रहा था। उसने इन्हें बेचने और अप्रत्याशित का लाभ लेने की जगह और 1,000 शेयर खरीदने का निर्णय लिया। ये शेयर उसे 80 रुपए के भाव पर मिले। वह इसे लेकर चिंतित नहीं बल्कि प्रसन्न हुआ।

अब उसके पास 71 रुपए के औसत भाव पर 2,000 शेयर थे। लेकिन अभी एकत्रीकरण समाप्त नहीं हुआ था। टेलीडाटा के शेयरों के भावों ने आगे छलाँग लगाई और 90 रुपए पर पहुँच गए। दवे के दिमाग में 'डार्क हॉर्स' और 'मल्टीबैगर' जैसे शब्द और गहरे उतर गए, जिससे उसने उन शेयरों को अपने पास ही रखे रखा।

प्रयोग से ही किसी चीज का पता चलता है। उसने शेयरों के भाव बढ़ते देखे थे। उसने पहले से ही कल्पना के कागज पर 2,000 शेयरों में 38,000 रुपए का लाभ दर्ज कर लिया था। उसका पूरी तरह से मानना था कि शेयरों के भाव अभी और ऊपर चढ़ेंगे (एन.आई.आई.टी. की तरह, जो तब तक 800 रुपए को छू चुका था या एडुकॉम्प सॉल्यूशंस, जो 1,600 रुपए पर पहुँच गया था)। दवे ने टेलीडाटा बेचने की जगह 90 रुपए @ 500 शेयर और खरीद लिये।

अब उसका कुल निवेश 1,87,000 हो गया था और उसके सारे शेयरों का औसत भाव 74.80 रुपए था। वह उम्मीद लगाए था कि भाव अभी 100 रुपए और फिर 150 रुपए, बल्कि 200 रुपए तक जाएँगे। वह बार-बार मुनाफे की गणना करता और प्रसन्न हो जाता।

बाजार में ऐसा अकसर होता रहता है कि संवेदना अचानक परिवर्तित (डिप्रेस्ड) होती है और अधिकांश शेयरों के भाव गिर जाते हैं। टेलीडाटा भी कोई अपवाद नहीं था। चूँकि अतीत में इसमें बढ़ोतरी तेजी से हुई थी, इसलिए इसमें गिरावट भी तेजी से आई। परिणाम स्पष्ट ही था। 'सेलर फ्रीज' हो गया—केवल एक दिन के लिए। ये जिस तरह ऊपर गए थे, उसी तरह नीचे भी आ गए। किसी के भी खरीदे या बेचे बिना भाव दिनोदिन नीचे आते जा रहे थे! कोई बेच इसलिए नहीं रहा था कि कोई खरीदार नहीं था। नीचे होते हुए ये 40 रुपए को छू गए। अंतत: दवे ने लॉस बुक करते हुए 34.6 रुपए प्रति शेयर की दर से अपने सभी 2,500 शेयर निकाल दिए।

यही वजह है, जिसके चलते घरेलू या विदेशी संस्थान हमेशा उन्हीं लार्ज कैप शेयरों को अपनाते हैं, जिनका दैनिक ट्रेड वॉल्यूम अच्छा होता है। यह अच्छा वॉल्यूम करोड़ों में भी हो सकता है। यदि वॉल्यूम इतना अधिक हो तो दिन भर में विभिन्न भावों पर क्रय-विक्रय करनेवाले भी मिल जाते हैं। ऐसे में भाव गिरने लगें तो व्यक्ति तुरंत बाहर निकल सकता है।

एन.एस.ई. के निफ्टी 50 और बी.एस.ई. के ए ग्रुप में सूचीबद्ध शेयरों में अत्यधिक

तरलता होती है, क्योंकि किसी भी दिन उनके वॉल्यूम की मात्रा अधिक रहती है और व्यक्ति कितनी भी मात्रा में शेयर खरीद या बेच सकता है। हम एन.एस.ई. और बी.एस.ई. दोनों से शीर्ष शेयरों के एक ही दिन अर्थात् 30 मई, 2014 को इन्फोसिस से दो उदाहरण लेते हैं।

उदाहरण-1 : इन्फोसिस

बी.एस.ई. भाव : 30/05/2014, 2:18 दोपहर को अद्यतन

अंतिम ट्रेड	पिछला बंद	बदलाव	खुला	संख्या
2,551.95	2,600.05	-48.10(-1.85 %)	2,604.95	198850
दैनिक रेंज	**क्रय भाव**	**क्रय मात्रा**	**विक्रय भाव**	**विक्रय मात्रा**
2,619.00 -2,545.00	2550.15	20	2,551.95	19

दोपहर 2.18 बजे तक एन.एस.ई. में 15,93,000 और बी.एस.ई. में 1.98 लाख शेयर ट्रेड हुए, जबकि दैनिक कारोबार में अभी 1.15 घंटे शेष थे।

उदाहरण-2 : टाटा स्टील लि.

टाटा स्टील शेयर भाव सूचकांक में शामिल एक अन्य शेयर है। इसका ट्रेड वॉल्यूम एन.एस.ई. में 32 लाख शेयर और बी.एस.ई. में 4.3 लाख शेयरों का है। एन.एस.ई. के 50 (निफ्टी के 50 शेयर) और बी.एस.ई. 30 (सेंसेक्स के 30 शेयर) कभी फ्रीज नहीं होते। इसका कारण केवल इनका वॉल्यूम ही नहीं है, बल्कि इसलिए, क्योंकि ये शेयर बाजार के एफ एंड ओ सेगमेंट का हिस्सा हैं, अर्थात् इनकी भाव गतिशीलता की कोई सीमा नहीं है। ये एक ही दिन में कितने भी प्रतिशत बिंदु तक ऊपर या नीचे जा सकते हैं।

उदाहरण-3 : सत्यम कंप्यूटर सर्विसेज लि.

उदाहरण के लिए, सत्यम कंप्यूटर के शेयरों में एक ही दिन में चौंका देनेवाली 71% की गिरावट उस समय दर्ज की गई, जब 7 जनवरी, 2009 को इसके प्रमोटर व एम.डी. रामलिंगा राजू ने धोखाधड़ी की गतिविधियों को स्वीकार करते हुए इस्तीफा दिया।

सत्यम कंप्यूटर सर्विसेज लि.

एन.एस.ई. भाव : 7/01/2009, 4:05:56 दोपहर को

अंतिम ट्रेड	पिछला बंद	बदलाव	खुला	संख्या
40.25	178.95	−138.70 (−77.51%)	179.00	330096528
दैनिक रेंज	**क्रय भाव**	**क्रय मात्रा**	**विक्रय भाव**	**विक्रय मात्रा**
188.70−30.80	40.25	412943	0.00	0

फिर ठीक अगले दिन बिकवाली जारी रही और सत्यम कंप्यूटर के शेयर और 77% गिर गए।

विक्रेताओं का अभाव (नो सेलर)

'क्रेताओं के अभाव' जैसी परिस्थितियों की ही तरह कई बार ऐसी स्थितियाँ भी आती हैं, जब एफ एंड ओ शेयरों के अलावा 'विक्रेताओं का अभाव' हो जाता है। यदि कोई शानदार खबर हो (बोनस शेयरों की घोषणा—उदारमना बोनस—पूर्णतः अप्रत्याशित) तो शेयरों के भाव बढ़ना निश्चित है। ऐसे में जिसके पास शेयर हैं, वे इन्हें क्यों बेचने लगा!

जब लोग अधिक भाव पर भी खरीदने के लिए तैयार होते हैं तो उस शेयर के भाव शीर्ष स्तर तक पहुँच जाते हैं।

भाव सीमा (प्राइस लिमिट)

किसी भी दिन शेयरों के भाव उस शेयर की परिवर्तनशीलता या स्पेक्युलेशन पर निर्भर निश्चित प्रतिशत से अधिक ऊपर या नीचे नहीं जा सकते हैं। शेयर बाजार 5 से 20 तक के इस प्रतिशत को तय करने के साथ ही इस सूचना को प्रसारित भी करते हैं। अतः विक्रेताओं का अभाव इसलिए होता है, क्योंकि लोग स्वयं ही इसे उस दिन की भाव सीमा के भीतर बेचने के इच्छुक नहीं होते। इस तरह शेयरों के भाव उस खास स्तर पर स्थिर अर्थात् 'बायर फ्रीज' हो जाते हैं।

अपर फ्रीज—विक्रेताओं के अभाव की परिस्थिति—वलेचा इंजीनियरिंग

एन.एस.ई. भाव : 30/05/2014, 2:05:43 दोपहर को अंतिम अद्यतन

अंतिम ट्रेड	पिछला बंद	बदलाव	खुला	संख्या
73.5	70	3.50 (5.00%)	70.55	49990
दैनिक रेंज	**क्रय भाव**	**क्रय मात्रा**	**विक्रय भाव**	**विक्रय मात्रा**
73.50–70.50	73.5	61412	0	0

एन.एस.ई. भाव : 30/05/2014, 2:05:43 दोपहर को अंतिम अद्यतन

अंतिम ट्रेड	पिछला बंद	बदलाव	खुला	संख्या
73.65	70.15	3.50 (4.99%)	70	320482
दैनिक रेंज	**क्रय भाव**	**क्रय मात्रा**	**विक्रय भाव**	**विक्रय मात्रा**
73.65–70.00	73.65	37754	0	0

जब भाव तय प्रतिशत तक पहुँच जाते हैं तो इसे शीर्ष तक पहुँचा (उच्च या निम्न) के रूप में जाना जाता है। उस दिन में यह उससे ऊपर नहीं जा सकता। इसके पूर्व हमने डेक्कन क्रॉनिकल के उदाहरण में इसे 4.70% का स्तर छूते देखा था और इसके बाद यह फ्रीज हो गया। हालाँकि उस दिन बिक्री के लिए 4.82 लाख शेयर कतार में थे और बहुत से लोग इसे 11.15% जितने कम भाव पर भी बेचने के लिए तैयार थे, लेकिन 4.7% के फ्रीज के कारण उन्हें इसकी अनुमति नहीं मिली। हालाँकि अगले दिन यदि न्यूनतम भाव पर विक्रेता हो या उच्चतम भाव के खरीदार न हों तो यह 5% और नीचे जा सकता है, जैसा हमने टेलीडाटा के मामले में चर्चा की थी।

संदेश सीधा है—बेचकर खरीदने से कहीं अच्छा खरीदकर बेचना है।

ऑनलाइन ट्रेडिंग

आमतौर पर लोग शेयरों को खरीदने व बेचने का कार्य अपने ब्रोकर या ट्रेडिंग सदस्य के साथ फोन पर मिली सूचना के आधार पर करते हैं। यह सबसे लोकप्रिय तरीका है। बहुत से अच्छे ब्रोकर हाउस अपने डीलर (जो व्यक्ति कंप्यूटर टर्मिनल पर बाय व सेल ऑर्डर को निष्पादित करता है) और क्लाइंट के बीच प्रकट रूप से हुए प्रत्येक टेलीफोन वार्तालाप को रिकॉर्ड करते हैं।

इस बातचीत को रिकॉर्ड करने का उद्देश्य ऑर्डर देने या उसे सुनने के बीच की

किसी भी तरह की अस्पष्टता को स्पष्ट करने व सुलझाने के लिए करते हैं। संभव है कि किसी ने डीलर को इन्फोसिस को खरीदने के लिए कहा हो। लेकिन डीलर ने इंफोटेक एंटरप्राइजेज खरीद लिया। ये सुनने में भले ही एक जैसे हो सकते हैं, लेकिन इनके भावों के बीच बड़ा अंतर है। कई बार सेल ऑर्डर को (गलती से) बाय ऑर्डर समझ लिया जाता है। नकद व फ्यूचर्स बाजार की खरीद में भी काफी अंतर हो सकता है।

कई ग्राहक स्वयं व्यक्तिगत रूप से ब्रोकर हाउस में आते हैं, ट्रेडिंग टर्मिनल द्वारा ऑर्डर देनेवाले डीलर के साथ दिन बिताते हुए शेयर खरीदने या बेचने का कार्य करते हैं। कुछ लोगों के पास इसके लिए समय व रुचि दोनों होते हैं। इससे गलत सुनने की समस्या नहीं होती। हालाँकि गलतियाँ होती हैं, लेकिन इन्हें लगभग तुरंत सुधार भी लिया जाता है।

एक और पद्धति है, जो शेयरों को खरीदने और बेचने की बेहद आसान व परिष्कृत पद्धति है। इसे ऑनलाइन ट्रेडिंग के नाम से जाना जाता है।

ऑनलाइन काम का अर्थ है—इंटरनेट के माध्यम से कार्य करना। ग्राहक को यदि ट्रेडिंग का आवश्यक कौशल व सुविधा प्राप्त है तो वह अपने कंप्यूटर पर स्वयं ही यह कार्य कर सकता है।

ऐसे बहुत से लोग हैं, जो ब्रोकर हाउस नहीं जा सकते या ब्रोकर से फोन पर संपर्क नहीं साध सकते। लेकिन वे इसे अपने घर से (अब बहुत सी घरेलू महिलाओं ने ऐसा करना आरंभ कर दिया है) या अपने ऑफिस से करना चाहते हैं। उन्हें बस, यह करना होता है कि किसी ब्रोकर के पास एक थ्री-इन-वन अकाउंट : ट्रेडिंग अकाउंट, डीमैट अकाउंट और बैंक अकाउंट खोलें; ब्रोकर को पावर ऑफ अटॉर्नी (पी.ओ.वी.) दें और अनुबंध हस्ताक्षरित कर लें।

इसके बाद ब्रोकर आपको एक यूजरनेम और पासवर्ड देगा। इनके उपयोग से ग्राहक ब्रोकर की वेबसाइट पर ट्रेडिंग स्क्रीन खोलकर कारोबारी घंटों के दौरान स्क्रीन पर वास्तविक भावों को लाइव देख सकता है। वह अपने लिए खरीदने व बेचने का ऑर्डर भी बुक कर सकता है।

ग्राहक के ऑनलाइन अकाउंट से की गई खरीद व बिक्री ब्रोकिंग हाउस के इंटरनेट आधारित ट्रेडिंग इंजन से होते हुए एन.एस.ई. या बी.एस.ई. (ग्राहक ने जहाँ भी अकाउंट खोला हो) तक पहुँच जाती है। यदि इस ऑर्डर का मूल्य स्वीकार्य सीमा (ग्राहक के खाते में जमा धनराशि या बिक्री के मामले में ग्राहक के खाते में मौजूद शेयर संख्या) के भीतर होने पर ऑर्डर निष्पादित हो जाएगा। ब्रोकरों ने तो अब मोबाइल फोन द्वारा ट्रेडिंग भी पेश कर दी है।

यह सारा कार्य बिना किसी मानवीय हस्तक्षेप के हो जाएगा। बाय ऑर्डर को निष्पादित करते समय उतनी ही धनराशि स्वतः ग्राहक के बैंक खाते से ब्रोकर के खाते में

हस्तांतरित हो जाएगी। खरीदे गए शेयर ब्रोकर की धनराशि की रसीद (फिलहाल, 2014 में, टी+2 सेटलमेंट द्वारा) के आधार पर ग्राहक के डी.पी. अकाउंट में जमा हो जाएँगे।

यह खरीद के दौरान होता है। ग्राहक के सेल ऑर्डर के दौरान इसका ठीक उलटा होता है। एक बार फिर ब्रोकर ग्राहक को उसके डीमैट खाते में मौजूद शेयरों के आधार पर या वह इसके बाद जो कुछ भी खरीदता है, जो पी.ओ.ए. के माध्यम से उसके ब्रोकर के डी.पी. अकाउंट में मौजूद हो, उसे बेचने की अनुमति दे देगा।

यह हस्तांतरण कितनी भी धनराशि के लिए हो सकता है। यह सारा कार्य एक पासवर्ड के माध्यम से नियंत्रित होता है, इसलिए यह पासवर्ड किसी दूसरे के साथ साझा नहीं करना चाहिए। यह प्रमुख बात है। यदि इंटरनेट कनेक्शन अच्छा हो तो ऑनलाइन ट्रेडिंग हस्तांतरण निर्बाध व परेशानी रहित होता है। इसमें मानवीय गलतियों की गुंजाइश नहीं रहती। ब्रॉडबैंड कनेक्शन की बदौलत निष्पादन का कार्य शीघ्रतापूर्वक हो जाता है। कागज-विहीन हस्तांतरण होने से यह पर्यावरण फ्रेंडली भी है! सारा कार्य केवल माउस की एक क्लिक से हो जाता है।

इसके अतिरिक्त, ऑफलाइन ट्रेडर्स की तुलना में ऑनलाइन ट्रेडर्स के लिए दलाली की दर बहुत कम है।

ऑनलाइन केवल सेकंडरी बाजार में शेयर खरीदने व बेचने में ही नहीं, बल्कि आई.पी.ओ. और ई.आई.पी.ओ. के लिए आवेदन में भी उपयोगी है। न ही लंबे फॉर्म भरने, आवेदन पत्र जमा करने के लिए कतार में प्रतीक्षा करना या पावती रसीद माँगने और आवंटन (अकसर रिफंड) ऑर्डर की प्राप्ति तक उसे सँभालकर रखने की जरूरत है।

ऑनलाइन खाते द्वारा म्यूचुअल फंड भी खरीदे व बेचे जा सकते हैं।

□

6

स्पेक्युलेशन

हमने लघु अवधि और दीर्घावधि दोनों तक के निवेश देख लिये। हमने इंट्रा डे ट्रेडिंग समेत हर तरह की ट्रेडिंग पर चर्चा की। हमने इन दोनों को जोड़नेवाली रणनीति 'इन्वेस्टमेंट कम ट्रेडिंग' रणनीति पर भी चर्चा की। अब हम उस तीसरे तरीके पर बात करेंगे, जिसका उपयोग लोग शेयर बाजार से पैसा कमाने में करते हैं। इसे स्पेक्युलेशन (सट्टा) कहा जाता है।

हम खुले मैदान में जलनेवाले अलाव के उदाहरण से स्पेक्युलेशन को समझ सकते हैं।

नीचे दिए चित्र में सबसे बाहरवाला वृत्त (A) निवेश के बारे में बताता है, जो लपटों से (शेयर बाजार के उतार-चढ़ाव से) दूर है। यहाँ गरमी (आकर्षण) तुलनात्मक रूप से कम होती है। यह आग से सुरक्षित दूरी पर है, लेकिन इतना पास भी है कि गरमाई महसूस कर सके।

मध्य वाला वृत्त (B) ट्रेडिंग रिंग है। यह तुलनात्मक रूप से आग के अधिक निकट है। यहाँ रहते हुए व्यक्ति को साहस का एहसास होता है। यहाँ जोखिम कुछ अधिक होता है। यह आग व्यक्ति तक पहुँच जाए तो उसे जला भी सकती है।

सबसे भीतरी वृत्त (C) आग के सबसे नजदीक है। इस स्थान पर व्यक्ति सबसे अधिक गरमी महसूस करता है और यहाँ निराशा का जोखिम सबसे अधिक महसूस होता है। यही स्पेक्युलेशन का प्रतिनिधित्व करता है।

स्पेक्युलेशन! कुछ लोगों को आश्चर्य हो सकता है कि स्पेक्युलेशन क्या होता है?

स्पेक्युलेशन का अर्थ किसी खास किस्म के अपेक्षित परिणाम पाना है, जबकि इससे दूसरे मार्ग के वास्तविक हो जाने की भी उतनी ही संभावना हो। इस परिणाम की अपेक्षा के पीछे तथ्यात्मक आधार नहीं, बल्कि शेयर बाजार में प्रचलित अफवाहें और गलत सूचनाएँ होती हैं।

'यह टर्नराउंड कंपनी है।'

'एस.बी.आई. इस कंपनी का अधिग्रहण करनेवाली है।'

'एफ.आई.आई. ये शेयर खरीद रहे हैं।'

'इन्हें बड़ा सरकारी ऑर्डर मिला है।'

ऐसी घूम रही सौ में से एक कहानी सच्ची हो सकती है। लेकिन लोग इन सभी कहानियों पर विश्वास कर लेते हैं और इस कारण वे तुरंत यह शेयर खरीद लेते हैं। इसके अलावा, नकारात्मक कहानियाँ भी होती हैं; जैसे—

'सरकार गिरने वाली है।'

'सरकार का गठबंधन का एक बड़ा साथी समर्थन वापस लेने वाला है।'

'सरकार इस उत्पाद पर रोक लगाने वाली है।'

सट्टेबाज वस्तुतः विक्रेता होते हैं, अर्थात् वे उस शेयर विशेष के गिरने की उम्मीद में भारी बिकवाली करते हैं। ऐसा हो भी सकता है और नहीं भी।

इसी स्पेक्युलेशन के कारण कुछ कंपनियों के शेयर अकारण ही निरंतर बढ़ने लगते हैं। '…इस कंपनी में मंत्रीजी की रुचि है…' या '…बड़े दिग्गज…इस कंपनी के शेयरों में दिलचस्पी ले रहे हैं…' जैसी अफवाहें बाजार में गरम रहती हैं।

कुछ ऐसी कहानियाँ होती हैं, जिनमें लालची ही नहीं बल्कि समझदार लोग भी फँस जाते हैं—

यदि मुझे सही याद है तो सन् 1992 में एन.बी. फुटवेयर के शेयर का भाव 400 रुपए बढ़ गया। लोगों ने इस विश्वास के साथ इन्हें खरीदना आरंभ कर दिया कि इसके भाव अभी 1,000 रुपए तक पहुँच जाएँगे। बीते सोलह सालों में उसने एक बार भी 400 को पार नहीं किया था! ऐसी सैकड़ों कहानियाँ हैं। उषा रेक्टिफायर, सिल्वरलाइन टेक्नोलॉजीज, डी.एस.क्यू. सॉफ्टवेयर, पेंटाफोर टेक्नोलॉजीज, पिरामिड समिरा इन्हीं में से कुछ उल्लेखनीय 'नगीने' हैं।

कुछ कहानियाँ सीमेंट, बायोटेक, आई.टी. आदि जैसी उद्योग-आधारित भी होती हैं। सन् 2007 में फैली कहानी बिजली से संबंधित थी। सभी बिजली कंपनियों के शेयर सिर्फ एक दिशा में चल दिए थे—ऊपर की ओर। एक और कहानी—जो खूब चली थी, वह कंपनियों के 'लैंड बैंक' से संबंधित थी, अर्थात् जिन कंपनियों के पास अधिक भूमि (एकड़ में) थी और जिनका रियल एस्टेट मूल्यवान् था, उनके भाव में भारी वृद्धि हुई।

एक स्पष्ट और चौंकानेवाला उदाहरण सत्यम कंप्यूटर्स का है। इसका भाव पहली बार में 230 रुपए की ऊँचाई से गिरकर 180 रुपए पर पहुँच गया था, क्योंकि कंपनी ने अपने लगभग 5,000 करोड़ रुपए के संचित धन को दो अन्य कंपनियों मेटास इन्फ्रा और मेटास कंस्ट्रक्शन (जिसके प्रमोटर और स्वामी रामलिंगा राजू और उसका बेटा थे—मेटास और कुछ नहीं, सत्यम का उलटा या असत्यम था!) में निवेश करने का फैसला किया। संस्थागत निवेशकों को यह पसंद नहीं आया और उन्होंने बाजार में अपने सत्यम के शेयर बेचने आरंभ कर दिए और इसके शेयरों के भाव गिर गए।

यदि किसी ने इस स्पेक्युलेशन के साथ सत्यम के शेयर खरीदे थे कि ये एक बार फिर चढ़ जाएँगे तो उसे इसमें भारी नुकसान हुआ; क्योंकि ये शेयर और अधिक गिरे और 20 रुपए तक पहुँच गए और रामलिंगा राजू के सत्यम के खातों में अपनी हेरा-फेरी को स्वीकार करने के बाद एक दिन ऐसा भी आया, जब ये 8 रुपए को छू गए।

जब ये फिर से 40 रुपए पर पहुँचे थे तो किसी ने मुझसे इन्हें खरीदने के बारे में पूछा था। मैंने उससे पूछा कि जब इतने सारे और शेयर मौजूद हैं तो वह सत्यम ही क्यों खरीदना चाहता है? उसने कहा कि ये इतने नीचे गिर गए हैं कि प्रतीत होता है कि यह फिर से बढ़ने वाला है।

उसने यह भी सुना था कि कोई राजनीतिज्ञ सत्यम में निवेश में रुचि दिखा रहा है, अत: इसके फिर से चढ़ने की उम्मीद है।

यह शुद्ध स्पेक्युलेशन नहीं तो और क्या है?

निवेश कंपनी की बुनियादी बातों की शोधपूर्ण जानकारी और कंपनी की दीर्घावधिक विकास संभावनाओं के आधार पर होना चाहिए।

ट्रेडिंग इन तकनीकी चीजों के आधार पर हो कि क्या कोई खास शेयर अधिक बिक रहा है या अधिक खरीदा जा रहा है और इसका तत्काल परिणाम (शेयर के भाव पर) क्या होगा।

स्पेक्युलेशन सुनी-सुनाई बातों, गप्पों/अफवाहों, असत्यापित रिपोर्टों और कई बार विकृत कहानियों पर आधारित होती है। यह सच हो भी सकती हैं और नहीं भी। इसलिए अच्छा यही रहेगा कि स्पेक्युलेशन से दूर रहा जाए।

□

7

शेयर बाजार को समझें

प्रत्येक व्यक्ति को अच्छे रिटर्न प्राप्त करने के लिए पैसे बचाना और उन्हें निवेश करना होता है। शेयर बाजार एक ऐसा ही मार्ग है। बल्कि यह बैंक जमा व ऋण साधनों जैसे निवेश से कहीं बेहतर है।

शेयर बाजार में अच्छा पैसा कैसे कमाएँ? हमने देखा है कि इसके तीन दृष्टिकोण होते हैं, अर्थात्—निवेश, ट्रेडिंग और स्पेक्युलेशन। हममें से अधिकांश लोग निवेश करते हैं और बहुत थोड़े ही ट्रेडिंग में जाते हैं, जिसके कुछ कारण भी हैं, जिन पर हमने पहले चर्चा की है।

अब यहाँ दो महत्त्वपूर्ण सवाल खड़े होते हैं—

(1) निवेश (या ट्रेडिंग) के लिए सही शेयर का चुनाव कैसे करें, और

(2) खरीदने व बेचने का 'समय' क्या होना चाहिए?

इन दोनों सवालों का जवाब देने के लिए हमें और भी कई सवालों के जवाब खोजने होंगे, जिनके आधार पर हम 'किन्हें खरीदें' और 'कब खरीदें' का निर्णय ले सकेंगे। ये सवाल हैं—

1. अर्थव्यवस्था के मौजूदा हालात कैसे हैं?
2. शेयर बाजार में क्या रुख है? तेजी या मंदी?
3. फिलहाल कौन से उद्योग/सेक्टर अच्छा प्रदर्शन कर रहे हैं तथा किनमें संभावनाएँ दिखाई देती हैं?
4. अच्छे उद्योगों/सेक्टरों में कौन सी कंपनियाँ अच्छा प्रदर्शन कर रही हैं?
5. अच्छा प्रदर्शन कर रही कंपनियों में से किन्हें अच्छा मुनाफा हो रहा है?
6. वे कौन सी कंपनियाँ हैं, जो निवेशकों में कमाए गए मुनाफे का अच्छा प्रॉफिट मार्जिन वितरित कर रही हैं?

7. इन कंपनियों का कॉरपोरेट गवर्नेंस कैसा है ?
8. कंपनी के मूल सिद्धांत क्या हैं ?
9. कंपनी का शेयर भाव तकनीकी रूप से कितना उचित है ?
10. फिलहाल उसके शेयरों का भाव क्या है ?
11. हमारे पास कितना पैसा है ?
12. हम उस पैसे को कितने समय तक निवेशित (शेयर बाजार में) रख सकते हैं ?

अब हमें इन सवालों के विस्तृत जवाब खोजने होंगे।

1. अर्थव्यवस्था के मौजूदा हालात कैसे हैं ?

व्यक्ति सोच सकता है कि एक या दो कंपनियों के शेयर खरीदने के लिए अर्थव्यवस्था के हालात महत्त्वपूर्ण क्यों हैं ? इसकी प्रासंगिकता क्या है ? इसका जवाब बेहद सीधा व स्पष्ट है। यदि देश की आर्थिक स्थिति अच्छी होगी तो हर तरह का व्यापार अच्छा चलेगा। यदि व्यापार अच्छे चलेंगे तो कंपनियों को अच्छा मुनाफा होगा और उसके शेयरों के भाव चढ़ेंगे। इससे निवेशक को लाभ होगा।

शेयर बाजारों को अर्थव्यवस्था का बैरोमीटर कहा जाता है। अर्थव्यवस्था में अच्छा या बुरा कुछ भी होने का शेयर बाजार पर प्रभाव पड़ता है; बल्कि शेयर बाजार पहले से ही इस बात की सूचना दे देते हैं कि अर्थव्यवस्था किस दिशा की ओर बढ़ रही है।

सन् 2004 के बाद से भारतीय अर्थव्यवस्था की हालत में निरंतर सुधार आता जा रहा है। शेयर बाजारों में भी ऐसे ही हालात हैं। बॉम्बे स्टॉक एक्सचेंज का लोकप्रिय संवेदनशील सूचकांक सेंसेक्स 3,000 के क्षुद्र अंक से शानदार 21,000 तक पहुँच गया है ! सन् 2008 में अमेरिका में हुई गंभीर घटनाओं के कारण वैश्विक अर्थव्यवस्था एकाएक गिर गई थी तथा भूमंडलीकरण के चलते आपस में संबंधित भारतीय अर्थव्यवस्था समेत सभी अर्थव्यवस्थाओं पर इसका प्रभाव पड़ा। शेयर बाजार गिर गए और सेंसेक्स गोता मारकर 9,000 पर पहुँच गया था !

इसके बाद सन् 2013 में यह पुन: सुधरकर 21,000 तक पहुँच सका। सन् 2013-14 में मोदीजी के नेतृत्व में भाजपा की पूर्ण बहुमत की सरकार बनने की उम्मीद में शेयर बाजार ने चढ़ना आरंभ किया। निफ्टी 6,000 अंक से बढ़कर 7,500 अंक पर पहुँच गया, वहीं सेंसेक्स 18,000 अंक से लगातार चढ़ते हुए 25,000 तक पहुँच गया।

आर्थिक संकेतक

अगला सवाल यह है कि कैसे पता चले कि अर्थव्यवस्था की हालत अच्छी है।

अर्थव्यवस्था के अपने संकेतक होते हैं। वैसे तो ये बहुत सारे हैं, लेकिन हमारी नजर में निम्न पाँच इतने महत्त्वपूर्ण हैं, जिन्हें लेकर शेयर बाजार संवेदनशील होता है—

- जी.डी.पी. विकास दर
- बचत की दर
- निवेश की दर
- मुद्रास्फीति की दर
- ब्याज दर

* जी.डी.पी. (सकल घरेलू उत्पाद) दर में सुधार होना सकारात्मक संकेत है। यह निवेश के लिए उचित समय है। यदि जी.डी.पी. दर कम हो या घट रही हो तो अच्छा यही रहेगा कि जी.डी.पी. में सुधार की प्रतीक्षा की जाए।

* यदि लोग अपनी आय का बड़ा हिस्सा बचा और निवेश कर रहे हैं तो इसका मतलब है कि अर्थव्यवस्था विकास पर है और फलतः शेयर बाजार भी अच्छा प्रदर्शन करेंगे।

* कम दर की मुद्रास्फीति विकासशील व स्वस्थ अर्थव्यवस्था की संभावनाओं का अच्छा संकेत है।

* ब्याज दर अधिक न हों, लेकिन इनमें बढ़त का रुख रहे। ब्याज दरों का बढ़ना आर्थिक गतिविधियों को बाधित करता है। व्यापार में निवेश लागत अधिक होने पर लोग ऋण लेने के अनिच्छुक होते हैं।

कुल मिलाकर यदि जी.डी.पी., बचत व निवेश दर बढ़ रही हों और मुद्रास्फीति एवं ब्याज दर कम हो रही हों तो यह शेयर बाजार में उतरने या वहाँ बने रहने का समय होता है। यदि ये विपरीत दिशा में हों तो शेयर बाजार गिरता है या स्थिर हो जाता है। जी.डी.पी., मुद्रास्फीति आदि से संबंधित ये आँकड़े प्रकाशित होते हैं और सभी के लिए उपलब्ध हैं। नौसिखिए तो नहीं, लेकिन विशेषज्ञ व विश्लेषक यह समय निकाल सकते हैं, जब इन आँकड़ों में सुधार दिखाई देना आरंभ हो जाएगा।

सुधार के पूर्व चीजें बहुत अधिक खराब हो जाती हैं और नौसिखिया निवेशक भूलवश इन हालात को कठोर मान बैठता है। जबकि वस्तुतः यह बुरे समय का अंतिम चरण होता है। ऐसे बदलावों को 'बॉटमिंग आउट' कहा जाता है और यह निवेश के लिए उचित समय है।

सन् 2014 के अप्रैल व मई में बाजार के हालात कुछ ऐसे ही थे। सारे आर्थिक संकेतक विपरीत पक्ष में थे। विदेशी निवेशक भारतीय शेयर बाजारों में हजारों करोड़ रुपए निवेशित करने लगे और बाकी सब भी इसमें शामिल हो गए। इसका कारण जारी आर्थिक विकास नहीं, बल्कि आर्थिक विकास की प्रत्याशा थी।

2. रुख तेजी का है या मंदी का?

बहुत से उद्योग और व्यापार 'चक्र' में परिचालित होते हैं। कुछ निश्चित अवधि के दौरान उनके उत्पाद या सेवाओं की माँग होती है और इस दौरान वे अच्छा मुनाफा कमा लेते हैं (जैसा सन् 2012 में सीमेंट थी)। वहीं निश्चित अवधि के दौरान बाजार में कुछ अन्य उत्पादों की आपूर्ति माँग से अधिक हो जाती है, जिससे उनके भाव गिर जाते या स्थिर हो जाते हैं (जैसे वर्ष 2007 से 2011 के बीच चीनी के साथ हुआ)।

दिलचस्प बात यह है कि उद्योगों और व्यापारों की भाँति संपूर्ण शेयर बाजार भी विभिन्न 'मौसमों' से गुजरता है, जिन्हें फेज या रुख कहा जाता है।

हम इस बात पर पहले ही चर्चा कर चुके हैं कि शेयर बाजार में दो तरह के रुख होते हैं, जिन्हें 'बुल' (तेजी) और 'बीयर' (मंदी) कहा जाता है। ये शेयर बाजार के रुख से जुड़ी दो चरमावस्थाएँ हैं।

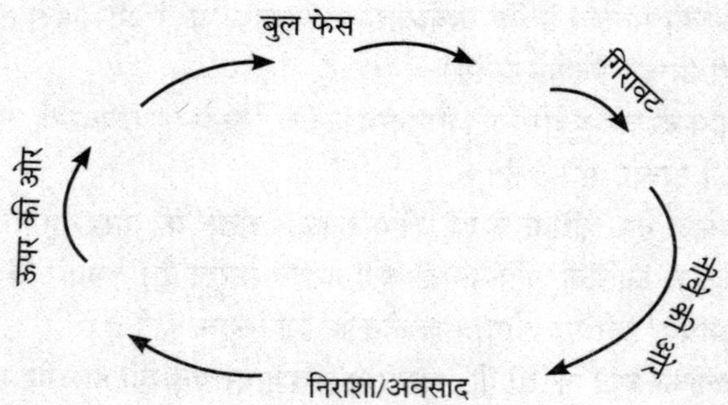

निश्चित अवधि में शेयर बाजार लगातार चढ़ता रहता है, जैसा मई 2003 में हुआ। यह पहला चरण है। इस निरंतर बढ़त को तेजी का रुख कहा जाता है। हालाँकि इसमें बीच में कुछ गिरावट भी आती है, लेकिन कुल मिलाकर बढ़त का ही रुख रहता है।

बाद में कुछ समय तक भाव निरंतर बढ़ते रहते हैं और अंततः शीर्ष पर पहुँच जाते हैं। लेकिन तब तक किसी को भी इसके शीर्ष तक पहुँचने की जानकारी नहीं होती। 'स्टॉक मार्केट पंडितों' के साथ ही अधिकांश लोग केवल यही कहते रहते हैं कि 'बाजार अभी और चढ़ेगा'; जबकि वास्तव में वह 'शीर्ष से उतराई' पर होता है।

शीर्ष पर पहुँचने के बाद सबको हैरान करते हुए भावों में अचानक गिरावट आती है और वे लगातार गिरते रहते हैं। लोगों को बाजार का रुख बदल जाने का एहसास ही नहीं होता, क्योंकि इस दौरान शेयर के भावों में छोटी-मोटी बढ़ोतरी और बदलाव होते रहते हैं। लोग नीचे की ओर जा रहे संपूर्ण रुख को पहचानने में असफल रहते हैं। यह गिरावट का रुख होता है। यह भी कुछ समय तक जारी रहता है और जब इसकी अवधि कुछ अधिक

लंबी हो जाती है तो इसे मंदी का रुख (बीयर) कहते हैं।

बाजार पूरी तरह से गिर रहा होता है, निवेशक बाजार को लेकर परेशान हो जाते हैं और यह मानने लगते हैं कि अब बाजार कभी उठ नहीं सकेगा। कई लोग आपात बिक्री (डिस्ट्रेस सेलिंग) कर बाजार से निकल जाते हैं। बाजार में लंबे समय तक बिक्री करनेवाले अधिक और खरीदनेवाले कम होने के कारण शेयरों के भाव बेहद कम और सस्ते हो जाते हैं। यह बाजार का सबसे निचला स्तर है। ऐसे समय पर बहुत अच्छे शेयर भी मिट्टी के मोल मिल जाते हैं। तब कोई खरीदारी आरंभ करता है और पुनः कुछ समय के लिए गतिविधियाँ आरंभ हो जाती हैं। इससे फिर पहले जैसे हालात होने लगते हैं, अर्थात् शीर्ष पर पहुँचकर तेजी समाप्त हो जाती है।

यद्यपि इन चरणों का हमेशा यही क्रम रहता है, लेकिन इनमें से प्रत्येक चरण की अवधि असमान होती है, जिसकी भविष्यवाणी करना मुश्किल होता है। लेकिन किसी को भी—हमने पिछले अध्याय में जिन आर्थिक संकेतकों (जी.डी.पी., जमा, निवेश आदि) की बात की थी—उनमें और शेयर बाजार की तेजी व मंदी में संबंध आसानी से दिखाई दे जाएँगे।

बाजार के शीर्ष पर होने पर उसमें प्रवेश करने की सलाह नहीं दी जा सकती, क्योंकि इसके बाद शेयर के भावों में परिवर्तन (गिरना) सुनिश्चित है। गिरावट के चरण के बाद बाजार में प्रवेश का सबसे बढ़िया समय वह है, जब देर-सबेर बाजार में अनिवार्य रूप से सुधार होना हो।

कई बार गिरावट व डिप्रेशन काफी लंबा और बेहद निराशापूर्ण होता है। शेयर बाजार की खूबसूरती (या विपरीतावस्था) यही है कि यह बताना आसान नहीं है कि इसके रुख में कब परिवर्तन होगा। अप्रैल 2003 की अप्रत्याशित तेजी में सभी शेयरों के भाव सन् 2008 की तुलना में बहुत कम थे। हम तेजी और मंदी के रुख में उन्हीं कंपनियों के शेयरों के भाव देखते हैं।

शेयर	सन् 2003 में तेजी के भाव		सन् 2008 में शीर्ष तेजी के दौरान भाव
	न्यूनतम	उच्चतम	
ए.सी.सी.	126	255	990
भारत ऐले	20	122	857
टाटा स्टील	125	445	961
इन्फोसिस	2420	5675	13300
टी.सी.एस. 2004 में	958	1338	2258

सन् 2003 में इन शेयरों को खरीदनेवालों में से ऐसा कितने लोगों ने सोचा होगा? बहुत कम ने। इसके बाद फिर गिरावट के कारण भाव बहुत अधिक घट गए। लेकिन लोगों ने इसे नहीं बेचा। इनके शीर्ष भाव देखने के बाद उनका दिल इन्हें कम भाव पर बेचने की गवाही नहीं दे रहा था। इसे विस्तार से समझाना होगा, लेकिन अभी नहीं। अभी तो हमें बस, यह देखना है कि शेयर बाजार में किस समय प्रवेश करें।

गिरावट के समय में ऐसा न करना अच्छा रहेगा। इस समय शेयरों के भाव बहुत नीचे होते हैं। कोई नहीं जानता कि ये और कितना नीचे आएँगे। भाव रोज गिरते हैं और यह बेहद ललचानेवाला होता है। अच्छा यही है कि इस समय कुछ न किया जाए और रुख परिवर्तित होने की प्रतीक्षा करें।

क्या मंदी के दौरान खरीदारी की जा सकती है? हाँ, यदि व्यक्ति दीर्घावधिक निवेशक हो और तीन से पाँच साल प्रतीक्षा कर सके तो। वह छोटे लॉट में खरीदारी कर सकता है, जैसे किसी के पास निवेश के लिए 1 लाख रुपए हैं तो वह एक बार में 20,000 रुपए के शेयर खरीद सकता है। इस खरीदारी के बीच वह दो सप्ताह से एक महीने तक का अंतराल रख सकता है। यदि बाजार में तुरंत सुधार आने लगता है तो उसने कम भाव पर कम-से-कम कुछ शेयर तो खरीद रखे होंगे। वहीं यदि बाजार में इस खरीद के बाद शीघ्र सुधार नहीं आता तो उसने केवल थोड़ी सी ही खरीदारी की है और बाकी पैसा अभी भी उसके पास ही है।

यह भी संभव है कि उसके द्वारा अपनी 1 लाख रुपए की संपूर्ण लक्षित धनराशि लगा देने के बाद भी बाजार में सुधार न हो! तब? बेहतर है कि प्रतीक्षा करें। आखिर उसने इसे काफी उचित भावों पर खरीदा है, इसलिए चिंता की कोई बात नहीं। प्रतीक्षा क्यों न करें?

क्या सुधार के चरण में कोई बाजार में प्रवेश कर सकता है? हाँ, जरूर। यह निवेश का या पहले से किए निवेश को बढ़ाने का सबसे अच्छा समय होता है। सुधार के चरण से शेयरों के भाव बढ़ने लगते हैं।

क्या बूम (अप्रत्याशित तेजी) के दौरान प्रवेश कर सकते हैं? चूँकि इस बूम का समापन काल ज्ञात नहीं होता, इसलिए व्यक्ति खुद को प्रवेश करने से रोक नहीं पाता। सेंसेक्स के 8,000 अंक पार करने पर लोग सशंकित होने लगते हैं। कई बाजार पंडितों ने स्पष्ट रूप से कह दिया था कि बाजार शीर्ष पर है और यह किसी भी समय गिर सकता है।

और तब बाजार 9,000 और फिर 10,000 के अंकों में प्रवेश कर जाता है और वे लगातार यही मानते रहते हैं कि गिरावट होने ही वाली है। लोगों को हैरान करते हुए और उनमें छूटे जाने की भावना उदित करते हुए बाजार चौकड़ी भरता है और 17,000 के पार चला जाता है। इसके 17,000 को पार कर जाने के बाद उनका विचार बदलता

है और उन्हें महसूस होता है कि यह तो कुछ अलग ही कहानी है (सेक्युलर बुल रन)। अब वे बाजार के और ऊपर जाने की उम्मीद लगा लेते हैं। कुछ लोग तो इसके 40,000 के अंक को छू जाने की भविष्यवाणी भी करने लगते हैं! यहाँ अधिकांश लोगों को मिथ्या साबित करते हुए 21,000 की गिरावट आती है और यह गिरकर 8,000 के अंक तक पहुँच जाता है।

चूँकि किसी के लिए भी बाजार की गतिशीलता के स्तर और वह कहाँ से गिरेगा, इसकी भविष्यवाणी करना कठिन है, इसलिए इसमें प्रवेश करने का सबसे अच्छा समय गिरावट के रुख के बाद का हो, जब शेयरों के भाव में सुधार होना लाजमी हो और आप प्रतीक्षा करने के लिए तैयार हों।

3. फिलहाल कौन सा उद्योग/सेक्टर अच्छा प्रदर्शन कर रहा है, जिसमें भावी संभावनाएँ हों?

अर्थव्यवस्था क्या है? यह वस्तुओं एवं सेवाओं के उत्पादन और वितरण से संबंधित विभिन्न इकाइयों के समूह का नाम है। इन विभिन्न इकाइयों को सेक्टर कहा जाता है। मोटे तौर पर कहें तो सेक्टर तीन प्रकार के होते हैं—प्राथमिक (कृषि), माध्यमिक (उद्योग) और तृतीयक (सेवा)। इन सेक्टरों को और आगे इनमें विभाजित किया जा सकता है—

- ऑटो व ऑटो एन्किलरी
- बैंकिंग
- उत्पादन
- सीमेंट
- केमिकल्स
- निर्माण
- इंजीनियरिंग (भारी इंजीनियरिंग, हलकी इंजीनियरिंग)
- शीघ्र उपयोग होनेवाली उपभोक्ता सामग्री
- उर्वरक
- आतिथ्य (होटल)
- इन्फ्रास्ट्रक्चर
- लोहा और इस्पात
- आई.टी.
- धातु (लोहा, अल्यूमिनियम, जस्ता, ताँबा)

- खनन
- तेल विपणन
- तेल व गैस
- कागज
- पेट्रोकेमिकल्स
- फार्मास्युटिकल्स
- बिजली (उत्पादन, उपकरण, वितरण)
- रियल एस्टेट
- रिफाइनरी
- रिटेल आदि
- शिपिंग
- टेलीकॉम
- वस्त्र
- ट्रेडिंग आदि।

अर्थव्यवस्था बढ़िया होगी। लोग अच्छा कमा रहे होंगे और उत्पाद व सेवाएँ खरीद रहे होंगे। लेकिन अर्थव्यवस्था का स्तर है। कई कारणों के चलते कुछ सेक्टर किसी खास अवधि में अच्छा प्रदर्शन कर सकते हैं। जैसे सन् 2003 में हुआ था, जब रियल एस्टेट सेक्टर विशेष रूप से बढ़िया प्रदर्शन कर रहा था (जिसे हमने पहले अध्याय के अबिरामपुरम की जमीन के उदाहरण में देखा था)। उस समय रियल एस्टेट सेक्टर तरक्की पर था और सन् 2008 में वह उतरना शुरू हुआ और सन् 2014 के मध्य तक सुस्त रहा।

सन् 2003 से बिजली सेक्टर ने शानदार गति पकड़ी। सीमेंट सेक्टर में तीन साल की सुस्ती के बाद सन् 2012 में एक बार फिर अच्छे समय की शुरुआत हुई। वस्त्र क्षेत्र सन् 1994 के बाद लगभग दो दशक तक धीमा रहा। वैश्विक स्तर पर चीनी का उत्पादन बढ़ा और सन् 2006 में इसकी लगभग भरमार हो गई, जो अभी (वर्ष 2014) तक जारी है। बैंकिंग सेक्टर ने भी कुछ समय तक अच्छा प्रदर्शन किया।

चीनी, चाय जैसे सेक्टरों में यह चक्र थोड़ा छोटा रहा। कुछ अन्य चक्र जैसे लोहा और इस्पात, सीमेंट आदि लंबे समय तक रहे, बूम आया और समाप्त हो गया। बतौर निवेशक हमें ध्यान रखना होगा कि कौन से सेक्टर अच्छा प्रदर्शन कर रहे हैं और आनेवाले समय में कौन अच्छा प्रदर्शन करेंगे। व्यक्ति को इन सेक्टरों की कंपनियों के शेयर खरीदने चाहिए।

हम उन सेक्टरों का नेट प्रॉफिट मार्जिन देख सकते हैं, जिन्होंने पहले अच्छा प्रदर्शन किया और बाद में नीचे चले गए। शुरुआत के लिए हम सीमेंट सेक्टर की प्रमुख कंपनी ए.सी.सी. को देखते हैं। यह तालिका दरशाती है कि इसका प्रॉफिट मार्जिन वर्ष 2009 से 2013 तक लगातार कम होता रहा।

उदाहरण-1 : ए.सी.सी.

ए.सी.सी.	दिसंबर '13	दिसंबर '12	दिसंबर '11	दिसंबर '10	दिसंबर '09
	12 माह	12 माह	12 माह	12 माह	9 माह
ऑपरेटिंग मार्जिन (%)	14.58	19.33	19.88	21.42	31.95
सकल लाभ मार्जिन (%)	9.44	14.41	14.96	16.29	27.68
कुल लाभ मार्जिन (%)	9.61	9.13	13.45	14.26	19.69

उदाहरण-2 : अंबुजा सीमेंट

अंबुजा सीमेंट	दिसंबर '13	दिसंबर '12	दिसंबर '11	दिसंबर '10	दिसंबर '09
ऑपरेटिंग मार्जिन (%)	18.02	25.41	23.11	25.18	27.07
सकल लाभ मार्जिन (%)	12.67	19.60	17.90	19.93	22.87
कुल लाभ मार्जिन (%)	13.55	12.86	13.96	16.84	16.78

इसके बाद हम इन्फ्रास्ट्रक्चर सेक्टर की एक कंपनी देखते हैं, जिसका मार्जिन कम हुआ था। जी.एम.आर. इन्फ्रा लि. का ओ.पी.एम., जी.पी.एम. और एन.पी.एम. रहा।

उदाहरण-3 : जी.एम.आर. इन्फ्रा लि.

जी.एम.आर. इन्फ्रा	मार्च '13	मार्च '12	मार्च '11	मार्च '10	मार्च '09
	12 माह	12 माह	12 माह	12 माह	9 माह
ऑपरेटिंग मार्जिन (%)	25.18	21.51	29.56	39.52	78.98
सकल लाभ मार्जिन (%)	24.60	20.97	28.84	38.91	78.92
कुल लाभ मार्जिन (%)	3.65	8.41	8.61	8.33	61.16

फास्ट मूविंग कंज्यूमर गुड्स (एफ.एम.सी.जी.) सेक्टर का प्रदर्शन अच्छा माना जा रहा है और इसके अभी कुछ समय और अच्छा प्रदर्शन करने की उम्मीद है। एच.यू. एल., डाबर और कॉलगेट-पामोलिव इस सेक्टर की कुछ अच्छी कंपनियाँ हैं। हम इनमें से कुछ कंपनियों की प्रति शेयर कमाई (ई.पी.एस.) को देखेंगे।

उदाहरण-4 : कॉलगेट-पामोलिव (इंडिया) लि.

कॉलगेट	मार्च '13	मार्च '12	मार्च '11	मार्च '10	मार्च '09
	12 माह	12 माह	12 माह	12 माह	12 माह
ई.पी.एस. (रु.)	36.53	32.76	29.13	30.13	21.22

उदाहरण-5 : हिंदुस्तान यूनिलीवर इंडिया लि.

एच.यू.एल.	मार्च '13	मार्च '12	मार्च '11	मार्च '10	मार्च '09
	12 माह	12 माह	12 माह	12 माह	15 माह
ई.पी.एस. (रु.)	14.74	11.90	9.72	9.64	10.76

5. पहचाने गए सेक्टरों में कौन सी कंपनियाँ अच्छा प्रदर्शन कर रही हैं?

उस मौसम में सुवासित होनेवाले सेक्टरों का निर्णय लेने के बाद व्यक्ति को उस सेक्टर की सही कंपनी को चुनना होता है। जी हाँ, दौड़ में शामिल सभी लोग नहीं जीतते।

निवेशक की दृष्टि से देखें तो किसी भी लुभावने सेक्टर की सभी कंपनियाँ अच्छी नहीं हुआ करतीं।

उपयोग की जानेवाली प्रौद्योगिकी, प्लांट (उत्पादन) की उम्र, श्रम शक्ति, कर्मचारियों के साथ मौजूदा रिश्ते, प्लांट की लोकेशन (कच्चे माल के बाजार की निकटता), प्राप्त टैक्स छूट, प्रबंधन की व्यापारिक गुणवत्ता का आकार आदि से कंपनी की लाभप्रदता बड़े पैमाने पर भिन्न होती है।

इसलिए व्यक्ति को निवेश के लिए कंपनी को पहचानते समय चयनात्मक रहना चाहिए।

6. कौन सी कंपनियाँ अर्जित मुनाफे का निवेशकों में उचित बँटवारा कर रही हैं?

इस बात में कोई संदेह नहीं कि हम उन्हीं कंपनियों के शेयर खरीदते हैं, जो अच्छे मुनाफे में हों। लेकिन केवल यही काफी नहीं है, क्योंकि यह कूलर के पानी जैसा है। इससे प्यास नहीं बुझ सकती। मेरे व आपके जैसे निवेशक के लिए ऐसे अच्छे मुनाफे का क्या मोल है, यदि उस अर्जित मुनाफे को बाँटा ही न जाए?

कुछ ऐसी भी कंपनियाँ हैं, जो अपने अर्जित मुनाफे को बाँटने में काफी उदार हैं। वहीं कुछ ऐसी भी हैं, जो ऐसा नहीं करतीं। हमें कुल अर्जित मुनाफे का लाभांश भुगतान अनुपात (डिविडेंड पेआउट रेश्यो तथा कुछ कंपनियों के इक्विटी कैपिटल के बोनस कंपोनेंट को भी देखना चाहिए।

लाभांश भुगतान अनुपात कुल अर्जित मुनाफे का वह प्रतिशत होता है, जो शेयरधारकों को वार्षिक लाभांश के तौर पर दिया जाता है। इक्विटी कैपिटल का बोनस कंपोनेंट, जो बोनस शेयरों के रूप में शेयरधारकों को प्रबंधन द्वारा निःशुल्क दिया जाता है।

उदाहरण-6 : हिंदुस्तान यूनिलीवर लि.—लाभांश भुगतान अनुपात

एच.यू.एल.	मार्च '13	मार्च '12	मार्च '11	मार्च '10	मार्च '09
	12 माह	12 माह	12 माह	12 माह	15 माह
लाभांश भुगतान अनुपात (कुल लाभ)	105.35	60.22	61.17	64.39	65.36

यहाँ देखा जा सकता है कि एच.यू.एल. ने प्रतिवर्ष अपना 50% से अधिक मुनाफा और वर्ष 2012-13 में उस वर्ष अर्जित कुल मुनाफे से भी अधिक प्रदान किया था। निश्चित ही वे उदार वितरक रहे।

ज्योति लैबोरेटरीज भी अच्छा वितरण करनेवाली कंपनी प्रतीत होती है।

उदाहरण-7 : ज्योति लैबोरेटरीज

अवधि के लिए	मार्च '13	मार्च '12	मार्च '11	मार्च '10	मार्च '09
	12 माह	12 माह	12 माह	12 माह	9 माह
लाभांश भुगतान अनुपात (कुल लाभ)	94.25	24.13	50.22	36.26	36.18

जहाँ भुगतान अनुपात से यह पता चलता है कि कुल मुनाफे में से कितना बाँटा गया है, वहीं इसका वास्तविक प्रतिशत शेयरधारकों की संख्या से निर्धारित होता है।

कॉलगेट और एच.यू.एल. द्वारा इस अवधि के दौरान दिए लाभांश का प्रतिशत निम्न तालिका में देखा जा सकता है—

एच.यू.एल. लाभांश	प्रतिशत	कॉलगेट लाभांश	प्रतिशत
2013/03	1850	2013/03	2800
2012/03	750	2012/03	2500
2011/03	650	2011/03	2200
2010/03	650	2010/03	2000
2009/03	750	2009/03	1500
2007/12	900	2008/03	1300
2006/12	600	2007/03	95
2005/12	500	2006/03	75
2004/12	500	2005/03	70
2003/12	550	2004/03	60

बोनस शेयर

लाभांश के अलावा कॉलगेट और एच.यू.एल. दोनों ने ही '90 के दशक की शुरुआत तक नियमित रूप से बोनस शेयर भी दिए थे। सन् 1990 से इसे शेयरधारकों को निम्न बोनस शेयर मिले। ध्यान दें कि कॉलगेट ने लगभग प्रत्येक दूसरे वर्ष बोनस शेयर दिए हैं।

बोनस शेयर और उनका अनुपात

कॉलगेट		एच.यू.एल.	
वर्ष	अनुपात	वर्ष	अनुपात
1993	1:1	1991	1:2
1991	3.5	1987	1:1
1989	1:1	1983	3:5
1987	1:1	1979	1:3
1985 1989	1:1 1:1		

वितरण

कुछ कंपनियाँ ऐसी भी हैं, जो मुनाफा तो अच्छा कमा रही हैं, लेकिन वे इसका बहुत छोटा सा हिस्सा शेयरधारकों को बतौर लाभांश या बोनस शेयर देती हैं।

एम.आर.एफ.	सितंबर '13	सितंबर '12	सितंबर '11	सितंबर '10	सितंबर '09
	12 माह	12 माह	12 माह	12 माह	12 माह
लाभांश भुगतान अनुपात (कुल लाभ)	1.58	1.85	1.71	5.98	4.13
अर्जित रिटेंशन अनुपात लाभ, जो बतौर लाभ % नहीं बाँटा गया	98.42	98.15	95.01	93.75	95.77

एम.आर.एफ. का शेयर भाव 30 मई, 2014 को 22,733 रुपए था। ऐसे हर शेयर में 30 रुपए का वार्षिक लाभांश अर्थात् 22,733 रुपए पर 30 रुपए की आर.ओ.आई. मिलनी चाहिए थी; जबकि इसके शेयरों के भाव निरंतर बढ़ रहे थे।

एम.आर.एफ. लि. : वार्षिक उच्च/निम्न

वर्ष	उच्च	निम्न
2016	54600	30464
2015	46405	31374
2014	24500	18600
2013	20235	11011
2012	12832	6471
2011	7950	5332
2010	9812	5485
2009	6899	1501
2008	7300	1650
2007	8955	3100
2006	4785	2025
2005	3485	2275

7. कंपनी का कॉरपोरेट गवर्नेंस कैसा है ?

कॉरपोरेट गवर्नेंस प्रबंधन के संस्थान के परिचालन संबंधी निर्णय लेने और स्टेकहोल्डरों व बाहरी दुनिया, विशेष रूप से बड़े व छोटे शेयरधारकों, के साथ संवाद कायम करने की मुस्तैदी व पारदर्शिता शैली है।

निर्णय न केवल स्टेकहोल्डरों, बल्कि शेयरधारकों के भी हित में होने चाहिए। संवाद इस हद तक स्पष्ट होना चाहिए कि कंपनी के शेयरों की भाव-परिवर्तन संबंधी प्रासंगिक जानकारी छोटे व बड़े सभी शेयरधारकों को समान रूप से तथा निरंतर प्रदान की जाए।

शेयर खरीदने के साथ ही (फिर चाहे वे कम संख्या में ही क्यों न हों) व्यक्ति कंपनी के मालिकों में से एक हो जाता है। संभव है कि प्रमोटरों ने कंपनी में बड़े पैमाने पर पैसा निवेश किया हो। इसमें संस्थागत या कॉरपोरेट या एच.एन.आई. जैसे बड़े निवेशक

हो सकते हैं। लेकिन ये सभी शेयरधारक हैं और संस्थान में क्या चल रहा है, यह जानने का इन सभी को समान अधिकार है।

इसकी उम्मीद व स्वीकार्यता का यह कारण है कि प्रबंधन द्वारा बोनस शेयर आवंटित करना, डीमर्जर, विलय, कोई ठेका मिलना, अदालती मामला समाप्त होना, उद्योग से संबंधित समस्या का समाधान होने जैसे महत्त्वपूर्ण निर्णय भी शेयर के भावों में गति का एक कारण होते हैं।

जिसके भी पास यह जानकारी जितनी जल्दी आएगी, वह बाजार में मिलनेवाले अवसरों को उतनी ही जल्दी भुना पाएगा, फिर वह चाहे शेयर बेचने (यदि खबर बुरी हो) या उन्हें अपने पास रखने (यदि खबर अच्छी हो) या और शेयर खरीदने से संबंधित हो। जिन्हें यह बात बाद में पता चलेगी, वे या तो अवसर चूक जाएँगे या गलत फैसला ले बैठेंगे!

कॉरपोरेट्स को पारदर्शी होना चाहिए, क्योंकि वे प्राइवेट नहीं बल्कि 'पब्लिक' लिमिटेड कंपनी होती हैं। शेयर को चुनते समय, खासतौर पर यदि निवेश (दीर्घावधिक होल्डिंग) करना हो, तो व्यक्ति को कॉरपोरेट गवर्नेंस की गुणवत्ता अवश्य देखनी चाहिए। कुछ कंपनियों के प्रबंधन का यह पहलू बहुत खराब होता है और वे शेयर बाजार में मात्र अपने फायदे को ध्यान में रखकर समय आधारित सूचना देने और चयनित सूचना को लीक करते हैं।

कुछ प्रबंधन झूठी सूचनाएँ देने के साथ ही झूठी सूचनाओं को फैलने देते हैं और बाद में इस पर स्पष्टीकरण या सुधार करते हैं। इसी बीच उनके शेयरों के भाव आसमान छू जाते हैं या गिर जाते हैं और घबराहट में निवेशक गलतियाँ कर बैठते हैं, जिससे इन अंदर के लोगों को फायदा होता है। ('सत्यम' कई सालों तक मुनाफे को निरंतर बढ़ता दिखाकर सबको धोखा देता रहा!)

यह देखने का सबसे आसान तरीका यह है कि क्या कंपनी का अस्तित्व कम-से-कम पाँच साल पुराना है या नहीं, जिससे हम यह देख सकें कि इस दौरान वे कैसा प्रदर्शन कर सके हैं।

अच्छी तरह कार्य कर रही कुछ कंपनियाँ न केवल अपने सुनिश्चित अतीत के बारे में संपूर्ण जानकारी देती हैं, बल्कि आनेवाले भविष्य के बारे में मार्गदर्शन भी करती हैं। ये बातें पहले से पता होने से निवेशक उचित निर्णय ले सकते हैं।

8. कंपनी के मूल सिद्धांत क्या हैं?

जैसे किसी व्यक्ति की खून की जाँच, एक्स-रे, ई.सी.जी., स्कैन आदि द्वारा उसके स्वास्थ्य के बारे में जानकारी ली जा सकती है, उसी तरह किसी भी कंपनी के निश्चित नंबरों को देखकर उसके स्वास्थ्य के बारे में भी जाना जा सकता है।

शुरुआत के लिए हम उदाहरण के रूप में फार्मा सेक्टर को लेते हैं और इन नंबरों को देखते हैं। इस सेक्टर की शीर्ष पाँच कंपनियों का विवरण इस प्रकार है—

कंपनी	नेट प्रॉफिट/ 2012-13 में हुआ नुकसान (करोड़ रुपए में)
सिपला	1,507
डिविस लैब	611
बायोकॉन	275
रैनबैक्सी	-162
सन फार्मा	516

हालाँकि इन कंपनियों के बारे में सभी लोग जानते हैं! इन नंबरों (नेट प्रॉफिट) को देखकर सही जानकारी के आधार पर निर्णय लिया जा सकता है।

आँकड़े स्पष्ट दिखाते हैं कि सिपला 1,507 करोड़ रुपए प्रति वर्ष के साथ अच्छा मुनाफा कमा रही है। हालाँकि फिर हम अन्य नंबरों की और गहन खोजबीन करके यह जानेंगे कि इनमें से कौन सी कंपनी अधिक 'लाभ' में है। सिर्फ लाभ ही नहीं, बल्कि कितनी लाभप्रद है, क्योंकि लाभ और लाभप्रदता अलग चीजें हैं। निवेश करते समय व्यक्ति को लाभप्रदता पर ध्यान देना चाहिए।

लाभप्रदता लाभ प्राप्त करने में लगाई नियोजित पूँजी का उत्पाद है। निम्नांकित तालिका उपयोग की गई नियोजित पूँजी दरशाती है। इस तालिका में 31 मार्च, 2013 को इन पाँच कंपनियों का कुल मुनाफा और लाभ प्रति शेयर दरशाया गया है—

कंपनी	इक्विटी कैपिटल 2012-13 रुपए करोड़ में	नेट प्रॉफिट (2012-13)-12 माह (करोड़ रुपए में)	प्रति शेयर आय
सिपला	160	1507	18.77
डिविस लैब	26.55	611	46
बायोकॉन	100	275	13.79
रैनबैक्सी	211	-162	-3.84
सन फार्मा	103.56	516	4.99

जहाँ कुल नेट प्रॉफिट अर्जन में सिपला सबसे अच्छी कंपनी दिखाई दे रही है, अब डिविस लैब का लाभप्रद नंबर अच्छा दिखाई दे रहा है। ऐसा है नहीं!

9. शेयर भाव

चयनित शेयरों में से खरीदारी के पूर्व व्यक्ति को यह भी देखना चाहिए कि इनमें से कौन अंडर प्राइस है। अंडर प्राइस से हमारा मतलब है कि इनमें से कौन सा सस्ता है? यह विश्लेषण तभी संभव हो सकेगा, जब एक से अधिक कंपनियों के समान रूप से अच्छे शेयर मौजूद हों।

उदाहरण के लिए, मान लीजिए, हम आई.टी. कंपनी के कुछ शेयर खरीदने का फैसला करते हैं। इन्फॉर्मेशन टेक्नोलॉजी बिजनेस में इन्फोसिस, टी.सी.एस., विप्रो, एच.सी. एल. टेक्नोलॉजीज आदि जैसे बहुत सारे शेयर हैं। मान लेते हैं कि इन सभी चार कंपनियों के शेयर सभी पहलुओं पर निवेश के लिए अच्छे हैं, तो इनमें से किसे खरीदा जाए?

30 मई, 2014 को चार शीर्ष कंपनियों के शेयरों के भाव

कंपनी	शेयरों के भाव (रुपए में)
इन्फोसिस	2,939
टी.सी.एस.	2,141
विप्रो	506
एच.सी.एल. टेक	1,418

पहली नजर में पता चल जाता है कि विप्रो का भाव सबसे कम है, अत: खरीद की दृष्टि से यह सबसे अच्छा है।

प्रति शेयर आय

तो क्या हमें बिना कुछ सोचे-समझे ये शेयर खरीद लेने चाहिए? यदि हम एक क्षण सोचें तो हमें आश्चर्य होगा कि तो फिर बाकी सब निवेशक और उद्योग अधिक भाव पर अन्य आई.टी. (सूचना प्रौद्योगिकी) शेयर क्यों खरीद रहे हैं? क्या किसी और चीज का भी अध्ययन करना चाहिए?

हाँ, इसे प्रति शेयर आय या संक्षेप में ई.पी.एस. कहा जाता है। हम जानते हैं कि प्रत्येक कंपनी की पूँजी को 'इक्विटी कैपिटल' के नाम से जाना जाता है और ये शेयर

बहुत संख्या में विभाजित होते हैं।

सबसे पहले हम देखते हैं कि फिलहाल यहाँ विश्लेषित सभी चार कंपनियों के शेयरों की कितनी संख्या है।

कंपनी	शेयरों की संख्या	शेयरों की फेस वैल्यू	इक्विटी कैपिटल रु. करोड़ में (पूर्णांक)
इन्फोसिस	57,42,36,166	5	287
टी.सी.एस.	1,95,87,27,979	1	195
विप्रो	2,46,63,17,273	2	492
एच.सी.एल. टेक	69,94,24,177	2	139

हम इस डाटा को विभिन्न कोणों से देख सकते हैं।

सबसे पहले, शेयरों की फेस वैल्यू 1 से 5 रुपए तक विभिन्न रेंज में है। टी.सी.एस. का शेयर 1 रुपए का है और इन्फोसिस का 5 रुपए का।

अगर हम टी.सी.एस. 2,141 रुपए में खरीदते हैं (मई 2014 में) तो इसका मतलब हुआ कि हम 1 रुपए की फेस वैल्यू पर 2,140 रुपए अधिक दे रहे हैं। हम शुरुआती अध्यायों में यह पहले ही देख चुके हैं। यह प्रीमियम या वह अतिरिक्त धनराशि है, जिसे चुकाने के लिए बाजार तैयार होता है। लेकिन क्या यह अच्छा नहीं रहेगा कि हम 1 रुपए की जगह 10 रुपए की फेस वैल्यू वाला शेयर खरीदें? क्योंकि जब लाभांश घोषित होता है तो यह केवल फेस वैल्यू पर ही मिलता है।

सच कहें तो व्यक्ति को फेस वैल्यू की ज्यादा चिंता नहीं करनी चाहिए। निवेशक के लिए सिर्फ यह महत्त्वपूर्ण है कि वह शेयर कितनी कमाई करता है।

इसे सरलता से समझने के लिए हम उदाहरण देकर समझाते हैं। चार कंपनियाँ हैं—ए, बी, सी और डी। इन सभी का पेड-अप कैपिटल (चुकता पूँजी) 10 रुपए है। लेकिन इनका नेट प्रॉफिट भिन्न है। मान लेते हैं—क्रमशः 1, 2, 3 और 5 करोड़ रुपए।

कंपनी	ए	बी	सी	डी
नेट प्रॉफिट (करोड़ रुपए में)	1	2	3	5

इनमें से खरीदने के लिए कौन सी कंपनी बेहतर है?

उपलब्ध जानकारी के अनुसार सबसे अच्छी कंपनी डी कंपनी है। अब हम देखते हैं कि इनकी इक्विटी कैपिटल राशि कितनी है।

कंपनी	ए	बी	सी	डी
नेट प्रॉफिट (करोड़ रुपए में)	1	2	3	5
पेड-अप कैपिटल (करोड़ रु. में)	1	10	30	100

इनमें से किस कंपनी का प्रदर्शन सबसे अच्छा है ?

1 करोड़ रुपए की पूँजी पर ए कंपनी कमाती है—1 करोड़ रुपए

1 करोड़ रुपए की पूँजी पर बी कंपनी कमाती है—2 करोड़ रुपए

1 करोड़ रुपए की पूँजी पर सी कंपनी कमाती है—3 करोड़ रुपए

1 करोड़ रुपए की पूँजी पर डी कंपनी कमाती है—5 करोड़ रुपए

इसका अर्थ है—

कंपनी ए में—प्रत्येक 10 रुपए (शेयर की फेस वैल्यू) पर 10 रुपए की आय है (1 करोड़ रुपए की पूँजी पर 1 करोड़ रुपए का मुनाफा)।

कंपनी बी में—10 रुपए की पूँजी पर सिर्फ 2 रुपए की आय है।

कंपनी सी में—10 रुपए की पूँजी पर सिर्फ 1 रुपए की आय है।

कंपनी डी में—10 रुपए की पूँजी पर सिर्फ आधा पैसा (0.50 पैसे) आय है।

यदि इन ए, बी, सी और डी कंपनी में सभी के शेयरों की फेस वैल्यू 10 रुपए हो तो प्रति शेयर (नेट प्रॉफिट) आय (प्रति 10 रु. की पूँजी पर) कुछ ऐसा होगा।

कंपनी	ई.पी.एस.
ए	10
बी	2
सी	1
डी	0.50

निवेश के लिए कौन सी कंपनी अच्छी है ? डी इनमें सबसे खराब है। इसका पूर्ण शुद्ध लाभ 5 करोड़ रुपए से अधिक होने के बावजूद इसकी प्रति शेयर आय सबसे खराब है (जैसे 100 लोग कुल मिलाकर सिर्फ 5 रुपए कमाते हों)।

पुनः, हालाँकि शुद्ध लाभ केवल 1 करोड़ रुपए है, फिर भी इस सूची में सबसे नीचे

होने के बावजूद कंपनी ए सबसे बेहतर है, क्योंकि इसने मात्र 1 करोड़ रुपए की थोड़ी सी पूँजी लगाई है (जैसे एक व्यक्ति 1 रुपया कमाता हो)।

जैसा कि आप देख रहे हैं, प्रति शेयर आय प्रति व्यक्ति आय के जैसी है।

अब इन चार प्रमुख आई.टी. कंपनियों का वास्तविक ई.पी.एस. देखते हैं—

कंपनी	ई.पी.एस. पूर्णांक रु. में	समय	अवधि
इन्फोसिस	159	मार्च '13	12 माह
टी.सी.एस.	65	मार्च '13	12 माह
विप्रो	25	मार्च '13	12 माह
एच.सी.एल. टेक	53	जून '13	12 माह

इसे देखकर इन्फोसिस अच्छी कंपनी प्रतीत होती है।

प्राइस अर्निंग मल्टीपल (पी.ई. रेश्यो)

अब, जब हमें पता है कि प्रति शेयर आय के संदर्भ में इन्फोसिस की आय सबसे बेहतर है, तो क्या हमें बाकी सभी आई.टी. कंपनियों के शेयरों को दरकिनार कर यह शेयर खरीद लेना चाहिए?

अभी जल्दबाजी न करें। हमें और अधिक डाटा, यानी बाजार में इन शेयरों के बाजार भाव का विश्लेषण करना होगा। मान लेते हैं कि ए, बी, सी और डी कंपनियों (काल्पनिक) के शेयर बाजार में निम्न भावों पर उपलब्ध हैं—

ए : 150 रुपए, बी : 12 रुपए, सी : 11 रुपए और डी : 20 रुपए।

एक नजर में—

कंपनी	ए	बी	सी	डी
कैपिटल करोड़ रुपए	1	10	30	100
नेट प्रॉफिट करोड़ रुपए	1	2	3	5
ई.पी.एस. रुपए	10	2	1	0.50
शेयरों का बाजार भाव रुपए में	150	12	11	20

ऐसा प्रतीत होता है कि खेल मुश्किल होता जा रहा है, क्योंकि इक्विटी कैपिटल, फेस वैल्यू, नेट प्रॉफिट आदि में विभिन्न शीर्षकों के तहत डाटा मौजूद है। व्यक्ति हैरान हो

सकता है कि एक कंपनी के कई पैरामीटर की कैसे तुलना की जाए।

यह उतना मुश्किल नहीं है, जितना व्यक्ति सोचता है। इसमें एक सबसे उपयोगी संकेतक का नाम प्राइस अर्निंग रेश्यो (कीमत अर्जन गुणज) है। विभिन्न कंपनियों के आँकड़े देखने पर ही यह पर्याप्त हो सकता है, जो ऊपर बताई संख्याओं से प्राप्त परिणाम है।

हाँ, अब हम शेयर पूँजी राशि को आसानी से छोड़ सकते हैं, साथ ही हमें फेस वैल्यू की भी चिंता करने की जरूरत नहीं, बल्कि हम कंपनी के शुद्ध लाभ को भी त्याग सकते हैं, ये चाहे कुछ भी हों। इन सबसे हम ई.पी.एस. तक पहुँच सकते हैं। शेयरों के ई.पी.एस. और बाजार दर (भाव) से हम एक और संकेतक की गणना कर सकते हैं, जिसे 'प्राइस अर्निंग रेश्यो' कहा जाता है (पी.ई. रेश्यो या संक्षेप में 'पी.ई.')।

पी.ई. रेश्यो की गणना कैसे करें ?

यह शेयर के भाव और ई.पी.एस. का मिश्रण है।

शेयरों के भाव

कंपनी	ए	बी	सी	डी
भाव	150	12	11	20

शेयरों का ई.पी.एस.

कंपनी	ए	बी	सी	डी
ई.पी.एस.	10	2	1	0.50

अब हमें शेयर के बाजार भाव को ई.पी.एस. से भाग करना होगा। इससे हमें प्राइस अर्निंग रेश्यो प्राप्त होगा।

कंपनी	ए	बी	सी	डी
शेयरों के भाव	150	12	11	20
ई.पी.एस.	10	2	1	0.50
पी.ई. रेश्यो	15	6	11	40

इसका क्या मतलब है ? कंपनी ए प्रति शेयर 10 रुपए अर्जित कर रही है और इसे 150

रुपए में बेच रही है। दूसरे शब्दों में, कंपनी ए के शेयर अपनी प्रति शेयर आय से 15 गुना अधिक पर ट्रेड कर रहा है। वह 6 गुना पर ट्रेड हो रहा है। सी और डी बाजार में अपनी वार्षिक आय से क्रमश: 11 और 40 गुना में उपलब्ध हैं।

जब एक कंपनी के शेयर उसके वार्षिक प्रति शेयर आय से सिर्फ 6 गुना पर उपलब्ध हैं तो उन्हें ही क्यों न खरीदा जाए? वह भी तब, जब उस दौरान उसी उद्योग के अन्य शेयर 11, 15 और 40 गुना पर ट्रेड हो रहे हैं!

ये पी.ई. स्थिर नहीं होते। शुद्ध लाभ में परिवर्तन होने और शेयरों के बाजार भाव में परिवर्तन होने के साथ ही इनमें भी लगातार परिवर्तन होता रहता है (तिमाही परिणामों के नाम से हर तीसरे माह घोषित किए जाते हैं)।

अब हम बाजार में मौजूद कुछ लोकप्रिय शेयरों के वास्तविक पी.ई. मल्टीपल देखते हैं। 30 मई, 2014 को यह पी.ई. थे। बाजार में शेयर का भाव बढ़ने पर पी.ई. रेश्यो में वृद्धि होती है, कम होने पर घट जाती है।

कंपनी	पी.ई. मल्टीपल्स
एम्टेक ऑटो	16
बैंक ऑफ बड़ौदा	8
डॉ. रेड्डीज	19
एच.डी.एफ.सी. बैंक	23
एच.पी.सी.एल.	8
जे.के. टायर	6
जस्ट डायल	83
एम एंड एम	19
एन.टी.पी.सी.	11
रिलायंस इंडस्ट्रीज	16
एस.बी.आई.	14
टाटा मोटर्स	10

कुछ और भी अच्छे शेयर हैं, लेकिन 30 मार्च, 2014 को ये बेहद उच्च प्राइस अर्निंग पर उपलब्ध थे।

कंपनी	पी.ई. मल्टीपल्स
एल एंड टी	30
टाइटन	38
वोल्टास	38
रिलायंस पी.ओ.वी.	38
जी.एस.के. फार्मा	48
पेज इंडस्ट्री	48
यूनाइटेड स्पिरिट	124
अशोक लेलैंड	286
टोरेंट पावर	69
जे.पी. पावर	335
टाटा पावर	409
बी.ई.एम.एल.	544

क्या हमें केवल वही शेयर खरीदने चाहिए, जिनका पी.ई. मल्टीपल कम हो? क्या हमें उच्च पी.ई. मल्टीपल से बचना चाहिए? यहाँ हमें एक बात और समझनी होगी। पी.ई दरअसल ई.पी.एस. और शेयर के बाजार भाव का ही उत्पाद है। ई.पी.एस. केवल इसका पिछला प्रदर्शन है। शेयरों के भाव में कंपनी की आगामी संभावनाएँ और शेयरधारकों के उसके प्रदर्शन से लगाई उम्मीदें भी शामिल होती हैं (शेयर बाजार में बोलचाल की भाषा में यह 'डिस्काउंट' भी होता है)।

जैसे कि उपर्युक्त तालिका में शामिल सभी बिजली कंपनियाँ उच्च मुनाफा कमा रही हैं, क्योंकि निवेशकों को लगता है कि नई सरकार का बिजली उत्पादन पर अधिक जोर है। संभवत: निवेशक इस शेयर के लिए अधिक भाव देने को भी तैयार होंगे (उच्च पी.ई. मल्टीपल में खरीद)।

अत: निवेश के लिए शेयर का चयन ई.पी.एस., पी.ई. रेश्यो, चालू परियोजना की आगामी योजनाओं और कंपनी की संभावनाओं पर निर्भर करता है।

बुक वैल्यू

कुछ कंपनियों की आय अच्छी (शुद्ध लाभ व ई.पी.एस.) हो सकती है और कुछ

की नहीं। लेकिन वे कुछ अलग कारणों से आकर्षक हो सकती हैं। कुछ कंपनियों का संचित धन (मुनाफा न बाँटने के परिणामस्वरूप कंपनी का उच्च शुद्ध लाभ) अच्छा हो सकता है। यह शेयर की बुक वैल्यू में प्रतिबिंबित होता है।

कंपनियाँ मुनाफा अर्जित करती हैं और इसमें से कुछ हिस्सा वे शेयरधारकों को लाभांश के रूप में देती हैं। शेष अवितरित मुनाफा कंपनी के संचय एवं अधिशेष (रिजर्व एवं सरप्लस) खाते में हस्तांतरित हो जाती है। इस खाते को कंपनी की कुल शेयर संख्या से भाग दिए जाने पर प्रत्येक इक्विटी शेयर की बुक वैल्यू ज्ञात हो जाती है।

दूसरे शब्दों में कहें तो बुक वैल्यू (बी.वी.) से यह पता चलता है कि कंपनी के पास कितना अवितरित अप्रयुक्त धन मौजूद है। जरूरी नहीं कि कंपनी की बुक वैल्यू और उसके शेयर का बाजार भाव एक जैसा हो।

कंपनी	फेस वैल्यू रु.	बुक वैल्यू रु.	भाव 30.5.14
रिलायंस इंडस्ट्रीज	10	609	1,064
अपोलो टायर्स	1	46	176
एम.आर.एफ.	10	8,597	22,733
एच.यू.एल.	1	12.37	603
जयप्रकाश एसो.	2	60	73
डी.एल.एफ.	2	86	210
टाटा स्टील	10	568	475
इन्फोसिस	5	628	2,928

इस बुक वैल्यू से शेयरधारक को क्या फायदा होता है? कंपनी किसी कारण नुकसान में भी जाने लगे तो प्रबंधन निर्णय ले तो वह अपने संचित धन से भी लाभांश दे सकता है। बुक वैल्यू में निरंतर इजाफा हो रहा हो तो ये शेयर (बोनस) भी आवंटित कर सकते हैं।

अंत में, बुक वैल्यू प्रत्येक शेयर की एसेट वैल्यू होती है। किसी कारण यदि कंपनी भंग करनी पड़ती है तो सभी शेयरधारकों को उनके शेयरों की बुक वैल्यू के समान राशि प्राप्त हो जाएगी।

बुक वैल्यू का भाव

बुक वैल्यू की बाजार भाव से तुलना करने पर अनुपात (प्राइस अर्निंग रेश्यो जैसा)

प्राप्त होता है, जिसे 'प्राइस टू बुक वैल्यू' कहा जाता है।

उदाहरण के लिए, कंपनी 'ए' का शेयर भाव 20 रुपए है, लेकिन उसकी बुक वैल्यू 10 रुपए है। अत: कंपनी ए का पी/बुक वैल्यू (प्राइस टू बुक वैल्यू) 2 है। इसका अर्थ है—कंपनी ए के शेयर बाजार में अपनी बुक वैल्यू से दोगुने भाव पर उपलब्ध हैं।

अब हम कुछ शेयर को भाव बनाम बुक वैल्यू के पैमाने पर 'सस्ता' और 'महँगा' देखते हैं—

कंपनी	30.5.14 को भाव	बुक वैल्यू रु.	प्राइस टू बुक वैल्यू
हीरो मोटर कॉर्प	2,345	250	9.38
डॉ. रेड्डीज	2,460	458	5.37
अतुल	815	284	2.87
एच.पी.सी.एल.	400	404	0.99
ओ.एन.जी.सी.	378	145	2.61
रिलायंस इंडस्ट्रीज	1,064	609	1.75
अपोलो टायर्स	176	46	3.83
एम.आर.एफ.	22,733	8,597	2.64
एच.यू.एल.	603	12.37	48.75
जयप्रकाश एसो.	73	60	1.22
डी.एल.एफ.	210	86	2.44
टाटा स्टील	475	568	0.84
इन्फोसिस	2,938	628	4.68

नेट प्रॉफिट मार्जिन

कंपनियाँ समान व्यापार में हो सकती हैं। उनकी बुक वैल्यू और ई.पी.एस. आकर्षक हो सकती है। लेकिन भविष्य में उनकी आय का क्या होगा, यह देखने की एक पद्धति 'नेट प्रॉफिट मार्जिन' (एन.पी.एम.) है।

मार्जिन जितना अधिक होगा, कंपनी उतनी ही बेहतरीन होगी; क्योंकि वह उस व्यापार से तो उतनी राशि से अधिक पाने के साथ ही व्यापार बढ़ने से और अधिक राशि अर्जित कर सकती है।

विभिन्न उद्योगों की लोकप्रिय कंपनियों का मई 2014 में नेट प्रॉफिट मार्जिन—

कंपनी	एन.पी. मार्जिन %
भेल (BHEL)	13.35
भारती एयरटेल	10.88
हिंडाल्को	6.28
ओ.एन.जी.सी.	23.66
पी.वी.आर. लि.	8.13
एच.यू.एल.	14.37
टाटा स्टील	12.94
आर.ई.सी.	28.7
सन टी.वी.	37.19
जेट एयरवेज	–2.78
श्री सीमेंट	17.37
गोदरेज इंडस्ट्रीज	6.45
बाटा	9.09

कुछ कंपनियों को अवस्थिति, वितरण नेटवर्क, उत्पाद या प्रौद्योगिकी का विपणन, ब्रांड वैल्यू पेटेंट, लोग, बल्कि शानदार प्रबंधन टीम जैसे अन्य तरह के लाभ होते हैं। इस कारण इनका मार्जिन अधिक रहता है। हमने ऊपर जो कुछ भी देखा है, बुनियादी विश्लेषण में इससे अनुपात कुछ बढ़ जाता है।

10. शेयर का भाव क्या है ?

किसी भी तरह के निवेश, यहाँ तक कि सोने में मुनाफा पाने के लिए व्यक्ति को इसे सही भाव पर खरीदना चाहिए। यदि किसी ने इसे बहुत अधिक भाव पर खरीदा हो तो उसे लाभ पाने के लिए लंबे समय तक प्रतीक्षा करनी होगी। शेयर भी इनसे कुछ अलग नहीं है।

कंपनियों में सबकुछ एक जैसा होने के बावजूद इसके शेयरों के भावों का प्रतिदिन बढ़ना या घटना क्रेता व विक्रेता दोनों के ही लिए बहुत से अवसर लेकर आता है। शेयरों

के भाव में उतार-चढ़ाव के पीछे कंपनी से बाहर के कारण भी हो सकते हैं। ऐसे ही कुछ सामान्य नियम हैं—

(अ) बाजार के संपूर्ण हालात (तेजी या मंदी)।

(ब) बाजार की तकनीकी स्थिति, विशेष रूप से उस शेयर की (अधिक खरीदा या बेचा गया)।

(स) समस्त बाजार और कंपनी विशेष के शेयरों की माँग व आपूर्ति (हाल ही में प्रसारित अर्थव्यवस्था, उद्योग या कंपनी से संबंधित किसी अच्छी या बुरी खबर का प्रभाव)।

उपर्युक्त बातों के कारण वही शेयर भिन्न समय पर विभिन्न भावों पर उपलब्ध हो सकता है। सन् 2013 के 12 माह में कुछ शेयरों के भाव निम्न तालिका में दरशाए गए हैं—

कंपनी	52 सप्ताह का निम्न भाव	52 सप्ताह का उच्च भाव
इन्फोसिस	2,190	3,575
भेल (BHEL)	100	245
अडानी एंटरप्राइज	126	287
केनरा बैंक	189	550
बाटा इंडिया	688	1,085
एल एंड टी	678	1,661
आई.सी.आई.सी.आई. बैंक	758	1,236
आयशर मोटर	2,512	5,294

देखा जा सकता है कि इनमें से कुछ शेयर तो एक समय अपने उच्चतम भाव से 75% से भी कम पर उपलब्ध थे! अतः निवेश के लिए शेयरों को चुनने के बाद व्यक्ति शेयर खरीदने (प्रवेश) का 'सही' समय चुन सकता है।

11. शेयर की तकनीकी स्थिति कैसी है?

उपर्युक्त सभी नौ पहलुओं पर विचार करने के बाद व्यक्ति ने खरीदने के लिए किसी शेयर को चुन लिया हो, लेकिन उसे तुरंत ही नहीं खरीद लेना चाहिए, बल्कि उसे सही भाव पर खरीदने के लिए कुछ दिन या कई बार तो कुछ महीने भी इंतजार करना चाहिए।

संभव है कि आप इस देरी को लेकर हैरान हों।

यह शेयर की तकनीकी स्थिति जाँचने का समय होता है। यह तकनीकी विश्लेषण नामक पद्धति इस पर आधारित होती है कि अतीत में बाजार में क्या हुआ था। तकनीकी विश्लेषण पूर्व कथन करता है कि शेयर का भाव ऊपर या नीचे किस दिशा में जानेवाला है और यह कितनी दूर तक जाएगा।

इसे ठीक से समझने के लिए हम टमाटर के भावों का साधारण सा उदाहरण लेते हैं। कई बार टमाटर अजीब ढंग से 60 रुपए किलो मिलने लगते हैं, जबकि आमतौर पर ये 5 रुपए किलो में खूब मिलते थे। टमाटर वही हैं, अब अंतर केवल यह है कि इसके बाद उनकी माँग कितनी रहती है और उस दिन, समय व स्थान पर उनकी आपूर्ति कितनी है।

शेयरों के साथ भी ऐसा ही है। वे भी बाजार के 'माँग व आपूर्ति' के चक्र में फँस जाया करते हैं। यह अर्थशास्त्र का सरल व बुनियादी 'माँग व आपूर्ति' का सिद्धांत है। यदि किसी खास कंपनी के शेयरों की माँग बढ़ती है तो उसके भाव भी बढ़ जाते हैं।

अभी कुछ समय पहले लोगों को पता चला कि शिक्षा का क्षेत्र बढ़िया काम कर रहा है और ऐसा जारी रहने वाला है। वे यह भी समझ गए कि एन.आई.आई.टी., एन.आई.आई.टी. टेक, एडुकॉम्प सॉल्यूशंस और जेटकिंग इन्फोट्रेन शिक्षा क्षेत्र की बेहतरीन कंपनियाँ हैं, जो अच्छा प्रदर्शन कर रही हैं। कुछ निवेशकों ने इनके शेयर खरीदने आरंभ कर दिए।

अधिक लोगों के खरीदारी करने से इसके भाव बढ़ गए और इस रुख को देखते हुए जिनके पास इसके शेयर थे, उन्होंने इन्हें बेचना बंद कर दिया। इससे शेयरों के भाव और चढ़ गए। शेयर के भावों के लगातार ऊपर चढ़ने को 'अपट्रेंड' कहा जाता है और यह शेयर खरीदने का उचित समय होता है।

किसी समय ऐसा भी होता है कि जब (उसी या किसी और) शेयर के भाव ऐसे बिंदु (शीर्ष) पर पहुँच जाते हैं, जहाँ से आगे बढ़ना उनके लिए संभव नहीं होता। और आगे चढ़ने में इस कठिनाई को 'रेसिस्टेंस' कहा जाता है। ऐसा कभी-कभार ही होता है, क्योंकि इसे कम भाव पर खरीदनेवाले इस उच्च स्तर पर इसे बेचकर प्रॉफिट बुक करने के आकर्षण से बच नहीं पाते। वे बिकवाली आरंभ कर देते हैं। इस समय बहुत सावधान रहना चाहिए। तकनीकी विश्लेषकों का कहना है कि उस शेयर को तभी खरीदना चाहिए, जब वह एक निश्चित उच्च भाव से अधिक हो जाए। यह भाव किसी गतिरोधक की तरह 'रेसिस्टेंस' बिंदु होता है। उस शेयर के लिए वह बिंदु पार कर पाना मुश्किल होता है; लेकिन अगर यह उसे पार कर जाए तो अगले शीर्ष भाव पर बहुत आसानी से पहुँच जाता है।

कुछ साल पहले बजाज ऑटो ने अपने व्यापार के डीमर्जर की घोषणा की। कंपनी

की संपत्ति के प्रकटीकरण (जैसा आमतौर पर डीमर्जर में हुआ करता है, जैसा रिलायंस आदि में हुआ) की आशा में इसके शेयरों के भाव चढ़ गए। यह शेयर डीमर्जर की वास्तविक घोषणा का विवरण जारी होने तक इसी तरह चढ़ता रहा।

डीमर्जर योजना के घोषित होने के तुरंत बाद शेयर का चढ़ना न केवल रुक जाता है, बल्कि इसमें घटने की प्रवृत्ति भी दिख सकती है। बजाज ऑटो के शेयर तुरंत ही 2,700 रुपए से गिरकर 2,500 रुपए हो गए और अगले कुछ माह तक इनमें यह गिरावट जारी रही।

जैसा भय था, बजाज ऑटो के शेयरों के भाव और गिरकर 2,100 रुपए पर पहुँच गए। इस बिंदु के बाद उनका भाव गिरना रुक गया। इस 2,100 रुपए के भाव को बजाज ऑटो का 'सपोर्ट प्राइस' (समर्थन भाव) माना जाएगा। सपोर्ट प्राइस रेसिस्टेंस प्राइस का विपरीत होता है।

जब यह समर्थन भाव कुछ समय तक स्थिर रहता है (एक माह में 2,000 से 2,100 के स्तर पर रहें, तकनीकी विशेषज्ञ इसे 'कंजेशन चरण' कहते हैं, जहाँ भाव सीमित भाव रेंज में गतिशील होता है)। इसके बाद अच्छी खबर आने के साथ ही 'ब्रेक आउट' होता है और शेयर 2,200 रुपए एवं 2,300 रुपए के स्तर तक चढ़ जाता है। ब्रेक आउट और कुछ नहीं बल्कि सीमित भाव रेंज से बाहर आना है।

इन्हें तकनीकी हालात कहा जाता है। इनका आकलन केवल सक्षम और निपुण लोग ही कर सकते हैं, जिन्हें 'तकनीकी विशेषज्ञ' कहा जाता है। वे शेयर के पिछले उच्च (भाव), पिछले निम्न आदि से परिचित होते हैं। वे जानते हैं कि सपोर्ट रेसिस्टेंस किस बिंदु पर हैं। वे इसी के आधार पर सलाह देते हैं। अधिकांश शेयर ब्रोकरों के पास तकनीकी विशेषज्ञ होते हैं।

12. हमारे पास कितने पैसे हैं ?

शेयर निवेश का एकमात्र जरिया नहीं है। इसका अपना चरित्र है, जिसमें लाभ-हानि मिश्रित होते हैं। अत: व्यक्ति को अपनी संपत्ति का सिर्फ थोड़ा सा हिस्सा शेयरों में निवेश करना चाहिए।

दूसरी बात, अगर बाजार बहुत अच्छा हो तो भी व्यक्ति को अपनी मूल योजना का पालन करना चाहिए, अर्थात् शेयरों में निवेश के लिए निश्चित की गई राशि से अधिक नहीं जाना चाहिए।

चूँकि बाजार हमेशा गतिशील रहता है, इसलिए अपनी संपूर्ण धनराशि से एक ही बार में सारी खरीदारी कर लेना अच्छा विचार नहीं है। व्यक्ति को छोटे लॉट में खरीदारी करनी चाहिए।

कुछ लोग प्रति सप्ताह, बल्कि सप्ताह के पूर्व निर्धारित (कभी-कभार) दिनों, जैसे प्रति बुधवार दोपहर (यह कोई भी कार्य-दिवस और कोई भी कारोबारी घंटा हो सकता है) को थोड़ी खरीदारी का फैसला करते हैं। प्रत्येक व्यक्ति इसी तरह खरीदारी क्यों करना चाहेगा? है कोई कारण? नहीं, कोई कारण नहीं। लेकिन चूँकि यह कभी-कभार किया जाएगा तो संभव है कि कुछ बुधवार भाव कम (मंदी) हों। वहीं कुछ बुधवार तेजी के दिन भी हो सकते हैं।

यदि कोई व्यक्ति 100 शेयर खरीदना चाहता हो तो वह सप्ताह के चार दिनों के अलावा किसी खास दिन 25 शेयर खरीदने की पद्धति अपना सकता है। कुछ दिन उसे कम भाव मिलेंगे तो कुछ दिन उसे उच्च भाव पर भी खरीदारी करनी होगी। कुल मिलाकर देखा जाए तो औसत रूप से उसे सही भाव प्राप्त होगा।

सही भाव का अर्थ है—न बहुत अधिक, न बहुत कम। यह काफी हद तक 'सिस्टमैटिक इन्वेस्टमेंट प्लान' के जैसा है।

13. निवेश की अवधि

यह फैसला करना भी जरूरी है कि व्यक्ति शेयरों में कितनी अवधि के लिए धन निवेश कर सकता है। कुछ लोग कुछ कारणों (बेटी का विवाह, चिकित्सकीय आवश्यकता आदि) से ऐसा केवल कुछ माह के लिए कर सकते हैं। ऐसे धन को शेयर बाजार में निवेश नहीं करना चाहिए। जैसा कि हमने अब तक देखा कि बाजार के थोड़े ही समय में ऊपर या नीचे जाने के बहुत से कारण हो सकते हैं।

इस बात में कोई संदेह नहीं कि दीर्घावधि में बाजार अच्छा प्रदर्शन करेंगे। लेकिन कोई भी निश्चित होकर नहीं कह सकता कि मौजूदा समय में शेयर बाजार में क्या हो जाए। यह ऊपर भी जा सकता है और नीचे भी आ सकता है या गिर भी सकता है अथवा लंबे समय तक जारी रह सकता है।

ऐसा होने पर शेयर बाजार में निवेशित धन वहीं फँस जाता है। यदि किसी को वह पैसा वापस चाहिए, अर्थात् बाजार से निकलना चाहता है, तो उसे नुकसान उठाते हुए शेयरों को कम भाव पर बेचना होता है, जो उस समय नीचे चल रहे हो सकते हैं।

एक बार फिर हमें शेयरों को निवेश के लिए चुनते समय ध्यान रखना होगा कि हम पैसे को कितने समय तक के लिए खुद से दूर रख सकते हैं। कई पुरानी कंपनियाँ अच्छा रिटर्न प्रदान करती हैं। बल्कि लघु आवधिक निवेशक भी इन शेयरों को खरीद सकते हैं। कुछ ऐसी कंपनियाँ भी हो सकती हैं, जो अभी शुरू हुई हों या जिन्होंने अभी काम शुरू किया हो। दीर्घावधि में इनके प्रोजेक्ट पूरे होते हैं और कंपनी अच्छा प्रदर्शन करती है, जिससे निवेशकों को फायदा होता है। जो व्यक्ति इतने लंबे समय (प्रोजेक्ट

की अवधि) तक पैसा फँसा सकता हो, वह उस शेयर में निवेश कर 'दीर्घावधिक निवेशक' बन सकता है।

ऐसी कंपनियों के शेयरों के भाव कम हो सकते हैं। हम उन्हें शुरुआत में ही हासिल कर सकते हैं। लेकिन उनके भाव बढ़ने में कुछ साल अवश्य लगेंगे। दूसरे शब्दों में कहें तो यह 'दीर्घावधिक निवेश कथा' है। जो भी व्यक्ति 3 से 5 साल तक फँसा सकता हो, वह ऐसा निवेश कर सकता है। शेयर बाजार में धैर्य बहुत फायदेमंद साबित होता है।

□

8

शेयर बाजार व भावों को प्रभावित करनेवाले कारक

नेशनल स्टॉक एक्सचेंज और बंबई स्टॉक एक्सचेंज में सूचीबद्ध तकरीबन 3,000 शेयरों में से लगभग 1,700 शेयरों में नियमित रूप से कारोबार होता है। इसका अर्थ है कि कम या अधिक मात्रा में अधिकांश शेयरों के भावों में दैनिक आधार पर परिवर्तन होता है।

हम चाहे निवेशक हों या ट्रेडर या इंट्रा-डे व्यापारी (भारी ट्रेडर) हों, इन भाव गतिविधियों में हमारी रुचि होती है, क्योंकि ये हमें प्रभावित करती हैं। यही भाव गतिविधियाँ हमें शेयरों को खरीदते या बेचते और अपने खरीदे शेयरों को अपने पास रखे रहने के लिए प्रेरित करती हैं।

शेयरों के भावों में होनेवाला कोई भी परिवर्तन हमारे 'मान' या 'माली हालात' को उसी गतिशीलता की हद तक प्रभावित कर देता है। इससे हमारे मुनाफे में थोड़ी या अधिक कमी या वृद्धि हो जाती है, लेकिन हम पर इसका प्रभाव अवश्य पड़ता है। अत: यह समझना आवश्यक है कि यह गतिशीलता किन कारणों से आती है।

भावों की गतिशीलता का क्या कारण है?

जब भी यह महसूस किया जाता है कि किसी चीज से पूरा शेयर बाजार या किसी खास उद्योग या कंपनी के शेयरों के भाव प्रभावित होनेवाले हैं तो इससे शेयर बाजार में गतिशीलता आती है। समझदार निवेशक तुरंत आवश्यक कदम उठाते हैं। भावुक निवेशक जल्दबाजी में कार्य करते हैं, फिर चाहे वह प्रमाणित हो या न हो।

कुछ लोगों को ऐसे निश्चित कदम उठाते देख बाकी लोगों की भी नींद खुलती है

और वे भी यही करने लगते हैं तथा हवा को देखकर अपने हित के अनुसार खरीदने या बेचने लगते हैं। उनके कार्यों के परिणामस्वरूप भावों में गतिशीलता आती है। वे कौन से पहलू हैं, जो जागरूक निवेशकों व विश्लेषकों के दृष्टिकोण को परिवर्तित करते हैं।

वैश्विक कारण

कुछ साल पहले, सन् 2007 में, फ्रांसीसी निवेश बैंक बी.एन.पी. पारिबास ने अपने तीन म्यूचुअल फंड योजनाओं पर तरलता की समस्या के कारण अस्थायी रूप से रिडेम्पशन (अनुरोध पर निवेशक को पैसा लौटाना) को स्थगित करने की घोषणा की। यह घोषणा सिर्फ एक कंपनी ने की थी। इसका क्या प्रभाव होगा? यह स्पष्ट है कि बी.एन.पी. पारिबास से संबंधित कंपनियाँ बेचने लगती हैं।

लेकिन तबाही मच गई। न केवल फ्रांसीसी या यूरोपीय शेयर बाजारों में, बल्कि अमेरिका, जापान, हांगकांग, कोरिया और भारत के बाजारों ने भी प्रतिक्रिया दी। एन.एस.ई. का निफ्टी और बी.एस.ई. का सेंसेक्स दोनों सैकड़ों अंक गिर गए। बाजारों ने बी.एन.पी. पारिबास की इस एक घोषणा को सार्थक बना दिया। बाजार समझ गया कि यह सब 'प्राइम लोन समस्या' की गंभीरता का प्रतिबिंब है, जो उस समय तक सतह पर आनी शुरू हो गई थी।

जो इस समस्या की गंभीरता तथा इसके द्वारा शेयर बाजार में उत्पन्न हालात से अनजान थे, उन्होंने उस दिन इसे अपने 'मनपसंद' शेयर मनमोहक कम भाव पर खरीदने का अवसर समझकर खरीदारी की।

फेड व अन्य केंद्रीय बैंक

जुलाई 2007 के दौरान भारतीय शेयर बाजार गिरावट पर थे। 17 अगस्त, 2007 को भी यह गिरावट जारी रही। बी.एस.ई. और एन.एस.ई. दोनों ही कमजोर खुले। लेकिन इसी बीच उनमें सुधार हुआ और वे अचानक रॉकेट की तेजी से ऊपर चढ़े। ऐसा क्यों हुआ? क्योंकि भारत के आर.बी.आई. के जैसे अमेरिका के फेडरल बैंक नामक केंद्रीय बैंक ने बैंकर्स को दी जानेवाली ऋण दर में 0.5% की कटौती कर दी।

फेड के रेट कट को हमेशा सकारात्मक कदम के तौर पर देखा जाता था, क्योंकि इससे शेयर बाजार में नकद का प्रवाह बढ़ जाता था। एफ.आई.आई. विभिन्न देशों में निवेश कर रहे थे, इसलिए भारतीय शेयर बाजारों ने भी इसे सकारात्मक खबर की तरह लिया और छलाँग लगा ली।

देखा जा सकता है कि फेड का रेट कट उसी दिन से प्रभावी नहीं होना था, जिस दिन इसकी घोषणा हुई; बल्कि यह तो केवल एक घोषणा भर थी। लेकिन शेयर बाजार के उत्सव मनाने हेतु इतना ही बहुत था। जिसे पहले पता चला, उसी ने बाजार में अपनी शॉर्ट पोजिशन कवर कर ली। वहीं कुछ लोगों (दीर्घकालिक निवेशकों) ने लिवाली भी आरंभ कर दी।

फेडरल ओपन मार्केट कमेटी के वक्तव्य के बाद अगले कारोबारी दिवस को भारत समेत एशिया के बाजार चढ़ने लगे। वहीं केंद्रीय बैंक ने विश्व की सबसे बड़ी अर्थव्यवस्था अमेरिका के आर्थिक विकास को बढ़ावा देने के लिए मात्रात्मक सहजता के तीसरे चक्र की घोषणा कर दी, जिसे 'क्यू.ई.3' के नाम से जाना जाता है।

आर्थिक पहलू

वर्ष 2010 से 2011 के बीच रिजर्व बैंक ने रेपो रेट और सी.आर.आर. (जिससे हमारे देश में ब्याज दरें प्रभावित होती हैं) में लगभग 12 गुना की वृद्धि कर दी। इसे बैंक जैसे (ब्याज की दर) संवेदनशील क्षेत्रों के लिए हानिकारक माना गया। इससे बैंकों, हाउसिंग फाइनेंस और ऑटो सेक्टर के मुनाफे में कमी आई; क्योंकि उच्च ब्याज दरों का मतलब उच्च ई.एम.आई. है, जिससे इसकी मात्रा कम हो गई और यही स्थिति रियलिटी सेक्टर की भी थी।

इसके परिणामस्वरूप बैंकों, ऑटो और रियलिटी कंपनियों के शेयरों के भाव प्रभावित हुए। चूँकि आर.बी.आई. की इस मौद्रिक नीति के पीछे अर्थव्यवस्था के लाभ की मंशा थी, लेकिन शेयर बाजार ने इसके कुछ सेक्टरों व कंपनियों से संबंध देखे और उनके शेयर भावों के रूप में अपनी प्रतिक्रिया दी। फिर बताते हैं, जब भी सी.आर.आर. और रेपो रेट में कटौती होती है, शेयरों के भाव ऊपर चढ़ते हैं।

केंद्र सरकार की काररवाई

संप्रग सरकार ने 14 नवंबर, 2012 को मल्टीब्रांड रीटेल में 51% एफ.डी.आई. को मंजूरी की घोषणा की। यह निर्णय लंबे समय से लंबित था, क्योंकि न केवल भाजपा और कम्युनिस्ट पार्टी जैसे विपक्षी दल, बल्कि संप्रग-II के तृणमूल कांग्रेस जैसे सहयोगी भी इसका विरोध कर रहे थे।

बाजार ने इस फैसले पर प्रसन्नता जताई और ठीक अगले ही दिन 15 सितंबर को ऊपर चढ़ गया। पेंटालून रीटेल ने 8.5 प्रतिशत की छलाँग भरी। एक अन्य रीटेल कंपनी ट्रेंट में 4.2 प्रतिशत की वृद्धि हुई तथा शॉपर्स स्टॉप 2.2 प्रतिशत बढ़ गया।

कंपनी की काररवाई

अभी कुछ साल पहले टाटा स्टील ने एक और स्टील कंपनी 'कोरस' के शेयरों को निश्चित भाव पर खरीद कर उसके अधिग्रहण का निर्णय लिया। उन्होंने कोरस के सामने अपना प्रस्ताव रखा। लेकिन एक अन्य कंपनी ने भी उसे खरीदने के लिए अपना प्रस्ताव पेश कर दिया और इससे शेयर खरीदने को लेकर दोनों के बीच उग्र प्रतिस्पर्धा होने लगी।

अंत में टाटा स्टील ने अपना प्रस्तावित भाव बढ़ाते हुए बोली लगा दी। लेकिन बाजार (बड़े व प्रभावशाली निवेशक, संस्थान और एच.एन.आई.) को यह प्रस्तावित भाव बहुत अधिक लगा। उनकी राय में, यदि टाटा स्टील कोरस कंपनी को इस उच्च भाव पर खरीदना चाहती है तो इसका प्रभाव टाटा स्टील के मुनाफे पर भी होगा।

इन बड़े निवेशकों ने क्या किया? उन्होंने कदम उठाया, अर्थात् उन्होंने बड़ी मात्रा में टाटा स्टील के शेयर बाजार में बेचने आरंभ कर दिए। इसी बीच मीडिया में इस मुद्दे पर पैनल चर्चा आरंभ होने से बहुत से निवेशकों का ध्यान इस ओर आकृष्ट हुआ, जिसके परिणामस्वरूप टाटा स्टील के शेयरों के भाव में 8 से 10% की गिरावट आ गई। टाटा स्टील जैसी कंपनी के लिए यह बहुत असाधारण था।

विलय, अधिग्रहण, अनुबंध होना या छूटना आदि जैसी किसी भी काररवाई का कंपनी की संभावनाओं और उसके शेयर के भाव पर सकारात्मक या नकारात्मक प्रभाव पड़ता है।

सूचना ही धन है

आमतौर पर कहा जाता है कि सूचना ही शक्ति है। शेयर बाजार में सही सूचना बड़ी धनराशि होती है। ये उन कुछ खास दिनों के थोड़े से उदाहरण हैं, जब कुछ खबरों या सूचनाओं के कारण बाजार में बड़ा बदलाव हुआ। कई बार यह प्रभाव केवल एक या दो दिन के लिए ही नहीं होता, बल्कि यह ऊपर या नीचे किसी भी दिशा में रुख तय कर देता है।

अत: हम अब उन कारणों की सूची देखते हैं, जिन्हें बाजार महत्त्व देता है और पूर्णत: या सेक्टर आधारित भागों में ऊपर या नीचे हो जाता है।

बाजार समग्र रूप से तब उठता है, जब—

1. केंद्र में स्थिर सरकार सत्ता में आती है, जैसा सन् 2014 में हुआ।
2. शेयर बाजार से संबंधित वित्त, वाणिज्य, उद्योग मंत्रालय जैसे पोर्टफोलियो होनहार मंत्रियों को दिए जाते हैं।

3. सरकार सुधारों की घोषणा करती है।
4. सरकार एफ.आई.आई. के हित में नीतियों की घोषणा करती है।
5. बजट बाजार-मित्रवत् (मार्केट फ्रैंडली) प्रतीत होता है।
6. जब सरकारी नियंत्रण शिथिल किया जाता है।
7. जब सरकार अधिक संख्या में लोगों या संस्थानों को शेयर बाजार में निवेश की अनुमति व प्रोत्साहन देती है (भविष्य निधि न्यास, शैक्षणिक न्यास आदि को अनुमति देकर)।
8. सरकार शेयर बाजार में निवेश पर टैक्स में छूट देती है।
9. सरकार पी.ए.यू. में अधिक विनिवेश को अनुमति देती है।
10. सरकार कुछ सेक्टरों में अपना व्यय बढ़ा दे (उन सेक्टरों के शेयरों में वृद्धि होगी)।
11. सरकार कॉरपोरेट्स की मदद हेतु कम दर पर क्रेडिट/ कर्ज दे (सी.आर.आर., रेपो रेट कटौती)।
12. सरकार कच्चे माल/पूँजीगत वस्तुओं के आयात को अनुमति/शिथिल/मदद दे।
13. सरकार कुछ सेक्टरों (इस सेक्टर की उन कंपनियों के शेयर, उदाहरण—उर्वरक) की सब्सिडी बढ़ा दे।
14. राजकोषीय घाटा (सरकार के आय व व्यय के बीच का अंतर) संकीर्ण होकर नियंत्रण में आ जाए।
15. मुद्रास्फीति डाटा अनुकूल (नीचे) हो।
16. उद्योग उत्पादन सूचकांक (आई.आई.पी.) वृद्धि दरशाए।
17. निर्यात बढ़े।
18. पूँजीगत वस्तुओं के अतिरिक्त अन्य आयात घटे।
19. निर्यात और आयात के बीच का अंतर अधिक न हो (व्यापार संतुलन—व्यापार घाटा) या घट जाए।
20. आर.बी.आई., सी.आर.आर., एस.एल.आर. आदि को घटाकर तरलता बढ़ाए।
21. सरकार अन्य सरकारों के साथ अनुकूल संधि के संकेत दे (जैसे अमेरिका या डब्ल्यू.टी.ओ. जैसे संस्थानों के साथ परमाणु संधि)।
22. सरकार विशेष आर्थिक जोन (SEZ) जैसी सुविधाओं को अनुमति देकर आर्थिक विकास करे।
23. कैबिनेट के प्रमुख लोगों की योजनाओं को लेकर अनुकूल प्रशंसा/घोषणाएँ की जाएँ।
24. पड़ोसी देशों के साथ द्विपक्षीय संबंधों में प्रगति हो (सैन्य टुकड़ियों को हटाना आदि)।

25. यूनाइटेड स्टेट्स फेडरल बैंक या बैंक ऑफ जापान, या यूरोपियन यूनियन का ई.सी.बी. ब्याज दरों में कटौती करे (आमतौर पर पैसा बैंकों से शेयर बाजार के साथ ही भारतीय शेयर बाजारों में भी आता है)।

कंपनी विशेष के शेयरों के भाव में वृद्धि—

1. जब कंपनी का प्रोफाइल बेहतर हो।
2. जब कंपनी अच्छे लाभांश की घोषणा करे।
3. जब कंपनी बोनस शेयरों की घोषणा करे।
4. जब कंपनी स्टॉक स्पिलिट की घोषणा करे।
5. जब कंपनी के शेयर बेहतर समूह जैसे जेड (अंतिम वर्ग, हालाँकि इसमें 26 वर्ग नहीं होते) से किसी अन्य में स्थानांतरित हो जाएँ; उदाहरण के लिए, निफ्टी 500 से एन.एस.ई. 50 में, या बी.एस.ई. में, बी2 से बी1 में, या बी2 या बी1 से ए में।
6. जब किसी कंपनी के शेयर अमेरिकी या वैश्विक सूचकांकों में शामिल हो जाएँ।
7. जब शेयर एफ एंड ओ सेगमेंट में शामिल हो जाए (कभी-कभार भाव नीचे भी जा सकते हैं, व्यक्ति को सावधान रहना होगा)।
8. जब कंपनी को नया अनुबंध प्राप्त हो।
9. जब कंपनी कोर्ट केस या पेटेंट विवाद जीत जाए।
10. जब कंपनी के किसी प्लांट में हड़ताल या बंदी हो जाए।
11. जब कंपनी एवं असंतुष्ट पक्ष/संघर्षरत दल के साथ अनुकूल समझौता हो जाए।
12. जब कंपनी शेयरों या पब्लिक इश्यू के फॉलोअप को शेयरों के बाजार भाव से कम पर घोषित करे।
13. जब कंपनी अपने शेयरों को बाजार भाव से अधिक पर 'बाय बैक' की इच्छा जताए।
14. जब कंपनी के शेयर एन.एस.ई. या बी.एस.ई. में भी सूचीबद्ध हो जाएँ।
15. कंपनी अपने संचित घाटे को पूरा कर दे।
16. जब कंपनी आम लाभांश की घोषणा करे।
17. जब कंपनी द्वारा घोषित वित्तीय परिणाम बाजार की उम्मीदों से बेहतर हों।
18. जब कंपनी किसी ऐसी दूसरी कंपनी का अधिग्रहण करे, जो कंपनी के लिए लाभदायक हो।

19. जब कंपनी द्वारा उपयोग होनेवाला कच्चा माल सस्ता हो जाए।
20. जब प्रमुख प्रतिद्वंद्वी किसी मुश्किल में फँस जाए।
21. जब कंपनी लाभ के लिए अपनी या सहयोगी कंपनी की थोड़ी संपत्ति बेचे।
22. जब कंपनी किसी माइलस्टोन को पार कर जाए (1 अरब टर्नओवर, 50 वर्ष पूरे करें आदि)।
23. यदि सरकार समान उत्पादों (कंपनी के जैसे) के विदेश से आयात पर रोक लगाए।
24. जब कंपनी के उत्पाद या सेवाओं के बाजार का विस्तार हो (उदाहरण के लिए, सरकार पेट्रोल में चीनी के उप-उत्पाद इथेनॉल का उपयोग करने का निर्णय ले)।
25. जब घरेलू या विदेशी बाजार में कंपनी के उत्पाद की कमी हो जाए।
26. जब सरकार (बजट के दौरान या मध्य वर्ष में कंपनी से संबंधित ड्यूटी या टैक्स में कटौती की घोषणा करे (कॉरपोरेट टैक्स या बिक्री कर)।
27. जब कच्चे माल के भाव गिर जाएँ (उत्पादन लागत में कमी)।
28. जब पेट्रोल-डीजल के दाम कम हो जाएँ या माल भाड़ा में कटौती हो (परिवहन लागत में कमी) (सिर्फ बी.पी.सी.एल., एच.पी.सी.एल. आदि जैसी तेल विपणन कंपनियों को लाभ नहीं होगा)।
29. जब कंपनी के उत्पाद या सेवा संबंधी अवसरों के बारे में सरकार या रेटिंग एजेंसियाँ या शोध फर्में अनुकूल रिपोर्ट दें।
30. जब शेयर के भाव ओवरसोल्ड (अधिविक्रय) क्षेत्र तक पहुँच जाएँ।
31. जब कोई अन्य व्यक्ति/व्यक्तियों का समूह/कंपनी अधिग्रहण (शत्रुतापूर्ण या वैसे ही) की मंशा से बड़े पैमाने पर शेयर खरीदने का प्रयास करने लगे।
32. जब संस्थान (भारतीय या विदेशी) बड़ी संख्या में कंपनी के शेयर खरीदने लगे।
33. जब कंपनी की शेयर होल्डिंग में एफ.आई.आई. की सीमा बढ़ा दी जाए।
34. जब कंपनी के शेयर बड़ी तादाद में खरीदे जाएँ।
35. जब बाजार तत्कालीन रुख पर चलते हुए पूर्ण रूप से आगे बढ़ें।
36. जब उद्योग या उद्योग प्रमुख के समर्थन में अन्य शेयर भी चढ़ जाएँ।
37. जब अनुसंधान विशेषज्ञ कंपनी को अनुकूल के तौर पर पुनर्मूल्यांकित करें।
38. जब कंपनी अपने प्रदर्शन और लाभ द्वारा आशापूर्ण भविष्य निर्देश प्रदान करे।
39. कंपनियों का अनुकूल डीमर्जर हो।

किसी कंपनी विशेष के शेयरों का भाव गिरने के कारण

ऊपर बताए गए कारणों के विपरीत कुछ अन्य कारण भी होते हैं—

1. जहाँ वित्तीय परिणाम उम्मीद से कम आएँ (फिर चाहे अच्छे ही क्यों न हों)।
2. यदि पहले दिए निर्देशों की पूर्ति न हो।
3. जब कंपनी या उसका प्रबंधन किसी जालसाजी या जुर्म में शामिल हो।
4. जब कंपनी ऐसे निर्णय ले, जिससे विश्लेषकों व निवेशकों के अनुसार कंपनी का भविष्य प्रभावित हो रहा हो।
5. जब उद्योग का अपना भविष्य अच्छा न हो।
6. जब प्रबंधन के एक या अधिक प्रमुख लोग कंपनी छोड़ जाएँ।
7. जब कंपनी पर बड़े जुरमाने का केस चल रहा हो।
8. जब कोई प्रमुख प्रतिद्वंद्वी किसी भी कारण से बढ़त हासिल किए हो।
9. जब संयुक्त उद्यम टूट जाए या महत्त्वपूर्ण भागीदार साथ छोड़ जाए।
10. प्रतिकूल (शेयरधारकों के लिए) मर्जर/डीमर्जर की घोषणा।
11. अप्रत्याशित कारण से डीमर्जर, जिससे निवेशकों में निराशा उत्पन्न हो।
12. जिस मुद्रा में पूँजी हो, उसका मूल्य-ह्रास हो जाए (निर्यात कंपनियों के मामले में डॉलर)।
13. प्राकृतिक आपदाएँ जैसे—अग्निकांड, सुनामी आदि, जिनसे कंपनी का उत्पादन/बाजार हिस्सेदारी और मुनाफा प्रभावित होता हो (हालाँकि पूँजी के नुकसान की भरपाई बीमे से हो जाती है)।
14. संसार के किसी भी महत्त्वपूर्ण केंद्र पर आतंकवादी हमला (जैसा ट्विन टावर के साथ हुआ था)।
15. केंद्र सरकार का प्रमुख गठबंधन साथी समर्थन वापस ले या इसकी धमकी दे (सरकार के स्थायित्व के लिए खतरा)।
16. उद्योग-मित्रवत् मंत्री अपना पोर्टफोलियो छोड़ दे।
17. आर.बी.आई., सी.आर.आर. और पी.एल.आर. (नकद आरक्षित अनुपात और मूल उधार दर) में वृद्धि करें, जिसका मूलतः कॉरपोरेट के लिए उपलब्ध राशि प्रभावित होती है और ब्याज दरें बढ़ जाती हैं)।
18. सरकार विदेशी मुद्रा के अंतर्वाह/ पूँजीगत माल/तकनीक के आयात पर नियंत्रण सख्त कर दे।
19. युद्ध जैसी स्थितियाँ विकसित हो रही हों—अमेरिका-ईरान, उत्तर कोरिया-दक्षिण कोरिया या दुनिया भर में कहीं भी हो, सबसे अधिक उन देशों में, जो इसमें शामिल हों।

20. सरकार अपने किसी वित्तीय वादे को पूरा करने में नाकाम हो जाए।
21. सरकार या शेयर बाजार में किसी बड़े घोटाले का पता चलना।
22. हमारे लिए महत्त्वपूर्ण किसी भी देश में मुद्रास्फीति का बढ़ना (चीन, अमेरिका, जापान और अन्य एशियाई देश)।
23. सरकार का ऐसा कोई भी निर्णय, जिससे एफ.आई.आई. की संपत्ति या लाभकारिता प्रभावित होती हो।
24. अमेरिका या उन यूरोपियाई देशों में समस्या होना, जहाँ भारत निर्यात करता है।
25. किसी भी क्रेडिट रेटिंग एजेंसी द्वारा भारत की सार्वभौम रेटिंग को कम करना।
26. चीन, अमेरिका, यूरोपियाई बाजारों आदि में से किसी का भी शेयर बाजार गिरना (क्रैश होना)।
27. अमेरिका और अन्य बड़ी अर्थव्यवस्थाओं की दिग्गज आई.टी. कंपनियों द्वारा मार्गदर्शन कम करना।
28. कच्चे तेल के भाव लगातार बढ़ना।
29. वैश्विक बाजारों में जिन्स कीमतों में बड़ी गिरावट।
30. किसी बड़ी अर्थव्यवस्था को आतंकी खतरा।
31. निवेश गुरुओं का प्रतिकूल राय व्यक्त करना।
32. जब अमेरिका का फेड रेट या बैंक ऑफ जापान या यूरोपियन यूनियन सेंट्रल बैंक ब्याज दरें बढ़ा दें।

निश्चित ही, यह सूची संपूर्ण नहीं है। इसके अलावा और भी बहुत से कारण हैं, जिन पर बाजार प्रतिक्रिया दे सकता है।

सूचना ही कुंजी है

अन्य सभी व्यापारों के मुकाबले शेयर बाजार के व्यापार में न केवल ढेर सारी सूचनाओं की आवश्यकता होती है, बल्कि कारोबार की प्रकृति और निवेशकों की संख्या को देखते हुए ये सूचनाएँ समय पर मिलनी चाहिए। भाव बहुत तेजी से बढ़ या घट सकते हैं। इसलिए अच्छी या बुरी हर खबर मायने रखती है। विशेष रूप से यदि व्यक्ति ऐसे दीर्घकालिक निवेशकों में से न हो, जो निवेश करने के बाद कई सालों तक खामोश बैठे रहते हैं या ऐसा, जो अपनी संपत्ति की देख-रेख की जिम्मेदारी पूरी तरह से विशेषज्ञों को न सौंप चुका हो।

इन सूचनाओं को सबसे पहले पानेवाला ही सबसे पहले कदम उठाता है। सबसे पहले कदम उठाने का मतलब, खबर अच्छी होने पर शेयर के भाव बढ़ने से पहले ही

उन्हें खरीद लेना या बुरी खबर होने पर शेयरों के भाव गिरने से पहले ही उन्हें बेच देना।

ऐसी महत्त्वपूर्ण सूचनाएँ कैसे और कहाँ से प्राप्त हो सकती हैं?

हम सूचनाओं के युग में जी रहे हैं। वे दिन गए, जब शेयर बाजारों को 'कुछ लोग प्रभावित कर लेते थे'। नेशनल स्टॉक एक्सचेंज की तरक्की और टर्मिनल ट्रेडिंग कंपनी की वेबसाइट, एक्सचेंज की वेबसाइट और गूगल से सबकुछ पारदर्शी और सभी के लिए एक ही समय पर समान रूप से उपलब्ध हो गया है।

सूचनाएँ कैसे प्राप्त करें

शेयर बाजार माँग करता है कि सभी सूचीबद्ध कंपनियाँ सभी प्रासंगिक सूचनाओं को उनके साथ तुरंत साझा करें। दोनों एक्सचेंज (एन.एस.ई. और बी.एस.ई.) बदले में इन सबको अपनी वेबसाइट पर डाल देते हैं। (www.nseindia.com और www.bseindia.com)

व्यक्ति किसी भी तरह की सूचना, चाहे वह आधार संबंधी हो या तकनीक संबंधी या चाहे ऐतिहासिक सूचना ही क्यों न हो। व्यक्ति सूचीबद्ध कंपनियों के शेयरों के भाव, शेयर होल्डिंग पैटर्न, घोषणाएँ, पिछले साल के भाव आदि से संबंधित कोई भी सूचना प्राप्त कर सकता है।

एन.एस.ई. और बी.एस.ई. के अलावा एच.डी.एफ.सी., आई.सी.आई.सी.आई., इंडियाबुल्स, शेयर खान मोतीलाल ओसवाल जैसी और भी कई ब्रोकर कंपनियाँ और अन्य ब्रोकर हाउस ने भी अपनी वेबसाइटों पर ये विवरण दे रखे हैं।

समाचार-पत्र व पत्रिकाएँ

कंप्यूटर या इंटरनेट उपलब्ध होना कोई समस्या नहीं है। ऐसे कई अच्छे बिजनेस समाचार-पत्र हैं, जिनमें वर्गीकृत प्रारूप में पाठक मित्रवत् पर्याप्त व शानदार जानकारी रहती है।

'बिजनेस लाइन', 'बिजनेस स्टैंडर्ड', 'इकोनॉमिक टाइम्स', 'फाइनेंशियल एक्सप्रेस' कुछ ऐसे ही समाचार-पत्र हैं। इन समाचार-पत्रों में निम्न सूचनाएँ रहती हैं—

- शेयरों के भाव-विस्तार सहित जैसे—खुला भाव—दिन का अधिकतम, दिन का न्यूनतम और बंद भाव।
- पिछले दिन ट्रेड हुई मात्रा।
- बड़े सौदे, यदि कोई हुए हों।
- शेयर, जो उस दिन अधिकतम प्रतिशत बिंदु तक चढ़े हों।

- शेयर, जो उस दिन न्यूनतम प्रतिशत बिंदु तक गिरे हों।
- शीर्षस्थ आवर्त (टर्नओवर) (मात्रा—ट्रेड हुई कुल शेयर संख्या)।
- वे शेयर, जो ऊपर फ्रीज और नीचे फ्रीज हुए हों।
- जिन शेयरों ने अब तक के सबसे उच्चतम स्तर को छुआ हो।
- जिन शेयरों ने अब तक के न्यूनतम स्तर को छुआ हो।
- एफ.आई.आई. ने पिछले दिवस क्या किया—नकद और डेरिवेटिव सेक्शन में अलग-अलग कितने पर ख़रीदे, कितने पर बेचे।
- अंतिम एफ.आई.आई. क्या रहा—बेचा अधिक या खरीदा अधिक ?
- किन कंपनियों ने बोनस/राइट्स, स्टॉक स्पिलिट की घोषणा की ? ये कॉरपोरेट कवायदें किस तारीख को की गईं ?
- दिन भर में बड़े पैमाने पर कितने सौदे हुए ?
- किसने क्या खरीदा और किसने बेचा (संस्थान ने) और क्या ?
- कंपनियों के वित्तीय परिणाम (विज्ञापन और सूचना दोनों के रूप में) ए.जी.एम./ ई.जी.एम. कब होनेवाली हैं।
- विभिन्न कंपनियों की बाजार पूँजी—शेयर का ई.पी.एस. क्या है ?
- पी.ई. रेश्यो क्या है ?
- 52 हफ्तों का उच्चतम/निम्नतम बिंदु क्या रहा है ?
- फ्यूचर व ऑप्शन बाजार में दर व स्थिति क्या है ?
- कंपनी ने कोई घोषणा की है।
- बीते एक हफ्ते/माह आदि में कौन से शेयर लगातार चढ़/गिर रहे हैं ?
- सूचकांक—निफ्टी और सेंसेक्स में पी.ई. कितनी है ?

इन सूचनाओं के अलावा इकोनॉमिक टाइम्स, बिजनेस स्टैंडर्ड, बिजनेस लाइन और फाइनेंशियल एक्सप्रेस भी समय-समय पर विभिन्न आई.पी.ओ., म्यूचुअल फंड आदि के विश्लेषण व संस्तुति वाले साप्ताहिक विशेष परिशिष्ट प्रकाशित करते रहते हैं।

पत्रिकाएँ

दैनिक समाचार-पत्रों के अलावा 'दलाल स्ट्रीट', 'आउटलुक मनी' और 'कैपिटल मार्केट' कुछ पाक्षिक व मासिक पत्रिकाएँ भी आती हैं। इन पत्रिकाओं में विस्तारपूर्वक विश्लेषण व संस्तुति होती हैं। क्षेत्रीय भाषाओं में भी विशेष रूप से निवेश संबंधी पत्रिकाएँ आती हैं।

मीडिया

टेलीविजन दर्शकों की इस बढ़ती जरूरत को अनदेखा नहीं कर सकता था, अतः भारतीय शेयर बाजारों से जुड़े कुछ अच्छे व समर्पित अंग्रेजी चैनल भी हैं।

- ई.टी. नाउ
- एन.डी.टी.वी. प्रॉफिट
- ब्लूमबर्ग टी.वी.
- सी.एन.बी.सी.

ये सभी चैनल निवेशकों को 24 घंटे अंग्रेजी में शेयर बाजार की खबरें बताते हैं। ये न केवल बाजार के ताजा भाव दिखाते हैं, बल्कि रिपोर्ट से इतर के हालात भी बताते हैं।

वे कंपनियों के निर्णय व परिणामों संबंधी 'ऑन द स्पॉट' जानकारी देने के लिए कॉरपोरेट के बोर्ड रूम तक भी पहुँच जाते हैं। कंपनी के प्रमुखों और सरकारी अधिकारियों के लाइव साक्षात्कार इन चैनलों द्वारा प्रदत्त वे आधार हैं, जिससे निवेशक सीधे उनके मुख से जानकारी प्राप्त करते हैं।

कुछ वर्ष पूर्व एल एंड टी के (2007-2008-क्यू.1 परिणाम) घोषित हुए और इसके सी.एम.डी. स्क्रीन पर थे। एल एंड टी को भारी मुनाफा हुआ था। लेकिन अनुपातित दृष्टि से शेयरों के भावों में परिणामों जितना इजाफा नहीं हुआ था। चैनल ने साक्षात्कार के दौरान इस बारे में सवाल किया तो सी.एम.डी. श्री नाइक ने शांतिपूर्वक कहा, "कुछ विश्लेषकों ने हमारे परिणामों को गलत समझा है। वस्तुतः हमने बहुत अच्छा प्रदर्शन किया है।" और फिर उन्होंने बताया कि उनके परिणाम कितने बेहतर थे।

बस, इतना ही करना पड़ा। उसके बाद से शेयरों के भाव चढ़ने लगे और 1,700 रुपए से 2,400 रुपए हो गए! यह होती है जानकारी की शक्ति—एक जिम्मेदार चैनल से सही व्यक्ति द्वारा प्राप्त जानकारी।

निश्चित ही ऐसा करने का यह एकमात्र तरीका नहीं है। हमने ऐसा 17 मई, 2004 को भी होते देखा है, जब कम्युनिस्ट पार्टी के केंद्र में गठबंधन साझेदार बनने और उनके स्पष्ट रूप से पी.एस.यू. मंत्रालय लेने की बात कही गई थी, जिसके बाद मंत्रालय द्वारा विनिवेश रोके जाने की संभावना थी। इससे शेयर बाजार में भगदड़ मच गई। निवेशक जल्दबाजी में बिकवाली करने लगे। भाव इस हद तक गिर गए कि एक्सचेंजों में कारोबार रोक देना पड़ा! सर्किट ब्रेकर लागू कर कारोबार को रोका गया।

टी.वी. डिस्प्ले व चिह्न

जगह व समय की कमी के चलते टी.वी. चैनलों पर सभी शेयरों के भाव नहीं

दिखाए जाते। केवल प्रमुख (एन.एस.ई. में निफ्टी-50 और बी.एस.ई. में 'ए' समूह) शेयरों के भाव ही प्रदर्शित होते हैं।

इनका क्रम ऐसा होता है। कारोबार की मात्रा (दिखाए जाने तक एक्सचेंज तक पहुँची सूचना), शेयर का भाव (उस समय का), पिछले दिन के बंद भाव से फिलहाल शेयर के भाव कम होने का नीचे का चिह्न (लाल रंग से) और पिछले दिन बंद भाव से बढ़ने पर ऊपर का चिह्न (हरे रंग से) दिखाया जाता है।

मात्रा में अंकों के साथ अक्षर होते हैं, जैसे—'K' (हजार के लिए) या 'M' (मिलियन) के लिए। जैसे किसी शेयर के पीछे 120 K का भाव दरशाता है कि वह शेयर उस दिन, उस समय तक, 120 हजार पर ट्रेड हो रहा है।

सी.एन.बी.सी. साप्ताहिक बदलाव और विदेशी शेयर बाजारों में शेयर की गतिविधि दिखाने के साथ ही निम्न सूचकांकों संबंधी रिपोर्ट देता है—

- डाऊ जोंस (अमेरिका)
- नैस्डेक (अमेरिका—प्रौद्योगिकी व नई अर्थव्यवस्था के शेयर)
- डेक्स (जर्मनी)
- सी.ए.सी. 40 (फ्रांस)
- एफ.टी.एस.ई. 100 (ब्रिटेन)
- एस.एस.ई. कंपोजिट (चीन), निक्की (जापान), हेंगसेंग (हांगकांग)
- स्ट्रेट्स टाइम्स (सिंगापुर) आदि।

वार्षिक रिपोर्ट

दुनिया के सबसे रईस व्यक्ति वॉरेन बफे ने केवल शेयर बाजार में निवेश कर पैसे कमाए हैं। उनका कहना है कि जब उन्होंने शुरुआत की थी, उस समय उनका जानकारियों का प्रमुख स्रोत मात्र कंपनियों की रिपोर्टें हुआ करती थीं।

बहुत सी कंपनियों की वार्षिक रिपोर्टें जानकारियों का खजाना होती हैं। तो फिर इन्हें क्यों न देखा जाए—और वह भी तब, जब वे मुफ्त में उपलब्ध हैं!

□

9

शुरुआत कैसे करें?

हमने शेयर बाजार से पैसा कमाने के विभिन्न तरीके देख लिये। अब तक आप शेयर बाजार के बारे में काफी कुछ समझ चुके होंगे और शेयरों में निवेश को लेकर तुलनात्मक रूप से अधिक आत्मविश्वास का एहसास होता होगा। अब अगला प्रश्न है कि शुरुआत निवेश से करें या कारोबार में शामिल हो जाएँ?

मेरा सुझाव है कि शुरुआत में धीमे चलें। यह मैं अपने व्यक्तिगत अनुभव के आधार पर कह रहा हूँ। अनुभव के बारे में एक बेहद दिलचस्प बात कही जाती है। सफल होने के लिए (किसी भी कार्य में) व्यक्ति को सही फैसले लेने पड़ते हैं। सही फैसले अनुभव का परिणाम होते हैं! और अनुभव—गलत फैसलों से हासिल होता है!

शेयर बाजार से पैसे कमाने के लिए व्यक्ति को लंबे अनुभव की आवश्यकता नहीं होती; लेकिन फिर भी, इसमें कूदने से पहले इसे जान लेना अच्छा रहता है, क्योंकि शेयर बाजार में पैसे कमाने की अथाह संभावनाएँ ही नहीं हैं, गँवाने की भी हैं।

हाँ, यह एकतरफा रास्ता नहीं है। पैसा सिर्फ आता नहीं है, लापरवाही और आलस्य से पैसा उतनी ही शीघ्रता से जा सकता है—और ऐसा काफी होता है।

कुछ समय पूर्व मेरे मित्र के पिताजी श्री सुंदर, जिनकी उम्र लगभग 70 साल है, ने शेयरों में निवेश करने की इच्छा जताई। उनकी क्षमता और प्रोफाइल जानने के बाद मैंने उन्हें 50,000 रुपए के निवेश से रिलायंस इंडस्ट्रीज के शेयर खरीदने का सुझाव दिया।

चूँकि वे इस क्षेत्र में बिल्कुल नए थे, इसलिए मैंने उनको मैं जिस शेयर ब्रोकर कंपनी में काम करता है, उसका एक विक्रय सहायक उपलब्ध करवा दिया। उस विक्रय सहायक का काम श्री सुंदर का डीमैट अकाउंट और ट्रेडिंग अकाउंट खोलने के साथ ही उन्हें 50,000 रुपए में रिलायंस इंडस्ट्रीज के शेयर खरीदने में मदद करना भी था।

तय व्यवस्था के अनुसार बीजू नामक विक्रय सहायक श्री सुंदर से मिला और उन्हें

शेयर खरीदने में मदद की। उसके बाद मैं एक माह तक शहर से बाहर रहा, इसलिए श्री सुंदर से मेरी मुलाकात नहीं हुई। जब तक मैं वापस लौटा, तब तक श्री सुंदर विदेश चले गए थे।

हमारी मुलाकात न होना श्री सुंदर पर भारी पड़ा, क्योंकि इससे उन्हें 8,000 रुपए की चपत लग गई!

बीजू ने श्री सुंदर को मोमेंटम शेयर (जिन शेयरों के भाव तेजी से बढ़ते हैं) खरीदने की सलाह दी। श्री सुंदर इस संबंध में मुझसे बात नहीं कर सके, क्योंकि मैं बाहर गया हुआ था—और जैसा कि हम सभी जानते हैं कि विक्रय सहायक किस हद तक अनुनय करने लगते हैं, तो श्री सुंदर ने बीजू से उनके लिए फैसला करने को कहा।

बीजू ने 1,235 रुपए की दर से डिविज लैब के 40 शेयर खरीदने की तैयारी कर ली। डिविज लैब उस समय तक (वर्ष 2007) 1,500 रुपए से 7,000 रुपए पहुँच गया था। पाँच पर एक शेयर के स्पिलिट के बाद इसका भाव 1,235 (अर्थात् 6,175 रुपए और 10 रुपए/भुगतान) पर आ गया था।

बीजू ने सोचा कि डिविज लैब ने इतनी शीघ्रता से अविश्वसनीय बढ़त हासिल की (15 माह में लगभग 500%!) और फिलहाल यह सिर्फ 1,235 रुपए में मिल रहा है (उसे स्टॉक स्पिलिट आदि की जानकारी नहीं थी)।

बीजू ने सुझाव दिया, जिसे सुंदरजी ने माना और शेयर खरीद लिये। जब मैं बीजू से फोन पर अनौपचारिक बातचीत कर रहा था तो उसने बताया कि उन्होंने रिलायंस इंडस्ट्रीज के शेयरों की जगह डिविज लैब के शेयर खरीदे हैं। मैं हैरान था कि उन्होंने योजना में यह बदलाव क्यों किया। मैंने बीजू से कहा कि श्री सुंदर ऐसे व्यक्ति नहीं हैं, जिनके पास रोजाना शेयर के भाव देखने का समय हो या वे बाजार में सक्रिय भागीदारी निभा सकें। वे फिल्म वितरण में व्यस्त रहते हैं। यही कारण है कि मैंने उन्हें दीर्घावधिक शेयर का सुझाव दिया था, जिसके लिए उन्हें सावधानी या निकट से नजर रखने की आवश्यकता न हो।

मैंने बीजू से कहा, "हो सकता है कि डिविज लैब आगे चलकर रिलायंस इंडस्ट्रीज से अधिक बेहतर साबित हो। अभी यह कोई नहीं बता सकता। लेकिन यह ऐसा शेयर है, जो थोड़े ही समय में कई गुना बढ़ गया है। इसलिए मेरी राय में, इसे इस भाव पर खरीदना जोखिम लेना है।"

जैसा दुर्भाग्य हमेशा करता है, तब तक अमेरिका का सबप्राइम ऋण संकट सतह पर आने लगा था, साथ ही अमेरिका के साथ परमाणु समझौते पर भारत के हस्ताक्षर करने के मुद्दे पर सी.पी.आई. (एम) के केंद्र की संप्रग सरकार से समर्थन वापसी की

धमकी जैसे अन्य कारण से बाजार गिर गया। बाजार में हाहाकार मचा और मात्र दो हफ्तों में सेंसेक्स 1,800 अंक गिर गया।

डिविस लैब का शेयर गिरकर 1034 रुपए पर पहुँच गया। परेशान बीजू ने श्री सुंदर को फोन किया और डिविज लैब के शेयरों के भाव और कम हो जाने के भय को देखते हुए उन्हें फौरन बेच देने की अनुमति माँगी। इस बार फिर श्री सुंदर मुझसे बात नहीं कर सके।

उन्हें प्रति शेयर 200 रुपए का नुकसान हुआ, 40 शेयरों पर उन्हें एक ही झटके में कुल 8,000 रुपए की चपत लग गई। इसी बीच रिलायंस इंडस्ट्रीज भी 1,830 रुपए से गिरकर 1,790 रुपए पर आ गई थी। उसमें प्रति शेयर 40 रुपए की हानि थी, जो 27 शेयरों के लिए लगभग 1,100 रुपए होता। लार्ज कैप और 'ए' समूह का शेयर होने के कारण इसे अधिक नुकसान नहीं होता। अगर अभी की बात करें तो संयोगवश दोनों ही कंपनियों ने सन् 2009 में एक पर एक बोनस शेयर दिए हैं। 16 मई, 2017 को इन दोनों कंपनियों के शेयरों के भाव 622 (डिविज) और 1,356 (आर.आई.एल.) हैं। आँकड़े बताते हैं कि आर.आई.एल. अधिक बेहतर निवेश साबित हुआ है, जिसमें सन् 2007 से बीते 10 सालों के निवेश में कोई उतार-चढ़ाव नहीं आया है।

लेकिन सुंदरजी के बाजार में नया होने और बाजार की गतिविधियों पर नजर रखने तथा विभिन्न जानकारियों को समझने एवं तुरंत निर्णय लेने की क्षमता न होने के कारण मैंने उन्हें तुलनात्मक रूप से अधिक स्थिर लार्ज कैप शेयर सुझाया था।

यहाँ बहस कौन सा शेयर बेहतर है, इस पर नहीं बल्कि (1) विविध सुझाव भ्रम उत्पन्न कर देते हैं; (2) और बिना समुचित विचार किए भावनात्मक निर्णय लेने पर है।

नए निवेशक के लिए इस कहानी में क्या संदेश है? बाजार में उतरने से पहले अच्छा है कि इससे भलीभाँति परिचित हो जाएँ।

आई.पी.ओ.

शेयर बाजार में अपनी पारी की शुरुआत करने का एक तरीका किसी अच्छे आई.पी.ओ. के लिए आवेदन करना है। कृपया ऊपर 'आई.पी.ओ.' के साथ लगे विशेषण—'अच्छे आई.पी.ओ.' पर ध्यान दें। सभी आई.पी.ओ. अच्छे नहीं होते, क्योंकि कुछ आई.पी.ओ. को खूबसूरत आँकड़ों और बनावटी कहानियों द्वारा सजाया गया होता है।

उदाहरण के लिए, हम सन् 2011 में बाजार के कुछ अच्छे आई.पी.ओ. और लगभग एक साल बाद अगस्त 2012 में उनका बाजार भाव देखते हैं।

आई.पी.ओ.	अगस्त '12 में	इश्यू प्राइस	14.8.12 को लॉस %	आई.पी.ओ. ग्रेडिंग
तक्शील सॉल्यूशंस लिमिटेड	10.7	150	92.9	2
भारतीय ग्लोबल इंफोमीडिया लिमिटेड	5.9	82	92.8	2
ब्रूक्स लैबोरेटरीज लिमिटेड	18.15	100	81.9	2
पैरामाउंट प्रिंट पैकेजिंग लिमिटेड	5.15	35	85.3	2
एक्रोपेटल टेक्नोलॉजीज लिमिटेड	13.6	90	84.9	3
शिल्पी केबल टेक्नोलॉजीज लिमिटेड	18.55	69	73.1	1
इंडो थाई सिक्योरिटीज लिमिटेड	10	74	86.5	2
सर्वलक्ष्मी पेपर लिमिटेड	4.55	29	84.3	2
वासवानी इंडस्ट्रीज लिमिटेड	5.85	49	88.1	2
सांघवी फोरजिंग एंड इंजीनियर	41.7	85	50.9	2

इस सूची में कुछ कंपनियाँ ऐसी भी हैं, जो निवेशकों की 90+% मूल पूँजी खा गईं! एक कंपनी के सिवाय सूची की बाकी सभी कंपनियों ने निवेशित धन का 73% से अधिक भाग साफ कर दिया।

नए निवेशकों को प्रस्ताव का मूल्य जानने हेतु मार्गदर्शन की दृष्टि से शेयर बाजार के लिए सरकारी नियामक प्राधिकरण सेबी (SEBI) ने मई 2007 में आई.पी.ओ. की

रेटिंग पेश की। इसके फौरन बाद सभी कंपनियों के लिए इश्यू लाने के पूर्व अपने सभी प्रकार के प्रोस्पेक्ट्स, एब्रिज्ड प्रोस्पेक्ट्स और विज्ञापनों में इस रेटिंग को प्रकाशित करना अनिवार्य कर दिया। ये रेटिंग सेबी में रजिस्टर्ड आई.सी.आर.ए., क्रिसिल, फिच आदि किसी भी रेटिंग एजेंसी से हो सकती थी।

आई.पी.ओ. लानेवाली कंपनी रेटिंग एजेंसी को खुद चुनेगी। कंपनी के मूल सिद्धांतों का अध्ययन कर रेटिंग एजेंसी इन्हें 1 से 5 के बीच रेट करेंगी। इसमें एक सबसे कम अर्थात् खराब मूल सिद्धांत और पाँच सबसे उच्च अर्थात् मजबूत मूल सिद्धांत हैं।

आई.पी.ओ. ग्रेड	अर्थ
1	खराब मूल सिद्धांत
2	औसत से कम मूल सिद्धांत
3	औसत मूल सिद्धांत
4	औसत से अच्छे मूल सिद्धांत
5	मजबूत मूल सिद्धांत

चूँकि उपर्युक्त तालिका में उल्लेखित आई.पी.ओ. सन् 2011 में आए थे, इसलिए इन सभी को रेटिंग प्राप्त थी, जिनसे स्पष्ट हो जाता था कि इनके मूल सिद्धांत या तो बहुत खराब या औसत से कम हैं।

आई.पी.ओ. तालिका में यह भी देखा जा सकता है कि सिर्फ एक कंपनी (एक्रोपेटल) के अलावा बाकी सभी कंपनियों को रेटिंग में 2 अंक दिए गए हैं, अर्थात् उन सभी के मूल सिद्धांत औसत से कम थे। रेटिंग देखने के बावजूद आवेदन करके लोगों ने अपने लिए समस्या को खुद आमंत्रित किया है।

अच्छी रेटिंग वाले आई.पी.ओ.

अब आप सबकी दिलचस्पी यह जानने में होगी कि उच्च रेटिंग वाले आई.पी.ओ. होते भी हैं या नहीं और इन इश्यू का क्या भाग्य रहता है। इस (बेहतरीन) प्रश्न का उत्तर देने के लिए हम कुछ ऐसे आई.पी.ओ. देखेंगे, जिन्हें वर्ष 2010 में अच्छी रेटिंग मिली है।

कंपनी	फेस वैल्यू	इश्यू प्राइस	सूचीबद्ध दिवस बंद भाव	अगस्त-12 में मार्कर प्राइस	100 शेयरों पर लाभ/हानि	आई.पी.ओ. ग्रेडिंग
रामके इन्फ्रास्ट्रक्चर	10	450	388	102	−34800	3
मॉइल	10	375	464	257	−11800	5
शिपिंग कॉरपोरेशन	10	140	132	55	−8500	
वी.ए. टेक वॉबैग	5	1310	1709	1225	−8500	4
एल एंड टी फाइनेंस	10	52	53	44	−8000	5
पंजाब एंड सिंध बैंक	10	120	146	62	−5800	4
कोल इंडिया	10	232.5	342	352	11950	5
पावरग्रिड	10	90	96	121	3100	

यहाँ भी कहानी अलग नहीं है। उदाहरण के तौर, पर ली गई (क्रम-रहित) आठ कंपनियों में से केवल दो अपने इश्यू प्राइस से उच्च भाव पर ट्रेड कर रही हैं। बाकी सभी कंपनियों (उदाहरण—सूची की आठ कंपनियों) में से मात्र कोल इंडिया और पावर ग्रिड अपने इश्यू प्राइस से कम पर ट्रेड कर रही हैं।

2016-17 के आई.पी.ओ.—16 मई, 2017 के भाव

अगर बाजार अच्छा जा रहा हो और आई.पी.ओ. भी अच्छे हों तो इससे बेहतरीन रिटर्न हासिल होते हैं। हालाँकि कुछ शेयर ऐसे भी हैं, जिनमें निवेशकों को अच्छे दिनों में भी नुकसान ही हुआ है।

कंपनी	सूची तारीख	प्रस्तावित भाव (रु.)	एल.टी.पी. (रु.)	मूल्य-वृद्धि
पराग मिल्क फूड्स	19 मई, 2016	215	248	115
महानगर गैस	01 जुलाई, 2016	380	1007	265
क्वेस कॉर्प	12 जुलाई, 2016	317	816	257
एल एंड टी इंफोटेक	12 जुलाई, 2016	705	776	110
एडवांस्ड एंजाइम	1 अगस्त, 2016	896	1965	219
दिलीपबिल्डकॉम	11 अगस्त, 2016	219	491	224
एस पी अपैरल्स	12 अगस्त, 2016	268	374	140
आर.बी.एल. बैंक	31 अगस्त, 2016	225	564	251
एंड्यूरेंस टेक.	19 अक्तूबर, 2016	472	806	171
पी.एन.बी. हाउसिंग	7 नवंबर, 2016	775	1321	171
वरुण बीवरेजीस	8 नवंबर, 2016	445	500	112
शीला फोम	9 दिसंबर, 2016	730	1330	182
लॉरस लैब्स	19 दिसंबर, 2016	428	578	135
एवेन्यू सुपर	21 मार्च, 2017	299	746	249
सी.एल. एजुकेट	31 मार्च, 2017	502	440	88
शंकर बिल्ड.	5 अप्रैल, 2017	460	702	153

कंपनी	सूची तारीख	प्रस्तावित भाव (रु.)	एल.टी.पी. (रु.)	नकारात्मक %
एच.पी.एल. इलेक्ट्रिक	4 अक्तूबर, 2016	190.05	141.85	25

म्यूजिक ब्रॉडकास्ट	17 मार्च, 2017	420	343.05	18
एल एंड टी टेक्नोलॉजी	23 सितंबर, 2016	900	763.60	15
एस. चाँद एंड कंपनी	9 मई, 2017	707	604.22	15
जी.एन.ए. एक्सेल्स	26 सितंबर, 2016	248.50	221.00	11

'इश्यू'

इसमें दो मामलों की छानबीन करनी होगी। पहली, कंपनी निवेश (लोगों द्वारा) के लिए उचित है या नहीं। रेटिंग एजेंसियाँ रेटिंग देने में इसका विश्लेषण करती हैं। दूसरा, आई.पी.ओ. किस भाव पर प्रस्तावित है।

1990 के दशक तक 'कंट्रोलर ऑफ कैपिटल इश्यू' के नाम से जानी जानेवाली सरकारी एजेंसियाँ (जैसे सेबी) हुआ करती थीं। प्रत्येक पब्लिक इश्यू को इनसे मंजूरी लेनी पड़ती थी। वह एजेंसी प्रीमियम चार्ज को सत्यापित करके आई.पी.ओ. को मंजूरी दे देती थी। हालाँकि सुधारों के हिस्से के रूप में इस आवश्यकता को हटा लिया गया और जिसके बाद कंपनियाँ फेस वैल्यू पर कितना भी प्रीमियम माँगने के लिए स्वतंत्र थीं और अब यह निर्णय बाजार के हाथ में था। अगर उन्हें लगता है कि यह भाव अधिक है तो वे संभवत: सबस्क्राइब नहीं होंगी।

उपर्युक्त आई.पी.ओ. में हमने देखा कि सभी कंपनियाँ उच्च प्रीमियम माँग रही हैं। रेटिंग एजेंसियाँ रेटिंग संबंधी फैसला करते समय शेयरों के भाव पर विचार नहीं करतीं।

अच्छे आई.पी.ओ. से हमारा मतलब है—जिस कंपनी के शेयर हों, वह

1. आशाजनक क्षेत्र में काम कर रही है।
2. प्रबंधन अच्छे पेशेवरों के हाथ हो।
3. अच्छी व्यापारिक योजना हो।
4. कीमत उचित हो, जिन्हें आवंटन हो, उनके साथ लाभ बाँटें।

उचित कीमत

कुछ प्रबंधन आई.पी.ओ. या पब्लिक इश्यू का भाव (उसी समय या बाद में कभी) उसके संभावित बाजार भाव से कम दर पर निश्चित करते हैं। वास्तविक कीमत

से कम भाव तय होने का भाव संबंधी लाभ आवंटियों को उस समय होता है, जब शेयर सूचीबद्ध हो जाता है।

बुरे आई.पी.ओ. से सावधान रहें

अतीत में मैं नौसिखियों को सुझाव देता था कि वे सबसे पहले आई.पी.ओ. के लिए आवेदन करके बाजार के तौर-तरीके सीखें। इसके दो कारण थे—(1) शुरुआती स्तर पर आई.पी.ओ. निवेशकों के लिए सच्चा वरदान साबित होते हैं और केवल यही एक समय होता है, जब आम आदमी अच्छी कंपनियों के शेयर बेहद मामूली दर पर ले पाता है। बहुत सी कंपनियाँ बिना प्रीमियम इश्यू के निकाला करती हैं और सूचीबद्ध होने पर आवंटी को बहुत नहीं तो उचित लाभ अवश्य मिल जाता है। बल्कि जो लोग प्रीमियम लेते भी हैं, वह भी सूचीबद्ध होने के बाद के बाजार भाव से बहुत कम होता है। (2) निवेशक को पता होता है कि वह इन्हें किस भाव पर खरीद रहा है और आई.पी.ओ. के दौरान उस शेयर विशेष के बारे में पर्याप्त साहित्य व चर्चा हो रही होती है।

पहला लाभ बीत जाने के बाद। ऐसा प्रतीत होता है जैसे शेयर जारी करनेवाली कंपनियों के प्रबंधन किसी को कुछ देना नहीं चाहते। लेकिन यह भी स्वीकार्य है, इस पर कोई प्रश्न नहीं पूछा जा सकता; क्योंकि यह उनकी कंपनी है और वे जो चाहें, वह कीमत माँगने के लिए स्वतंत्र हैं। लेकिन यह इस स्तर तक पहुँच जाता है कि कुछ कंपनियाँ हद से अधिक प्रीमियम तय करने के बाद भी इश्यू को बाजार में सफलतापूर्वक बेच देती हैं। इसका स्पष्ट प्रभाव यह होता है कि निवेशक को बतौर प्रीमियम कंपनी को पैसा देना ही पड़ता है।

हालाँकि अनुभवी शेयर ब्रोकर और जानकार निवेश सलाहकार अच्छे आई.पी.ओ. को पहचानने में मदद कर सकते हैं और मानव व्यापार समाचार-पत्र भी आनेवाले आई.पी.ओ. के बारे में लिखते रहते हैं कि वर्तमान परिप्रेक्ष्य में क्या अच्छा है। लेकिन फिर भी, आई.पी.ओ. को लेकर दोनों कोणों से दोगुना सावधान रहना चाहिए, अर्थात् मूल सिद्धांतों के आधार पर की गई रेटिंग एजेंसियों की रेटिंग और लिया जानेवाला प्रीमियम। हम यह समझते हैं कि आई.पी.ओ. मोड के माध्यम से शेयर बाजार में प्रवेश करनेवाले नौसिखिए को किन चीजों की आवश्यकता होती है।

आवश्यकताएँ

आई.पी.ओ. के दौरान कोई भी व्यक्ति कितनी भी संख्या में शेयरों के लिए आवेदन कर सकता है (सिवाय आप्रवासियों के, जिनके लिए कुछ सीमाएँ हैं)। उन्हें निम्न मानदंड पूरे करने होंगे—

क्या खुलवाना होगा	कहाँ खुलवाना होगा	क्या चाहिए होगा
डीमैट खाता	एन.एस.डी.एल. या सी.एस.डी.एल. से स्वीकृत शेयर ब्रोकर के पास। इसमें अधिकांश बैंक शामिल हैं।	पासपोर्ट आकार की 3 रंगीन फोटो, निवास प्रमाण, बैंक खाते का विवरण, पैन नंबर, आई.डी. प्रूफ (राशन कार्ड, ड्राइविंग लाइसेंस, पासपोर्ट आदि)।

डीमैट खाता एक ही दिन में खुल जाता है। इसके लिए व्यक्ति को बस सभी आवश्यक चीजों के साथ पास के ब्रोकिंग ऑफिस या बैंक (शेयर निवेश सुविधा-युक्त) जाना होता है। कुछ संगठनों में रजिस्ट्रेशन कुछ ही घंटों में समाप्त हो जाता है।

हालाँकि यह खाता किसी के भी माध्यम से खोलने की अनुमति व संभावना है, लेकिन उस ब्रोकिंग कंपनी के साथ डीमैट खाता खोलना अधिक सुविधाजनक रहता है, जिसके पास हमारा ट्रेडिंग अकाउंट खुला हो।

फिर भी, सुविधा के लिए यही सलाह दी जाती है कि इसके साथ ही ट्रेडिंग खाता भी खोल लिया जाए, क्योंकि इसकी जरूरत आवंटित शेयरों को बेचने में पड़ेगी। आय कर के नियम यह अनिवार्य करते हैं कि प्रत्येक व्यक्ति केवल अपने ही ट्रेडिंग खाते से विक्रय कार्य करे। इसलिए शेयरों की खरीद-फरोख्त के लिए ट्रेडिंग खाता होना आवश्यक है। ट्रेडिंग खाता खोलने की ये 'आवश्यकताएँ' हैं।

क्या खुलवाना होगा	कहाँ खुलवाना होगा	क्या चाहिए होगा
ट्रेडिंग खाता	किसी भी बी.एस.ई. या एन.एस.ई./ सब ब्रोकर/ ब्रोकर की फ्रैंचाइज में।	पासपोर्ट आकार की 3 रंगीन फोटो, रिक्त व रद्‌द बैंक चेक, निवास प्रमाण, पहचान प्रमाण, पैन कार्ड की प्रतिलिपि।

कोई भी ब्रोकर ऑफिस या बैंक आवश्यक दस्तावेज होने पर ट्रेडिंग खाता खोल सकता है। बस, व्यक्ति को सही ब्रोकर का चुनाव करना होगा। यह इसलिए भी जरूरी है, जिससे बाद में भुगतान या डिलीवरी में किसी प्रकार की समस्या न हो। ब्रोकर एन.एस.ई. या बी.एस.ई. (एन.ए.ई. में इन्हें ट्रेडिंग सदस्य—संक्षेप में 'टी.एम.' के नाम से जाना जाता है) में पंजीकृत होना चाहिए। इन ब्रोकरों को यह पंजीकरण अपने ऑफिस में प्रदर्शित करना चाहिए।

व्यक्ति को शुरुआत में कम-से-कम एक बार ब्रोकर के ऑफिस अवश्य जाना चाहिए, जिससे वह ऑफिस के माहौल व वास्तविकता को खुद परख सके। एच.डी. एफ.सी. और आई.सी.आई.सी.आई. बैंकों में एक से तीन खाते खोले जा सकते हैं, अर्थात् ट्रेडिंग, डीमैट व बैंक खाता।

आई.पी.ओ. के लिए आवेदन से पहले क्या करें ?

शेयर आवेदन पत्र भरना कठिन प्रतीत होने के बाद भी इसे हमें खुद ही भरना चाहिए। इसके लिए ब्रोकिंग ऑफिस से किसी प्रकार की सहायता ली जा सकती है, लेकिन किसी दूसरे को इसके सभी रिक्त स्थान भरने और खुद सिर्फ निर्देशित स्थानों पर हस्ताक्षर करने का काम न करें।

खुद आवेदन पत्र भरने से हमें फॉर्म और इसमें दी जानकारी को पढ़ने में मदद मिलती है। आई.पी.ओ. के आवेदन पत्रों के साथ कुछ अतिरिक्त पृष्ठ भी होते हैं, जिनमें आई.पी.ओ. पेश करनेवाली कंपनी से संबंधित कुछ अन्य महत्त्वपूर्ण जानकारियाँ भी होती हैं, जैसे कि—

- इसके प्रमोटर कौन हैं ?
- अन्य डायरेक्टर कौन हैं ?
- कंपनी कितने सालों से अस्तित्व में है ?
- उनका अतीत कैसा है ?
- वे किस चीज का व्यापार करते हैं ?
- उनका कुल बिक्री टर्नओवर कितना है—वॉल्यूम/टॉपलाइन ?
- क्या वे मुनाफे में हैं ?
- उनकी परियोजनाएँ किस स्थिति में हैं ?
- अब तक कितनी पूँजी निवेशित की है ?
- इस आई.पी.ओ. से वे कितना धन जुटाने के प्रयास में हैं ?
- इस आई.पी.ओ./पब्लिक इश्यू के बाद उनकी कुल पूँजी कितनी हो जाएगी ?
- इस अतिरिक्त धन का वे क्या करेंगे ?
- शेयर की फेस वैल्यू कितनी है ?
- वे इस पर कितना प्रीमियम वसूल रहे हैं ?
- परियोजना की अवधि कितनी है ?
- वे मुनाफा कब से और कितना बनाएँगे ?
- इस समूह में अन्य कंपनियाँ कौन सी हैं ?
- कॉरपोरेट गवर्नेंस के मामले में वे कैसे हैं ?

ऐसा विवरण पढ़ना सचमुच बेहद दिलचस्प होता है। यह समय और श्रम का सदुपयोग है, क्योंकि हम एक कंपनी में अपना मेहनत से कमाया धन निवेश करने जा रहे हैं। हमें आवंटन के पश्चात् शेयरों के भाव चढ़ भी सकते हैं और उतर भी सकते हैं।

आई.पी.ओ. के लिए आवेदन करना

व्यक्ति केवल अपने नाम पर आवेदन कर सकता है। एक ही आवेदन में दो या तीन संयुक्त आवेदनकर्ताओं के नाम जोड़ने की अनुमति है। हालाँकि इन दो या तीन लोगों में से पहला धारक वही होगा, जिसका नाम प्रथम आवेदनकर्ता वाले कॉलम में लिखा हो तथा बैंक ऋण आदि से जुड़े सभी संवाद उसी से किए जाएँगे।

ऑनलाइन आवेदन

इंटरनेट के माध्यम से भी आई.पी.ओ. के लिए आवेदन किया जा सकता है। इसके लिए व्यक्ति को ब्रोकर के साथ ऑनलाइन खाता खोलना होता है। किसी भी स्थिति में ऑनलाइन आवेदन के लिए भी आवेदनकर्ता के पास बैंक खाता होना चाहिए तथा इसके साथ ही आवेदन शुल्क के भुगतान हेतु क्रेडिट कार्ड की सुविधा भी होनी चाहिए।

ए.एस.बी.ए.

'एप्लीकेशन सपोर्टेड बाई ब्लॉक्ड एमाउंट' नामक स्कीम या संक्षेप में ए.एस. बी.ए. (ASBA) का आई.पी.ओ. या राइट्स इश्यू के लिए आवेदन में उपयोग किया जा सकता है। इसके द्वारा आवेदनकर्ता अपने बैंकर को किसी इश्यू की सदस्यता हेतु बैंक खाते में आवेदन के लिए धन ब्लॉक रखने के लिए अधिकृत कर सकता है। यह राशि खाते से केवल तभी काटी जाएगी, यदि व्यक्ति की अर्जी आवंटन हेतु स्वीकृत हो जाती है। एस्बा (ASBA) हेतु इ-फॉर्म को एन.एस.ई. इंडिया वेबसाइट से डाउनलोड किया जा सकता है।

आवंटन

आई.पी.ओ. इश्यू ओवर-सबस्क्राइब हो जाने पर आवंटन का फैसला कुछ मानदंडों के आधार पर किया जाता है। इसका फैसला इश्यू से संबंधित रजिस्ट्रार दिशा- निर्देशों के अनुसार करते हैं। सेबी (SEBI) के निर्देशानुसार आवंटन को समाप्त कर 15 दिनों के भीतर यह बात निवेशकों को बता दी जाती है (इसमें लगातार बदलाव होता रहता है)।

कुछ लोगों को आवंटन होता है और कुछ को नहीं होता। आवंटन होने पर

आवंटित शेयरों को सीधे आवेदनकर्ता के डी.पी. अकाउंट में जमा करवा दिया जाता है। आवंटन न होने या आंशिक आवंटन (जितने के लिए आवेदन किया हो) के मामले में आवेदनकर्ताओं को आवेदन शुल्क वापस कर दिया जाता है। इसे चेक या बैंक खाते में (उचित ढंग से भरे) आवेदन पत्र में पहले से दी गई खाता संख्या में इलेक्ट्रॉनिक ट्रांसफर के रूप में प्राप्त किया जा सकता है।

खरीदना, रखना या बेचना ?

आवंटन पानेवाले यदि चाहें तो प्रॉफिट बुक करने के लिए इन्हें बेच भी सकते हैं (या इश्यू प्राइस से लिस्टिंग प्राइस के कम होने पर हानि) या वे इन्हें अपने पास रख सकते हैं (प्रतीक्षा)। तीसरा विकल्प यह है कि व्यक्ति कुछ शेयर आवंटित होने के बाद भी खुले बाजार से इसके और शेयर खरीद सकता है। जिन लोगों को यह प्राप्त नहीं हुआ या वे भी, जिन्होंने इस आई.पी.ओ. के लिए आवेदन भी नहीं किया, इनके सूचीबद्ध होने पर इन्हें खुले बाजार से खरीद सकते हैं।

श्री राहुल ने आई.पी.ओ. के दौरान आइडिया सेल्युलर शेयरों के लिए आवेदन किया। उसे कोई शेयर नहीं मिला। उसे पता था कि यह बिरला ग्रुप की कंपनी है और दूरसंचार क्षेत्र में काम करती है। यह उभरती हुई कंपनी थी और उस समय शेयर बाजार का मैदान खेल के लिए तैयार था (बढ़ती अर्थव्यवस्था)। उस दौरान भारती एयरटेल और रिलायंस कम्युनिकेशंस जैसी अन्य दूरसंचार कंपनियाँ बाजार में अच्छी पी.ई. मल्टीपल बटोर रही थीं।

राहुल ने लिस्टिंग डे की प्रतीक्षा की और 84 रुपए के भाव से फौरन 500 शेयर खरीद लिये। उसी दिन बहुत से आवंटियों ने उस भाव पर खुशी-खुशी अपने शेयर बेच दिए। कुछ ने विक्रय नहीं किया और प्रतीक्षा करने लगे। अक्तूबर 2007 में शेयरों के भाव चढ़े और 147 रुपए को छू गए। अब 84 रुपए पर बेचनेवाले हाथ मल रहे थे। 84 रुपए पर खरीदनेवाले कुछ लोगों ने इसे 147 रुपए के भाव पर बेच दिया। वहीं कुछ लोगों ने 147 रुपए पर आइडिया सेल्युलर के कुछ और शेयर खरीदे या ताजा खरीद की।

भाव में उतार-चढ़ाव क्यों

शेयर बाजार में नया प्रवेश करनेवाला व्यक्ति हैरान होता है कि यदि शेयरों (आइडिया सेल्युलर) के भावों में इसी तरह उतार-चढ़ाव आता रहा तो वे इसे किस तरह सँभालेंगे या उचित निर्णय लेंगे!

यह अपरिहार्य है। इश्यू के खुलने से पहले ही उस इश्यू से बहुत सी उम्मीदें लगा ली जाती हैं (जैसा रिलायंस पावर मामले में हुआ)। हालाँकि यह वैध नहीं, लेकिन

आई.पी.ओ. के खुलने से पहले ही कोई-न-कोई बाजार में इसकी ट्रेडिंग आरंभ कर देता है। इसे काल्पनिक ट्रेडिंग कहा जाता है और यह 'काले बाजार' में होती है। यह पहले से ही व्यवस्था करने जैसा है—"अगर आपको शेयर आवंटित होते हैं तो आप ये मुझे 'अमुक' भाव पर दे सकते हैं।" इस तरह उम्मीदें बढ़ती जाती हैं। आई.पी.ओ. खुलने के पूर्व ही कुछ लोग खरीदते हैं, कुछ बेचते हैं। तो फिर आवंटन की प्रतीक्षा करने की क्या जरूरत है? अगर मुझे आवंटन नहीं हुआ तो मैं इसे खुले बाजार से खरीदकर आपको दे दूँगा। यह इस तरह से काम करता है। वे इश्यू खुलने से पहले इसे क्यों बेचते हैं? क्योंकि उन्हें इन्हें खरीदने के लिए तैयार लोगों का भाव बहुत आकर्षक लगता है। वे इस मौके को हाथ से नहीं जाने देना चाहते। तो कुछ लोग खरीदना क्यों चाहते हैं? क्योंकि उनकी नजर में शेयर का अपने प्रस्तावित भाव से अधिक मोल है और इसकी लिस्टिंग प्राइस निश्चित ही उस भाव से अधिक होगी, जिस पर इसे वे फिलहाल खरीद रहे हैं।

हाँ, शेयर विशेष के आवंटित और जारी होने से पहले ही कुछ लोग 'शॉर्ट' तो कुछ 'लॉन्ग' पोजीशन अपनाते हैं। यह और कुछ नहीं, बस, जुआ है। वे लिस्टिंग प्राइस बताने का प्रयास करके पैसे कमा लेते हैं। क्या यह वैध है? क्या कोई भी ऐसा कर सकता है? यह लाख टके का सवाल है। लेकिन फिर भी ऐसा होता है। हमारे लिए महत्त्वपूर्ण यह है कि यह सूचीबद्ध शेयरों के भावों को प्रभावित कर उन पर असर डालता है।

जैसे कि बहुत से लोगों ने डी.एल.एफ. शेयर को सूचीबद्ध होने से पहले यह सोचकर शॉर्ट किया कि शेयर का भाव बहुत अधिक है, इसका इतना मोल नहीं है (यह बात ज्यादातर विश्लेषकों ने खुलेआम कही थी), इसलिए उन्होंने शॉर्ट का रास्ता अपनाया। लेकिन बाद में जब उन्हें एफ.आई.आई. और भारतीय औद्योगिक घराने तथा सुपर एच.एन.आई. ने क्यू 1बी कोटा—क्वालिटी इंस्टीट्यूशनल बिडर्स के तहत आवेदन करने की बात पता चली तो वे सूचीबद्ध होने के दिन नुकसान की भरपाई हेतु खरीदारी कर सकते हैं।

इन सबसे क्या हुआ? ओपनिंग के दिन खरीदारों की संख्या बढ़ गई। जिन्होंने शॉर्ट- कट रास्ता अपनाया था, उन्हें भाव बढ़ने से पहले इन्हें खरीदना था। इस कारण भाव चढ़ गए। इसे देखकर अन्य लोगों में भी इसे खरीदने की इच्छा हुई और जिनके पास ये थे (आवंटित हुए थे), वे बेचने के लिए भाव बढ़ने की राह देखने लगे।

इसका कुल प्रभाव क्या रहा? तुलनात्मक रूप से विक्रेताओं की संख्या कम और खरीदार बहुत हो गए। परिणाम? भाव तेजी से बढ़ गए। इससे जिनके लिए खरीदना आवश्यक था, उनमें घबराहट फैल गई (क्योंकि वे शॉर्ट कर चुके थे) और जिनके पास ये शेयर थे, उनका भरोसा बढ़ गया।

इसमें नौसिखियों के लिए क्या संदेश है?

बचें

लिस्टिंग के समय बड़े कदम उठाने से बचें। ये दिग्गजों का खेल है। कई बार इनके बीच हम पिस जाते हैं। यदि हम सुनिश्चित हैं तो एक निश्चित भाव तक खरीदारी कर सकते हैं। (इससे पहले लिस्टिंग के दिन प्राइस फ्रीज नहीं होता था। इसे जन्मदिन की रियायत समझें! अब इसे वापस ले लिया गया है)। इसलिए बाजार भाव पर खरीदारी का खुला ऑर्डर भाव हमें उस दिन के संभावित अधिकतम रेट तक पहुँचा सकता है।

पुनः अगर हम शेयर की गुणवत्ता को लेकर सुनिश्चित हैं तो भी पहले दिन बेचने से बचना चाहिए। शायद पहले कुछ दिनों में से बात अधिक न फैले और शेयर कम भाव (वास्तविक कीमत से कम) पर ट्रेड होता रहे, जिसके कई कारणों को हम पहले भी देख आए हैं।

□

10

तेजी और मंदी

यह विश्व बँटा हुआ है। कई वर्षों तक इसका आधार आर्थिक विकास—पहली व दूसरी दुनिया (और तीसरी दुनिया) रहा। पूँजीवादी और कम्युनिस्ट किस आर्थिक दर्शन का पालन करते हैं। इसके अलावा कुछ और विभाजन भी थे, जिनके लिंग, राजनीतिक मान्यताओं या कोक और पेप्सी आदि जैसे आधार थे।

यह संसार अपने विरोधाभासों के कारण ही दिलचस्प है। इस पर हमेशा से बहस होती रही है कि इनमें से कौन बेहतर है—अंतहीन टकराव या भ्रामक उत्तर। शेयर बाजार इससे कैसे बच सकता था? यहाँ पर भी दो बड़े समूह थे, जिनके दो विरोधी मत थे। इन दोनों पक्षों के नाम थे—तेजी और मंदी।

तेजी आशावादी हैं। बुल (बैल) की तरह वे भी आक्रामकता के साथ आगे बढ़ना चाहते हैं। यह ऐसे लोगों का वर्ग है, जिनका मानना है कि शेयर बाजार में सबकुछ उत्तम एवं बेहतरीन है तथा यहाँ बहुत से अवसर भी हैं। वे इस घटना का केवल सकारात्मक पहलू ही देखते हैं। और इसलिए वे निरंतर शेयर खरीदते रहते हैं। अपने संचय के परिणामस्वरूप शेयरों के भाव बढ़ जाते हैं। हम थोड़ी देर बाद देखेंगे कि निरंतर खरीदारी होने से शेयरों के भाव बढ़ क्यों जाते हैं।

इससे पहले चलिए, देखते हैं कि बीयर्स (मंदड़िए) कौन होते हैं। मंदड़ियों का मानना है कि हर भाव अधिक है। यह शेयर की वास्तविक कीमत से बढ़कर है। वे उन कारणों को तलाशते हैं, जिनसे बाजार और शेयरों के भाव नीचे आएँ। इसलिए वे निरंतर शेयर बेचते रहते हैं। हर बार भाव बढ़ने पर वे बिकवाली करते हैं। जब भी बाजार में आग लगती है तो उस पर ठंडा पानी ये भी डालते हैं।

चूँकि ये शेयरों के भावों को नीचे लाते हैं, इसलिए इन्हें बीयर (भालू) की उपमा दी जाती है, जो लड़ते समय पीछे हटता जाता है। तेजड़िए (बुल्स) लिवाली करते हैं,

मंदड़िए (बीयर्स) बिकवाली करते हैं। जिसका पासा भारी होता है, उस दिन उसी पक्ष की जीत होती है। अगले दिन हालात बदल भी सकते हैं।

तेजी व मंदी स्थायी स्थितियाँ नहीं हैं। हालात के मद्देनजर वही लोग किसी भी दिन या मौसम में किसी भी पक्ष में जा सकते हैं। उदाहरण के लिए, मार्च 2003 में तेजी का दौर था। तेजड़ियों के लिए वह साल अच्छा रहा। जरा सोचिए कि उस दौरान मंदड़ियों का क्या हाल रहा होगा। उन्हें बिल्कुल रौंद दिया गया होगा, ऐसा नहीं था?

सन् 1993 से 1997 के बीच बाजार निरंतर गिर रहा था। मंदड़िए मजे में थे; तेजड़ियों को खदेड़ दिया गया था। पुनः जुलाई 2000 से जुलाई 2003 के बीच बाजार घुटनों पर था। वह दिन-प्रतिदिन नीचे होता जा रहा था। मंदड़ियों ने तेजड़ियों को रौंद दिया था। वे शॉर्टिंग के माध्यम से हर समय पैसे बना रहे थे।

बल्कि इस अवधि में गिरावट का रुख देखते हुए बहुत से तेजड़िए परिवर्तित होकर मंदड़िए बन गए थे। इसका मतलब यह है कि बाजार से तेजी की भावना पूरी तरह समाप्त हो चुकी थी। जी हाँ, राजनीतिक दलों की तरह प्रतिबद्ध निष्ठावानों की संख्या स्थिर या कम होती जा रही थी। लेकिन चुनावी समय में मुद्दा बनाए जाने ने (प्याज जैसी मामूली चीज को लेकर) हवा का रुख बदल दिया। कई बार केवल एक दल की लहर दिखाई देती थी। आपातकाल की अपनी अलोकप्रियता के चलते श्रीमती इंदिरा गांधी के नेतृत्व में कांग्रेस बुरी तरह हार गई। विरोधी जनता पार्टी को स्पष्ट बहुमत मिला था।

कांग्रेस भी एक समय ऐसे ही स्पष्ट बहुमत से सत्ता में आई थी, यानी जब श्री राजीव गांधी की मानव बम धमाके में हत्या हुई थी। कांग्रेस व गठबंधन के साथियों ने महाविजय हासिल की थी। ऐसा नाटकीय फेर-बदल जमीनी सच्चाइयों के आधार पर कभी-कभार ही होता है।

इसी तरह, शेयर बाजार में भी केंद्र सरकार के स्थायित्व, आर्थिक नीतियों, कॉरपोरेट परिणामों, तरलता व अन्य कारणों से तेजड़ियों और मंदड़ियों की संख्या बढ़ने लगी। एक अवधि में जहाँ तेजड़ियों की संख्या अधिक थी, वहीं किसी और समय में बाजार पर मंदड़ियों का दबदबा रहता है।

कार्टेल

तेजड़ियों और मंदड़ियों की व्यापक उपस्थिति के अलावा जो बाजार में सूचीबद्ध शेयरों के प्रति तटस्थ रहनेवालों में कुछ विशेष किस्म के ब्रोकर और प्रभावकारी होते हैं, जो किसी खास समय में किसी खास शेयर पर एक साथ काम करते हैं।

यह साथ काम करना वास्तविक व कृत्रिम दोनों तरह का हो सकता है, अर्थात् संभव है, उन्होंने काररवाई का निर्धारण मिल-बैठकर किया हो या व्यक्तिगत रूप से

अपने शोध या सूचनाओं के आधार पर फैसला लिया हो। चाहे जो हो, यह एक शेयर विशेष के लिए की गई काररवाई है। अतः शेयर के भाव को बलपूर्वक एक दिशा में ले जाया गया है।

वे किसी शेयर को चुनकर एक दिशा में बढ़ चलते हैं। वे ऐसा छोटे पैमाने पर नहीं करते। खरीदने का निर्णय होने पर वे उस शेयर विशेष को लगातार खरीदते जाते हैं। वे सब खरीदारी करते हैं और बड़े पैमाने पर करते हैं।

इस सोची-समझी खरीदारी से उस शेयर के भाव और ट्रेडिंग वॉल्यूम बढ़ जाता है। (डिलीवरी वॉल्यूम का अर्थ—डिलीवरी लेना और शेयर को कुछ समय तक अपने पास रखना है। यह इंट्रा डे वॉल्यूम जैसा नहीं है, जहाँ शेयर को खरीदार को प्राप्त होने के पूर्व ही उसी दिन में खरीदा व बेचा जाता है। इसमें दरशाई गई रुचि जारी नहीं रहती, बल्कि उसी दिन समाप्त हो जाती है।) डिलीवरी वॉल्यूम एक संकेत है, उस दिन किसी खास शेयर को बाजार में कुछ (सुविज्ञ या प्रभावशाली) लोगों ने संचित किया है।

शेयर के भाव में अच्छी बढ़त देखकर जिन निवेशकों के पास ये शेयर पहले ही हैं, वे आगे आकर इस अवसर का लाभ उठा सकते हैं। उनकी बिकवाली को तेजड़िए कार्टेल आसानी से सोख लेते हैं।

सेसा गोवा एक बहुराष्ट्रीय कंपनी है। यह लौह अयस्क का व्यापार करती है। सेसा गोवा का शेयर (अगस्त 2012 में) 187 रुपए के भाव पर ट्रेड हो रहा था। इस कंपनी ने सन् 2004 में एक पर एक बोनस शेयर दिया था और अगस्त 2008 में फिर से एक पर एक शेयर दिया। इससे इसका 10 रुपए का शेयर प्रति शेयर 10 रुपए में बँट गया। इसका मतलब हुआ कि सन् 2004 में खरीदा एक शेयर अगस्त 2008 तक 40 शेयर हो गए। इन 40 शेयरों का मूल्य (14 अगस्त, 2012 को) 7,480 रुपए था।

जबकि वर्ष 2003 में यही शेयर 180 रुपए में उपलब्ध था। कुछ लोग उसी समय से इस शेयर को खरीदे जा रहे थे, और अंततः नौ साल में यह 7,480 रुपए पर पहुँच गया।

यदि ट्रेडर इस काउंटर (शेयर का ही एक और नाम) को बेचने (ओवरसेल) का प्रयास करते तो वे बहुत बड़ी गलती कर बैठते! उन्हें इसकी कीमत चुकानी पड़ती (ऐसा हो सकता था…)। कुछ लोग थे, जिन्हें इस शेयर में पूरा भरोसा था। इन्हें एक साथ कार्टेल के रूप में जाना जाता है, जिन्होंने इस शेयर (सेसा गोवा) के लिए तेजड़िए कार्टेल (जैसे फैन क्लब!) का निर्माण किया।

निश्चित अवधि के बाद, अर्थात् शेयर के भाव के अच्छी बढ़त लेने के बाद, उसी शेयर को निरंतर उच्च भाव पर बेचनेवाले एक और समूह का उदय हुआ। वे इस शेयर का भाव गिरने नहीं देना चाहते थे। इसलिए जैसे ही तकनीकी या अन्य बाजार कारणों से

इसमें गिरावट आती, वे इसे खरीदने लगते। और उनके कारण भाव फिर से चढ़ जाते हैं। कई बार इसे 'पुल बैक' या 'बाउंस बैक' कहा जाता है।

टेक्समाको, टाइटन इंडस्ट्रीज, डिविस लैब, बिल केयर, वालचंद नगर, जयकॉर्प, फोनिक्स मिल्स उन कुछ शेयरों में से हैं, जो लगातार चढ़ते रहे और वर्ष 2003 से 2007 के बीच 'मल्टीबैगर' साबित हुए। तेजी की उस दौड़ में कुछ 'बड़े तेजड़ियों' के पसंदीदा शेयर रहे। व्यक्ति को किसी एक शेयर में मंदड़िया बनते समय सावधान रहना चाहिए। व्यक्ति को शेयर के भाव की मजबूती पर नजर व समझ बनाए रखनी चाहिए।

लेकिन शेयरों में भी राजनीति की तरह कोई स्थायी दुश्मन (या दोस्त) नहीं होता। व्यक्ति को गिरगिट जैसा होना पड़ता है—हालात के अनुसार रंग बदलनेवाला। एक समय (2003-04-05) में चीनी के शेयर निवेशकों के (विशेष रूप से तेजड़ियों के) चहेते थे। अत्यधिक उत्पादन, विदेशी बाजारों में (भी) कम भाव आदि से चीनी उत्पादक कंपनियों की हालत पस्त थी। तेजड़ियों को पकड़ ढीली करने के लिए यही बहुत था। उन्होंने चीनी उत्पादक कंपनियों के शेयर बेचने आरंभ कर दिए। जो उनके पास था, केवल वही नहीं, बल्कि उससे भी दोगुनी व तिगुनी शॉर्ट सेलिंग करने लगे। सब लोगों के बेचने की खबर स्पष्ट होती है। चीनी के शेयरों की दक्षिणमार्गी यात्रा आरंभ हो गई। बजाज हिंदुस्तान, जिसके शेयरों को एक समय 500 रुपए के भाव पर भी 'खरीदने' की अनुशंसा होती थी, अब (जुलाई 2014) 38 रुपए पर ट्रेड हो रहे थे। इसके बाद लगभग छह वर्षों तक चीनी उत्पादक कंपनियों के शेयर अछूत बने रहे।

तेजी का दौर

सेसा गोवा या टेक्समाको या जी.एम.आर. ऐसी कंपनियाँ थीं, जिनके शेयरों के भाव वर्ष 2003-07 की पिछली तेजी के दौर में गई गुना चढ़े थे। इन शेयरों के भाव क्यों बढ़े थे? निस्संदेह, पहला कारण कि खरीदार अधिक थे। लेकिन यदि यही बात होती तो भाव और अधिक बढ़ने चाहिए थे। लेकिन अपने चढ़ने की यात्रा के दौरान ये शेयर अधिक ट्रेड नहीं हुए। केवल कुछ ही लोगों ने निरंतर खरीदना जारी रखा। वे चुपचाप बैठे धैर्य सहित इस आग (रुचि) को बढ़ता देखते रहे।

ये थोड़े से लोग कौन हैं? ये वे लोग थे, जिन्होंने कुछ शेयरों को संभावित मल्टीबैगर के तौर पर पहचान लिया था। उन्होंने लिवाली की और उनकी लिवाली से उस शेयर के भाव बढ़ने लगे। जब भी भाव बढ़ता है तो उन छोटे निवेशकों का, जिनके पास ये शेयर हों, ध्यान इस ओर जाता है और वे बिकवाली को तैयार हो जाते हैं। कुछ इसे खुशी-खुशी बेचते हैं; क्योंकि उनकी राय में, यह प्रॉफिट बुक करना है। लेकिन उस समय तक भाव तेजी से नहीं बढ़ते। बड़े तेजड़ियों को यह पता होता है, इसलिए वे

धैर्यपूर्वक इन शेयरों को संचित करते हुए स्रोत सुखा देते हैं। इसके परिणामस्वरूप बाजार में शेयरों की आवक कम हो गई।

अब, उस कंपनी के बहुत सारे शेयर खरीदे गए और इनकी डिलीवरी भी प्राप्त कर ली गई। अब वे प्राप्य नहीं थे। इसके चलते भाव बढ़ाना आसान हो गया। इसे डिलीवरी लेना या संचय करना कहते हैं। व्यक्ति इसे 'इकोनॉमिक टाइम्स' जैसे बिजनेस समाचार-पत्रों के उस कॉलम में देख सकता है, जहाँ उस दिन की अधिकतम वितरण संख्या दरशाई जाती है।

डिलीवरी

डिलीवरी क्या होती है ? जैसा कि हमने पहले देखा, कुछ लोग मुनाफा कमाने के लिए शेयरों को खरीदकर उसी दिन बेच देते हैं। ये सब उनके वॉल्यूम में जुड़ते हैं। यह शेयर में दिलचस्पी को दरशाता है।

हमने किसी खास दिन में ट्रेड हुए शेयरों की संख्या को देखा। मान लीजिए, 30 मई, 2014 को एन.एस.ई. में यह है।

कंपनी	ट्रेड वॉल्यूम (करोड़ में)		
	एन.एस.ई.	बी.एस.ई.	कुल
एन.टी.पी.सी. लि.	61623981	1676518	63300499
पावर ग्रिड कॉरपोरेशन ऑफ इंडिया	39325100	502367	39827467
डी.एल.एफ. लि.	20070581	2461978	22532559
सेसा स्टेरलाइट लि.	39325100	502367	39827467
हिंडाल्को इंडस्ट्रीज लि.	11040837	791805	11832642

एन.टी.पी.सी. शीर्ष पर है। एक ही दिन में करीब 6.33 करोड़ रुपए के शेयर बिके। इससे क्या संदेश मिलता है ? शेयरों के भाव का बढ़ना या गिरना मायने रखता है। हमें इस पर ध्यान देना होगा। लेकिन यही काफी नहीं है। हमें यह भी देखना होगा कि कितने शेयरों में कारोबार हुआ। अच्छी मात्रा को भाव गतिविधि के साथ देखने से संदेश मिलता है।

कंपनी	ट्रेड वॉल्यूम			भाव गतिविधि	
	एन.एस.ई.	बी.एस.ई.	कुल	दिशा	प्रतिशत
एन.टी.पी.सी. लि.	61623981	1676518	63300499	ऊपर	5.79

पावर ग्रिड कॉरपोरेशन ऑफ इंडिया	39325100	502367	39827467	नीचे	−244
डी.एल.एफ. लि.	20070581	2461978	22532559	ऊपर	3.12
सेसा स्टेरलाइट लि.	39325100	502367	39827467	ऊपर	1.8
हिंडाल्को इंडस्ट्रीज लि.	11040837	791805	11832642	नीचे	0.87

हमें नहीं पता कि इनमें से कितने ट्रेड डिलीवरी तक पहुँचे। अभी चर्चा का विषय बुल व बीयर की खींचतान है। हमें सिर्फ यह देखना होगा कि इन शेयरों को संचित किया गया या बाजार में उतार दिया गया।

सबसे पहले हम संचय पर बात करते हैं। यदि कुछ शेयरों के भाव इन सबके बीच भी लगातार बढ़ते रहें, जिनमें से अधिकांश उसी दिन (इंट्रा डे) शून्य खाता न किए गए हों, बल्कि इनकी डिलीवरी ली या दी गई हो तो इसका मतलब है कि इन्हें संचित किया गया है।

25 जुलाई, 2014 को एन.एस.ई. में डिलीवरी

कंपनी	ट्रेड डिलीवरी %
आई.डी.एफ.सी.	22.76
एल एंड टी	38
टी.सी.एस.	45.44
जयप्रकाश इंडस्ट्रीज	27
एस.बी.आई.	28
एशियन पेंट्स	46
के.वी.बी.	54
रिको ऑटो	60
सन टी.वी.	47

बड़े पैमाने पर चढ़ने या गिरने का कुछ मतलब होता है। यह संदेश साफ है। ये

गरजनेवाले बादल नहीं हैं। तत्पश्चात्, जब भी बड़ी मात्रा में शेयर ट्रेड किए जाएँ तो देखना चाहिए कि इनमें से कितने लिये गए या डिलीवर हुए। इसका अर्थ है—या तो शेयर के मजबूत समर्थकों की संख्या बढ़ रही है (दल में सदस्य नामांकन) या मजबूत समर्थक साथ जा रहे हैं (अलग हो रहे हैं या साथ छोड़ रहे हैं)।

शेयरों के भावों का बढ़ना जारी रह सकता है या ये नीचे भी गिर सकते हैं। यह समर्पित निवेशकों और कारोबारियों पर निर्भर करता है कि वे संचित या बाजार में उतारने में से क्या करते हैं। एफ.आई.आई., म्यूचुअल फंड और अन्य वित्तीय संस्थान मिलकर एक स्थिर समूह का हिस्सा बन जाते हैं; क्योंकि वे इन्हें तब तक नहीं बेचते, जब तक कोई सचमुच बुरी खबर न आए या शेयरों के भाव अपने लक्ष्य तक पहुँच गए हों।

1990 के दशक में भेल (BHEL) ने अपने कर्मचारियों को 70 रुपए प्रति शेयर की दर से 70,000 शेयर बेचे थे। प्रत्येक कर्मचारी अधिकतम 200 शेयर ले सकता था। लेकिन इस प्रस्ताव को अधिक कर्मचारियों ने स्वीकार नहीं किया, क्योंकि (1) वे लोग शेयरों की शक्ति से परिचित नहीं थे। (2) कुछ ट्रेड यूनियन विनिवेश के खिलाफ थे और सबसे महत्त्वपूर्ण (3) उन दिनों भेल के शेयरों के मजबूत व प्रतिबद्ध निवेशक नहीं थे। उस समय ये किसी भी अन्य पी.एस.यू. शेयर की तरह अल्प ज्ञात एवं कम भाववाला शेयर था।

सूचीबद्ध होना सहायता सिद्ध होता है। एफ.आई.आई. ध्यान देते हैं। मोर्गन स्टैलनी ने भेल (BHEL) को हमेशा अपनी पोर्टफोलियो (एम.एफ.) सूची में शामिल रखा है। और कई वर्षों तक भेल के शेयर उनकी शीर्ष होल्डिंग रहे हैं। एफ.आई.आई. तथा रुख का पीछा करते हुए बहुत से अन्य लोग भी भेल के शेयर खरीदकर अपने पास रखते हैं (आमतौर पर कहा जाता है, "ये तुम्हारे लिए नहीं हैं। ये तुम्हारे उन बच्चों के लिए हैं, जो निवेश के समय 5 या 10 वर्ष के हैं। इन्हें अटारी पर चढ़ाकर रख दो।")।

जब बहुत सारे बड़े निवेशक, जो अकसर बेचते नहीं हैं, लेकिन खरीदकर अपने पास रखते जाते हैं, इससे ट्रेडिंग के लिए मौजूद शेयरों की संख्या (फ्लोटिंग स्टॉक) कम होता जाता है। ऐसे समय तेजी का कार्टेल आसानी से निर्मित हो जाता है और वे शॉर्ट टर्म के भाव को भूल जाते हैं। अब देखते हैं कि एफ.आई.आई. ने भारत की शीर्ष 500 कंपनियों के कितने प्रतिशत शेयर खरीद रखे हैं।

कंपनी	09.04.2014 को कंपनियों में एफ.आई.आई. होल्डिंग प्रतिशत
एच.डी.एफ.सी.	75.91
श्रीराम ट्रांसपोर्ट	54.68

आई.डी.एफ.सी.	51.38
स्ट्राइड्स आर्कोलैब	49.56
जूबलिएंट फूड	47.38

जब और जिस भी रूप में एफ.आई.आई. कुछ कंपनियों के शेयरों की होल्डिंग की अपनी सीमा बढ़ाती है (यह भी केंद्रीय सरकार की निगरानी एजेंसी सेबी (SEBI) के नियंत्रण व विनियमित होती है), वे खुले बाजार में लिवाली आरंभ कर देते हैं। उनका लिवाली का फैसला बड़ी मात्रा में और डिलीवरी के लिए होता है, अर्थात् वे (लाभ हो रहा हो तो भी) शीघ्र ही उसी दिन या अगले कुछ दिनों में बिकवाली नहीं करते।

इसी के परिणामस्वरूप किसी शेयर विशेष का भाव चढ़ सकता है। ऐसे समय में (अनजाने में) शेयरों को शॉर्ट करना (बिना प्राप्त किए बेचना) विनाशकारी हो सकता है। इसके बाद एफ.आई.आई. अपने अन्य शेयरों (जैसे जैन इरीगेशन, महिंद्रा, सत्यम आदि) को बेचने का फैसला कर सकते हैं। इसके बाद इन शेयरों के भाव गिरना आरंभ हो जाते हैं; क्योंकि फिर वही बात, यह सब केवल मात्रा और डिलीवरी पर निर्भर है। जब बड़े खिलाड़ी (एफ.आई.आई., एम.एफ. या कार्टेल) किसी दिशा (क्रय या विक्रय) में रुचि दिखाने लगते हैं तो इसी दिशा में बह जाना लाभदायक रहता है। लहरों के खिलाफ तैरनेवाले मूर्ख होते हैं।

□

11

फ्यूचर व ऑप्शंस

किसी भी बाजार में कारोबारी कम भाव पर खरीदकर ज्यादा भाव पर बेचकर मुनाफा कमाने का प्रयास करते हैं। आनेवाले दिनों में भावों को लेकर स्पेक्युलेशन होनेवाला हो तो इससे दिलचस्पी और बढ़ जाती है। चालाक लोग भविष्य के भावों की भविष्यवाणी करने का प्रयास करते हैं। भाव बढ़ने का अनुमान होने पर वे उस शेयर को पहले ही खरीद लेते हैं। यदि उन्हें लगता है कि भाव गिरेंगे तो वे पहले ही बिकवाली कर देते हैं। दोनों ही मामलों में तुरंत वास्तविक डिलीवरी की जरूरत नहीं पड़ती। इस मामले में भाव के अंतर का नकद फैसला कर लिया जाता है।

शेयर बाजार में भाव तय करके पहले ही लिवाली व बिकवाली वाली व्यवस्था भी मौजूद है और इसे 'फ्यूचर मार्केट' कहा जाता है। अभी तक हमने ऐसे शेयर हस्तांतरण पर चर्चा की है, जिसमें उसी दिन निपटान न होने पर विक्रेता डिलीवरी देता है और क्रेता को उसका भुगतान करता है। मोटे तौर पर इसे 'नकद बाजार' (कैश मार्केट) के नाम से जाना जाता है।

इन्हीं शेयर बाजारों (एन.एस.ई. और बी.एस.ई.) में एक और प्रभाग होता है, जिसे 'एफ एंड ओ' कहा जाता है। एफ एंड ओ का मतलब 'फ्यूचर्स एंड ऑप्शंस' है। दोनों अलग उत्पाद होने पर भी ये कई मामलों में एक-दूसरे जैसे हैं। सबसे पहले हम यह देखेंगे कि फ्यूचर मार्केट क्या होता है और इसमें कारोबार किस तरह किया जाता है।

फ्यूचर्स

स्टॉक एक्सचेंज के माध्यम से कोई भी व्यक्ति दूसरे के साथ सौदे के दिन (वर्तमान) निर्धारित भाव के अनुसार भविष्य में शेयर के क्रय-विक्रय का अनुबंध कर सकता है।

जुलाई 2014 में एल.आई.सी. हाउसिंग फाइनेंस के शेयर का भाव 310 रुपए था। उस दौरान कुछ लोगों को उम्मीद थी कि एल.आई.सी. हाउसिंग फाइनेंस के शेयरों के भाव आनेवाले महीनों में बढ़ जाएँगे। इसलिए उन्होंने इन्हें खरीदने का निर्णय लिया। मान लीजिए, उन्होंने 310 रुपए प्रति शेयर की दर से एल.आई.सी. हाउसिंग फाइनेंस के 1,000 शेयर खरीद लिये। उन्होंने बजाय नियमित (नकद) बाजार से खरीदारी करने के उसी एन.एस.ई. के उसी ब्रोकर के माध्यम से 'फ्यूचर मार्केट' से खरीदने को प्राथमिकता दी।

उन्होंने इसे फ्यूचर मार्केट से क्यों खरीदा? इसके क्या लाभ व अंतर हैं?

फ्यूचर मार्केट से खरीदारी की सबसे दिलचस्प बात यह है कि यहाँ पर खरीदारी करते समय व्यक्ति को पूरा भुगतान नहीं करना पड़ता। बस, कुल मूल्य की 15 से 20% मार्जिन राशि देना ही काफी होता है। (मार्जिन राशि समय-समय पर और शेयर दर शेयर भाव गतिशीलता के आधार पर परिवर्तित होती रहती है।) इस व्यवस्था के तहत लोग नकद व्यवस्था के मुकाबले मात्रात्मक रूप से चार या पाँच गुना अधिक खरीदारी कर सकते हैं।

क्रेता बिना पूरा भुगतान किए उतने शेयरों के आधिकारिक स्वामित्व का आनंद ले सकता है। सबसे दिलचस्प बात यह है कि उसे वास्तविक शेयरों की डिलीवरी नहीं होगी, क्योंकि विक्रेता के पास भी वे शेयर हैं ही नहीं, जो उसने बेचे हैं। ये उसके पास होने पर भी वह इनकी डिलीवरी नहीं दे सकता।

यह काल्पनिक क्रय व काल्पनिक विक्रय है। इसलिए क्रेता को अगर हुआ भी तो शेयरधारक की तरह लाभांश नहीं मिलेगा, न ही उसे वार्षिक रिपोर्ट मिलेगी और न ही उसे कंपनी की ए.जी.एम. के लिए आमंत्रित किया जाएगा। सीधे शब्दों में कहें तो वह शेयरधारक नहीं है।

फ्यूचर में शेयर खरीदनेवाला इसे किसी भी समय बेचकर मुनाफा बुक कर सकता है (या खरीदने के बाद भाव गिरने पर नुकसान बुक कर सकता है)। हालाँकि फ्यूचर मार्केट के साथ कुछ शर्तें भी जुड़ी हैं, जो सामान्य नकद बाजार से अलग हैं।

(क) फ्यूचर बाजार में ट्रेडिंग के लिए सभी सूचीबद्ध शेयर उपलब्ध नहीं होते। केवल कुछ ही, जिनका निर्णय एक्सचेंज (जैसे एन.एस.ई.) लेता है, जिसमें वह निवेशकों की रुचि और दैनिक कारोबार में मात्रा से प्राप्त करता है, वही शेयर फ्यूचर व ऑप्शंस मार्केट में उपलब्ध होते हैं।

(ख) फ्यूचर के मार्केट लॉट बहुत बड़े होते हैं। कोई भी व्यक्ति नकद बाजार की भाँति एक, दो या दस शेयर नहीं खरीद सकता। फ्यूचर मार्केट के मार्केट लॉट का आकार शेयर दर शेयर भिन्न होता है। उदाहरण के लिए, डिविस लैब का मार्केट लॉट 250, बायोकॉन का 500, इन्फोसिस का 125 और

आई.टी.सी. का 1,000 तथा एच.डी.आई.एल. का 8,000 है (सभी लॉट आकार जुलाई 2014 एन.एस.ई.)।

मार्केट लॉट का निर्णय स्टॉक एक्सचेंज समय-समय पर करती है। यदि कोई नकद बाजार से एच.डी.आई.एल. के शेयर खरीदेगा तो वह 163 या 192 या दूसरे शब्दों में कहें, तो कितनी भी संख्या में खरीद सकता है। वहीं फ्यूचर मार्केट में ये 8,000 के लॉट में ही उपलब्ध हैं। एच.डी.आई.एल. की लिवाली और बिकवाली केवल 8,000 के लॉट में ही हो सकती है।

(ग) एक और अंतर कारोबारी अवधि की प्रतिबद्धता है। नकद बाजार में जब कोई खरीदारी करता है तो बस, वह खरीद लेता है। इसी तरह बेचना भी सामान्य गतिविधि है, जिस पर कोई शर्तें लागू नहीं होतीं। वहीं फ्यूचर मार्केट में खरीदने और बेचने के लिए व्यक्ति को यह माह सुनिश्चित करना होता है, जिसमें वह खरीदना या बेचना चाहता है। भिन्न महीनों में दर भी भिन्न होती हैं।

यदि कोई सितंबर के अनुबंध में खरीदारी करता है तो उसे अपने सभी हस्तांतरण (बेचना) उसी सितंबर महीने में पूरे करने होंगे। यदि इन्हें अक्तूबर के अनुबंध में खरीदा जाता है तो इन्हें बेचने की समय सीमा अक्तूबर के अंत तक (जब भी सही भाव आए) का समय तय होगा। इसी तरह नवंबर के अनुबंध में व्यक्ति सितंबर, अक्तूबर या नवंबर में विक्रय कर सकता है, लेकिन इसके बाद नहीं। फ्यूचर में विक्रय करनेवालों को इसे उस माह के भीतर ही पूरा (इसे फिर से खरीद लें) करना होता है, जिसमें अनुबंध किया गया है।

भारतीय शेयर एक्सचेंजों एन.एस.ई. और बी.एस.ई. में महीने का अंतिम कैलेंडर दिवस महीने का अंतिम दिन नहीं होता। फ्यूचर और ऑप्शंस मार्केट में महीने का अंतिम गुरुवार अनुबंध को निपटाने के लिए अंतिम दिन होता है। इसे 'एफ एंड ओ क्लोजिंग डे' कहा जाता है। इस दिन बहुत से लोगों के अपना लेन-देन निपटाने के प्रयास में होने के कारण शेयर के भावों में अत्यधिक उथल-पुथल रहती है। यदि महीने के अंतिम गुरुवार को कारोबारी अवकाश हो तो उससे पहले का दिन कारोबारी दिवस हो जाता है।

(घ) यदि किसी को लगता है कि उसे अपना खरीदा लॉट अपने पास ही रखना है तो वह रोलिंग ओवर द्वारा ऐसा कर सकता है। 'रोल ओवर' का अर्थ वर्तमान माह के अनुबंध को पूरा कर इसे फिर से खरीदना और अगले या बाद के माह अनुबंध करके बेचना है।

(ङ) जो भी खरीदा गया हो, सभी तरह का लेन-देन केवल नकद में चुकाया जाता है, शेयरों की वास्तविक डिलीवरी नहीं की जाती।

(च) भले ही व्यक्ति अपनी स्थिति (क्रय या विक्रय) को बनाए रखना चाहता हो, लेकिन उसे दैनिक आधार पर शेयर के भाव का अंतर अपने ब्रोकर को चुकाना होता है। उदाहरण के लिए, यदि किसी ने केनरा बैंक के शेयरों का एक लॉट (1,000) 414 रुपए पर खरीदा और उस कारोबारी दिवस के अंत तक केनरा बैंक के शेयर का भाव गिरकर 412 रुपए पर आ गया, तो क्रेता को उसी शाम तक ब्रोकर को 2,000 रुपए (1,000*2 रु./शेयर) भुगतान करना होगा। बदले में ब्रोकर उतनी ही धनराशि एक्सचेंज को भुगतान करेगा। वहीं, किसी भी दिन अगर भाव बढ़ जाते हैं तो इसका अंतर गणना के बाद निवेशक के खाते में जमा कर दिया जाता है।

(छ) इसे मार्केट-टू-मार्केट या एम-टू-एम कहा जाता है। किसी दिन यह गिरावट 10 रुपए, शेयर के भाव का 20% भी हो सकती है। यह गिरावट चाहे जितनी भी हो, क्रेता को उतनी ही धनराशि ब्रोकर को भुगतान करनी होगी। कभी-कभी भाव बढ़ भी जाते हैं। ऐसे मामले में विक्रेता को एम-टू-एम भुगतान करना होता है।

(ज) फ्यूचर मार्केट का एक और दिलचस्प व खतरनाक पहलू यह है कि इसमें कारोबार कर रहे शेयरों में भाव गतिविधि की कोई सीमा नहीं होती। भाव बिना सर्किट ब्रेकर के मुक्त भाव से कितने भी ऊपर या नीचे जा सकता है।

सर्किट ब्रेकर भाव की निश्चित गतिविधि (किसी भी दिशा में) तक पहुँचने के बाद आगे कारोबार को रोक देने की व्यवस्था है। फ्यूचर मार्केट में ट्रेड होनेवाले शेयरों में यह सीमा नहीं होती। ऐसा भी समय आता है, जब शेयरों के भाव एक ही दिन में 50% तक नीचे गिर जाते हैं।

फ्यूचर मार्केट का उपयोग स्पेक्युलेशन और लाभदायक ट्रेडिंग में अधिक होता है। इसके लिए बहुत साहस और मजबूत मन चाहिए। चूँकि मात्रा अधिक होती है, इसलिए हानि और लाभ भी बड़ा होता है।

केनरा के उदाहरण पर ही बात करें तो, यदि किसी ने केनरा बैंक के शेयर जून 2014 में 414 में लिये और 1,000 शेयरों के एक लॉट को जुलाई 2014 में 489 रुपए पर बेच दिया तो @75 रुपए प्रति शेयर की दर से 1,000 शेयरों में उसे 75,000 रुपए का मुनाफा होगा।

जहाँ नकद बाजार (नियमित पद्धति, न कि एफ एंड ओ) में व्यक्ति को शेयर खरीदने और रखने के लिए पूरी धनराशि का भुगतान करना होता है, फ्यूचर बाजार में व्यक्ति को पूरी धनराशि का भुगतान नहीं करना पड़ता। केनरा बैंक का एक लॉट 414 रुपए की दर से खरीदने के उदाहरण में व्यक्ति को 4,14,000 रुपए देने की जगह सिर्फ

मार्जिन धनराशि देनी होगी। मार्जिन दो तरह के होते हैं—स्पैन मार्जिन और एक्सपोजर मार्जिन। इन दोनों को मिलाकर शेयर और बाजार की अस्थिरता के आधार पर लगभग 15 से 20% तक होता है।

अगर यह 20% हो तो भी व्यक्ति को बतौर सिक्योरिटी सिर्फ 80,000 रुपए देने होते हैं और जिससे वह अनुबंध अवधि समाप्त होने तक भाव गतिविधि का आनंद (या पीड़ा) लेगा।

यही फ्यूचर मार्केट का प्रमुख आकर्षण है।

जहाँ फ्यूचर मार्केट में अच्छा पैसा बनाने की संभावना है, वहीं इसका उलटा होने की भी उतनी ही संभावना है। शेयर के भाव सिर्फ बढ़ते ही नहीं हैं, कम भी होते हैं। जो लोग बिना अधिक विचार किए प्रवेश कर गए और जून में 414 की दर से लिवाली कर ली, वह अगर किसी कारण 400 से नीचे चला गया तो परेशान हो जाएँगे। उन्हें 1,000 शेयरों में 14,000 रुपए का नुकसान हो जाएगा। यह राशि ट्रेड तथा ब्रोकेज व टैक्स जैसे खर्च के अतिरिक्त है।

कई बार ऐसा भी हुआ है कि कुछ शेयर एक ही कारोबारी सत्र में 5 व 10% तक नीचे चले गए हैं, जिनका नुकसान प्रति लॉट कई बार तो कुछ लाख रुपए तक भी छू गया है। कुछ मामलों में या तो 'चयन' गलत साबित होता या 'समय' गलत होता (मंदी के दौर की शुरुआत) या व्यक्ति के खरीदते ही कोई ऐसी बुरी खबर आती, जिससे शेयरों के भाव निरंतर गिरने लगते।

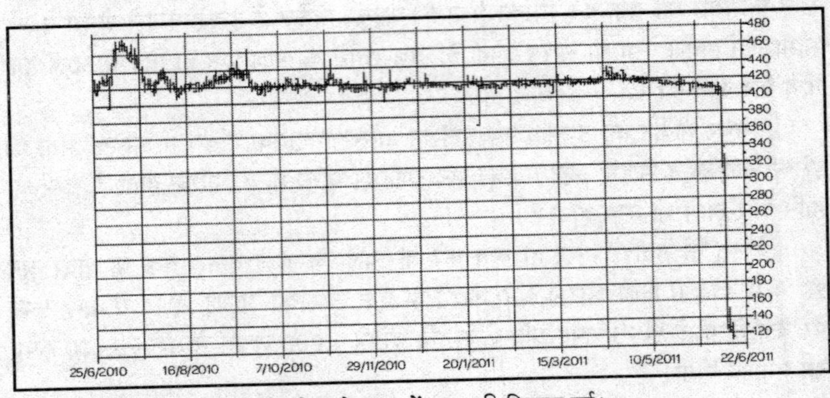

10 जून, 2011 को जी.टी.एल. के शेयर के भाव में 70% की गिरावट हुई।

जैसा 30 मई, 2014 को हुआ, आई.डी.एफ.सी. का साप्ताहिक शीर्ष भाव 155 रुपए था और उस दिन वह 126 रुपए पर ट्रेड कर रहा था। जिसने भी बीते एक साल

में आई.डी.एफ.सी. को 155 रुपए पर खरीदा होगा, उसे बाजार के 2,000 के लॉट पर 58,000 रुपए का नुकसान हुआ होगा। कई बार किसी चौंकानेवाली बुरी खबर के कारण शेयरों के भावों में 50 से 60% तक की गिरावट आ जाती है। जून 2011 में जी.टी.एल. के शेयरों के भाव एक ही कारोबारी दिवस में 400 रुपए से गिरकर 120 रुपए पर आ गए। यह 70% गिरावट थी, जिसमें प्रति शेयर 280 रुपए का नुकसान हुआ। 1,000 शेयरों के बाजार लॉट पर यह 2,80,000 रुपए का नुकसान था। इसलिए फ्यूचर मार्केट एक उच्च गतिवाले वाहन के जैसा है। तेज गति में इसका उपयोग बेहतरीन है। वहीं इसके साथ ही यह उतना ही जोखिमपूर्ण भी है, खासकर उनके लिए, जिनके पास अपेक्षित ड्राइविंग कौशल न हो। इसलिए नौसिखियों के लिए सिर्फ एक सलाह है कि इससे 'बचें'।

ऑप्शंस

नकद बाजार में व्यक्ति को बाजार दर का 100% भुगतान करना होता है। वह फ्यूचर मार्केट में, यदि कोई मार्जिन राशि के तौर पर 1/6 भुगतान भी करता है तो काफी है। क्या कोई मुनाफा कमाने के लिए इससे कम भुगतान करके भी लिवाली (या बिकवाली) कर सकता है?

हाँ, ऑप्शंस का यही काम है।

फ्यूचर्स की भाँति ऑप्शंस में भी शेयर खरीदे या बेचे नहीं जाते। ऑप्शंस वह कारोबार है, जो शेयरों के भाव की गतिशीलता के इर्द-गिर्द आधारित होता है। उदाहरण के लिए, अगर किसी को लगता है कि इन्फोसिस का शेयर काफी कम भाव पर चल रहा है (30 मई, 2014 को 2,964 रुपए) और उसे उम्मीद है कि अगले 30 दिनों में (तिमाही परिणाम आने के बाद) ये 3,500 रुपए तक पहुँच जाएगा तो वह क्या कर सकता है?

वह इन्हें नकद बाजार से खरीद सकता है। लेकिन इसके लिए उसे पूरी राशि का भुगतान करना होगा। वैकल्पिक रूप से वह इन्हें फ्यूचर मार्केट से खरीद सकता है। यहाँ उसे पूरी धनराशि का भुगतान नहीं करना होगा; लेकिन फिर भी 125 शेयरों के लॉट आकार के लिए उसे बतौर मार्जिन राशि काफी पैसा देना होगा।

तभी उसे ऑप्शंस मार्केट में दिखाई देता है। वहाँ उसे अपने ही जैसे लोग मिलते हैं, जिनका मानना है कि इन्फोसिस के भाव अभी और बढ़ेंगे। साथ ही कुछ ऐसे लोग भी हैं, जिन्हें लगता है कि ये और नहीं बढ़ने वाले। वहीं कुछ ऐसे लोग भी हैं, जिनका मानना है कि वस्तुत: अब इसके भाव नीचे जाएँगे।

वह एक व्यक्ति के साथ अनुबंध करता है, जो उसे 3,500 रुपए की दर पर इन्फोसिस के शेयर बेचने के लिए तैयार है। 'ए' इन्हें 3,500 रुपए पर खरीद रहा है। 'ब'

इन्हें 3,500 रुपए पर बेच रहा है। इसे स्ट्राइक प्राइस के रूप में जाना जाता है।

यह बात हैरान करनेवाली है कि 'ए' इन्फोसिस के शेयरों को 3,500 रुपए पर क्यों खरीद रहा है, जब नकद बाजार में इनकी दर केवल 2,964 रुपए है। वास्तव में 'ए' इन्फोसिस के शेयर 3,500 रुपए में नहीं खरीद रहा। 'ए' और 'बी' इन्फोसिस के शेयरों के अगले 30 दिनों में होनेवाले भावों पर बहस कर रहे हैं।

'यह 2,964 रुपए से आगे जाएगा।'

'नहीं, ऐसा नहीं होगा।'

'मुझे पूरा विश्वास है कि यह चढ़ेगा।'

'ऐसा क्या?'

'तुम्हारे खयाल से कहाँ तक चढ़ेगा?'

'3,500 रुपए तक भी जा सकता है।'

'ऐसा क्या?'

'हाँ।'

'शर्त लगाते हो?'

'300 रुपए की।'

'ठीक है, मैं कहता हूँ कि यह 3,500 से आगे नहीं बढ़ेगा। लगी 300 रुपए की शर्त।'

हालाँकि क्रेता व विक्रेता के बीच आमतौर पर ऐसी बातचीत नहीं होती, लेकिन यह ऑप्शंस का बुनियादी सिद्धांत है। ऑप्शन अनुबंध दो पक्षों के बीच होता है। इसकी समयावधि भी पहले से ही निर्धारित होती है, जो एक महीने तक सीमित है, जिस बीच इसे खरीदा या बेचा जाना है। फ्यूचर की ही तरह ऑप्शंस को भी वर्तमान या अगले या उससे अगले माह तक खरीदा या बेचा जा सकता है। यहाँ तक कि एन.एस.ई. और बी.एस.ई. भी अनुकूल क्रेता व विक्रेता मिलने पर ऐसे ऑप्शंस को अनुमति देते हैं, जिनमें ट्रेड नहीं होता। प्राय: अगले व उससे अगले महीने में तरलता कम हो जाती है।

'ए' को सभी 125 शेयरों (लॉट आकार) के लिए ऑप्शन प्रीमियम (या 300 रुपए) देने होंगे। यह राशि 37,500 रुपए होगी। उसे ये शेयर इतने रुपए में मिल जाएँगे। जब भी शेयर के भाव ऊपर चढ़ेंगे, बाजार में ऑप्शन प्रीमियम भी बढ़ जाएगा और जब भी शेयर के भाव नीचे जाएँगे, ऑप्शन प्रीमियम भी कम हो जाएगा। इसकी वजह यह है कि 'ए' और 'बी' के अलावा ऐसे और भी हजारों लोग हैं, जो उसी शेयर के भविष्य पर विभिन्न दरों और प्रीमियम पर दाँव लगा रहे हैं। इसलिए शेयरों के भाव की गति के अनुसार ही ऑप्शन का प्रीमियम भी शेयर के भाग की गति के अनुपात में कम या ज्यादा हो जाता है।

'ए' अनुबंध अवधि के दौरान किसी भी समय निकल सकता है। ऐसा नहीं है कि इसके लिए उसे 'बी' के साथ उसी दर पर निपटारा करना होगा, जिस पर 'ए' ने ऑप्शंस खरीदे थे। इसी तरह बी भी इस स्थिति (दाव!) के बारे में चल रहे भाव के अनुसार किसी भी समय बाहर हो सकता है।

इसका यह प्रभाव होता है कि ऑप्शंस विभिन्न स्ट्राइक प्राइस पर ट्रेड होते हैं और बहुत सारे लोग इन्हें खरीदते व बेचते हैं।

एक बार में तथा एक ही सूचकांक के शेयर के लिए बहुत से स्ट्राइक प्राइस हो सकते हैं, जो क्रेताओं व विक्रेताओं से विभिन्न प्रीमियम ला सकते हैं। हम एन.एस.ई. वेबसाइट से 1 सितंबर, 2014 को ली गई निम्न सूची में निफ्टी 50 और बी.एस.ई. के 'ए' समूह के शेयर अर्थात् आई.डी.एफ.सी. के ऑप्शन प्राइस को देखते हैं।

दूसरी सूची में देखा जा सकता है कि आई.डी.एफ.सी. का वही शेयर अक्तूबर माह में ऑप्शंस में कम व अलग है।

दो प्रकार—कॉल व पुट ऑप्शन

तेजी और मंदी की तरह यहाँ पर भी दो प्रकार के लोग होते हैं, जो ऑप्शंस सेक्शन में भी बिल्कुल विपरीत अवसर देखते हैं। कुछ लोग कहते हैं कि भाव नीचे जाएगा, वहीं कुछ अन्य लोगों का समूह इनका विरोध करता है। कोई कहता है कि ये ऊपर जाएँगे, वहीं दूसरी पार्टी उनसे असहमत होती है। इस तरह दो बयान या आकलन सामने आते हैं, जिनमें से प्रत्येक का प्रतिपक्षी बयान भी होता है। इसके कारण ऑप्शंस के दो प्रकार हो जाते हैं।

जो लोग किसी निश्चित भाव पर खरीदारी करना चाहते हैं और दूसरे वे, जो भाव विशेष पर बेचना चाहते हैं। यदि हम यहाँ पर भी इन्फोसिस वाला उदाहरण लें कि कुछ लोग थे, जो इसे 3,500 रुपए के भाव पर खरीदने को तैयार थे, जबकि नकद बाजार में इसका भाव 2,964 रुपए था। वहीं कुछ लोगों को लगता था कि 3,500 रुपए पर बेचने का अच्छा मौका है, जब इसका चालू रेट 2,964 रुपए हो।

जो लोग इसे खरीदने के इच्छुक थे, वे मार्केट के 'कॉल ऑप्शन' द्वारा खरीद सकते थे। 'कॉल' रेट के ऊपर आने के एहसास जैसा है। यह निश्चित भाव को खरीदने का अधिकार है। जिन्हें भाव कम होने की उम्मीद होती है और इसके चलते वे पहले ही बेच देना चाहते हैं, उनके लिए 'पुट ऑप्शन' है—किसी भाव विशेष पर बेचने का अधिकार।

Option Chain (Equity Derivatives)

Underlying Stock: IDFC 145.60 As on Sep 01, 2014 15:30:29 IST

View Options Contracts for: Select Index OR Search for an underlying stock GO Filter by: Expiry Date 25SEP2014 Futures contracts

CALLS												PUTS										
Chart	OI	Chng in OI	Volume	IV	LTP	Net Chng	Bid Qty	Bid Price	Ask Price	Ask Qty	Strike Price	Bid Qty	Bid Price	Ask Price	Ask Qty	Net Chng	LTP	IV	Volume	Chng in OI	OI	Chart
	-	-	-	-	-	-	-	-	-	-	80.00	-	-	0.25	2,000	-	-	-	-	-	-	
	-	-	-	-	-	-	-	-	-	-	85.00	-	-	0.25	2,000	-	-	-	-	-	-	
	-	-	-	-	-	-	-	-	-	-	90.00	2,000	0.10	0.15	2,000	0.25	0.55	109.80	1	2,000	2,000	
	-	-	-	-	-	-	-	-	-	-	95.00	-	-	0.35	2,000	-	-	-	-	-	-	
	-	-	-	-	-	-	-	-	-	-	100.00	-	-	0.30	2,000	-	-	-	-	-	-	
	-	-	-	-	-	-	-	-	-	-	105.00	14,000	0.05	0.25	2,000	-	-	-	-	-	-	
	-	-	-	-	-	-	4,000	33.10	37.10	4,000	110.00	2,000	0.10	0.25	2,000	-2.75	0.10	52.10	2	4,000	4,000	
	-	-	-	-	-	-	4,000	28.25	32.20	4,000	115.00	2,000	0.05	0.25	2,000	-4.00	0.20	50.19	1	2,000	2,000	
	6,000	-	-	-	-	-	4,000	22.95	29.00	4,000	120.00	10,000	0.20	0.25	2,000	-5.70	0.25	44.36	11	12,000	12,000	
	2,000	-	-	-	-	-	4,000	18.20	23.05	4,000	125.00	2,000	0.30	0.55	2,000	0.10	0.45	41.60	1	2,000	4,000	
	24,000	-	3	34.99	16.65	3.15	4,000	16.45	17.70	4,000	130.00	4,000	0.60	0.90	2,000	-0.25	0.70	37.41	104	86,000	272,000	
	18,000	-	-	-	-	-	4,000	12.05	13.70	2,000	135.00	4,000	1.10	1.35	8,000	-0.40	1.30	35.17	63	28,000	274,000	
	396,000	-12,000	177	33.01	9.00	2.05	2,000	8.60	9.35	4,000	140.00	4,000	2.10	2.45	6,000	-0.80	2.30	33.54	398	206,000	1,070,000	
	810,000	254,000	772	33.30	5.75	1.50	4,000	5.55	5.80	4,000	145.00	2,000	3.85	4.50	2,000	-1.35	4.05	32.63	152	98,000	416,000	
	1,602,000	-414,000	1,780	33.64	3.50	1.10	4,000	3.45	3.55	2,000	150.00	4,000	6.40	7.05	4,000	-1.70	6.90	31.78	62	74,000	506,000	
	484,000	108,000	288	35.14	2.05	0.70	2,000	2.10	2.20	8,000	155.00	4,000	8.55	10.70	4,000	-0.90	11.75	42.28	4	-	196,000	
	826,000	236,000	341	36.30	1.25	0.40	4,000	1.25	1.30	2,000	160.00	2,000	14.20	14.60	2,000	-1.95	14.70	33.61	17	4,000	160,000	
	130,000	94,000	62	39.01	0.85	0.15	2,000	0.55	0.80	10,000	165.00	4,000	17.05	20.25	4,000	-	-	-	-	-	4,000	
	350,000	150,000	180	39.93	0.50	0.10	12,000	0.45	0.55	10,000	170.00	4,000	22.55	29.30	4,000	-	-	-	-	-	2,000	
	28,000	20,000	18	41.05	0.30	0.10	2,000	0.30	0.35	16,000	175.00	4,000	27.65	29.85	4,000	-	-	-	-	-	-	
	12,000	12,000	7	42.87	0.20	-0.45	6,000	0.15	0.20	4,000	180.00	4,000	31.05	37.10	4,000	-	-	-	-	-	-	
	-	-	-	-	-	-	2,000	0.05	0.95	6,000	185.00	-	-	-	-	-	-	-	-	-	-	
	-	-	-	-	-	-	-	-	0.10	64,000	190.00	-	-	-	-	-	-	-	-	-	-	
	-	-	-	-	-	-	-	-	1.90	6,000	195.00	-	-	-	-	-	-	-	-	-	-	

Option Chain (Equity Derivatives)

Underlying Stock: IDFC 145.60 As on Sep 01, 2014 15:30:29 IST

View Options Contracts for: Select Index OR Search for an underlying stock: GO Filter by: Expiry Date 30OCT2014 Futures contracts

CALLS												PUTS										
Chart	OI	Chng in OI	Volume	IV	LTP	Net Chng	Bid Qty	Bid Price	Ask Price	Ask Qty	Strike Price	Bid Qty	Bid Price	Ask Price	Ask Qty	Net Chng	LTP	IV	Volume	Chng in OI	OI	Chart
	-	-	-	-	-	-	-	-	-	-	125.00	14,000	0.10	-	-	-	-	-	-	-	-	
	-	-	-	-	-	-	-	-	-	-	130.00	20,000	0.55	-	-	-4.00	2.00	35.60	2	-	4,000	
	-	-	-	-	-	-	2,000	12.40	16.00	2,000	135.00	4,000	1.65	3.40	2,000	-4.10	3.50	37.13	24	-	48,000	
	2,000	-	-	-	-	-	2,000	9.30	-	-	140.00	2,000	3.20	5.50	2,000	-	-	-	-	-	-	
	-	-	-	-	-	-	2,000	6.70	9.85	2,000	145.00	2,000	5.20	7.80	2,000	-	-	-	-	-	-	
	-	-	-	-	-	-	2,000	4.90	7.45	2,000	150.00	2,000	7.75	10.65	2,000	-	-	-	-	-	-	
	-	-	-	-	-	-	2,000	3.25	5.60	2,000	155.00	2,000	10.55	13.95	2,000	-	-	-	-	-	-	
	-	-	-	-	-	-	2,000	2.10	4.20	2,000	160.00	2,000	14.10	17.75	2,000	-	-	-	-	-	-	
	-	-	-	-	-	-	2,000	0.05	-	-	165.00	-	-	-	-	-	-	-	-	-	-	
	-	-	-	-	-	-	2,000	0.05	-	-	170.00	-	-	-	-	-	-	-	-	-	-	
	-	-	-	-	-	-	2,000	0.05	-	-	175.00	-	-	-	-	-	-	-	-	-	-	
	-	-	-	-	-	-	2,000	0.05	-	-	180.00	-	-	-	-	-	-	-	-	-	-	
	-	-	-	-	-	-	2,000	0.05	-	-	185.00	-	-	-	-	-	-	-	-	-	-	
	-	-	-	-	-	-	2,000	0.05	-	-	190.00	-	-	-	-	-	-	-	-	-	-	

हेजिंग कार्यविधि

फ्यूचर्स और ऑप्शंस का उपयोग अधिकांशतः चतुर निवेशक बतौर हेजिंग कार्यविधि करते हैं। हेजिंग बीमा लेने जैसा है। इसमें थोड़ा सा नुकसान होता है (ऑप्शन प्रीमियम भुगतान) जुड़ा होता है। लेकिन यह किसी संभावित दुर्भाग्यपूर्ण घटना के प्रति सुरक्षा भी है।

अगर किसी ने बड़ी संख्या में मान लीजिए, भेल (BHEL) के शेयर नकद बाजार से खरीदे हैं और उन्हें अपने पास रखा है, तो भेल के शेयरों के भावों में विशेष गिरावट आने की दशा में बाजार में उनको कुछ धनहानि अवश्य होगी।

वह भावों के गिरने से बच नहीं सकता। लेकिन यदि उनसे इतनी ही संख्या में भेल के शेयर एफ एंड ओ मार्केट में पुट ऑप्शन के तहत खरीदे होने पर उसे कुछ राहत रहती। इस तरह वह इतनी ही (समान) संख्या में शेयर बाजार में बेच चुका होता, अतः उसे कोई नुकसान नहीं होता।

यदि बाजार गिरता है तो उसकी होल्डिंग वैल्यू कम हो जाएगी। लेकिन उसी समय उसे पुट ऑप्शन के कारण लाभ भी होगा। इससे उसे नकद बाजार में हुए नुकसान की वसूली हो सकेगी। लेकिन यदि भेल (BHEL) के भाव नहीं गिरते तो उसके नकद बाजार की होल्डिंग्स का मूल्य वही रहेगा और उसे केवल ऑप्शन प्रीमियम में नुकसान होगा, जो काफी कम होगा। इस तरह यह छोटे से लागत बीमा के जैसा है। कॉल एंड पुट ऑप्शन को समझने में निम्न सूची मदद करेगी।

ऑप्शंस—शेयर व सूचकांक दोनों

कारोबारी रुख हो	ट्रेडर काररवाई	मार्केट स्टेटस	ट्रेडर पर प्रभाव
तेजी	क्रय कॉल ऑप्शन	यदि भाव नीचे जाएँ	असीमित हानि
		यदि भाव ऊपर जाएँ	असीमित लाभ
मंदी	विक्रय कॉल ऑप्शन	यदि भाव ऊपर जाएँ	असीमित हानि
		यदि भाव नीचे जाएँ	सीमित लाभ
मंदी	क्रय पुट ऑप्शन	यदि भाव ऊपर जाएँ	सीमित हानि
		यदि भाव नीचे जाएँ	असीमित लाभ
तेजी	विक्रय पुट ऑप्शन	यदि भाव नीचे जाएँ	असीमित हानि
		यदि भाव ऊपर जाएँ	सीमित लाभ

सूचकांक

फ्यूचर्स और ऑप्शंस मार्केट एन.एस.ई. और बी.एस.ई. में शेयर खरीदने व बेचने के समान तरीके के साथ ही लोगों को सूचकांक को भी खरीदने व बेचने की अनुमति देता है। व्यक्ति एस एंड पी सी.एल.एक्स. (एन.एस.ई. सूचकांक) या निफ्टी बैंक या किसी भी अन्य सूचकांक को खरीद सकते हैं, जो ट्रेडिंग के लिए उपलब्ध है।

सूचकांकों के लिए भी बाजार लॉट (निफ्टी के लिए 75) होते हैं। निपटान एफ एंड ओ (फ्यूचर्स एंड ऑप्शंस) मार्केट—वर्तमान, अगला तथा उससे अगला अनुबंध समान ही है।

इन सभी सूचकांकों के लिए भी फ्यूचर व ऑप्शंस दोनों उपलब्ध हैं।

निफ्टी सूचकांक 14/7/14 को 7,600 रुपए था। सूचकांकों को लेकर आपकी क्या उम्मीद है? क्या यह ऊपर जाएगा? अगर आप अपने विचार पर दृढ हैं तो आप सूचकांक को 75 के लॉट में 7,600 रुपए (सूचकांक का मूल्य) में खरीद सकते हैं। व्यक्ति ब्रोकर को मार्जिन राशि देकर कितने भी लॉट खरीद सकता है। खरीद किसी भी महीने मुख्यत: वर्तमान, अगले और उसके बाद के लिए हो सकती है। जब भी सूचकांक बढ़ेगा, आप बिकवाली कर सकते हैं। यदि सूचकांक 200 अंक बढ़ता है तो आपको मिलेंगे 200X75 (लॉट आकार)=15,000 रुपए।

व्यक्ति को प्रॉफिट व लॉस बुक करने में जल्दबाजी नहीं दिखानी चाहिए; लेकिन जैसा कि हमने पहले चर्चा की, जब तक बाजार में तेजी का यकीन रहे, इसे उतने ही महीने आगे तक बढ़ाया जा सकता है। यदि सूचकांक गिर जाए, मान लीजिए, 200 अंक गिर जाए तो क्या होगा? आप इन्हें बेचकर अंतर का भुगतान कर सकते हैं, जो 200X25 = 15,000 रुपए होगा। आपके बेचने के बाद अगर आनेवाले महीनों में इसमें सुधार आए तो आप उचित समय (जब यह और गिरने के बाद ओवरसोल्ड स्थिति तक पहुँच जाए) पर इसे फिर से खरीद सकते हैं।

एस एंड पी निफ्टी की ही तरह और भी कई सूचकांक हैं, जैसे बैनकेक्स और आई.टी.। इन्हें भी खरीदा या बेचा जा सकता है (व्यक्ति यहाँ शॉर्ट भी करके बाद में कम भाव पर कवर भी कर सकता है)। मई 2014 के कुछ इंडेक्स डेरिवेटिव और उनके मार्केट लॉट नीचे दिए गए हैं। यह भी ध्यान दें कि विदेशी सूचकांक जैसे डॉव जोंस एवरेज और एस एंड पी 500 को भी एन.एस.ई. में खरीदा व बेचा जा सकता है। ए.सी.सी. लिमिटेड

एन.एस.ई. में ट्रेडिंग के लिए उपलब्ध विभिन्न सूचकांकों के मार्केट लॉट

निफ्टी बैंक	40
निफ्टी 50	25
डी.जे.आई.ए.	25
एस एंड पी 500	250
सी.एन.एक्स.आई.टी.	25
सी.एन.एक्स.पी.एस.ई.	75
एफ.टी.एस.ई. 100	50
सी.एल.एक्स. इन्फ्रा	100
ए.एफ.टी.वाई.एम.सी.ए.	150
इंडियाविक्स	750

मई 2017 में फ्यूचर एंड ऑप्शंस (एफ एंड ओ) मार्केट्स लॉट

सूचकांक के डेरिवेटिव्स	मार्केट लॉट
निफ्टी बैंक	40
निफ्टी 50	75
निफ्टी सी.पी.एस.ई.	250
निफ्टी पी.एस.ई.	200
एफ.टी.एस.ई. 100 इंडेक्स	100
निफ्टी आई.टी.	50
निफ्टी मिडकैप 50	200
निफ्टी इन्फ्रास्ट्रक्चर	225
इंडिया वोलैटेलिटी इंडेक्स	800
एस एंड पी 500	250
डोव जोंस इंडस्ट्रियल ए.वी.जी.	30

एन.एस.ई. में शेयरों के मार्केट लॉट

इंडिविजुअल प्रतिभूतियों पर डेरिवेटिव्स	मार्केट लॉट
आदित्य बिरला नूवो लिमिटेड	400
ए.सी.सी. लिमिटेड	400
अडानी एंटरप्राइजेज लिमिटेड	8000
अमारा राजा बैटरीज लि.	600
अशोक लेलैंड लि.	7000
एक्सिस बैंक लि.	1200
बजाज फाइनेंस लिमिटेड	500
बैंक ऑफ इंडिया	6000
अपोलो टायर्स लि.	3000
बी.ई.एम.एल. लि.	600
भारत फोर्ज लि.	600
बॉश लिमिटेड	25
ब्रिटानिया इंडस्ट्रीज लि.	200
कैडिला हेल्थकेयर लिमिटेड	1600
अपोलो हॉस्पिटल्स एंटर. एल	400
भेल (BHEL)	5000
कैपिटल फर्स्ट लिमिटेड	800
सेंचुरी टेक्सटाइल्स लि.	550
अडानी पोर्ट एंड सेज लि.	2500
इलाहाबाद बैंक	10000
सिपला लि.	1000
कोल इंडिया लि.	1700
कॉलगेट पामोलिव लि.	700
अंबुजा सीमेंट्स लि.	2500

इंडिविजुअल प्रतिभूतियों पर डेरिवेटिव्स	मार्केट लॉट
कंटेनर कॉर्प ऑफ इंड लि.	625
आंध्रा बैंक	10000
दीवान हाउसिंग फिन कॉर्प लि.	1500
डॉ. रेड्डीज लैबोरेटरीज	200
आयशर मोटर्स लिमिटेड	25
इक्विटास होल्डिंग्स लिमिटेड	3200
एक्साइड इंडस्ट्रीज लि.	4000
फेडरल बैंक लि.	11000
एशियन पेंट्स लिमिटेड	600
गोदरेज कंज्यूमर प्रोडक्ट्स	400
गोदरेज इंडस्ट्रीज लि.	1500
ग्रासिम इंडस्ट्रीज लि.	750
एच.डी.एफ.सी. लि.	500
एच.डी.एफ.सी. बैंक लि.	500
हीरो मोटोकॉर्प लिमिटेड	200
बजाज फिनसर्व लि.	125
हेक्सावेयर टेक्नोलॉजीज लि.	3000
हिंडाल्को इंडस्ट्रीज लि.	3500
हिंदुस्तान यूनिलीवर लि.	600
बलरामपुर चीनी मिल्स लि.	3500
आई.सी.आई.सी.आई. बैंक लि.	2500
इंद्रप्रस्थ गैस लि.	550
बैंक ऑफ बड़ौदा	3500
इंडियन बैंक	2000
इंटरग्लोब एविएशन लि.	600

इंडिविजुअल प्रतिभूतियों पर डेरिवेटिव्स	मार्केट लॉट
बायोकॉन लिमिटेड	600
भारत पेट्रोलियम कॉर्प. लि.	1200
इन्फिबीम इन्कॉर्प. लि.	400
भारती इन्फ्राटेल लि.	1600
इंडियन ऑयल कॉर्प. लि.	1500
केनरा बैंक	3084
आई.टी.सी. लि.	2400
जैन इरीगेशन सिस्टम्स	9000
जी.एस.डब्ल्यू. स्टील लिमिटेड	3000
जुबिलेंट फूड वर्क्स लि.	500
जस्टडायल लि.	1200
कोटक महिंद्रा बैंक लि.	800
सी.ई.एस.सी. लि.	1100
चोलामंडलम इन एंड फिन कं.	500
कमिन्स इंडिया लि.	600
डाबर इंडिया लि.	2500
डालमिया भारत लि.	300
कावेरी सीड्स कं. लि.	1500
डी.सी.बी. बैंक लिमिटेड	4500
लार्सन एंड टुब्रो लि.	500
डी.एल.एफ. लिमिटेड	5000
मारुति सुजुकी इंडिया लि.	150
यूनाइटेड स्पिरिट्स लिमिटेड	250
मैक्स फाइनेंशियल सर्व. लि.	1000
मदरसन सुमि सिस्टम्स लि.	2500

इंडिविजुअल प्रतिभूतियों पर डेरिवेटिव्स	मार्केट लॉट
फोर्टिस हेल्थकेयर लि.	2700
ग्लेनमार्क फार्मास्यूटिकल्स	700
गॉडफ्रे फिलिप्स इंडिया लि.	500
गुज स्टेट फर्ट एंड केम. लि.	4500
एच.सी.एल. टेक्नोलॉजीज लि.	700
हाउसिंग डेव एंड इन्फ्रा लि.	8000
इंडियाबुल्स रियल एस्टे. लि.	10000
इंडियाबुल्स एच.एस.जी. फिन लि.	800
आई.डी.बी.आई. बैंक लिमिटेड	8000
आई.डी.एफ.सी. लि.	13200
आई.एफ.सी.आई. लि.	22000
दि इंडिया सीमेंट्स लि.	3500
इंडसइंड बैंक लिमिटेड	600
आई.आर.बी. इन्फ्रा डेव लि.	2500
जेट एयरवेज (इंडिया) लि.	1000
एम.आर.एफ. लि.	15
कर्नाटक बैंक लिमिटेड	7375
एम. एंड एम. फाइ. सर्विसेज लि.	2500
मैरिको लिमिटेड	2600
महानगर गैस लि.	600
एन.सी.सी. लिमिटेड	8000
एन.आई.आई.टी. टेक्नोलॉजीज लि.	1500
एन.टी.पी.सी. लि.	4000
ऑयल इंडिया लि.	2266
ओरिएंटल बैंक ऑफ कॉमर्स	6000

इंडिविजुअल प्रतिभूतियों पर डेरिवेटिव्स	मार्केट लॉट
पेज इंडस्ट्रीज लि.	50
एम.आर.पी.एल.	4500
पीरामल एंटरप्राइजेज लि.	300
पावर फिन कॉर्प लि.	6000
मुथूट फाइनेंस लिमिटेड	1500
पिडिलाइट इंडस्ट्रीज लि.	1000
ऑयल एंड नेचुरल गैस कॉर्प.	3750
पंजाब नेशनल बैंक	3500
पावर ग्रिड कॉर्प. लि.	4000
पी.वी.आर. लिमिटेड	400
रिलायंस डेफ एंड इंजी. लि.	9000
रिलायंस कैपिटल लि.	1500
रिलायंस इंडस्ट्रीज लि.	500
स्टील अथॉरिटी ऑफ इंडिया	12000
स्टेट बैंक ऑफ इंडिया	3000
पेट्रोनेट एल.एन.जी. लिमिटेड	1500
पी.टी.सी. इंडिया लिमिटेड	8000
श्री सीमेंट्स लि.	50
द साउथ इंडियन बैंक लि.	33141
एस.आर.एफ. लि.	500
रेमंड लि.	800
श्रीराम ट्रांसपोर्ट फिन कॉ.	600
रिलायंस इन्फ्रास्ट्रक्चर लि.	1300
सन टी.वी. नेटवर्क लिमिटेड	1000
सिंडीकेट बैंक	9000

इंडिविजुअल प्रतिभूतियों पर डेरिवेटिव्स	मार्केट लॉट
टाटा केमिकल्स लि.	1500
टोरेंट फार्मास्यूटिकल्स लि.	400
सिमंस लि.	500
बाटा इंडिया लि.	1100
टोरेंट पावर लि.	3000
भारती एयरटेल लिमिटेड	1700
टी.वी.एस. मोटर कंपनी लि.	2000
स्ट्राइड्स शासुन लिमिटेड	500
डिश टी.वी. इंडिया लि.	7000
उज्जीवन फिन. सर्व. लि.	1200
एस्कॉर्ट्स इंडिया लि.	1100
यस बैंक लिमिटेड	350
जी एंटरटेनमेंट ई.एन.टी. लि.	1300
टाटा एलेक्सी लिमिटेड	400
टाटा कंसल्टेंसी सर्व. लि.	250
टाइटन कंपनी लिमिटेड	1500
हिंदुस्तान पेट्रोलियम कॉर्प.	1050
टी.वी.18 ब्रॉडकास्ट लिमिटेड	17000
यूनाइटेड ब्रेवरीज लि.	700
हिंदुस्तान जिंक लिमिटेड	3200
अरविंद लिमिटेड	2000
यूनियन बैंक ऑफ इंडिया	4000
यू.पी.एल. लिमिटेड	1200
वेदांता लिमिटेड	3500
विप्रो लि.	1200

इंडिविजुअल प्रतिभूतियों पर डेरिवेटिव्स	मार्केट लॉट
इंडो काउंट इंडस्ट्रीज लि.	3500
आइडिया सेल्युलर लिमिटेड	7000
सीएट लिमिटेड	700
बजाज ऑटो लिमिटेड	250
सी.जी. पावर एंड इंड सोल लि.	12000
बालकृष्ण इंड. लि.	400
डिविस लैबोरेटरीज लि.	600
कैन फिन होम्स लि.	250
इन्फोसिस लिमिटेड	500
जिंदल स्टील एंड पावर लि.	4500
इंजीनियर्स इंडिया लि.	3500
जे.एस.डब्ल्यू. एनर्जी लिमिटेड	8000
गेल (इंडिया) लि.	2000
माइंडट्री लिमिटेड	1200
एन.एम.डी.सी. लि.	6000
रिलायंस कॉम्यूनिकेशंस लि.	12000
के.पी.आई.टी. टेक्नोलॉजीज लि.	4000
एल. एंड टी. फाइनेंस होल्डिंग्स लि.	4500
रिलायंस पावर लि.	12000
एल.आई.सी. हाउसिंग फाइनेंस लि.	1100
लुपिन लिमिटेड	400
सन फार्मास्यूटिकल्स इंडिया लि.	700
टाटा कॉम्यूनिकेशंस लि.	700
अजंता फार्मा लिमिटेड	400
टाटा ग्लोबल बेवरेजिस लि.	4500

इंडिविजुअल प्रतिभूतियों पर डेरिवेटिव्स	मार्केट लॉट
टाटा स्टील लिमिटेड	2000
टेक महिंद्रा लिमिटेड	1100
अल्ट्राटेक सीमेंट लिमिटेड	200
मल्टी कमोडिटी एक्सचेंज	500
एन.बी.सी.सी. (इंडिया) लिमिटेड	3000
वॉकहार्डट लिमिटेड	600
अरबिंदो फार्मा लि.	700
ओरेकल फिन सर्व सॉफ्ट लि.	150
पी.सी. ज्वेलर्स लि.	1500
अडानी पावर लि.	20000
रूरल इलेक कॉर्प. लि.	6000
टाटा मोटर्स लिमिटेड	1500
टाटा मोटर्स डी.वी.आर. 'ए' ओ.आर.डी.	2100
टाटा पावर कं. लि.	9000
वोल्टास लि.	2000
बर्जर पेंट्स (इं.) लि.	2200
ग्रेन्यूल्स इंडिया लिमिटेड	5000
महिंद्रा एंड महिंद्रा लि.	500
केस्ट्रॉल इंडिया लिमिटेड	1400
भारत फिन इनक्लूसन लि.	1000
हैवल्स इंडिया लिमिटेड	2000
नेस्ले इंडिया लिमिटेड	100
वी-गार्ड इंडिया लि.	3000
भारत इलेक्ट्रॉनिक्स लि.	4500
एन.एच.पी.सी. लि.	27000

इंडिविजुअल प्रतिभूतियों पर डेरिवेटिव्स	मार्केट लॉट
आई.डी.एफ.सी. बैंक लिमिटेड	8000
सुजलॉन एनर्जी लिमिटेड	30000
जी.एम.आर. इन्फ्रास्ट्रक्चर लि.	45000
जयप्रकाश एसोसिएट्स लि.	68000
सिंटेक्स इंडस्ट्रीज लि.	7125
हिंदुस्तान कंस्ट्रक्शन कं.	12000
कजारिया सेरामिक्स लि.	800
नेशनल अलुमिनियम कं. लि.	8000
द रामको सीमेंट्स लिमिटेड	800
आर.बी.एल. बैंक लिमिटेड	1000

□

12

म्यूचुअल फंड और व्यवस्थित निवेश योजना (एस.आई.पी.)

अभी तक हमने देखा है कि शेयर बाजार में सीधे भागीदारी कैसे करें, यानी आई.पी.ओ. के लिए आवेदन कर या सेकंडरी मार्केट में खरीदने या बेचने से। लेकिन व्यक्ति की विशेषज्ञता सीमित होती है। इस कारण कोई भी दक्षता का दावा नहीं कर सकता। इसके लिए न केवल अच्छे ज्ञान व निरंतर अद्यतन ही नहीं, बल्कि समय पर और लक्षित निर्णय लेने की क्षमता होना भी आवश्यक है।

व्यक्ति के पास ये सबकुछ होने पर भी संभवत: उसके पास सभी कार्यों को सही ढंग से करने के लिए अपेक्षित समय की कमी हो सकती है। व्यक्ति शेयरों में निवेश से लाभ की इच्छा तो रखता हो, लेकिन साथ ही उसके पास क्षमता और अपेक्षित समय न हो तो क्या किया जाए?

इसका आसान समाधान म्यूचुअल फंड में निवेश करना है। म्यूचुअल फंड और कुछ नहीं, केवल बड़े पैमाने में निवेशकों से एकत्रित फंड (धनराशि) है, जिसे विशेषज्ञों की टीम द्वारा मुनाफे के उद्देश्य से शेयरों, डेब्ट संसाधनों और अन्य प्रतिभूतियों में निवेश किया जाता है।

शेयर और म्यूचुअल फंड्स में कुछ समानताएँ व विभिन्नताएँ हैं। म्यूचुअल फंड्स और शेयरों की तुलना करने पर हम इसे और आसानी से समझ सकते हैं।

इक्विटी शेयर्स	म्यूचुअल फंड्स
1, 2 ,5 ,10 या 100 रुपए की फेस वैल्यू	हमेशा सिर्फ 10 रुपए की फेस वैल्यू

संबंधित कंपनियों के आई.पी.ओ. द्वारा जारी।	इक्विटी फंड और डेब्ट फंड दोनों ही के लिए जारी फंड में न्यू फंड ऑफर (एन. एफ.ओ.) के रूप में जारी।
फेस वैल्यू या प्रीमियम पर जारी।	कोई प्रीमियम नहीं होता।
कंपनी के इश्यू इक्विटी या प्रिफरेंस शेयर।	दो प्रकार के यूनिट होते हैं—ओपन एंडेड और क्लोज एंडेड और इक्विटी फंड या डेब्ट फंड।
केवल कुछ आई.पी.ओ. या कंपनी द्वारा लोगों के लिए एक बार खोले गए सीधे प्रस्ताव द्वारा जारी।	एन.एफ.ओ. के बाद हमेशा 'एन.ए.वी'—नेट एसेट वैल्यू कहे जानेवाले मूल्य पर या अगर सूचीबद्ध व ट्रेड हो रहा है तो बाजार भाव पर उपलब्ध।

इक्विटी शेयर्स	म्यूचुअल फंड्स
निवेशक केवल आई.पी.ओ. आने के बाद शेयर बाजार से ही लिवाली व बिकवाली कर सकते हैं (कंपनी के बाय बैक के सिवाय)।	ओपन एंडेड को एन.ए.वी. के फंड से खरीदा जा सकता है। क्लोज एंडेड फंड को स्टॉक ब्रोकर के माध्यम से स्टॉक एक्सचेंज से खरीदा जा सकता है।
रेटिंग संबंधी जानकारी केवल आई.पी.ओ. के दौरान ही प्रकाशित होती है।	रेटिंग की जानकारी शोध फर्मों और पत्रिकाओं में हर समय उपलब्ध रहती है।
शेयर केवल उसी कंपनी का हिस्सा होता है।	एक यूनिट पूरे फंड का हिस्सा होता है, जो केवल एक कंपनी तक सीमित नहीं होता।
सभी शेयर स्टॉक मार्केट में सूचीबद्ध होते हैं।	केवल क्लोज एंडेड स्कीम ही सूचीबद्ध होती है।
एक साल के बाद बेचने पर कोई कैपिटल गेन टैक्स नहीं लिया जाएगा।	यदि एक साल के बाद बेचा जाए तो केवल इक्विटी फंड पर कोई कैपिटल गेन नहीं।
निवेशकों के लिए लाभांश की घोषणा कंपनी करती है।	कुछ फंडों में लाभांश मिल जाता है तो कुछ में यह पुनः स्वतः ही मूल पूँजी में जुड़ जाता है।

डिविडेंड पर कोई टैक्स नहीं लगता।	डिविडेंड यदि इक्विटी फंड न होकर डेब्ट या हाइब्रिड फंड हो तो इस पर टैक्स लगता है।
शेयरों की मैच्योरिटी डेट नहीं होती, बशर्ते कंपनी बाय बैक की घोषणा न करें।	मैच्योरिटी तारीख केवल क्लोज एंडेड म्यूचुअल फंड पर ही लागू होती है।

फंड/स्कीमों के प्रकार

जैसा कि ऊपर उल्लेख किया गया है, कई तरह की म्यूचुअल फंड योजनाएँ होती हैं, जिन पर आगे चर्चा की गई है—

1. इक्विटी फंड्स

इस फंड में फंड में प्राप्त धनराशि को केवल इक्विटी शेयरों में ही निवेश किया जाता है, इसलिए इसे 'इक्विटी फंड' कहते हैं। इक्विटी फंड श्रेणी में भी बहुत से फंड होते हैं। फंड, जिन्हें केवल लार्ज कैपिटेलाइजेशन कंपनियों (जैसे भेल, रिलायंस, एस.बी.आई. आदि) में ही निवेश किया जाता है; फंड, जिन्हें केवल मिड कैप कंपनियों (जैसे डिविस लैब, एवरेस्ट कैंटो, एम.आर.एफ. आदि) में ही निवेश किया जाता है और फंड, जिन्हें जो सिर्फ स्माल कैप कंपनियों (जैसे एस.आई. बैंक) के शेयर खरीदते हैं आदि।

पूँजी के अतिरिक्त इनमें अन्य अंतर भी होते हैं। फंड, जो केवल किसी खास सेक्टर जैसे इन्फ्रास्ट्रक्चर या पावर या एफ.एम.सी.जी. आदि के शेयरों में निवेश करते हों। इन्हें 'सेक्टर फंड' कहा जाता है।

तीसरा प्रकार शेयरों का थीम आधारित चयन है। ये लार्ज, मिड या स्माल कैप कंपनियाँ हो सकती हैं। ये किसी भी उद्योग से हो सकती हैं; लेकिन ये सभी 'मनोरंजन' या 'ऊर्जा' जैसी किसी थीम पर आधारित होती हैं। इन फंड्स को थीमेटिक फंड के रूप में जाना जाता है।

2. डेब्ट फंड्स

इस फंड का धन सरकारी बॉण्डों व अन्य डेब्ट इंस्ट्रूमेंट्स में निवेशित होता है, इसलिए मूल पूँजी का कोई जोखिम नहीं होता। पुनः जैसा कि डेब्ट इंस्ट्रूमेंट की प्रकृति है, रिटर्न स्थिर लेकिन औसत दर्जे के होते हैं।

3. बैलेंस्ड फंड्स

ये ऐसे फंड हैं, जहाँ धन को इक्विटी और डेब्ट दोनों में निवेशित किया जाता है।

दोनों फंड के बीच का अनुपात भिन्न हो सकता है। इसका निर्णय फंड मैनेजर करते हैं और इसकी अग्रिम घोषणा कर देते हैं। निवेशक अपनी जोखिम क्षमता के आधार पर फंड को चुन सकते हैं। चूँकि निवेशित स्टॉक व डेब्ट इंस्ट्रूमेंट के बीच संतुलित होता है, इसलिए जोखिम, रिवार्ड और कर लाभ भी उसी अनुपात में होते हैं।

म्यूचुअल फंड्स को भी ग्रोथ और इनकम फंड में श्रेणीबद्ध किया जाता है, जिसका आधार उत्पादित आय के बँटवारे से होता है।

4. ग्रोथ फंड्स

यदि निवेश से प्राप्त आय को वितरित करने की जगह पुनः निवेशित कर दिया जाए तो इसे 'ग्रोथ फंड' कहा जाता है। इस स्कीम का उद्देश्य दीर्घावधि में फंड की वैल्यू को बढ़ाना होता है। ये बैंक की फिक्स्ड डिपॉजिट या राष्ट्रीय बचत पत्र जैसे होते हैं, जहाँ ब्याज से हुई आय को फंड खाते में जोड़ दिया जाता है, जिससे इसकी मैच्योरिटी वैल्यू बढ़ सके।

इन स्कीमों के फंड मैनेजर दीर्घावधि में अच्छी संभावनावाले उन शेयरों को चुनते हैं, जब निवेश के समय इनके भाव नीचे हों।

5. इनकम फंड्स

यदि निवेश से प्राप्त आय को निकालकर नियमित रूप से वितरित किया जाता है तो इसे 'इनकम फंड' कहते हैं। फंड मैनेजर इस फंड के लिए उन कंपनियों के शेयरों को चुनते हैं, जो अच्छा लाभांश आदि देते हैं। सेवानिवृत्त कर्मचारियों जैसे लोग, जो अपने निवेश से नियमित आय चाहते हैं, वे इनकम फंड को प्राथमिकता देते हैं।

6. टैक्स सेविंग फंड्स

जैसा तुलनात्मक सूची में देखा जा सकता है, शुद्ध इक्विटी फंड द्वारा लाभांश से प्राप्त आय कर लाभ योग्य होती है, वहीं डेब्ट फंड से हुई आय कराधीन है।

टैक्स से छूट प्राप्त इक्विटी से संबंधित म्यूचुअल फंड्स से प्राप्त लाभांश के अलावा ई.एल.एस.एस. (इक्विटी लिंकिंग सेविंग्स स्कीम) जैसी स्कीमें भी हैं, जिनका तीन साल का लॉकिंग पीरियड है और वेसेक्शन ८०सी (प्रतिवर्ष 1,50,000 रुपए तक) के तहत कर-मुक्त है।

उपयुक्त फंड का चयन कैसे करें ?

उपयुक्त फंड का चयन करना व्यक्ति की जरूरत, उसकी जोखिम लेने की क्षमता और सबसे महत्त्वपूर्ण वह कितने समय तक धन को निवेशित रख सकता है, इस पर निर्भर करता है। म्यूचुअल फंड द्वारा निवेश का मूल उद्देश्य शेयरों के चयन और पोर्टफोलियो का मंथन विशेषज्ञों पर छोड़ देना है। इसलिए ये सिर्फ दीर्घावधिक निवेश के लिए ही होते हैं। जिस धन को तीन से पाँच साल तक अलग रखा जा सके, उसे ही इक्विटी फंड में निवेश करना चाहिए। यदि आय की आवश्यकता हो तो ग्रोथ फंड से दूर रहें। यदि धन को लंबे समय तक छोड़ा जा सकता है तो ग्रोथ फंड अच्छा विकल्प है। लघु अवधि, मान लीजिए, एक या दो साल में धन वापस चाहिए तो इसे केवल डेब्ट फंड में ही निवेशित करें।

फंड मैनेजर्स

शेयरों के भाव चढ़ने व उतरने के पीछे मूल रूप से कंपनी विशेष का प्रदर्शन होता है। इसी तरह म्यूचुअल फंड के भाव (या दरें) फंड के प्रदर्शन के आधार पर ऊपर या नीचे होते हैं। फंड्स का प्रबंधन फंड मैनेजर करते हैं। फंड मैनेजर ही निर्णय लेते हैं कि कौन से शेयर या डेब्ट इंस्ट्रूमेंट खरीदे जाएँ और किस भाव पर, कब और कितने निवेश को किस समय बेचा जाए। प्रत्येक फंड के संबंध में निर्णय लेने के लिए केवल एक फंड मैनेजर होता है।

निवेश के लिए म्यूचुअल फंड को चुनते समय फंड मैनेजर के ट्रैक रिकॉर्ड पर भी ध्यान देना चाहिए। फंड मैनेजर विशेषज्ञ व फंड का परिचालन कर रही कंपनी के प्रति जवाबदेह होते हैं। आमतौर पर इन्हें काफी अच्छा वेतन मिला करता है।

म्यूचुअल फंड से प्राप्त रिटर्न

यह देखना काफी दिलचस्प है कि कुछ शानदार प्रदर्शन करनेवाले म्यूचुअल फंड्स ने 12 महीनों में 19% जितना उच्च रिटर्न प्रदान किया है और वह भी तब, जब मुख्य तौर पर शेयर बाजार काफी धीमी गति से बढ़ रहा था (अधिक नहीं बढ़ा था)।

	1 वर्षीय रिटर्न (%)	3 वर्षीय रिटर्न (%)
बिरला सनलाइफ फ्रंटलाइन इक्विटी फंड	25.19	16.76
बिरला सनलाइफ फ्रंटलाइन इक्विटी फंड—डायरेक्ट प्लान	26.40	17.87
बिरला सनलाइफ टॉप 100 फंड	25.92	16.83

बिरला सनलाइफ टॉप 100—डायरेक्ट प्लान	27.42	18.03
डी.एच.एफ.एल. प्रामेरिका लार्ज कैप फंड	21.83	15.47
डी.एच.एफ.एल. प्रामेरिका लार्ज कैप फंड—डायरेक्ट प्लान	23.72	16.97
डी.एस.पी. ब्लैकरॉक फोकस 25 फंड	24.59	19.05
डी.एस.पी. ब्लैकरॉक फोकस 25 फंड—डायरेक्ट प्लान	25.50	19.85
एडेलवाइस इक्विटी अपॉर्च्युनिटीज फंड	21.97	15.62
एडेलवाइस इक्विटी अपॉर्च्युनिटीज फंड—डायरेक्ट प्लान	22.83	16.86
फ्रैंकलिन इंडिया ब्लू चिप फंड—डायरेक्ट प्लान	22.09	16.33

17 मई, 2017 को वैल्यू रिसर्च ऑनलाइन के अनुसार—

कुछ बेहतरीन परिणाम देनेवाले इक्विटी म्यूचुअल फंड्स इस प्रकार हैं—

इक्विटी फंड—17 मई, 2017 के अनुसार—

फंड्स	वर्ग	शुरुआत	नेट एसेट	1 वर्षीय रिटर्न (%)
कोटेक पी.एस.यू. बैंक ई.टी.एफ.	ई.क्यू- बैंक	नवंबर–2007	176	71.88
रिलायंस ई.टी.एफ. पी.एस.यू. बैंक बी.ई.एस.	ई.क्यू- बैंक	अक्तूबर–2007	115	71.76
डी.एस.पी. ब्लैकरॉक नेचुरल रिसोर्सेस एंड न्यू एनर्जी फंड—रेगुलर प्लान	ई.क्यू-ओ. टी.एच.	अप्रैल–2008	222	61.88
एल एंड टी एमर्जिंग बिजनेस फंड	ई.क्यू- एस.सी	मई–2014	831	57.47
आई.सी.आई.सी.आई. बैंकिंग एंड फाइनेंस सर्विसेज फंड	ई.क्यू- बैंक	अगस्त–2008	1,840	56.76

17 मई, 2017 को वैल्यू रिसर्च ऑनलाइन के अनुसार—

कुछ डेब्ट म्यूचुअल फंड्स की सूची, जिन्होंने 17 मई, 2017 को बेहतरीन परिणाम दिए—

डेब्ट फंड—17 मई, 2017 के अनुसार—

फंड्	वर्ग	शुरुआत	नेट एसेट	1 वर्षीय रिटर्न (%)
यू.टी.आई. गिल्ट एडवांटेज लॉन्ग टर्म प्लान	जी.एल.-एम. एल.टी.	जनवरी 2002	487	16.45
केनरा रोबेको गिल्ट पी.जी. एस. फंड—रेगुलर प्लान	जी.एल.-एम. एल.टी.	दिसंबर 1999	65	15.21
इन्वेस्को इंडिया गिल्ट फंड—लॉन्गर ड्यूरेशन प्लान	जी.एल.-एम. एल.टी.	फरवरी 2008	75	14.63
एस.बी.आई. मैग्नम गिल्ट फंड—लॉन्ग टर्म प्लान	जी.एल.-एम. एल.टी.	दिसंबर 2000	2,179	14.31
जे.एम. जी-सेक फंड	जी.एल.-एम. एल.टी.	सितंबर 1999	20	14.24

17 मई, 2017 को वैल्यू रिसर्च ऑनलाइन के अनुसार—

म्यूचुअल फंड से संबंधित ताजा जानकारी प्राप्त करने के लिए इंटरनेट पर इससे संबंधित साइट पर जाएँ। वैल्यू रिसर्च ऑनलाइन जानकारी देनेवाला ऐसा ही एक पोर्टल है।

(http://www.valueresearchonline.com/funds/newsnapshot.asp ?schemecode=10080)

क्या म्यूचुअल फंड्स में कम जोखिम होता है ?

कुछ निवेशकों को यही लगता है कि म्यूचुअल फंड्स पर दाँव खेलना सबसे बेहतर है और उनके द्वारा म्यूचुअल फंड्स में निवेशित धनराशि पूर्णत: सुरक्षित है। निस्संदेह सीधे निवेश के मुकाबले म्यूचुअल फंड्स कम जोखिमपूर्ण साबित होते हैं, क्योंकि इनका प्रबंधन विशेषज्ञ के हाथ होता है। निवेश केवल शेयरों में ही किए जाने के

कारण इनमें भी शेयरों में निवेश जैसे सभी जोखिम रहते हैं और संभवत: विशेषज्ञों द्वारा प्रबंधित होने के कारण इनका परिमाण अवश्य कम हो सकता है। जी हाँ, यह केवल 'संभवत:' है, क्योंकि इतिहास दरशाता है कि ऐसे बहुत से फंड्स हैं, जिन्होंने बाजार की समग्र हानि (अंकों में गिरावट के संदर्भ में) की तुलना में बड़ी मात्रा में मूल पूँजी खोई है।

फंड मैनेजर बाजार जोखिमों से पूर्णत: सुरक्षा नहीं दे सकते। बाजार के संबंध में वे सबसे बेहतर यह कर सकते हैं कि इसमें गिरावट बाजार की तुलना में कम हो। यह सिर पर हेलमेट पहनकर मोटरसाइकिल चलाने के जैसा है। यह आपको गिरने या दुर्घटना से नहीं बचा सकता, लेकिन यह उसके बुरे प्रभाव या हानि को कम अवश्य कर सकता है।

म्यूचुअल फंड कैसे खरीदें

इसके दो तरीके हैं। पहला म्यूचुअल फंड्स के लिए तब आवेदन किया जाए, जब म्यूचुअल फंड कंपनी नया फंड ऑफर या एन.एफ.ओ. लेकर आए। आई.पी.ओ. के विपरीत, आमतौर पर एन.एफ.ओ. के दौरान व्यक्ति को म्यूचुअल फंड यूनिट आसानी से आवंटित हो जाते हैं। एफ.एफ.ओ. संबंधी विवरण सभी शेयर ब्रोकिंग कंपनियों और एजेंटों के पास उपलब्ध होता है, साथ ही यह वित्तीय पत्रिकाओं और अखबारों में भी प्रकाशित होता है।

यदि कोई किसी एन.एफ.ओ. से चूक गया है या एन.एफ.ए. को जान-बूझकर छोड़ा था तो वह उसी म्यूचुअल फंड को बाद में भी खरीद सकता है। कुछ लोग जान-बूझकर एफ.एफ.ओ के लिए आवेदन करने से कतराते हैं, क्योंकि वे पहले म्यूचुअल फंड का प्रदर्शन देखना चाहते हैं। निश्चित ही यह एक बेहतर दृष्टिकोण है।

ओपन एंडेड और क्लोज एंडेड फंड्स

कुछ फंड एक ही बार यूनिट जारी करते हैं और इसके बाद वे और यूनिट जारी नहीं करते। ये आई.पी.ओ. द्वारा शेयर जारी करने के जैसा ही है। कुल फंड सीमित होते हैं, अत: ये विक्रय (ऑफर) के लिए बंद हो जाते हैं। यह योजना पाँच से सात साल तक चलती रहती है। इसके बाद योजना बंद हो जाती है और जिन लोगों के पास ये म्यूचुअल फंड्स हैं, उन्हें उनकी निवेशित पूँजी वापस मिलने के अलावा अगर कोई लाभ भी है तो वह भी मिल जाता है। इस तरह के फंड्स को क्लोज एंडेड फंड्स के रूप में जाना जाता है।

कुछ अन्य फंड्स अनुरोध पर यूनिट जारी करते रहते हैं। इनका फंड आकार

सीमित नहीं होता। साथ ही, अगर निवेशक अपने यूनिट्स बेचना चाहता है तो वह इन्हें केवल फंड को ही बेच सकता है। इसे रीडिम्पशन के रूप में जाना जाता है। चूँकि म्यूचुअल फंड कंपनी जो इसे जब खरीदना चाहता है, तब यूनिट इश्यू कर देती है, अतः इसे ओपन एंडेड योजना के रूप में जाना जाता है।

नेट एसेट वैल्यू

धनराशि प्राप्त करने के बाद यूनिट्स आवंटित किए जाते हैं और म्यूचुअल फंड बाजार में धन निवेश करना आरंभ कर देता है। इससे निवेश बढ़ता है। उदाहरण के लिए, एक म्यूचुअल फंड ने 1,000 करोड़ रुपए एकत्रित किए और निवेश कर दिए। एक ही साल में निवेश का मूल्य 1,200 करोड़ रुपए तक पहुँच गया। इसी के साथ म्यूचुअल फंड के प्रत्येक आधारभूत यूनिट (शेयर) में भी वृद्धि होगी।

यदि म्यूचुअल फंड ने 10 रुपए में यूनिट जारी किए हैं (यह शेयर के 10 रुपए की फेस वैल्यू भुगतान जैसा है) तो इसके प्रत्येक यूनिट का मूल्य 12 रुपए हो जाएगा। म्यूचुअल फंड की बोली में इसे नेट एसेट वैल्यू (एन.ए.वी.) कहा जाता है, अतः इस योजना का एन.ए.वी. 12 रुपए है।

एन.ए.वी. अपने पास होल्ड शेयरों के भाव में होनेवाले बदलाव के आधार पर रोजाना बदलता रहता है (जैसा इन्हें आधारभूत एसेट के तौर पर जाना जाता है)। दिन के अंत में एन.ए.वी. की गणना कर इसे घोषित किया जाता है।

क्लोज एंडेड योजनाएँ

म्यूचुअल फंड कंपनी यूनिट विक्रय के प्रस्ताव को बंद करने के बाद अपने म्यूचुअल फंड को शेयर बाजार में उसी तरह सूचीबद्ध करवाती है, जैसे शेयरों को करवाया जाता है। इसके बाद निवेशक यदि चाहे तो इसे सेकंडरी मार्केट से अपनी जरूरत के मुताबिक खरीद या बेच सकता है। 10 रुपए का यूनिट अपनी एन.ए.वी. के आधार पर विभिन्न भावों पर ट्रेड हो सकता है; लेकिन इसका एन.ए.वी. के दर पर मिलना आवश्यक नहीं है।

म्यूचुअल फंड एंडेड योजनाओं को ठीक से समझने के लिए हम ऐसे ही एक फंड का विस्तार से वर्णन करते हैं। एन.ए.वी. के आधार पर म्यूचुअल फंड का भाव शेयर बाजार में बढ़ता या कम होता रहता है।

HDFC Top 200 Fund | ★★★★

Regular | Direct Plan — Status: Open for subscription

0.07% Change from previous, NAV as on Sep 30, 2014			
Growth: ₹ 323.285		Category:	Equity: Large Cap
Dividend: ₹ 52.333		Assets:	₹ 11,657 crore (As on Jun 30, 2014)
NAV of Other Plans		Expense:	2.24% (As on Mar 31, 2014)

Basic Details		Investment Details	
Fund House:	HDFC Mutual Fund	Return since Launch:	22.59%
Launch Date:	Sep 03, 1996	Minimum Investment (₹)	5,000
Benchmark:	S&P BSE 200	Minimum Addl Investment (₹)	1,000
Colour Code:		Minimum SIP Investment (₹)	500
Risk Grade:	High	Minimum No of Cheques	12
Return Grade:	High	Minimum Withdrawal (₹)	500
Turnover:	29%	Minimum Balance (₹)	1,000
Type:	Open-ended	Exit Load (%)	1% for redemption within 365 days

Top Holdings

Company	Sector	PE	3Y High	3Y Low	% Assets
▲ State Bank of India	Financial	12.76	8.96	4.50	7.55
⇔ Infosys	Technology	19.30	9.77	5.15	6.80
⇔ ICICI Bank	Financial	16.55	7.95	4.48	5.90
▼ Tata Motors DVR	Automobile	-	5.24	2.74	4.61
⇔ Larsen & Toubro	Diversified	23.34	5.20	0.21	4.41
▼ ITC	FMCG	32.18	6.87	3.73	3.81
⇔ Reliance Industries	Energy	13.54	6.07	1.75	3.72
⇔ Maruti Suzuki India	Automobile	31.19	3.56	0.00	3.56
▼ HDFC Bank	Financial	23.53	4.02	2.73	3.42
⇔ BPCL	Energy	8.99	3.25	1.05	3.25

म्यूचुअल फंड्स की रेटिंग्स

ऐसी बहुत सारी कंपनियाँ हैं, जो म्यूचुअल फंड्स को उनकी योजनाओं में हुए निवेश के जोखिमों और रिटर्न के आधार पर रेटिंग देती हैं। वैल्यू रिसर्च ऑनलाइन की रेटिंग्स वेब पर उपलब्ध हैं। अधिकतम पाँच सितारे प्राप्त करनेवाली सभी म्यूचुअल फंड्स स्कीमें यहाँ दी गई हैं। यह कहना अनावश्यक है कि इन रेटिंग्स में समय-समय पर बदलाव होता रहता है और व्यक्ति को कोई भी निर्णय लेने से पहले ताजा रेटिंग्स को देख लेना चाहिए।

उपर्युक्त के अलावा कुछ अन्य श्रेणियाँ भी हैं, जिनके तहत म्यूचुअल फंड्स को वर्गीकृत और रेट किया जाता है। ये हैं—डेब्ट मीडियम टर्म, हाइब्रिड मंथली इनकम,

गिल्ट मीडियम तथा लॉन्ग टर्म, डेब्ट शॉर्ट टर्म, डेब्ट फ्लोटिंग रेट शॉर्ट टर्म, डेब्ट फ्लोटिंग रेट लॉन्ग टर्म, डेब्ट अल्ट्रा शॉर्ट टर्म, डेब्ट अल्ट्रा शॉर्ट टर्म इंस्टीट्यूटिड और गिल्ट शॉर्ट टर्म।

सवाल यह खड़ा होता है कि जब उद्देश्य एक है (पैसे कमाना—निवेश पर अच्छा रिटर्न हासिल करना) तो इतने सारे फंड्स क्यों? हाँ, सब लोग पैसा कमाना चाहते हैं, लेकिन चूँकि उनके दृष्टिकोण और समयावधि भिन्न होती है, इसी कारण म्यूचुअल फंड्स की इतनी सारी श्रेणियाँ हैं।

जब श्रेणियाँ ही इतनी अधिक हैं तो कल्पना की जा सकती है कि बाजार में निवेशक के लिए फंड्स की संख्या कितनी होगी। जून 2012 में प्राप्त जानकारी के अनुसार, लगभग 43 म्यूचुअल फंड्स कंपनियाँ हैं और उनमें लगभग 1,000 भिन्न योजनाएँ हैं (अमेरिका में ऐसी 8,000 से भी अधिक योजनाएँ हैं)। जुलाई 2014 में भारत में कुल एसेट अंडर मैनेजमेंट (ए.यू.एम. के रूप में जाना जाता है। निवेश के लिए उनके पास मौजूद कुल धनराशि) 9.86 लाख करोड़ रुपए था।

ई.एल.एस.एस.

इक्विटी लिंक्ड सेविंग्स स्कीम्स भी म्यूचुअल फंड्स ही होते हैं; लेकिन इनमें दो प्रमुख अंतर हैं। पहला, इनमें तीन साल की लॉक-इन अवधि होती है। दूसरा, ई.एल.एस.एस. योजना में निवेशित राशि आई.टी. अधिनियम की धारा 80सी के तहत कर-मुक्त होती है। इक्विटी फंड की भाँति ई.एल.एस.एस. से प्राप्त लाभांश भुगतान को भी टैक्स में छूट प्राप्त है। ई.एल.एस.एस. केवल निजी व्यक्तियों के लिए हैं। यह एक सेविंग्स स्कीम है, अतः इसमें एस.आई.पी. मोड में भी निवेश किया जा सकता है, अर्थात् व्यक्ति किसी बैंक या पोस्ट ऑफिस में आवर्ती खाते की तरह राशि का भुगतान कर सकता है। ई.एल.एस.एस. में डिविडेंड और ग्रोथ दोनों विकल्प हैं, अतः व्यक्ति या तो आवधिक कर-मुक्त आय प्राप्त कर सकता है या इसे मूल पूँजी में वृद्धि के तौर पर पुनः निवेशित कर सकता है।

मौजूदा म्यूचुअल फंड्स

शेयर बाजार में और भी बहुत सी योजनाएँ सूचीबद्ध हैं (क्लोज एंडेड योजनाएँ)। जो इससे बाहर निकलना चाहते हैं, वे इसे खुले बाजार में बेचकर अपना म्यूचुअल फंड्स भुना सकते हैं। कुछ ऐसी योजनाएँ भी हैं, जो सूचीबद्ध नहीं होतीं (ओपन एंडेड योजनाएँ); लेकिन ये भी निवेशक की इच्छा होने पर उसे उसके यूनिट बेचने से नहीं

रोकतीं। वे इन्हें पुन: उसी फंड को बेच सकते हैं, जिन्होंने इन्हें जारी किया है। विक्रय भाव इसके एन.ए.वी. पर निर्भर होगा। निस्संदेह, फंड निकालनेवाले व्यक्ति से एक्जिट लोड भी चार्ज किया जाएगा। यह योजना के अनुसार 1 या 2 प्रतिशत हो सकता है।

कर छूट भी पूँजीगत लाभ की भाँति अलग होता है, जो इस पर निर्भर करता है कि निवेशक ने फंड को अपने पास कितने समय तक रखा। इक्विटी स्कीम में एक साल से अधिक रखे जाने से पूँजीगत लाभ कर में अधिक फायदा होता है, वहीं डेब्ट से संबंधित म्यूचुअल फंड्स में तीन साल से अधिक होल्डिंग से लाभ होता है।

सिस्टमैटिक इन्वेस्टमेंट प्लान (STP)

नए निवेशक या व्यस्त रहनेवालों के लिए सिस्टमैटिक इन्वेस्टमेंट प्लान सबसे बेहतरीन विकल्प है। यह बिल्कुल पोस्ट ऑफिस या बैंक में आवर्ती जमा की किस्त भरने या चिट फंड की मासिक किस्त के भुगतान की तरह व्यक्ति म्यूचुअल फंड्स में भी नियमित निवेश कर सकता है। इसे सिस्टमैटिक इन्वेस्टमेंट प्लान (SIP) के रूप में जाना जाता है। बहुत से बैंक तथा अन्य कई सेबी (SEBI) स्वीकृत संस्थान ऐसी योजनाएँ चला रहे हैं।

इसमें लाभ, जोखिम और कर लाभ म्यूचुअल फंड्स के जैसे ही हैं। अंतर केवल भुगतान पद्धति का है। इसमें मासिक, छमाही या वार्षिक भुगतान किया जा सकता है। इसका अवधि-चक्र चाहे जितना हो, इसमें न्यूनतम छह किस्तें अवश्य होनी चाहिए। व्यक्ति फंड्स का चयन और आवेदन कर सकता है तथा इसके लिए पोस्ट-डेटेड चेक या बैंक को इलेक्ट्रॉनिक भुगतान अनुमति जारी कर सकता है।

सिप (SIP) के कई लाभ हैं। यह बहुत छोटी सी राशि होती है (कुछ योजनाओं में 100 रुपए जितनी कम), अत: इसमें कोई भी निवेश कर सकता है। राशि बहुत छोटी होने से जोखिम भी उतना ही छोटा होता है। यह दीर्घावधिक रणनीति के लिए अच्छा है। व्यक्ति कम राशि निवेश करके भी लंबे समय में इसे बढ़ा सकता है।

औसत भाव

कोई भी जानकार ठीक-ठीक भविष्यवाणी नहीं कर सकता कि भाव कितना न्यूनतम जाएगा और कितना ऊपर तक चढ़ेगा। दूसरे शब्दों में कहें, तो बाजार के बारे में कोई कुछ नहीं कह सकता। फरवरी 2006 में सेंसेक्स के 10,000 तक पहुँचने पर लोग इसे अवहनीय भाव तथा बाजार को चरम पर पहुँचा बताते थे। बहुत से लोगों का कहना था कि निश्चित ही यहाँ से बाजार में करेक्शन होगा (गिरेगा)। लेकिन 20 ही महीने में

सेंसेक्स दोगुना होकर 20,000 पर पहुँच गया (अक्तूबर 2007)।

गिरावट में भी ऐसा ही होता है। जब जनवरी 2008 में सेंसेक्स 21,000 पर पहुँचा तो लोग कहने लगे कि यह 40,000 या 45,000 को छू जाएगा। लेकिन अक्तूबर 2009 तक यह 8,500 तक गिर गया था। इसलिए शेयर बाजार की शॉर्ट टर्म भविष्यवाणी करने की बजाय कुछ समय तक नियमित निवेश करना अधिक बेहतर है। इस तरह निवेश करने से व्यक्ति को कुछ शेयर उच्च दर पर तो कुछ निम्न दर पर मिल जाते हैं। कुल मिलाकर औसत दर अच्छी रहती है।

संक्षेप में कहें तो चूँकि हमारा धन सिप (SIP) द्वारा शेयर बाजार में नियमित व निरंतर निवेश का कार्य विशेषज्ञों की टीम करती है, इससे शेयर बाजार की आपाधापी का व्यक्ति के निवेश पर कोई प्रभाव नहीं पड़ता।

म्यूचुअल फंड्स में निवेश में कितना रिटर्न मिल सकता है?

म्यूचुअल फंड्स से जुड़ी सभी जानकारियाँ www.mutualfundindia.com वेबसाइट से ली जा सकती है।

जब शेयर बाजार में तेजी आने लगे तो ऐसे समय इक्विटी फंड में निवेश करना बेहतर रहेगा। जब कोई किसी सेक्टर विशेष को लेकर सुनिश्चित हो, तब वह सेक्टर आधारित म्यूचुअल फंड्स में से चुन सकता है।

जब बाजार चरम पर हो और इसके नीचे आने की उम्मीद हो तो डेब्ट फंड को चुना जा सकता है। यदि भविष्य अज्ञात हो (उच्चतम संभावना) तो अच्छा है कि मध्य मार्ग अपनाया जाए और सिप मोड में बैलेंस्ड फंड को चुना जाए।

□

13

शेयर बाजार की विभिन्न पद्धतियाँ

हर कोई पैसा कमाना चाहता है। कुछ लोगों को शेयर बाजार इसका सबसे आसान माध्यम प्रतीत होता है; वहीं कुछ लोगों को, विशेष रूप से नवागंतुक और मात्र भाग्य के कारण पहले ही प्रयास में अच्छा पैसा बना लेनेवालों के लिए इसमें दिमाग लगानेवाली कोई विशेष बात नहीं लगती। वे सोचते हैं कि यहाँ थोड़े ही समय में अपने पैसे को दोगुना या तिगुना किया जा सकता है।

विरोधाभास देखिए कि बाजार से बाहर के इतने ही या इससे भी अधिक लोगों को लगता है कि शेयर बाजार शुद्ध रूप से भाग्य का खेल है और यहाँ कोई पैसे नहीं बना सकता। उनका दृष्टिकोण है कि इसमें न केवल रिटर्न बुरे होते हैं, बल्कि व्यक्ति अपनी मेहनत की कमाई (अपनी कमीज, यहाँ तक कि कई बार अपनी पतलून भी!) भी गँवा बैठता है।

इन दो व्यापक रूप से विपरीत विचारों में से कौन सा सही है? शायद दोनों ही ठीक हैं, या शायद कोई भी ठीक न हो। आपको हैरानी हो सकती है कि ऐसा कैसे संभव है। लेकिन तथ्य यही दरशाते हैं, ऐसा ही है। क्रिकेट में कई बार भिन्न बल्लेबाज किसी खास गेंदबाज की एक जैसी गेंदबाजी का विभिन्न तरीकों से सामना करके—डॉट बॉल, बाउंडरी या विकेट उड़ने जैसे भिन्न परिणाम हासिल करते हैं। एक वाद्य यंत्र अपने उपयोगकर्ताओं के इस्तेमाल करने के अनुसार भिन्न तरह का संगीत देता है। इसी तरह भिन्न लोग शेयर बाजार के प्रति अलग सोच रखते हैं और अंततः असमान परिणाम हासिल करते हैं।

कुछ लोग ऐसे होते हैं, जो हमेशा धन कमाते हैं, फिर बाजार के हालात चाहे जैसे भी हों। उनके अलावा कुछ ऐसे भी हैं (बहुत थोड़े से), जो अच्छे बाजार में भी पैसों का नुकसान उठाते हैं। ऐसे मामलों में उनकी सफलता या असफलता का कारण उनके

द्वारा इस्तेमाल की गई पद्धति नहीं है। ज्ञान, उम्मीद, जोखिम लेने की क्षमता, भावनात्मक संतुलन, अनुभव आदि के आधार पर दृष्टिकोण अलग हो सकते हैं।

अपने तीन दशकों के निवेश और अन्य लोगों को देखकर प्राप्त हुए व्यक्तिगत अनुभव के आधार पर मैं नीचे ऐसे दृष्टिकोणों की सूची दे रहा हूँ, जिन्हें यदि ठीक से लागू किया जाए तो इसका परिणाम लाभ के रूप में सामने आएगा।

पद्धति-1 : सिर्फ पब्लिक इश्यू/आई.पी.ओ.

सुरक्षित प्रयास की यह सबसे सरल पद्धति है। नवागंतुकों को इसे आजमाना चाहिए। कुछ लोग सोचते हैं—'मैं सेकंडरी मार्केट की कार्यशैली के बारे में अधिक नहीं जानता। एन.एस.ई. और बी.एस.ई. जैसे सेकंडरी बाजारों में शेयरों के भाव निरंतर ऊपर-नीचे होते रहते हैं। मैं उचित समय पर खरीद या बेच नहीं सकूँगा। मैं बाजार का अनुमान नहीं लगा सकता। अतः मैं आई.पी.ओ. के मार्ग को ही प्राथमिकता दूँगा। यहाँ भाव स्थिर (भाव वर्ग के भीतर) रहते हैं। यहाँ मुझे प्रोस्पेक्ट्स में कंपनी से जुड़ी सभी प्रासंगिक जानकारियाँ भी मिल जाएँगी। इसके अतिरिक्त, आई.पी.ओ. के बारे में विशेषज्ञ भी जानकारियाँ देते रहते हैं तथा कंपनी के मूल तत्त्वों पर प्रकाश डालनेवाली रेटिंग्स भी होती हैं।'

ऐसे लोगों को केवल आई.पी.ओ. के लिए ही आवेदन करना चाहिए। यह आवंटित हो जाए तो ये प्रसन्न हो जाएँगे। यदि नहीं, तो किसी दूसरे आई.पी.ओ. की खोज में लग जाते हैं। शेयर बाजार में उछाल आने पर पब्लिक इश्यू की बाढ़ आ जाती है। बहुत सी कंपनियाँ बाजार के इस अच्छे व सकारात्मक मूड का फायदा उठाने के प्रयास में अपने आई.पी.ओ. निकाल देती हैं।

भारतीय शेयर बाजार ने ऐसी ही अप्रत्याशित उछाल वर्ष 2003 से 2007 तक भी देखा था। अतः इस अवधि के दौरान बहुत सारे पब्लिक इश्यू/आई.पी.ओ. नमूदार हो गए थे। उन दिनों फेस वैल्यू ही आई.पी.ओ. शेयरों के भाव नहीं होते थे। निरपवाद रूप से सभी कंपनियाँ इस पर प्रीमियम वसूलती थीं। जैसा कि हमने इस पुस्तक के शुरुआती अध्यायों में देखा था, डी.एल.एफ. ने 2 रुपए की फेस वैल्यूवाले शेयर को 523 रुपए के मोटे प्रीमियम पर जारी किया था।

हालाँकि डी.एल.एफ. के आई.पी.ओ. में शेयरों का आवंटन पानेवालों के लिए बाजार में पर्याप्त अवसर थे, जिनमें वे इसे उच्चतम भाव पर बेच सकते थे। डी.एल. एफ. उच्चतम भाव पर लिस्टिड था और बाद में यह इश्यू प्राइस से भी दोगुना हो गया था। हालाँकि बाद के वर्षों में विभिन्न कारणों से इसके शेयरों के भाव गिरने लगे और वर्ष 2014 में (7 साल बाद) यह 250 रुपए के आस-पास ट्रेड कर रहा था। रिलायंस पावर,

जिसने निवेशकों को अपने शेयर 420 रुपए के भाव पर दिए थे, वह सन् 2014 में 100 रुपए से भी नीचे चल रहा था।

सन् 2008 में अमेरिकी अर्थव्यवस्था में आए बड़े संकट के साथ ही दुनिया भर में शेयर बाजार गिरने लगे और प्राइमरी मार्केट, जिनका भाग्य सेकंडरी मार्केट से निकट से जुड़ा था, वे भी सुस्त पड़ गए। न केवल आई.पी.ओ. की संख्या कम हो गई, बल्कि जिन लोगों ने भी इश्यू निकाले थे, वे भी उन भावों को कायम नहीं रख सके, जिस पर उन्होंने ये जारी किए थे। हम पिछले अध्याय में वर्ष 2010 से 2013 के बीच कुछ अच्छे और बुरे आई.पी.ओ. के विवरण देख चुके हैं।

इसलिए आई.पी.ओ. मार्ग का विकल्प ध्यान से चुनें। सभी आई.पी.ओ. अच्छे एवं वहनीय नहीं होते। आवंटन के पश्चात् इसे लिस्टिंग के दिन ही बेचा जा सकता है। लिस्टिंग वह दिन है, जिस दिन वह खास शेयर एन.एस.ई. और बी.एस.ई. जैसे सेकंडरी मार्केट में ट्रेडिंग आरंभ करता है। वैकल्पिक रूप से निवेशक आवंटित शेयरों को तब तक अपने पास रख सकता है, जब तक वह इन्हें बेचने का निर्णय नहीं लेता।

पद्धति-2 : लिस्टिंग पर खरीद

ऐसे लोगों का भी वर्ग है, जो आई.पी.ओ. के बारे में जानते हैं, लेकिन जल्दबाजी नहीं करते। वे उस समय आवेदन नहीं करते, बल्कि वे आई.पी.ओ. प्रक्रिया के समाप्त होने तक प्रतीक्षा करते हैं। आई.पी.ओ. समाप्त होने और शेयर लिस्टिड होने पर वे सचेत हो जाते हैं। इस बीच वे आई.पी.ओ. को किस तरह लिया गया है, अर्थात् सबस्क्रिप्शन विवरण। क्या वह ओवर-सबस्क्राइब हुआ है, इससे संबंधित सभी प्रासंगिक जानकारियाँ जुटा लेते हैं। यदि हाँ, तो कितने गुना और किस वर्ग में यह अधिक सबस्क्राइब हुआ है आदि।

यह विवरण निवेशकों की रुचि के साथ ही आई.पी.ओ. के बाद लिस्टिड होनेवाले खास शेयर की माँग की सूचना देते हैं। कुछ वर्ष पहले पावर ग्रिड ने आई.पी.ओ. निकाला। यह इश्यू 60 गुना ओवर-सबस्क्राइब हुआ। इसका रीटेल प्रभाग 5 गुना के करीब ओवर-सबस्क्राइब हुआ। तो समग्र सबस्क्रिप्शन 60 गुना कैसे हो गया? इसका रहस्य क्वालिफाइड इंस्टीट्यूशन बायर्स (क्यू.आई.बी.) प्रभाव में निहित है, जिसमें 117 गुना का भारी ओवर-सबस्क्रिप्शन हुआ। यह उन 'कुछ' समझदारों के लिए साफ व स्पष्ट संदेश है, जो इस पद्धति-2 को अपनाते हैं।

ये 'कुछ' निवेशक जानते हैं कि जब एफ.आई.आई. जैसे बहुत से संस्थान और घरेलू संस्थान पावर ग्रिड के शेयर खरीदने में रुचि ले रहे हैं तो इसलिए कि उन्हें यह उतनी संख्या में नहीं मिले जितने के लिए उन्होंने आवेदन किया था। वे निश्चित ही

लिस्टिंग के बाद इसे सेकंडरी मार्केट से खरीदेंगे।

वे 'कुछ' सही होते हैं। जिस शेयर की फेस वैल्यू 10 रुपए थी, उसे 52 रुपए पर जारी किया जाता है। और जिन भी लोगों को यह 52 रुपए पर आवंटित होता है, उन्हें लिस्टिंग वाले दिन ही इसे 112 रुपए पर बेचने का अवसर मिल जाता है।

हमने पद्धति-1 में जिन लोगों को देखा था, वे लिस्टिंग के पहले दिन ही पावर ग्रिड के शेयरों को 112 रुपए पर बेच सकते हैं। उनके अनुसार, उनके लिए यह बढ़िया सौदा है। सिर्फ एक ही महीने में 100% से भी अधिक का शानदार मुनाफा।

लेकिन पद्धति-2 वाले लोग पावर ग्रिड के शेयरों को 112 रुपए पर खरीद लेते हैं, क्योंकि उनके पास इससे संबंधित जानकारी है। उन्होंने आई.पी.ओ. में इसलिए आवेदन नहीं किया, क्योंकि वे इसे लेकर सुनिश्चित नहीं थे कि (अ) लिस्टिंग के दौरान बाजार शेयर को कैसे लेगा, (ब) शेयर की लिस्टिंग के समय समग्र मार्केट के कैसे हालात होंगे, जो इश्यू पेश होने से लगभग एक माह दूर है। दूसरे शब्दों में कहें तो आई.पी.ओ. आवेदन न करके वे जोखिम से बचते हैं। उन्हें और अधिक जानकारी व स्पष्ट दृष्टि की इच्छा होती है। वे इसे उच्चतर भाव पर खरीदने को तैयार होते हैं—और वे ऐसा करते भी हैं तथा शेयर के भाव के और बढ़ने की उम्मीद लगाए रखते हैं।

वे बिल्कुल ठीक थे। बस, एक ही हफ्ते में पावर ग्रिड का शेयर भाव बढ़कर 155 रुपए हो जाता है। उनमें से कुछ लोग खुशी-खुशी 112 रुपए पर खरीदा पावर ग्रिड का शेयर बेच देते हैं।

पद्धति-1 और पद्धति-2 के बीच एक और अंतर है, वह यह कि आई.पी.ओ. में व्यक्ति को निश्चित संख्या में शेयर मिल सकते हैं। आई.पी.ओ. के दौरान जितने चाहो उतने नहीं खरीद सकते, क्योंकि इस दौरान ये सीमित संख्या में उपलब्ध होते हैं। वहीं दूसरी ओर, सेकंडरी मार्केट में व्यक्ति कितनी भी संख्या में खरीदारी कर सकता है।

बल्कि जिन लोगों को आई.पी.ओ. के दौरान आवेदन करने पर शेयर आवंटित हुए होते हैं, वे भी सेकंडरी मार्केट से और खरीदारी कर सकते हैं। अत: वे लिस्टिंग के दौरान भी खरीदारी करते हैं। जब बहुत से छोटे निवेशक (जिस वर्ग को हमने पहले देखा है) लिस्टिंग के फौरन बाद विक्रय मुनाफा (लघु) बुक करते हैं, वहीं कुछ लोग होते हैं, जो लगातार शेयरों को खरीदते व एकत्रित कर रहे होते हैं।

आइडिया सेल्युलर के साथ यही हुआ। इसका लिस्टिंग प्राइस 84 रुपए था। कुछ ही महीनों में यह 150 रुपए हो गया। पिछले उछाल (वर्ष 2003-07) के दौरान लिस्टिंग के बाद इस तरह के बहुत से शेयर थे, जिनके भाव बढ़ गए।

शेयर	इश्यू प्राइस रु.	लिस्टिंग प्राइस रु.	लिस्टिंग तिथि	लाभ प्रतिशत
कॉन्सोलिडेटिड कंस्ट्रक्शन	510*	801	15.10.07	57
पावर ग्रिड लि.	52	85	05.10.07	63
सर्किट सिस्टम्स	35	42	02.11.07	20
कॉटन रीटेल	415	515	12.10.07	24

* उस समय 10 रुपए के फेस वैल्यू पर।

यदि कोई बड़ी मात्रा में चिह्नित शेयर खरीदना चाहता है तो लिस्टिंग का समय इसके लिए अच्छा अवसर है। हालाँकि कुछ ऐसे भी शेयर होते हैं, जो उच्चतर भाव पर लिस्टिड होते हैं। जैसे-जैसे दिन बीतते जाते हैं, इन शेयरों के भाव नीचे आने लगते हैं। इसका कारण आई.पी.ओ. के दौरान निवेशकों की दिखाई अतिरिक्त दिलचस्पी होती है, जिसके कुछ कारण होते हैं और जिनमें से एक कंपनी द्वारा खुद बनाई गई हवा भी हो सकता है—और ये दिन-ब-दिन धीमी होने लगती है।

पद्धति-3 : लाभांश के लिए खरीद

जब हम बैंक में पैसे जमा करवाते हैं तो हमें उस पर ब्याज मिलता है। यह तात्कालिक दरों के आधार पर 8 या 9% होता है। यह हमारी आय है। अगर व्यक्ति इसे पाँच साल तक एफ.डी. में न रखे तो उसे इस पर आय कर भी देना होता है। लाभांश से होनेवाली आय पर आय कर में पूर्ण छूट मिलती है।

कुछ लोग लाभांश से प्राप्त इस आय से अच्छी कंपनियों से शेयर खरीदते हैं। कुछ ऐसी कंपनियाँ हैं, जो अच्छे प्रतिशत में लाभांश देती हैं। इन्फोसिस, विप्रो, हीरो होंडा, बजाज ऑटो आदि जैसी कंपनियाँ न केवल अच्छा बल्कि हजारों रुपए तक का भारी लाभांश प्रतिशत प्रदान करती हैं।

उच्च लाभांश-प्रदाता कंपनियाँ

जब कंपनियाँ इतना भारी लाभांश दे रही हों तो ऐसे शेयरों की बाजार में कितनी माँग होगी। विशेष रूप से तब, जब इस पूरी लाभांश आय पर आय कर में छूट हो।

स्वाभाविक है, लोगों के बीच इनका उन्माद होता है और जैसे-जैसे ऐसे शेयरों की माँग बढ़ती जाती है, इनका भाव भी ऊपर चढ़ता है। यही कारण है कि कुछ शेयर अपनी

फेस वैल्यू से कई गुना अधिक पर क्यों ट्रेड होते हैं।

लाभांश की घोषणा शेयर की फेस वैल्यू के आधार पर होती है। यह शेयर की वास्तविक मूल पूँजी होती है। इसमें व्यक्ति से आई.पी.ओ. के समय जो प्रीमियम वसूला गया हो या इन्हें जिस बाजार भाव पर खरीदा गया हो, उसका ध्यान नहीं रखा जाता।

अतः जो कंपनियाँ अत्यंत उच्च लाभांश दे रही हों, जरूरी नहीं कि वे शेयर द्वारा लाभांश से प्राप्त आय प्रतिफल के कोण से भी बेहतर हों। चालाक निवेशक सिर्फ लाभांश अनुपात पर ही ध्यान नहीं देते, बल्कि वे लाभांश प्रतिफल की भी गणना करते हैं।

हीरो मोटर कॉर्प का मई 2014 में लाभांश प्रतिफल 2.55% था (लाभांश राशि रुपए 45*100/शेयर भाव 2,350)। ऐसा और भी बहुत सी जानी-मानी अच्छी कंपनियों के साथ है।

इस कारण ऐसा नहीं है कि जो कंपनियाँ 500 या 1,000% लाभांश भुगतान करती हैं, केवल वही लोकप्रिय और माँग में हैं, विशेष रूप से तब जब लाभांश प्रतिफल पर ध्यान देनेवाले भी हों। इस दृष्टिकोणवाले के लिए मात्र 10% लाभांश भुगतान करनेवाली कंपनियाँ भी अच्छी कंपनियों में शामिल हैं। उदाहरण के लिए—शक्ति फाइनेंस, जो नियमित रूप से 10% भुगतान कर रहा है, उसका शेयर बाजार में 13 रुपए में (मई 2014) उपलब्ध है। शक्ति फाइनेंस का लाभांश प्रतिफल 7.63% प्राप्त हुआ और चूँकि यह पूर्णतः टैक्स फ्री है (टी.डी.एस. भी नहीं लगता), इसलिए निवेशक इसे ही प्राथमिकता देते हैं। ऐसे बहुत से शेयर हैं, जो नियमित रूप से लाभांश देते हैं और 'लाभांश-प्रदाता कंपनी' अच्छे शेयर के लिए महत्त्वपूर्ण पहचान चिह्न है।

हम अध्याय-4 में पहले ही ऐसे कुछ शेयर देख चुके हैं, जो अच्छा लाभांश प्रतिफल प्रदान करते हैं। हालाँकि इन बेहतरीन प्रतिफलवाली कंपनियों का आय प्रतिफल बैंक एफ.डी. दरों के बराबर नहीं होता, फिर भी लोग शेयर खरीदने को इसलिए प्राथमिकता देते हैं, क्योंकि (अ) टैक्स लाभ और इससे महत्त्वपूर्ण, (ब) शेयरों के भाव बढ़ने की उम्मीद। जी हाँ, शेयर की सबसे खास बात यही है कि एक अच्छी कंपनी के शेयर के भाव साल भर में 20-30% तक बढ़ सकते हैं। वहीं कुछ मल्टीबैगर शेयर किसी समय में 200 या 300% तक भी चढ़ सकते हैं।

अच्छा लाभांश देनेवाली कंपनियों में खरीदारी का सबसे अच्छा समय बाजार के नीचे रहने पर होता है। शेयर बाजार के नीचे रहते प्रवेश करने का अवसर छह महीने में एक बार लघु अवधि के लिए और तीन से चार सालों में बड़े पैमाने पर मिलता है। विभिन्न कारणों से शेयर बाजार में गिरावट भी आती है और कई बार यह क्रैश भी हो जाता है और तब शेयरों के भाव तेजी से गिरने लगते हैं। यही समय है, जब आप खासतौर पर एच.पी.सी.एल., ओ.आई.एल., बी.पी.सी.एल., एच.पी.सी.एल., एम.टी.

एन.एल. आदि जैसे लाभांश प्रतिफल शेयर खरीद सकते हैं। चूँकि इन कंपनियों के प्रमुख शेयरधारकों में भारत सरकार भी होती है, इसलिए ये कंपनियाँ नियमित रूप से अच्छे लाभांश प्रदान करती हैं।

पद्धति-4 : पूँजी बढ़ाने के लिए खरीद

कुछ लोग मानते हैं कि "मैं यहाँ 8 या 10% लाभांश प्रतिफल जैसी तुच्छ चीजों के लिए नहीं हूँ। मैं शेयर बाजार में कुछ ठोस मुनाफे के लिए आया हूँ। मान लीजिए, यदि मैं 50,000 रुपए के शेयर खरीदता हूँ तो यह बढ़कर 70,000 रुपए या 80,000 रुपए हो जाने चाहिए। इससे मुझे 20,000 या 30,000 रुपए की एकमुश्त रकम मिल जाएगी।" इस वर्ग के लोगों की पद्धति पूँजी बढ़ाने के लिए खरीदारी की होती है।

यह भी एक सुनिश्चित संभाव्यता है। साल भर में तेजी के दौरान शेयर के भावों में भारी बढ़ोतरी होती है। नीचे हम उन शेयरों की भाव सूची देखेंगे, जिनमें सितंबर 2011 और सितंबर 2012 के बीच के साल में बढ़ोतरी हुई है, जो तेजी का दौर कतई नहीं था।

शेयर	52 हफ्तों का न्यूनतम भाव	52 हफ्तों का उच्चतम भाव	केवल लाभ रु./ प्रति शेयर	लाभ %
टी.सी.एस.	1046	1438	392	37
एच.सी.एल. टेक	387	595	208	53
डिविस लैब	711	1201	490	68
एच.यू.एल.	375	554	179	47
आई.टी.सी.	197	272	75	38
एच.डी.एफ.सी.	610	785	175	28
सन फार्मा	488	696	208	42

52 हफ्तों का न्यूनतम, यानी तुलना की तारीख (25.09.2012) से बीते 52 हफ्तों (एक साल) इसी तारीख को यह शेयर इस भाव पर ट्रेड हुआ।

यदि व्यक्ति सचेत रहे तो वह कैसे भी बाजार में कम भाव पर खरीदारी कर सकता है और उसे मंदी के बाजार का इंतजार नहीं करना पड़ेगा। भविष्य में अच्छा प्रदर्शन करनेवाली कंपनियों और शेयरों के भाव में बढ़ोतरी की पहचान करना मुश्किल नहीं है।

पद्धति-5: तुरंत खरीदना और बेचना (अ)

हम इस ट्रेडिंग पद्धति के बारे में जानते हैं। शेयर को किसी खास भाव पर खरीदना और उसे थोड़े मुनाफे पर तुरंत बेच देना। 'अधिक प्रतीक्षा की क्या आवश्यकता है ? इस बात की क्या गारंटी है कि बाजार हमेशा अच्छा ही रहेगा ? यह गिर भी सकता है। हम शेयर बाजार पर भरोसा नहीं कर सकते। यदि अवसर मिलता है तो बेहतर है कि इसका लाभ उठाएँ। जैसे ही मुनाफा कमा लो, तुरंत बाहर निकल जाओ।'

कुछ निवेशकों की विचार प्रक्रिया ऐसी भी होती है। वे बस के फुटबोर्ड पर यात्रा करनेवालों जैसे हैं। वे कभी भी बस के भीतर (निवेश) नहीं जाते।

वे तभी चढ़ते हैं, जब बस चलने लगती है (शेयरों के भाव बढ़ने लगते हैं) और जैसे ही उन्हें लगता है कि बस की गति कम हो रही है, वे इसके रुकने से पहले ही उतर जाते हैं (जब भावों का चढ़ना रुक जाता है)। उनके लिए ट्रेडिंग का यही मतलब है। उनका मानना है कि वे बिना अधिक जोखिम उठाए पैसे बना सकते हैं। जब दिन का आखिरी सौदा होता है, तब तक वे भी बाजार से बाहर निकल चुके होते हैं। दिन भर में उन्होंने जो कुछ भी खरीदा होता है, उसे बेचकर वे हाथ झाड़ते हुए बाहर निकल आते हैं। वे रात भर के लिए भी अपने पास कुछ नहीं रखते। कोई दायित्व नहीं। वे रात को चैन की नींद सोते हैं, बिना यह चिंता किए कि अगले दिन उनके शेयरों का क्या हाल होगा।

और अगले दिन वे फिर प्रवेश करते हैं। उस दिन उन्हें चाहे नफा हो या नुकसान वे उसी दिन सौदा पटा देते हैं। वे इंट्रा-डे ट्रेडिंग करते हैं। जिन शेयरों की दैनिक खरीदारी, अच्छी है, वे इस पद्धति में उचित रहते हैं। इस पद्धति के लिए उचित शेयरों की पहचान का आसान तरीका नेशनल स्टॉक एक्सचेंज के शीर्ष 50 (निफ्टी-फिफ्टी) शेयरों या मुंबई स्टॉक एक्सचेंज (बी.एस.ई. सेंसेक्स के) 30 शेयर में है।

यदि पिछली रात वैश्विक बाजारों (अमेरिका, चीन या जापान) के सूचकांक (नैस्डेक, शंघाई या निक्की आदि) ऊपर गए हों तो यह माना जा सकता है कि अगले दिन भारतीय शेयर बाजारों में भी यही संवेदनशीलता बनी रहेगी। अत: वे कुछ अच्छे शेयर खरीद सकते हैं। इसी तरह, यदि भारतीय शेयर बाजारों के बारे में भी कोई ऐसी ही खबर हो (जैसे सरकार का रीटेल में एफ.डी.आई. को मंजूरी देना या आर.बी.आई. का सी.आर.आर. दर घटाना आदि) तो इस बार भी वे शेयर खरीद सकते हैं (खासतौर पर वे शेयर, जिनका सीधे लाभ मिल सके, जैसे—पेंटालून रीटेल, टेरेंट आदि तथा दूसरी खबर आए तो बैंक, ऑटो व रिएलिटी शेयर खरीद सकते हैं)।

जल्दी प्रवेश करनेवाले अच्छा पैसा बना लेते हैं। ट्रेडर्स को प्रवेश व निकासी का सही समय जान लेने के लिए सचेत रहना चाहिए। अन्यथा वे न केवल फँस जाएँगे, बल्कि रौंद दिए जाएँगे। यह बिल्कुल लॉन्ग (किसी भाव पर खरीदना और उससे अधिक

भाव पर बेच देना) को अपनानेवाले और शॉर्ट (कोई बुरी खबर सुनने के बाद दिन भर में उच्च भाव पर बेचना और बाद में उसी शेयर के नीचे आने पर कम भाव पर खरीद लेना) तक सीमित रहनेवाले ट्रेडर्स जैसा है।

जब भी शेयरों के भाव तेजी से ऊपर जाएँ तो वापस ऊपर जाने से पहले वे एक बार नीचे अवश्य आते हैं। यहाँ रणनीति दूसरों के लालच से पूँजी निर्माण की होती है।

एक और चेतावनी। प्रत्येक खबर से भावों में उम्मीद के अनुसार गतिशीलता नहीं आती। यदि किसी बात की लंबे समय से उम्मीद हो और यदि वह घटना घट जाए तो बाजार इस पर प्रतिक्रिया नहीं देता। इसका कारण ये कारक 'पूर्व कारक' या 'पहले से छूट' प्राप्त होते हैं। बाजार इस बारे में लंबे समय से जानता था और इसे लेकर सुनिश्चित भी था। घटना के वास्तविक बन जाने पर इस घटना के समाप्त होने को देखते हुए वे लोग शेयर बेचते हैं, जो अब तक उन्हें अपने पास रखे हुए थे।

इसी तरह, यदि पहले से उम्मीद हो तो सभी बुरी खबरें शेयर के भाव नीचे नहीं लातीं। बाजार इनकी 'पहले से छूट' ले चुका होता है। हालाँकि 'उम्मीद से कम' अच्छी खबर और 'भय से कम' बुरी खबर शेयर के भावों को विपरीत दिशा में गतिशील कर देती है।

इसलिए खबर के अनुसार काम करते हुए व्यक्ति को सचेत रहना चाहिए।

पद्धति-6 : क्रय और विक्रय (ब)

हम एक शेयर इस उम्मीद के साथ खरीद लेते हैं कि यह फौरन या उसी दिन ऊपर जाएगा। लेकिन ऐसा होता नहीं। कई बार शेयर का भाव गिर जाता है। अब आगे क्या किया जाए? जो भी लोग ओवरबोर्ड (डिलीवरी के लिए अपनी क्षमता से आगे जाना) गए होते हैं, उनके लिए बेचकर नुकसान बुक करना अनिवार्य हो जाता है।

यदि व्यक्ति के पास ऐसी सुनिश्चित खबर हो, जो शेयरों के भाव में संभावित वृद्धि के संकेत दे तो धारक शेयरों के भाव बढ़ने की प्रतीक्षा कर सकता है और अपनी स्थिति को अगले कुछ दिनों के लिए उन्हें अपने पास रख सकते हैं या अगले एक या दो महीनों तक प्रतीक्षा कर सकते हैं। इसमें केवल यही अंतर है कि उन्हें उसकी पूरी राशि का भुगतान करके शेयर की डिलीवरी लेना होगी। अत: इंट्रा डे के विपरीत व्यक्ति बड़े पैमाने पर ऐसा नहीं कर सकता।

इंट्रा-डे में व्यक्ति शेयर को 100 रुपए पर खरीदकर उसे 103 रुपए में 3 रुपए प्रति शेयर के अंतर पर बेच सकता है। यदि कोई 1,000 शेयर खरीदता है तो ब्रोकरेज के बिना यह 3,000 रुपए का मुनाफा होगा।

लेकिन यदि व्यक्ति उसी दिन सौदा समाप्त करने की जगह उसे आगे ले जाना चाहे तो व्यक्ति को ब्रोकर को 100X1,000=1,00,000 रुपए का भुगतान करना होगा।

हम किसी खास दिन का वास्तविक डाटा देख सकते हैं। 17 जून, 2014 को पाँच शेयरों की भाव गतिशीलता इस प्रकार थी—

शेयर	खुला भाव	उच्च भाव	निम्न भाव	बंद भाव
आई.सी.आई.सी.आई. बैंक	1416	1451	1407	1449
भेल (BHEL)	241	249	237	247
एक्सिस बैंक	1770	1848	1760	1839
एल.आई.सी. हाउसिंग फाइनेंस	311	321	308	320

यह स्पष्ट है कि भावों में अंतर ट्रेडर्स के लिए पूँजी निर्माण और मुनाफे के लिए अच्छा है। लेकिन इसके लिए तेज नजर, स्थिर मन और तकनीकी दक्षता होना आवश्यक है। व्यक्ति को किसी दिन होनेवाले उस आसान मुनाफे या लॉन्ग (क्रय) अथवा शॉर्ट (विक्रय) या व्यक्ति के सँभाले जाने से अधिक के लिए प्रयास नहीं करना चाहिए। यह ललचानेवाला हो सकता है, लेकिन इस पद्धति में बहुत जोखिम भी है।

पद्धति-7 : 'खबर' से मुनाफा

अर्थव्यवस्था, खास सेक्टरों, सरकारी नीतियों, कंपनी की संभावनाओं, प्रदर्शन आदि से जुड़ी खबरों के अनुसार शेयर बाजार चढ़ता-उतरता रहता है।

यदि कृषि क्षेत्र और उनमें भी खासतौर पर उर्वरकों में बड़ी सब्सिडी की घोषणा हो जाए तो यह फर्टिलाइजर से जुड़ी जी.एस.एफ.सी., जी.एन.एफ.सी., चंबल और जुआरी इंडस्ट्रीज के लिए अच्छी खबर है। इन कंपनियों के शेयरों के भाव बढ़ जाएँगे।

यदि डॉलर का भाव बढ़ता है—मान लीजिए, 58 से 60 रुपए हो जाता है—तो यह अमेरिकी बाजार में व्यापार कर रहे निर्यातकों व आई.टी. कंपनियों के लिए अच्छी खबर है। इनके शेयरों के भाव बढ़ जाएँगे। कुछ कंपनियाँ बोनस शेयर देने का फैसला भी कर सकती हैं। कुछ कंपनियों को कुएँ में तेल मिलता (निकालते) है (रिलायंस)। इससे कंपनी का मुनाफा बढ़ता है। यह अच्छी खबर है।

कोई भी खबर घटते समय सभी लोगों को एक ही समय पर ज्ञात नहीं हो जाती। अतः शेयरों के भाव तब बढ़ते हैं, जब खबरें निवेशकों तक पहुँच जाती हैं। यदि यह पूर्णतः अज्ञात व अकल्पनीय है तो गतिशीलता बहुत तेज व बड़ी होगी।

पता लगने पर जो लोग जितनी तेजी व शीघ्रता से कदम उठाते हैं, वही नफा भी बनाते हैं। यदि यह खबर वेबसाइट, समाचार-पत्रों, पत्रिकाओं और सी.एन.बी.सी.,

एन.डी.टी.वी. प्रॉफिट, टाइम्स नाऊ आदि जैसे चैनलों के माध्यम से मिले तो उस शेयर में सभी लोगों की दिलचस्पी बढ़ेगी और इसके भाव में उछाल आएगा। जिन लोगों ने इसे पहले ही कम भाव पर खरीद रखा होगा, वे इस अच्छी खबर के बाहर आने के बाद शांतिपूर्वक व खुशी से बाजार से बाहर निकल जाएँगे।

यदि खबर बुरी हो तो सबकुछ विपरीत दिशा में होगा। बुरी खबर की ताकत अच्छी खबर से अधिक होती है, क्योंकि यह 'भय' जाग्रत् करती है और लोग लालच से भी अधिक शीघ्रतापूर्वक काररवाई करने लगते हैं। स्टील, चीनी या सीमेंट के निर्यात पर रोक की घोषणा होती है। इसका उन कंपनियों, विशेष रूप से प्रमुख निर्यातक कंपनियों, के शेयरों पर प्रभाव पड़ता है। यह खबर मिलते ही व्यक्ति को बिना देरी किए इन शेयरों के अपने पास न होने पर भी बेचना शुरू कर देना चाहिए (शॉर्ट को अपनाना)। इन्हें बाद में खरीदा जा सकता है (फिर चाहे भाव में इच्छानुरूप गिरावट हो या न हो)।

इसके अलावा एफ एंड ओ जैसे कुछ अन्य क्षेत्र भी हैं, जहाँ बिना अपने पास शेयर हुए शॉर्ट अपनाया जा सकता है। इसे उसी दिन कवर करने (वापस खरीदने) की भी जरूरत नहीं होती, बल्कि अनुबंध के मुताबिक ऐसा एक या दो महीनों में भी किया जा सकता है।

संक्षेप में कहें तो ऐसे लोग मौजूद हैं, जो उस खबर का उपयोग करके खरीद या बेच से मुनाफा कमा लेते हैं।

पद्धति-8 : बाजार संवेदना का फायदा उठाना

हमेशा तो नहीं, लेकिन कई बार हमें पहले ही खबर मिल जाती है। उचित समय पर सभी खबरें मिल जाना कठिन है, साथ ही उन खबरों की वास्तविकता/सच्चाई जानना भी कठिन है।

ऐसे हालात में लोग क्या करते हैं? वे सोचते हैं, 'खबर की पुष्टि के लिए परेशान होने की क्या जरूरत है। बाजार की गतिशीलता का फायदा उठाओ। खरीदने का माहौल बना है। हमें भी यही करना चाहिए। सबसे महत्त्वपूर्ण बात दौड़ खत्म होने से पहले ही बाहर निकल जाना है।'

कुछ ऐसे भी लोग होते हैं, जो उचित समय पर इसका ठीक उलटा (अच्छी खबर से संबंधित शेयरों को बेचना) करते हैं। यह रणनीति इस तरह काम करती है। अच्छी खबर होने पर सभी उस शेयर को खरीदना चाहते हैं। शेयर के भाव बढ़ जाते हैं। इस यात्रा में कुछ और लोग भी शामिल हो जाते हैं और खरीदारी करते हैं। इससे शेयर के भाव और बढ़ जाते हैं। अब ऐसे समय कोई व्यक्ति उस शेयर में मुनाफा काटने का प्रयास करता है। ऐसा होने पर वे सब भी शेयर बेचने लगते हैं। वे इन शेयरों को तब बेचते

हैं, जब वे काफी बढ़ चुके हैं और अच्छी खबर पच चुकी हो। बहुत अधिक लोगों के मुनाफा काटने से शेयर के भाव नीचे आने लगते हैं और इस समय ये लोग इन्हें वापस खरीद लेते हैं (कवर) और मुनाफा बनाते हैं।

वह यही पद्धति बुरी खबर आने पर भी अपनाते हैं। बुरी खबर मिलने पर बाजार में वो शेयर धराशायी होने लगता है। हमारे ये 'दोस्त' पूरी सावधानी से नजर बनाए रखते हैं। वे उसी समय अपने शेयर नहीं बेचते, बल्कि ठोस गिरावट की प्रतीक्षा करते हैं, जो बाजार में 'अत्यधिक काररवाई' के कारण होती है। उचित समय पर (समर्थन मूल्य और तकनीकी विशेषज्ञों के अनुसार, जहाँ से भाव और नहीं गिर सकते) वे इस शेयर को खरीदने लगते हैं। इस शेयर में अत्यधिक प्रतिक्रिया देने की गलती महसूस करते ही बाजार उस शेयर को खरीदना आरंभ कर देता है या कुछ लोग शॉर्ट को कवर करने लगते हैं। यह समय है, जब हमारे 'दोस्त' अपने शेयर बेचकर बाहर निकल जाते हैं।

ये लोग अपने शॉर्ट या लॉन्ग से बिना देरी किए बाहर निकल जाते हैं, क्योंकि खबर बाजार पर अपना प्रभाव बनाने लगती है। वे बस, बाजार के अति-प्रतिक्रिया से मिले अस्थायी अवसर का लाभ उठा लेते हैं।

हालाँकि ऐसी खबरें अफवाहें भी हो सकती हैं और ये केवल नौसिखियों के लिए ही नहीं, अनुभवियों के लिए भी जाल साबित हो सकती हैं।

सन् 2009 के ऐसे दो दृष्टांत हैं। एक बार जब पिरामिड साइमिरा थिएटर लिमिटेड ने बाय बैंक ऑफर दिया था। खबर यह थी कि सेबी (SEBI) ने पिरामिड को अपने शेयर 250 रुपए प्रति शेयर की दर से वापस खरीदने का आदेश दिया है, जबकि उस समय इस शेयर का भाव 60 रुपए के लगभग था। अचानक ही पी.एस.टी.एल. के शेयरों के भावों में बड़े पैमाने पर इजाफा हो गया। ठीक अगले दिन कंपनी ने पिछले दिन की खबर से दृढतापूर्वक इनकार कर दिया। प्रबंधन ने इस खबर को झूठा और किसी के द्वारा गलत इरादों से फैलाया बताते हुए कहा कि प्रबंधन मुंबई में इसके खिलाफ पुलिस में शिकायत दर्ज करवाएगा। फौरन ही शेयर के भावों ने गहरी डुबकी लगा ली।

दूसरा उदाहरण भी कुछ ऐसा ही है। 21 जनवरी, 2009 को एडुकॉम सॉल्यूशंस के कुछ हेरा-फेरी की खातों (सत्यम जैसे) की सूचना संबंधी मेल आई। बाजार में इसके भाव तुरंत धराशायी हो गए। सिर्फ एक दिन के भीतर भाव 22% गिर गए। एडुकॉम प्रबंधन ने इन निरंतर प्रसारित होनेवाली दुर्भावनापूर्ण इ-मेलों की पुलिस में शिकायत दर्ज करवाई। पुलिस में शिकायत दर्ज करवाने की बात बाहर आते ही पहली खबर झूठी साबित हो गई। ठीक अगले दिन शेयरों के भाव 16% बढ़ गए।

अपुष्ट खबरों पर काररवाई करना आसान नहीं होता और कई बार यह बेहद जोखिमपूर्ण भी साबित होता है।

पद्धति-9 : धारा के विपरीत जाना

जब सब लोग खरीद रहे हों, तब हम बेचें। जब सब लोग बेच रहे हों, तब हम खरीदें। यह रणनीति होने पर हैरानी जताई जा सकती है? इसका उद्देश्य नफा नहीं बल्कि नुकसान माना जाएगा।

यह भी एक अच्छी रणनीति है, जिसका कुछ लोगों ने बाखूबी इस्तेमाल किया है। हम शेयर के भाव बढ़ने पर शेयरों का थोड़ा सा हिस्सा बेच सकते हैं।

सितंबर 2012 में आई.डी.एफ.सी. के शेयर 127 रुपए से बढ़कर 160 रुपए हो गए। भाव बढ़ते ही बहुत से लोगों ने अपने शेयर बेचने आरंभ कर दिए (क्योंकि इससे कुछ माह पहले ये अपने न्यूनतम 90 रुपए को छू गए थे)।

यदि किसी के पास 1,000 शेयर हों तो वह इनमें से 100 शेयरों को 130 रुपए, शेष 100 शेयरों को 135 रुपए और अन्य 100 शेयरों को 138 रुपए और इसी तरह आगे भी बेच सकता है।

जैसा कि हमने पहले देखा है, शेयरों के भाव (किसी ठोस कारण के बिना) लंबे समय तक स्थिरता सहित बढ़ते नहीं रह सकते। इनमें करेक्शन (थोड़ी गिरावट) आएगा और इसके बाद ये पुनः आसानी से ऊपर चढ़ने लगेंगे। इसे कॉन्सॉलिडेशन (समेकन) के रूप में जाना जाता है। शेयरों के भाव में प्रत्येक वृद्धि के साथ ही, जैसा कि ऊपर व्यक्ति के बारे में बताया गया है, कुछ विक्रेता उभर ही आते हैं। बढ़ने के बाद जब भाव गिरते हैं तो कुछ विक्रेता या तो उन्होंने पहले जो बेचा है, उसका एक हिस्सा खरीदते हैं या वे इसे समझने के बाद शांत बैठे रहते हैं। यह पूर्णतः उनके उस कंपनी (आई.डी.एफ.सी.) के शेयरों के भाव संबंधी संभावनाओं के अनुमान पर निर्भर करता है।

इसी तरह व्यक्ति भावों में बड़ी गिरावट के बाद (इसके गिरने का कारण बनी खबर की गंभीरता की पुष्टि कर) इसे खरीद सकता है और यदि बुनियादी रूप से वह अच्छा शेयर है तो उसे अपने पास भी रख सकता है।

जब बाजार सुस्त थे और गोल्डमैन सैश के शेयर बुरी तरह गिरने लगे तो अमेरिका के बेहद चतुर निवेशक वॉरेन बफे ने इस कंपनी के 10% शेयर खरीद लिये। वे जानते थे कि वे क्या कर रहे हैं।

कुछ ही समय बाद बुरी खबर के कारण शेयर के भाव और कम हो गए। लेकिन प्रत्येक चरण के बाद शेयर थोड़ा ऊपर चढ़ जाते (अधि विक्रय के कारण)। लेकिन लोग आखिर कब तक बेच सकते थे? इन बेचनेवालों में वही लोग थे, जो इस कंपनी (शेयर) की संभावनाओं को लेकर सुनिश्चित नहीं थे। अतः बाजार में बिकवाली रुक गई। इसके फलस्वरूप, शेयर के भाव की गिरावट भी थम गई।

उसी समय शेयर के भाव के न्यूनतम स्तर तक पहुँच जाने पर कुछ लोगों ने इसे

अवसर के रूप में देखा और इस शेयर को खरीदने लगे (वॉरेन बफे की तरह)। उस बुरी खबर के बावजूद उनके लिए यह अच्छी कंपनी थी। उन्होंने लिवाली जारी रखी। वहीं दूसरी ओर बिकवाली नीचे आने लगी। इससे शेयर के भाव बढ़ने लगे। इसे 'बॉटमिंग अप' के रूप में जाना जाता है।

यह एक रणनीति है। कुछ साल पहले तक आई.टी. के शेयरों की यही हालत थी। अमेरिकी डॉलर में लगातार गिरावट से बाजार में आई.टी. के शेयरों की बिकवाली बढ़ गई थी। कुछ लोग खरीद भी रहे थे, जबकि कुछ लोग इसके और नीचे आने की प्रतीक्षा में थे। उनकी राय में वे इसके बॉटम (न्यूनतम) होने की प्रतीक्षा कर रहे थे।

लेकिन वास्तविक बॉटम (भाव) जानना हमेशा कठिन होता है। अतः एक बिंदु के बाद, जो उनके निर्णय पर आधारित है, वे छोटे लॉट में खरीदारी आरंभ कर देते हैं और प्रतीक्षा करते रहते हैं। प्रतीक्षा ही कुंजी है। भाव गिरने पर कम भाव पर खरीदारी करो और जब भाव बढ़ जाएँ तो उन्हें बेच दो।

पद्धति-10 : मार्जिन रणनीति

हम बिग बाजार या सुभिक्षा स्टोर या चेन्नई के सर्वण स्टोर जैसी मार्जिन शॉप्स के बारे में जानते हैं। यहाँ ब्रांडेड उत्पाद भी एम.आर.पी. पर अच्छी छूट के साथ बेचे जाते हैं। आमतौर पर ये चेन स्टोर्स इन उत्पादों को बड़ी संख्या में बेचते हैं, इसीलिए ये उन्हें उत्पादकों से अच्छे डिस्काउंट पर खरीद पाते हैं। अपने लिए अधिक मार्जिन न रखते हुए ये स्टोर्स उत्पादों को एम.आर.पी. से कम पर बेचते हैं और कम मुनाफा कमाते हैं।

प्रति पीस यह कम हो सकता है। लेकिन इनके भाव कम करने से वे बड़ी संख्या में ग्राहकों को दूसरों के मुकाबले कम ही समय में आकर्षित कर लेते हैं। अंत में, वे अपने प्रतिस्पर्धियों के बराबर या उनसे अधिक मुनाफा कमा लेते हैं, जिनका प्रति पीस प्रॉफिट मार्जिन अधिक होता है।

यहाँ रणनीति 'प्रति पीस मुनाफा घटाओ और बड़ी संख्या में बेचो' की है। इसी पद्धति को बहुत से लोगों ने शेयर बाजार में भी सफलतापूर्वक उपयोग किया है।

कुछ अति तरलतावाले लार्ज कैप शेयर होते हैं और कुछ भाव-विविधता सहित रोजाना हजारों सौदे होते हैं। यह विविधता कम या अधिक हो सकती है; लेकिन जैसे हाथी एक ही जगह पर आगे-पीछे होते रहते हैं, शेयरों के भाव भी प्रति मिनट घटते-बढ़ते रहते हैं।

किसी खास दिन में ऊपर व नीचे जानेवाले किसी शेयर से संबंधित सही जानकारी प्राप्त करने पर पूरा जोर देना चाहिए। ऐसा होने पर शेयरों को बड़े पैमाने पर खरीदें व बेचें। उदाहरण के लिए, 14 जुलाई, 2014 को जय प्रकाश एसोसिएट्स के शेयर 62 रुपए पर ट्रेड हो रहे थे। कुछ स्टॉक ब्रोकरों ने निवेशकों को जय प्रकाश एसोसिएट्स

के शेयर खरीदने की सलाह दी। मान लीजिए, उस दिन उनमें से किसी ने जय प्रकाश एसोसिएट्स के 1,000 शेयर खरीद लिये। शेयर के भाव में मान लीजिए, 5 रुपए की वृद्धि हुई और यह 67 रुपए का हो गया। तो वह उसे बेचकर आसानी से 5,000 रुपए प्राप्त कर सकता है।

इसी तरह, वह किसी शेयर को उस भाव पर भी बेच सकता है, जिस तक वह गिर सकता हो (इस बात पर सुनिश्चित होना आवश्यक है, अन्यथा परेशानी में फँस सकते हैं)। खरीदने में यदि फैसला गलत हो जाए तो कम-से-कम व्यक्ति भाव में सुधार की प्रतीक्षा कर सकते हुए अपने बेचने के निर्णय को विलंबित कर सकता है। लेकिन पहले बेचने में अगले दिन डिलीवरी देनी ही होगी। कवर करना आवश्यक होगा, जिसका परिणामस्वरूप संभवतः नुकसान भी हो सकता है (सिवाय इसके कि यह खरीद एफ एंड ओ में की गई हो)।

यह वैसी ही रणनीति लग सकती है, जिस पर हम पहले चर्चा कर चुके हैं। लेकिन इसकी पद्धति अलग है। व्यक्ति को सौदा पटाने के लिए समुचित भाव-गतिशीलता के लिए प्रतीक्षा करने की आवश्यकता नहीं है। 'मात्रा' के चलते व्यक्ति बिना अधिक प्रतीक्षा किए (और जोखिम उठाए) इच्छित दिशा में थोड़ी सी भी भाव-गतिशीलता से प्रॉफिट बुक कर सकता है।

व्यक्ति को बड़ी भाव-गतिशीलता की आवश्यकता नहीं होती। यदि व्यक्ति में 10,000 या जैसी बड़ी संख्या में खरीदने या बेचने का साहस (और निस्संदेह नुकसान हो जाने पर नुकसान भुगतने लायक पैसे) हो तो वह मात्र 1 या 2 रुपए की भाव-गतिशीलता भी काफी होगी। ऐसे अधिकांश सौदे एक ही दिन में पूरे हो जाते हैं, क्योंकि सौदा बहुत जल्दी पट जाता है।

फ्यूचर्स मार्केट में ऐसे ट्रेडर्स मिलने आम बात है। जैसा कि हमने पहले देखा कि इसके बाजार लॉट बहुत बड़े होते हैं। उदाहरण के लिए, अशोक लेलैंड के शेयर केवल 11,000 शेयरों की संख्या में ही खरीदे या बेचे जा सकते हैं। यदि कोई इस लॉट को 40 रुपए पर खरीदकर 40.50 रुपए पर भी बेच देता है तो 50 पैसे प्रति शेयर की वृद्धि का मतलब 5,500 रुपए का मुनाफा है।

पद्धति-11 : सही शेयर की पहचान व शीघ्र प्रवेश

यह एक निवेश रणनीति है। कुछ कंपनियाँ ऐसी भी हैं, जिन्हें बुक वैल्यू के किसी खास स्तर (एम.एन.सी. कंपनियाँ, शीर्ष आई.टी. कंपनियाँ आदि ऐसा करती हैं) पर पहुँचने पर बोनस शेयर देने की आदत होती है।

बोनस या ऐसी ही कोई अच्छी खबर बाजार में आने पर हर कोई उसे खरीदने

लगता है, जिससे उस शेयर के भाव बढ़ने लगते हैं। यहाँ चतुराई इस खबर का पहले ही आकलन कर लेना या सूँघ लेना और बहुत पहले उस शेयर को खरीद लेने में है। जब सब लोग जान जाएँगे और खरीदने लगेंगे, तब हम (खुशी-खुशी) बेच देंगे। इन अच्छी खबरों में बोनस शेयर, आकर्षक भाव पर राइट इश्यू (बाजार भाव से कम पर), स्टॉक स्पिलिट या कंपनी के सिल्वर जुबली वर्ष के कारण विशेष लाभांश देना आदि शामिल होते हैं। संक्षेप में कहें, तो सबसे पहले कदम उठाना और सिर्फ एक या दो शेयरों पर केंद्रित रहना और उन पर गहराई से शोध करना ही मुनाफा बनाने की तरकीब है।

पद्धति-12 : तब खरीदें, जब किसी का ध्यान न हो

जब किसी खास कंपनी से जुड़ी कोई खबर आए और बहुत से लोग लगातार व पागलों की तरह खरीदारी करने लगें। इससे शेयर के भाव तेजी से बढ़ जाएँ। तब हमें सिर्फ प्रतीक्षा करनी चाहिए।

ये भाव कितने समय तक बढ़ते हैं? तब तक कोई चतुर व्यक्ति अच्छी खबर वाले किसी और शेयर को खोज लेता है। बस, बात खत्म। दूसरे शेयर की खबर मिलते ही उनका ध्यान उन शेयरों पर केंद्रित हो जाता है और वे उस शेयर को खरीदने लगते हैं। तब उनके द्वारा पहले खरीदे गए शेयर का क्या होता है? वे उसमें प्रॉफिट बुक करते हैं, बाहर निकल जाते हैं। दूसरे शब्दों में कहें तो उस अच्छे (पिछले) शेयर पर उनका ध्यान कम हो जाता है।

अब चूँकि अच्छी खबर है और बाजार भाव में परिवर्तन कर इसकी पुष्टि भी कर चुका है, तो हम अब उस अच्छे शेयर को खरीद सकते हैं और वह भी संभवतः कुछ कम भाव पर।

सबसे आगे दौड़ रहे लोग हमेशा नए अवसरों की खोज में रहते हैं। जैसे ही वे दूसरे शेयर पर जाते हैं, हम लीडर के पीछे चलते हुए उस पिछले शेयर में प्रवेश कर जाएँगे; जबकि लीडर अगली चीज खरीदने में व्यस्त रहते हैं!

पद्धति-13 : एक्स-बोनस, एक्स-राइट्स पर खरीदें

कई बार किसी कंपनी के बोनस शेयर या राइट्स शेयर देने की अफवाहें उड़ती रहती हैं। अफवाहें स्टॉक स्पिलिट से संबंधित भी हो सकती हैं। इससे शेयरों के भाव चढ़ते हैं। कुछ मामलों में कंपनी द्वारा आधिकारिक घोषणा के बाद अफवाहों की पुष्टि भी हो जाती है।

शुरुआती बढ़ोतरी के आधार पर, वास्तविक खबर के समय पर, शेयरों के भावों में

थोड़ी वृद्धि अवश्य हो सकती है। कंपनी इस घटना (बोनस, राइट्स या स्टॉक स्पिलिट) के लिए रिकॉर्ड डेट की घोषणा करती है।

उदाहरण के लिए, जी.एम.आर. इन्फ्रा ने अपने 10 रुपए के शेयर को 5 में विभक्त कर 2 रुपए प्रति शेयर की घोषणा की। यह स्टॉक स्पिलिट है और निवेशक के पास रखा हर शेयर रिकॉर्ड डेट पर पाँच शेयर हो गया।

जी.एम.आर. इन्फ्रा 10 रुपए प्राप्त शेयर के लिए 860 रुपए कोट कर रहे थे। स्पिलिट के बाद इस भाव में इसी अनुपात में कमी होती है (कम-से-कम स्पिलिटवाले दिन यह 176 हो गया)।

इसी तरह, यदि कोई कंपनी एक पर एक बोनस शेयर दे तो एक्स-बोनस शेयर भाव लगभग आधा हो जाएगा।

इसके बाद शेयर का भाव संभवतः फिर से सुस्त होकर मंदी के दौर से गुजरेगा (बड़ी गतिविधि नहीं होगी)। कुछ मामलों में पहले के अति उत्साह के कारण भाव कम भी हो सकते हैं।

यही समय है, जब बाजार थक रहा हो तब अच्छे शेयरों को 'एक्स' स्तर पर खरीदा जा सकता है।

पद्धति-14 : गिरने पर खरीदें, बढ़ने पर बेचें

यदि व्यक्ति के पास समय हो तो इस पद्धति पर विचार किया जा सकता है (हम ट्रेडिंग के दौरान पहले ही यह देख चुके हैं)। बुनियादी रूप से मजबूत शेयर (जैसे भेल, एल एंड टी, टाटा स्टील, टाटा मोटर्स आदि) की पहचान के लिए व्यक्ति को उन शेयरों को तब खरीदना चाहिए, जब उसके भाव कम हों (दो हफ्तों में एक बार बाजार अपने पिछले तीन माह या तीन साल के उच्चतम से अनिवार्य रूप से एक बार गिरता है)।

अब हमारे पास एक खास शेयर है। मान लीजिए, हम भेल के 1,000 शेयर 240 रुपए के भाव पर (2 लाख 40 हजार रुपए में) खरीदते हैं।

बाजार के उठने पर भेल (BHEL) के शेयरों के भाव संभवतः 242 रुपए तक पहुँच सकते हैं। इस बिंदु पर हम 100 शेयर बेच सकते हैं और 200 रुपए का मुनाफा कमा सकते हैं। जब भाव फिर से आगे बढ़ते हैं, यानी 245 हो जाएँ तो हम शेष 100 भी बेच देंगे, जिससे हमें 500 रुपए का मुनाफा होगा। अभी भी हमारे पास 800 शेयर हैं। फिर किसी कारण यदि भाव नीचे आते हैं (फिलहाल दो दिनों में यह 5 रुपए पर चल रहा है), वह भी एक ही दिन में। हम पुनः 100 शेयर खरीद सकते हैं। मान लीजिए, हम 243 रुपए पर शेयर खरीद लेते हैं, तब भी मुनाफा सुरक्षित है (क्योंकि 100 शेयरों का दूसरा लॉट 245 रुपए पर बेचा गया है)।

हमें कभी भी 1,000 शेयरों से आगे नहीं जाना चाहिए और कभी भी सारे शेयर न बेचें। हम 500 को मध्य बिंदु और 100 को न्यूनतम व 1,000 को अधिकतम स्तर बनाते हुए भाव गतिशीलता से साथ खरीदना व बेचना जारी रख सकते हैं। जी हाँ, यह तेजी के बाजार के लिए निवेश व ट्रेडिंग दोनों ही तरह की रणनीति है।

पद्धति-15 : नियमित अंतराल पर खरीदें

हमने शेयर खरीदने का फैसला किया। हमने अपने सलाहकारों/विशेषज्ञों की मदद से निर्णय लिया कि कौन से शेयर खरीदे जाएँ।

इस पद्धति में हम इच्छित संख्या में, मान लीजिए, 1 या 5 या 10 शेयर नियमित अंतराल पर खरीद लेते हैं। मान लीजिए, हम डिविस लैब के 50 शेयर खरीद लेते हैं, जो 1,250 रुपए पर (मई 2014) ट्रेड हो रहे हैं। लेकिन हम इस पर सुनिश्चित नहीं हैं कि 1,250 रुपए का भाव अधिक है या कम (निकट भविष्य में ये ऊपर जाएँगे या नीचे गिरेंगे?), लेकिन हम दीर्घावधि में इसकी संभावनाओं को लेकर सुनिश्चित थे। अब ऐसी स्थिति में क्या किया जाए?

यदि हम सारे 50 शेयर अभी खरीद लेते हैं और फिर यदि बाजार और डिविस के शेयर नीचे चले गए तो हमें बुरा लगेगा कि हमने सभी 50 शेयर उच्च भाव पर खरीद लिये।

इसे ध्यान में रखते हुए हम बाजार गिरने की प्रतीक्षा करते हैं और ऐसा नहीं होता, बल्कि यह चढ़ने लगता है। तभी अचानक डिविस शेयर के भाव मान लीजिए, 1,500 तक पहुँच जाते हैं। हमें और बुरा लगने लगता है कि हम इस अवसर से चूक गए।

इसका इलाज सिस्टमैटिक इन्वेस्टमेंट पद्धति में है। हम डिविस को छोटे लॉट में, जैसे 10 सप्ताह तक प्रति सप्ताह 5 शेयर या 10 सप्ताह तक प्रतिदिन 1 शेयर वे जिस भी भाव पर मिलें, खरीद सकते हैं। इस तरह हमें लघु अवधि में बाजार में होनेवाली घटनाओं की चिंता नहीं करनी पड़ेगी।

हम रोज शेयर ले रहे हैं, अत: ये विभिन्न दरों पर होंगे। कुछ अधिक पर तो कुछ कम पर, जैसी बाजार की चाल होगी। कुल मिलाकर हमने इन्हें औसत भाव पर लिया होगा।

वैकल्पिक रूप से व्यक्ति शेयर खरीद सकता है। मान लीजिए, टी.सी.एस.। हर सप्ताह उसी दिन, मान लीजिए शुक्रवार (पुन: दोपहर में बंद भाव पर) लेते हैं या एल एंड टी के शेयर महीने में एक बार, जैसे महीने के आखिरी सप्ताह और या गुरुवार को (एफ एंड ओ के अंतिम दिवस)।

हम किसी भी तरीके को चुन सकते हैं; क्योंकि इसका उद्‌देश्य केवल बेतरतीबी का खयाल रखना है, जिससे हमें विभिन्न भाव मिलना सुनिश्चित हो सके।

पद्धति-16 : पोर्टफोलियो बनाएँ

इस पद्धति में व्यक्ति को शेयर बाजार को स्थायी व दीर्घावधिक अवसर के रूप में देखना होगा और शेयरों को मुनाफा वितरित करनेवाली कंपनियों से व्यवस्थित तरीके से खरीदना जारी रखना होगा। उसे एक राशि सुनिश्चित करनी होगी, जिसे काफी लंबे समय तक के लिए, संभवत: 5 से 20 वर्ष के लिए, अनछुआ रखा जा सके और शेयर एकत्रित करना जारी रखें। उसे इन्हें तब तक अपने पास रखना होगा, जब तक उसे महत्त्वपूर्ण निजी कारणों से नकद की आवश्यकता न पड़े।

कैसे करें ?

अब जब हम यह जान गए हैं कि शेयर बाजार क्या है और हम यहाँ किन पद्धतियों को अपना सकते हैं, अब हमें सिर्फ इसे शुरू करने की जरूरत है। इसके लिए कुछ आवश्यकताएँ हैं। अब हम उन आवश्यकताओं को देखते हैं।

शुरुआत के लिए

1. बैंक में खाता खोलें। हमारी सलाह है कि शेयर से संबंधित सभी सौदों में एक ही खाते का उपयोग करें। इससे इनकी निगरानी, समाधान और हिसाब-किताब रखना आसान हो जाएगा।
2. अपने निकट ही स्थित स्टॉक ब्रोकर या सब ब्रोकर या स्टॉक ब्रोकर के फ्रैंचाइज को तलाशें। चयनित ब्रोकर एन.एस.ई., बी.एस.ई. या उपर्युक्त में से किसी का पंजीकृत सब ब्रोकर या फ्रैंचाइज का ट्रेडिंग सदस्य होना चाहिए। यह निर्धारित करना बेहद महत्त्वपूर्ण है।
3. चयनित ब्रोकर के साथ ट्रेडिंग अकाउंट खोलें। यही खाता ऑफलाइन और ऑनलाइन ट्रेडिंग में उपयोग हो सकता है।
4. डीमैट अकाउंट खोलें, जो शेयरों में कारोबार के लिए अनिवार्य है। इसे जिस ब्रोकर के माध्यम से ट्रेडिंग करनेवाले हों, उसके पास या बैंक जैसी अन्य एजेंसियों के पास खुलवाया जा सकता है। व्यक्ति एक से अधिक डी.पी. अकाउंट भी खोल सकता है। हालाँकि प्रति व्यक्ति एक से अधिक डीमैट खाता खुलवाने की अनुमति है, फिर भी दो या ज्यादा-से-ज्यादा तीन खाते की सीमित संख्या में खाते खुलवाना ठीक रहेगा। हर ब्रोकर के डीमैट प्रभार अलग होते हैं। व्यक्ति अपनी जरूरत (नियमित या यदा-कदा क्रय-विक्रय) के मुताबिक योजना चुन सकता है।

5. ब्रोकर के साथ मेंबर कॉण्टिट्यूएंट (सदस्य संघटक) अनुबंध हस्ताक्षित करना होता है।
6. ट्रेडिंग अकाउंट और डी.पी. अकाउंट दोनों के लिए नॉमिनेशन (नामांकित) करें। नॉमिनेशन को कितनी भी बार और कभी भी बदला जा सकता है। हालाँकि यह अनिवार्य नहीं होता, लेकिन फिर भी, इसमें देरी और भ्रम के कारण होनेवाला समय, धन और बाजार संबंधी नुकसानों से बचा जा सकता है।

ट्रांजेक्शन (संव्यवहार)

7. प्रत्येक ट्रांजेक्शन का सबूत उसी शाम तक हासिल कर लें। इससे किसी भी तरह की विसंगतियों को देर होने से पहले ही सुलझाया जा सकता है। सेबी ने ब्रोकरों के लिए उस दिन हुई सभी ट्रांजेक्शन की लिखित में जानकारी देने को अनिवार्य बनाया है।
8. प्रत्येक सौदे की ट्रेड पुष्टि हासिल करें। अनुबंध स्लिप पर खरीदने व बेचने की दर, मात्रा, ब्रोकरेज राशि और टैक्स (एस.टी.टी. आदि) संबंधी विवरण लिखे होते हैं।
9. यदि हम हामी भरें तो ब्रोकर अनुबंध को इ-मेल द्वारा भी भिजवा सकता है। इससे पैसों के साथ ही सबसे अहम कागज (जंगलों) की भी बचत होगी।
10. जब भी शेयर बेचें, इन शेयरों की डिलीवरी हमेशा डिलीवरी इंस्ट्रक्शन स्लिप (डी.आई.एस.) के माध्यम से करें। हम स्पीड इ-मेथड की मदद से इलेक्ट्रॉनिक मोड में भी डिलीवरी कर सकते हैं।
11. बिकवाली का भुगतान जमा करें और शेयर खरीदने का भुगतान करें। ये सभी ट्रांजेक्शन केवल अकाउंट पेई चेक के माध्यम से ही की जा सकती हैं। नकद सौदे की अनुमति नहीं है।
12. महीने में जो भी ट्रांजेक्शन की गई हों, उनकी मासिक स्टेटमेंट प्राप्त करें और स्टेटमेंट को स्वीकार करने के पूर्व इनकी पूर्णतः पुष्टि भी किया करें।
13. ट्रांजेक्शन से संबंधित सभी रिकॉर्ड कम-से-कम सात साल तक सँभालकर रखें।

□

14

और अंत में...

तो, यह है शेयर बाजार की संपूर्ण जानकारी। यदि सही तरह सँभाला जाए, भय और लालच न करें तो निश्चित ही यहाँ से अच्छे पैसे बनाए जा सकते हैं।

कुछ तेजी के समय होते हैं, जैसे हमने वर्ष 2003 से 2007 के बीच देखे। वहीं गिरावट का काल भी होता है, जैसा वर्ष 2000 और 2003 के बीच हुआ था और एक बार फिर 2008 में हुआ और 2012 तक जारी रहा। कोई नहीं बता सकता कि यह कब समाप्त होगा और तेजी की कब शुरुआत होगी। लेकिन जो लोग लंबे समय से बाजार को देख रहे हैं, वे ही यकीन के साथ कह सकते हैं कि तेजी आने वाली है। तब तक हर लंबी गिरावट के बाद केवल एक नहीं, बल्कि बहुत से तेजी के दौर आएँगे। ये उतार-चढ़ाव व्यापक बाजार चक्र का हिस्सा हैं, जो बारी-बारी से हमेशा जारी रहेंगे।

लंबी गिरावट के बाद तेजी का समय बहुत खामोशी के साथ आता है, जिसे जानना आसान नहीं होता। शुरुआत विदेशी संस्थागत निवेशकों के प्रतिस्पर्धा में प्रवेश करने से होती है। वे निवेश के लिए बड़ी मात्रा में शेयर खरीदते हैं। वे देश (भारत) की अर्थव्यवस्था और बहुत से सेक्टरों की संभावनाओं को लेकर उत्साहित होते हैं। वे भारी मात्रा में धन लगाते हैं और लार्ज कैप शेयर खरीदना आरंभ कर देते हैं। इससे सूचकांक चढ़ना आरंभ हो जाता है।

इसी समय या इसके थोड़ा बाद अन्य संस्थागत निवेशक, घरेलू निवेशक जैसे एल.आई.सी., यू.टी.आई. और बीमा कंपनियाँ तथा बड़े निवेशक (हाई नेटवर्थ इंडिविजुअल्स—एच.एन.आई.) भी पूरी आस्था सहित खरीदारी करने लगते हैं। इनकी क्रय शक्ति विशाल होती है, क्योंकि इनमें से कुछ के धन-बल का स्रोत जनता होती है।

इससे शेयरों के भाव बढ़ते हैं तथा रीटेल और छोटे निवेशकों की उम्मीदों को धता बताते हुए भावों में गिरावट नहीं आती। इन्हें निरंतर बढ़ता देख रीटेल वालों का पिछली गिरावट के रुख से खोया विश्वास पुनः कायम होता है और वे भी बाजार में प्रवेश कर जाते हैं।

कुछ अनुभवी खिलाड़ी अच्छे शेयर एकत्रित करना आरंभ कर देते हैं। वे लगातार शेयर खरीदते रहते हैं, लेकिन बेचते कुछ नहीं। समय के साथ ही अन्य निवेशक भी इस पद्धति को अपना लेते हैं, जिससे अधिक क्रेता और कम विक्रेता की स्थिति बन जाती है। यहीं से तेजी के दौर की शुरुआत होती है।

अब कुछ लोग अनजाने में बाजार के अवसरों पर बात करने लगते हैं। वे इस तरह वादे करते हैं, मानो यह बेहतर स्थिति हमेशा बनी रहनेवाली है। अपने इस तर्क को साबित करने के लिए उनके पास कई कारण भी होते हैं। उनके तर्क इतने ठोस होते हैं कि उन्हें कोई चुनौती नहीं दे सकता। इसे सिद्ध करने के लिए वे सिद्धांतों और डाटा का हवाला देने लगते हैं। निरंतर प्रवेश और शामिल होनेवालों के मुनाफों से बाजार में तेजी का माहौल बन जाता है। मंदड़िए ढूँढ़े नहीं मिलते। हर ओर तेजी दिखाई देती है।

सब लोगों के निरंतर खरीदारी करते रहने से शेयरों के भाव बढ़ते हुए अंततः उस शीर्ष स्तर पर पहुँच जाते हैं, जिसे किसी भी तरह न्यायसंगत नहीं ठहराया जा सकता। आखिरकार शेयरों को प्रतिफल व रिटर्न के लिए ही खरीदा गया है। अगर रिटर्न न मिले तो उन्हें अकारण ही उच्च भाव पर खरीदने का क्या अर्थ है?

धीरे-धीरे लालच हावी होने लगता है। जो लोग शेयर बाजार के बारे में कुछ नहीं जानते, वे भी इस पार्टी में शामिल हो जाते हैं। ऐसे समय पर किसी भी खरीद से तुरंत शानदार रिटर्न हासिल हो सकता है। इससे नवागंतुक उत्साहित हो जाते हैं। वे प्रचारक बन जाते हैं। चारों ओर शेयर बाजार के जादू से जुड़ी कहानियाँ तैरने लगती हैं। अब तक जो बच रहे थे, उनका विश्वास भी जमने लगता है और ये कहानियाँ सुनकर उन पर दबाव बनने लगता है। अब बहुत सारे लोग अपनी बैंक एफ.डी., आभूषण व अन्य संपत्तियों को नकद बनाकर बाजार में कूद पड़ते हैं और शेयरों में निवेश कर देते हैं।

चारों ओर उत्साह के इस माहौल में इस बिंदु पर बाजार में बहुत सारे लोग और बेशुमार पैसे एकत्रित हो जाते हैं। शेयरों द्वारा संपत्ति के रूप में बड़े पैमाने पर धन आकर्षित कर लिया गया होता है। शेयर बाजार ने अन्य सादा (व सुरक्षित) संपत्ति वर्गों की कीमत पर धन एकत्रित कर लिया होता है। इसे तरलता कहा जाता है, जहाँ सीमित गुणवत्तापूर्ण शेयर अत्यधिक नकदी आकर्षित कर लेते हैं।

चूँकि अच्छी कंपनियाँ और उनके शेयर सीमित संख्या में ही होते हैं और इतने

कम समय में इनकी संख्या बढ़ नहीं सकती, इसलिए उनके भाव आसमान छूने लगते हैं। इसके बावजूद शेयरों की प्यास नहीं बुझती, क्योंकि नए धन का प्रवाह निरंतर जारी रहता है। इस अवसर का लाभ उठाने के लिए कुछ कंपनियाँ आई.पी.ओ., अनुवर्ती आई.पी.ओ., राइट्स इश्यू आदि निकालती हैं। वे इसके लिए अच्छी प्रीमियम राशि तय करती हैं, अपने नए इश्यू आसानी से बेच लेती हैं। शेयर और बेशुमार पैसे को पचाने में पूर्ण सक्षम बाजार इन सबसे आसानी से आत्मसात् कर लेता है।

चूँकि मूड बन चुका होता है और हर कोई खरीदने का इच्छुक होता है, ऐसे में बाकी कम अच्छे शेयर भी अच्छे भाव पर बिक जाते हैं। शेयर बाजार के जानकारों की चेतावनी भी अनसुनी कर दी जाती है। मूल्य-निर्धारण सिर चकरा देनेवाला हो जाता है।

इतिहास में ऐसे बहुत से उदाहरण हैं। जुलाई 1993 से अक्तूबर 1994 तक बाजार ऐसे ही चढ़ा था। इसे हर्षद मेहता की तेजी के रूप में जाना जाता है। आगे चार्ट में हम बी.एस.ई. के सूचकांक में इस त्वरित वृद्धि को देख सकते हैं।

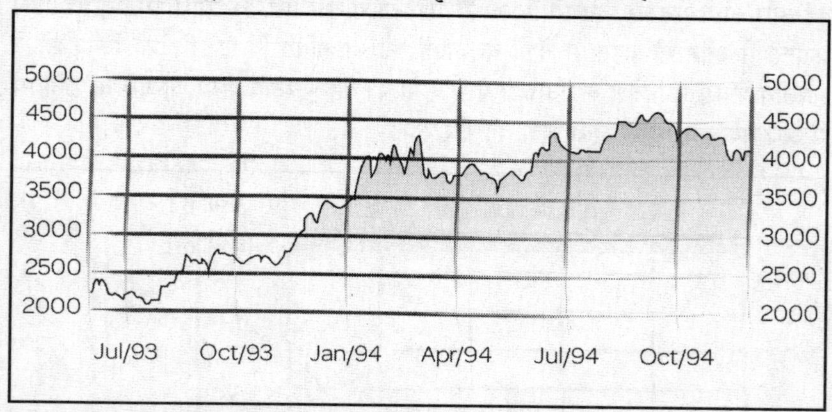

स्रोत : *WWW.TRADINGECONOMICS.COM*

सन् 1998 से 2000 तक बाजार लगातार इसी तरह चढ़े थे। इसे टेक्नोलॉजी बूम के रूप में जाना जाता है। ऊपर दिए चार्ट में निफ्टी सूचकांक दरशाया गया है, जो आई.टी. शेयरों के भावों की गतिशीलता को प्रतिबिंबित करता है, जिनमें इस बूम के दौरान अत्यधिक वृद्धि हुई। 16 माह की इस अवधि में ये लगभग 100% बढ़े।

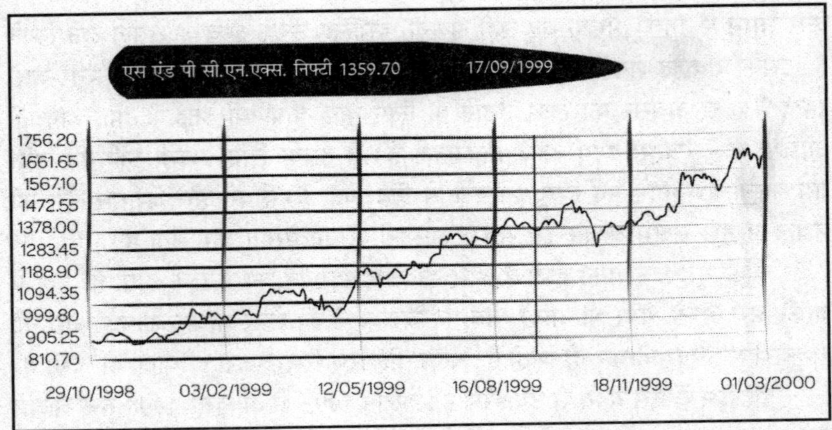

मार्च 2003 से आरंभ हुई हालिया तेजी 'इंडिया इज शाइनिंग' नारे के साथ आरंभ हुई और आगे बढ़कर जनवरी 2008 में 'इंडिया ग्रोथ स्टोरी' के साथ समाप्त हुई। इस कहानी ने और भी बहुत से देशों के लोगों को आकर्षित किया। विदेशी निवेशकों ने भारतीय शेयरों में निवेश कर अच्छा पैसा कमाया। यह भारतीय शेयर बाजारों के इतिहास में अब तक का सबसे लंबा तेजी का दौर रहा।

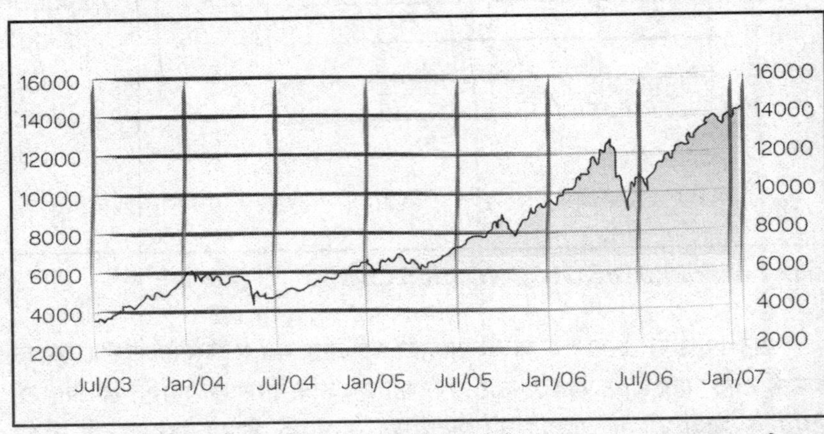

जब तेजी की अवधि में शेयर बाजारों में किए निवेश का मूल्य लगातार बढ़ने लगा तो इसके प्रति आकर्षण भी बढ़ गया। दिनोदिन नए निवेशक आने व जाने लगे और पुराने निवेशकों ने बिकवाली बंद कर दी तथा अपने अन्य निवेशों या उधार लिये पैसों से अतिरिक्त खरीदारी करने लगे।

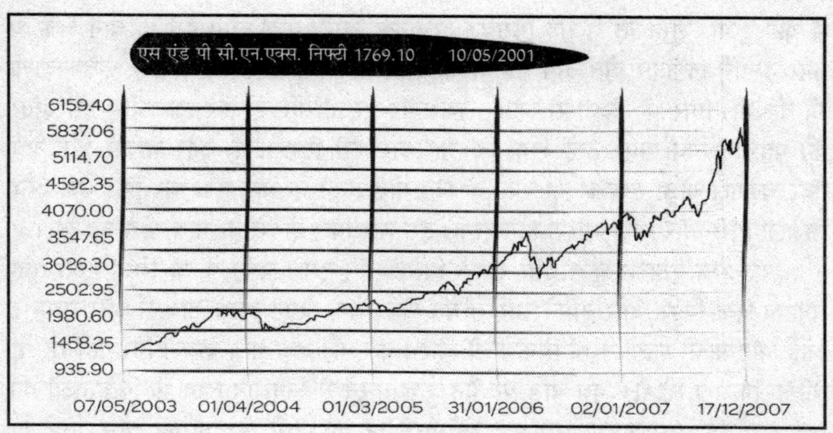

इसके साथ ही शेयर बाजार की नाव पूरी तरह से भर गई। फिर भी, नाव पर सवार होने के इच्छुकों की संख्या बढ़ती ही रही। यह रेल-पेल समाप्त नहीं हुई। नाव में अधिक-से-अधिक लोगों के सवार हो जाने से नाव भारी होकर डगमगाने लगी।

अब बाजार पूरी तरह भरे हुए गुब्बारे के जैसा था। कोई भी काँटा (मामला) बड़ी समस्या बन सकता था। यदि और लोग सवार हो जाते तो नाव उलट सकती थी। कुछ लोगों ने यह देख लिया और चुपचाप बाहर निकल गए। विशेषज्ञ चेतावनी दे रहे थे, लेकिन वे उनकी भी नहीं सुन रहे थे।

इस बिंदु पर एक खबर आई। यह खबर इतनी भी बुरी नहीं थी। लेकिन चूँकि बाजार में व्यापक रूप से हवा बन चुकी थी, इसलिए इस पर गंभीर प्रतिक्रिया आई। आखिरी तिनका भी भारी होने के जैसा था। यह समाई के बाद मश्क फूटने के जैसा था। इस छोटे से धक्के से संतुलन बिगड़ गया और पूरा परिदृश्य ही बदल गया। अचानक बाजार गिर गया।

क्या इसका कारण वह आखिरी तिनका था? क्या इसका कारण भरी मश्क को और भरना था? क्या इसका कारण बुरी खबर जैसे सी.आर.आर. का बढ़ना या कच्चे तेल की भाव गतिविधि या अन्य आर्थिक आँकड़े थे?

नहीं, इसका कारण पिछली घटनाएँ थीं, जहाँ बाजार किसी भी खराब खबर को सहने की स्थिति में नहीं था। वह हर कमजोरी को आसानी से नजरअंदाज कर रहा था। लेकिन अब इसने बीते हर क्षण पर प्रतिक्रिया दी थी। गुब्बारे से न केवल हवा निकल गई थी, बल्कि वह एक ही बार में फूट गया था। नाव डूब गई थी, बाजार गिर चुका था।

प्रत्येक अत्यधिक वृद्धि के बाद यही होता है—सन् 1993, 2000 और 2008

में यही हुआ। शुरुआत में यह गिरावट अचानक आई। कुछ लोग इसे पहचान चुके थे और उन्होंने लगातार होते अप ट्रेंड में बड़े परिवर्तन (यू टर्न) की सटीक भविष्यवाणी भी की थी। फिर भी, बहुत से लोग—खासतौर पर नौसिखिए और लालची—इस अंतर को पहचान नहीं पाए। उन्हें लगा कि यह अस्थायी गिरावट है और बाजार एक बार फिर चढ़ेगा। थोड़ा रुककर या एक-दो दिन पीछे हटने के बाद एक बार फिर एक और बिजली गिरी और भारी बारिश होने लगी। इस बार फिर शेयरों के भाव नीचे आ गए।

यह सब देखकर कुछ और सतर्क निवेशकों (दूसरा वर्ग) ने जो संभव हुआ, वह मुनाफा बुक किया और अपने सारे संचित शेयर बेच दिए। इससे भाव में और गिरावट आई और बाकी लोगों ने भी बिकवाली आरंभ कर दी। अब भाव केवल गिर नहीं रहे थे, बल्कि फिसल रहे थे। अब बाड़ पर बैठे कुछ करने से अनजान लोग भी विक्रेताओं की ओर कूद पड़े। इस कारण अब भाव बुरी तरह टूट गए। बुरी संवेदना का लाभ उठाने के लिए मंदड़ियों ने कमान सँभाल ली। अब वे बाद में कवर करने की उम्मीद से दोगुनी या तिगुनी मात्रा में बिकवाली कर रहे थे। अब बाजार का समर्थन करनेवाला या इसे बचाने वाला कोई नहीं था, क्योंकि वह विक्रेताओं से भरा पड़ा था।

जब 21 जनवरी, 2008 को कई साल की तेजी के बाद शेयर बाजार गिरा, तब सेंसेक्स में एक ही कारोबारी दिवस में 1,000 अंक से भी अधिक की गिरावट आई और अगले दिन यह पुनः 1,000 अंक गिरा। बाजार औंधे मुँह था। ये हालात फरवरी, टेक बूम के बाद वाले सन् 2000 से और हर्षद मेहता बूम के बाद के 1994 से कुछ अधिक अलग नहीं था।

1993-94 के बूम के बाद गिरावट

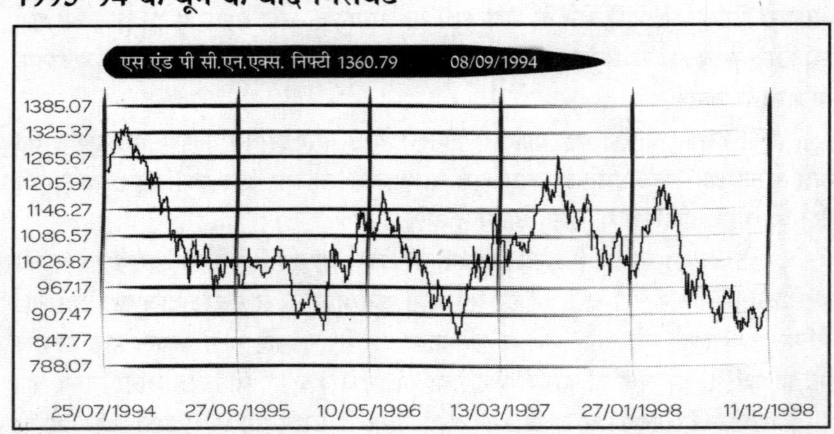

1998-1999 के बूम के बाद गिरावट

सितंबर 2001 में उन्मादपूर्ण व ऐतिहासिक 1,753 के शीर्ष के बाद निफ्टी वहाँ से गिरकर 854 तक नीचे आ गया था।

वर्ष 2003-07 के बूम के बाद गिरावट

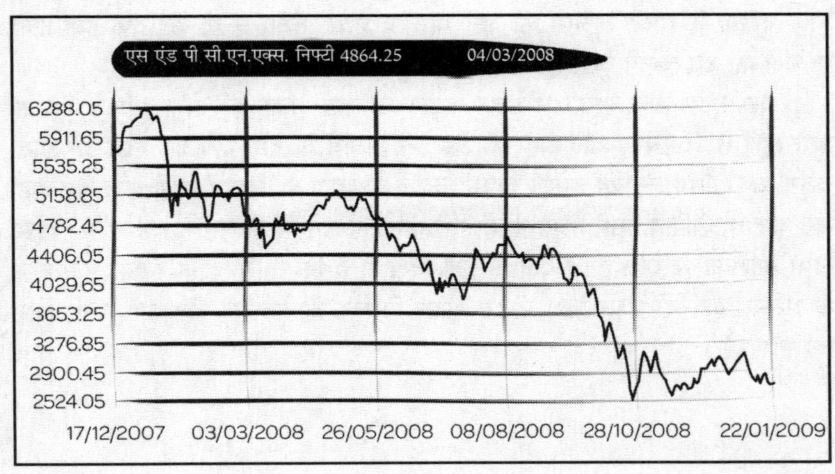

अब तक घबराहट फैल गई थी और लोग वर्तमान परिप्रेक्ष्य पर और अपने शेयरों (होल्डिंग्स) की वास्तविक कीमत पर विचार करने लगे थे।

इन गिरावटों के कारण बहुत से लोगों ने पैसा खोया और सबसे महत्त्वपूर्ण, उनका बाजार पर विश्वास समाप्त हो गया। यह संवेदना कुछ समय तक बनी रही। यह मंदी का काल था। अपनी क्षमता से अधिक निवेश करनेवालों को सबसे अधिक नुकसान हुआ। वे अपनी संपत्ति का बड़ा हिस्सा खो बैठे। उन्होंने शेयर बाजार के बूम का लाभ लेने के लिए अपने जेवरात, बैंक एफ.डी., घर आदि जैसी संपत्तियों को नकद में परिवर्तित कर लिया था। अब चूँकि बाजार गिर गया था, इसलिए वे भी फँस चुके थे। इसके सुधार में वक्त लगता था। उनके लिए इस अंतराल अवधि में काम चलाना मुश्किल हो गया। थोड़े ही समय में उनका धैर्य चुक गया और वे इस संकट काल में अपने सारे शेयरों को उसके बदले उन्हें जो भी भाव मिलते, बेचने लगे। बदले में उन्हें बेहद कम पैसे मिले और वे स्वयं को बाजार द्वारा ठगा गया महसूस करने लगे।

तेजी के समय की ही भाँति इस बार फिर लोग पागलपन में बिल्कुल विपरीत दिशा में यकीन करने लगे कि 'शेयर बाजार पैसे खोने का स्थान है और यहाँ कोई पैसे नहीं कमा सकता'। इस वक्त समस्या था—बाजार पर विश्वास न होना। कोई भी अच्छी खबर आने पर लोग उसे अनदेखा कर देते। अब किसी भी बात से उनका विश्वास कायम नहीं हो सकता था। उनका पूरी तरह से मानना था कि बाजार जुए की तरह काम करता है और उन्हें इसमें फिर कभी शामिल नहीं होना चाहिए। अत: लंबे समय तक शेयरों के भाव कुछ अपवादों के साथ निरंतर कम होते गए।

दुनिया के बाकी बाजारों की तरह भारतीय शेयर बाजार ने भी कई वर्षों तक तेजी या मंदी का दौर चलते देखा है।

यद्यपि इस बीच बाजार में उतार-चढ़ाव का रुख आता रहा, लेकिन फिर भी एक महत्त्वपूर्ण व दिलचस्प बात यह रही कि इस अवधि के दौरान बाजार लगातार ऊपर चढ़ता रहा। जैसा कि यह हमेशा वापसी करता ही रहता है, जिसमें कभी कुछ वर्ष तक लग जाते हैं, लेकिन इसमें उच्च भावों पर बाहर निकलने के अवसर हमेशा रहते हैं। इसे निम्न तालिका में देखा जा सकता है, जो दिखाती है कि किस बॉम्बे स्टॉक एक्सचेंज के सेंसेक्स (संवेदी सूचकांक) में इस दौरान गिरावट के बावजूद बीते वर्षों में लगातार चढ़ता रहा है।

सेंसेक्स 1981 से 17 मई, 2017 के बीच

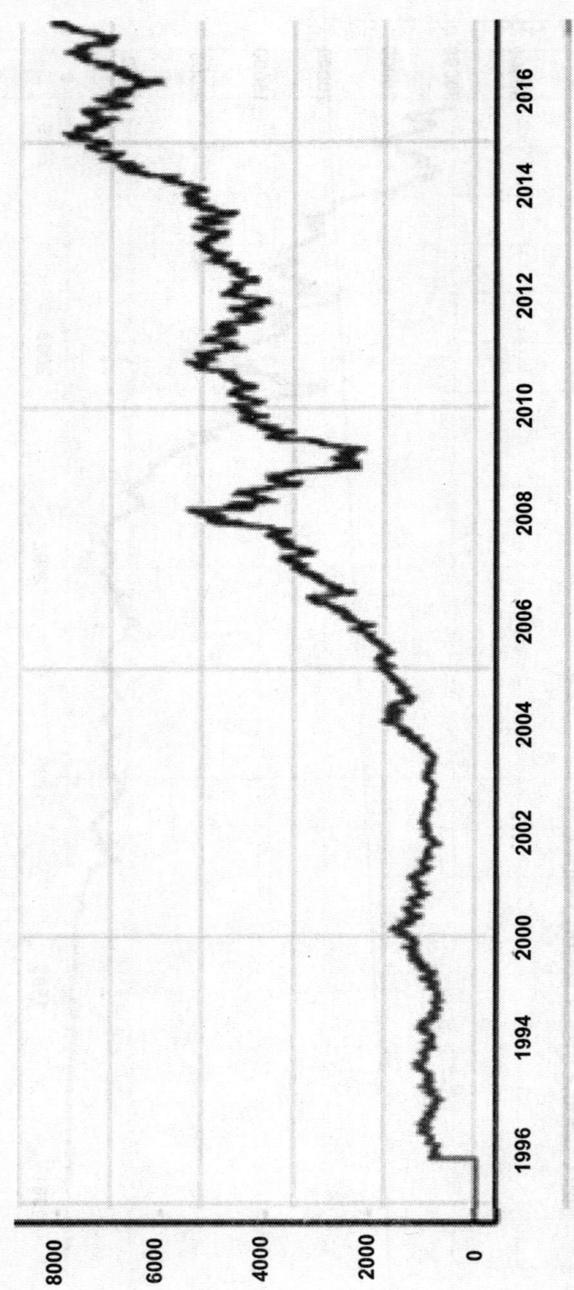

निफ्टी 01.11.1995 से 05.09.2014

वर्ष 1990 से सेंसेक्स की यात्रा

वर्ष	तारीख	सेंसेक्स ने अंक छुआ/पार किया
1979	1 अप्रैल	100
1990	25 जुलाई	1000
1992	15 जनवरी	2000
1992	29 फरवरी	3000
1992	30 मार्च	4000
1999	11 अक्तूबर	5000
2000	11 फरवरी	6000
2005	21 जून	7000
2005	8 सितंबर	8000
2005	5 दिसंबर	9000
2006	7 फरवरी	10000
2006	27 मार्च	11000
2006	20 अप्रैल	12000
2006	30 अक्तूबर	13000
2006	5 दिसंबर	14000
2007	6 जुलाई	15000
2007	19 सितंबर	16000
2007	26 सितंबर	17000
2007	9 अक्तूबर	18000
2007	15 अक्तूबर	19000
2007	11 दिसंबर	20000
2010	5 नवंबर	21000
2014	24 मार्च	22000
2014	9 मई	23000

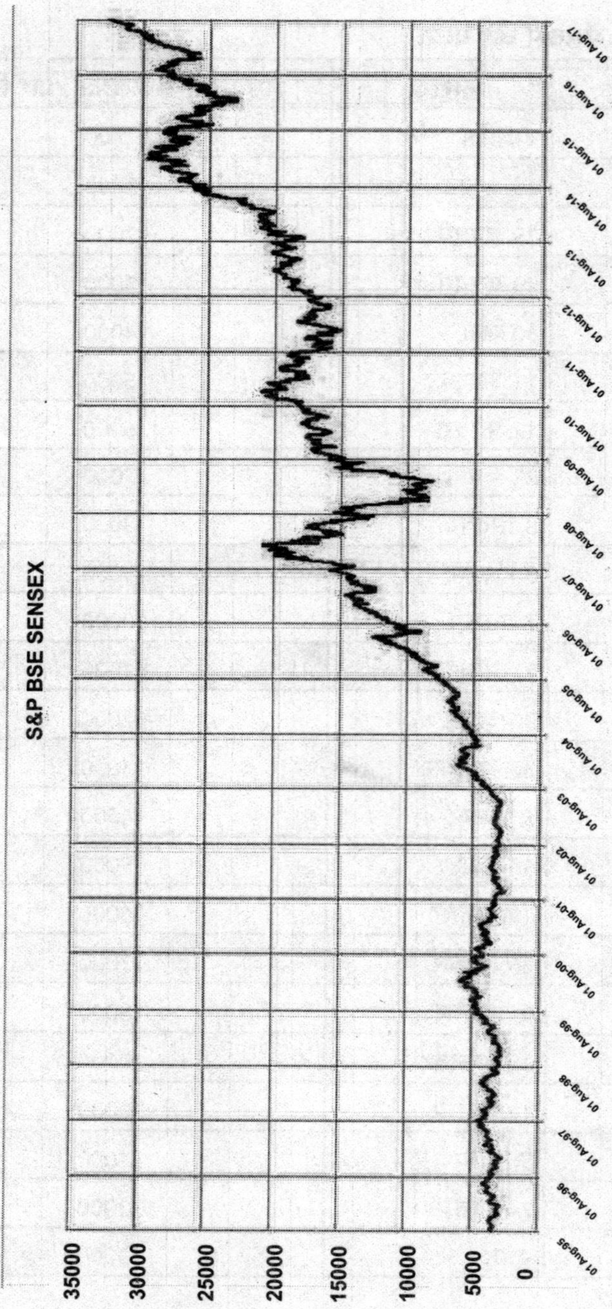
S&P BSE SENSEX
35000
30000
25000
20000
15000
10000
5000
0
01 Aug-95
01 Aug-96
01 Aug-97
01 Aug-98
01 Aug-99
01 Aug-00
01 Aug-01
01 Aug-02
01 Aug-03
01 Aug-04
01 Aug-05
01 Aug-06
01 Aug-07
01 Aug-08
01 Aug-09
01 Aug-10
01 Aug-11
01 Aug-12
01 Aug-13
01 Aug-14
01 Aug-15
01 Aug-16
01 Aug-17

वर्ष	तारीख	सेंसेक्स ने अंक छुआ/पार किया
2014	13 मई	24000
2014	16 मई	25000
2014	7 जुलाई	26000
2014	2 सितंबर	27000
2014	12 नवंबर	28000
2015	15 जनवरी	29000
2015	4 मार्च	30000
2017*	27 मई	31000
2017*	13 जुलाई	32000
2017*	25 अक्तूबर	33000
2017*	26 दिसंबर	34000
2018*	18 जनवरी	35000
2018*	23 जनवरी	36000

* इंट्रा-डे हाई

चूँकि यहाँ पूर्णत: वृद्धि की प्रवृत्ति दिखाई देती है, इसलिए यहाँ दीर्घावधिक खिलाड़ी होना ज्यादा बेहतर है।

इसी कारण अनुभवी वित्तीय सलाहकार कहते हैं कि यदि कोई कम समय में पैसे कमाना चाहता है तो उसे शेयर बाजार में निवेश नहीं करना चाहिए। कम समय में व्यक्ति पैसे कमा भी सकता है और नहीं भी। लेकिन दीर्घावधि में हाँ, यह संभव है। शेयर खरीदने के बाद भाव गिर सकते हैं। लेकिन अगर वे अच्छी कंपनी के शेयर हैं तो इसमें चिंता का कोई कारण नहीं, क्योंकि आपका उद्देश्य दीर्घावधिक है और समय के साथ अच्छे शेयरों के भाव अवश्य बढ़ जाएँगे।

जो भी गिरता है, वह फिर से चढ़ता है, भले ही इसमें कुछ समय लग जाए। अत: दीर्घावधि में व्यक्ति मुनाफा कमा सकता है। हालाँकि यह कहना प्रासंगिक होगा कि सभी शेयर अपने पिछले उच्च (भाव) तक नहीं पहुँच सकते। ऐसा केवल प्रमुख शेयरों में ही संभव है।

इसलिए व्यक्ति को कभी भी कोई भी शेयर नहीं खरीद लेने चाहिए, बल्कि हमेशा नुक्ताचीन रहना चाहिए। अर्थव्यवस्था में लंबे उतार को झेलना सिर्फ अनुभवी खिलाड़ियों (कंपनियों) के ही वश की बात है और छोटे खिलाड़ी बाजार में सुधार होते ही गायब हो जाते हैं।

सन् 1998 से 2000 तक तेजी रही। इसके बाद शेयरों के भाव गिर गए। कुछ निवेशकों ने बाजार गिरने के पूर्व ही प्रॉफिट बुक कर लिया। जिन्होंने नहीं किया, उनके लिए यह गिरावट परीक्षा की घड़ी थी। बाजार गिरने पर सभी शेयरों के भाव गिर जाते हैं। अच्छे शेयर भी इससे बच नहीं पाते। निम्न तालिका में आप यह देख सकते हैं।

बुनियादी रूप से मजबूत शेयर	भाव अवधि	
	14 फरवरी, 2000	21 सितंबर, 2001
एन.आई.आई.टी.	396	11.74
इन्फोसिस	1344	276
एल एंड टी	219	75
टाटा मोटर	156	57
आई.सी.आई.सी.आई. बैंक	169	74
ग्लैक्सो	581	258
अंबुजा सीमेंट	41	18
इंडियन होटल्स	23	11

लेकिन बुनियादी रूप से मजबूत व अच्छे शेयरों की खूबसूरती यही है कि परिस्थिति अनुकूल होते ही ये पुनः वापसी कर लेते हैं।

आप इन्हीं शेयरों के निश्चित समयावधि में भाव देख सकते हैं—

बुनियादी मजबूत शेयर	भाव		कुछ साल बाद	
	14 फर. 00	21 सितं. 01	उच्च भाव	तारीख
इन्फोसिस	1344	276	2415	15/2/2007
एल एंड टी	219	75	2345*	31/12/2007
टाटा मोटर्स	156	57	988	31/12/2007
आई.सी.आई.सी.आई. बैंक	169	74	1455	31/12/2007

ग्लैक्सो	581	258	1553	29/12/2005
अंबुजा सीमेंट	41	18	468	03/10/2005
इंडियन होटल्स	23	11	107	31/12/2008

*एल एंड टी शेयर के भाव वर्ष 2008 में 1 पर 1 बोनस के कारण समायोजित किया गया है।

बुरे समय के दौरान होल्डिंग के साथ ही यदि कोई तेजी के दौरान उच्च भाव पर नहीं बेच पाता तो वह गिरावट के दौरान अधिक शेयर एकत्रित कर सकता है, जिससे अगली तेजी के दौरान वे अधिक बिकवाली कर सकें। जैसा कि पहले बताया गया है, खरीदारी नियमित आधार पर छोटे लॉट में होनी चाहिए। अब चूँकि कोई नहीं बता सकता कि निम्नतम भाव क्या होगा और रिकवरी कब से आरंभ होगी।

नियमित आधार पर प्रॉफिट बुकिंग अच्छा विचार है, क्योंकि गिरावट के दौरान अच्छे शेयरों के भाव भी नीचे आते हैं। दिसंबर 2008 में इसी लॉट के नौ शेयरों की भाव गतिशीलता यही साबित करती है।

बुनियादी मजबूत शेयर	भाव		कुछ वर्ष बाद		8 वर्ष बाद	
	14 फर. 00	21 सितंबर, 2001	उच्च भाव	तारीख	न्यून भाव	तारीख
इन्फोसिस						
एल एंड टी						
टाटा मोटर्स						
आई.सी.आई.सी.आई. बैंक						
ग्लैक्सो						
अंबुजा सीमेंट						
इंडियन होटल्स						
इन्फोसिस						
एल एंड टी						
टाटा मोटर्स						

आई.सी.आई.सी.आई. बैंक						
ग्लैक्सो (जी. एस.के.)						
अंबुजा सीमेंट						
इंडियन होटल्स						

ये केवल कुछ उदाहरण हैं। इनके अलावा और भी बहुत सारे बुनियादी मजबूत शेयर हैं, बल्कि उद्धत कंपनियों से भी बेहतर कंपनियाँ हैं।

इन उदाहरणों से क्या सीख मिलती है? व्यक्ति को लालची होकर तेजी के दौरान उच्च भाव पर नहीं खरीदना चाहिए। साथ ही व्यक्ति को सबकुछ नहीं बेच देना चाहिए या लंबी गिरावट के बाद आगे और गिरावट के डर से कम भाव पर खरीदने से बचना चाहिए।

स्थिर दृष्टिकोण रखें—स्थिरता से खरीदें, होल्ड करें और बेचें, जब भी अच्छा मुनाफा हो। लेकिन सिर्फ अच्छे शेयरों से ही जुड़ें। फँस जाने पर भी घबराएँ नहीं।

आज का शेयर बाजार पहले से कहीं पारदर्शी और भलीभाँति नियमित है। सत्यम कंप्यूटर लि. जैसी एक या दो घटनाएँ होंगी, लेकिन ये अपवाद हैं। बहुत अच्छे कॉरपोरेट्स भी हैं, जिन्हें अच्छी तरह चलाया जा रहा है और जिनसे निवेशकों को शानदार इनाम मिल रहे हैं। इनमें टैक्स से भी छूट प्राप्त है। तो अवसर क्यों चूकें? व्यक्ति इन्हें निवेश के अच्छे अवसर के रूप में उपयोग कर सकता है और उसी तरह लाभान्वित हो सकता है, जैसे अन्य धनवान् व शिक्षित व्यक्ति हुए हैं।

शेयर बाजार एक समुद्र है और इस पुस्तक में इसके 'कैसे', 'क्या' और 'क्यों' जैसे बुनियादी हिस्से ही शामिल हैं। लेकिन अभी सीखने और सबसे महत्त्वपूर्ण अनुभव के लिए और भी बहुत कुछ है। आपको मेरी शुभकामनाएँ।

नवागंतुकों के लिए क्या करें, क्या न करें

1. निवेश के लिए उपलब्ध समग्र धनराशि में से निश्चित राशि को अलग रख लें या एक राशि तय कर लें (प्रतिशत में) और इस पर बने रहें।
2. शेयर बाजार से या शेयर ट्रेडिंग में किए अपने निवेश से नियमित और स्थिर आय की आशा न रखें।
3. वह पैसा निवेश न करें, जिसकी लघु अवधि में आपको या आपकी पत्नी को आवश्यकता पड़ सकती है।

4. शेयर बाजार में उधार के पैसों से ट्रेड या निवेश न करें, फिर चाहे ब्याज दर कितनी भी हो।
5. शेयरों को गिरवी रखकर उधार लिये पैसे से और अधिक शेयर न खरीदें।
6. बाजार में कोई बड़ा कदम न उठाएँ। बाजार को प्रभावित करनेवाले बहुत से कारण हो सकते हैं तथा यहाँ अप्रत्याशित व अचानक बड़ी गिरावट हो सकती है।
7. ठीक लगे तो प्रॉफिट बुक कर लें और किसी त्रुटि के कारण भावों में गिरावट आने के एक और अवसर की प्रतीक्षा करें।
8. शेयर बाजार में निवेश करने के लिए अपना पैसा दूसरों को न दें।
9. अपनी जगह दूसरों को ट्रेड करने की अनुमति न दें। अपना पासवर्ड शेयर ब्रोकिंग कंपनियों समेत किसी के भी साथ साझा न करें।
10. ट्रेडिंग और डी.पी. दोनों अकाउंटों में किसी का नामांकन (नॉमिनेशन) करें।
11. अपने ट्रेड अनुबंध की हमेशा जाँच करते रहें।
12. सारी पूँजी या धन का बड़ा हिस्सा केवल एक या दो शेयरों में निवेश न करें। जोखिम को विभाजित रखें।
13. बहुत सारी कंपनियों के शेयर न खरीदें। अपनी शेयर संख्या को उतने तक ही सीमित रखें, जितने की आप निगरानी कर सकते हों।
14. यदि आप नौसिखिए हैं तो 'ट्रेडिंग' की जगह खुद को 'निवेश' तक सीमित रखें।
15. छोटे शेयरों में ट्रेड या निवेश न करें। लार्ज कैप या मिड कैप कंपनियों को चुनें।
16. सुनी-सुनाई बातों और अफवाहों पर ध्यान न दें। किसी भी शेयर को खरीदने के पूर्व उसे भलीभाँति समझ लें।
17. यदि शेयर बुरा चयन साबित हो तो भाव गिरने तक उससे चिपके न रहें। अपना नुकसान काट लें।
18. शेयर के भाव गिरने पर एवरेजिंग के नाम पर उसी शेयर को और न खरीदें।
19. ट्रेडिंग के दौरान नफे-नुकसान की नियमित आधार, शेयर आधार या अवधि—साप्ताहिक या मासिक आधार पर जाँच न करें।
20. निवेश हेतु खरीदारी के बाद ट्रेडिंग न करें। अपने निवेश के परिणाम आने दें।
21. दीर्घावधि लाभ पर भरोसा न करें; प्रमाणित और बड़ी कंपनियों को चुनें।
22. शेयर बाजार से कमाए सारे मुनाफे को पुनः शेयर बाजार में ही निवेशित न करें। इस मुनाफे को अन्य संपत्तियों में निवेश करें।

□

शब्दावली

शब्दावली में किसी विषय से संबंधित विशिष्ट अर्थ वाले शब्द शामिल होते हैं। जैसे 'डक' का अर्थ क्रिकेट की बोल-चाल में 'स्कोर न बनाना' (शून्य) है, वहीं सिनेमा के क्षेत्र में 'बॉक्स ऑफिस' का अर्थ 'कुल कमाई' होता है। शेयर बाजार की भी ऐसी ही अपनी शब्दावली है। उदाहरण के लिए, 'गोइंग लॉन्ग' अर्थात् शेयर खरीदना। 'गोइंग शॉर्ट' यानी अपने पास शेयर न होने पर भी इन्हें बेचना।

शेयर बाजार/स्टॉक मार्केट

वह स्थान जहाँ शेयर खरीदे व बेचे जाते हैं। पहले जब शेयर सर्टिफिकेट के आकार के होते थे (डिग्री या कॉण्डक्ट या बैंक एफ.डी. सर्टिफिकेट्स की तरह), बाजार स्टॉक एक्सचेंज की इमारतों, जैसे दलाल स्ट्रीट, मुंबई (बी.एस.ई.), सेकंड लाइन बीच रोड चेन्नई (एम.एस.ई.) आदि से परिचालन में हैं। कंप्यूटर आधारित टर्मिनल ट्रेडिंग के आगमन से बाजार अब अमेजन आदि जैसे वर्चुअल बाजारों में तब्दील हो रहे हैं। भारत में फिलहाल 'शेयर बाजार' शब्द का अर्थ प्राय: नेशनल स्टॉक एक्सचेंज (एन.एस.ई.) और बॉम्बे स्टॉक एक्सचेंज (बी.एस.ई.) के तौर पर लिया जाता है।

एन.एस.ई.

एन.एस.ई. नेशनल स्टॉक एक्सचेंज का संक्षिप्त रूप है और यह भारत की दो प्रमुख एक्सचेंजों में से एक है। एन.एस.ई. का परिचालन सन् 1994 में जारी है। एन.एस.ई. में 1,300 से अधिक शेयर सूचीबद्ध हैं (जून 2014)। तेजी के बाजार में इसका औसत टर्नओवर 25,000 करोड़ रुपए प्रतिदिन होता है।

एस.एस.ई. का नेटवर्क सबसे बड़ा है, जिसमें 1,000 से अधिक ब्रोकर बतौर ट्रेडिंग सदस्य (टी.एम.) 1,486 शहरों व कस्बों में फैले हैं।

इन टी.एम. की कई ब्रांचें भी हैं तथा 2.3 लाख टर्मिनल हैं, जिनमें से प्रत्येक

एन.एस.ई. से अधिकृत है। भारत सरकार ने एन.एस.ई. को बतौर प्रमुख वित्तीय संस्थान प्रोत्साहन देते हुए नवंबर 1992 में निगमित किया था।

http://www.nseindia.com/

बी.एस.ई.

बॉम्बे स्टॉक एक्सचेंज एशिया का सबसे पुराना और भारत का दूसरा प्रमुख शेयर बाजार है। मूल रूप से बी.एस.ई. की स्थापना सन् 1875 में 'द नेटिव शेयर एंड स्टॉक ब्रोकर्स एसोसिएशन' के रूप में हुई थी। फिलहाल बी.एस.ई. दुनिया के सबसे अधिक सूचीबद्ध कंपनियों (शेयरों) वाले बाजारों में से एक है (4,700 से अधिक)।

http://www.bseindia.com/

सूचकांक (इंडेक्स)

शेयर बाजारों में रोजाना हजारों शेयर सूचीबद्ध और ट्रेड होते हैं। इन सभी शेयरों के भाव लगभग रोज ही ऊपर-नीचे होते रहते हैं। शेयर बाजार में क्या चल रहा है (भाव चढ़ रहे हैं या गिर रहे हैं), इस रुख को समग्र रूप से देखने के लिए एक सूचक की आवश्यकता थी। इस सूचक को सूचकांक के रूप में जाना जाता है। यह उपभोक्ता मूल्य सूचकांक (सी.पी.आई.) के जैसा ही है।

शेयर बाजार का सूचकांक आधार अवधि के दौरान चुनिंदा शेयरों (सभी सूचीबद्ध शेयर नहीं, बल्कि केवल कुछ ही) में भाव-परिवर्तन जानकारी देता है।

इंडिसीज

सूचकांक का एक और नाम।

सेंसेक्स

कई दशकों से, बल्कि आज भी, सेंसेक्स केवल भारत में ही नहीं, बल्कि विदेशों में भी भारतीय शेयर बाजारों का प्रतिनिधित्व करता है।

बी.एस.ई. सेंसेक्स या बॉम्बे स्टॉक एक्सचेंज संवेदी सूचकांक एक 30 शेयरोंवाला मूल्य-भारित सूचकांक है, जिसकी शुरुआत अप्रैल 1984 में हुई। इसमें 30 सबसे बड़े व अत्यधिक ट्रेड सक्रिय शेयर शामिल हैं, जो विविध सेक्टरों का प्रतिनिधित्व करते हैं और ये कंपनियाँ बी.एस.ई. की बाजार-पूँजी के लगभग पाँचवें भाग पर अधिकार रखती हैं।

सेंसेक्स के अतिरिक्त बी.एस.ई. में 21 अन्य इंडिसीज भी हैं, जिनमें से 12 सेक्टोरल इंडिसीज हैं।

निम्न तालिका में मई 2017 पर आधारित सेंसेक्स में शामिल 30 शेयर और उनके भार दिए गए हैं—

सेंसेक्स

कंपनी का नाम	सूचकांक में भार
एच.डी.एफ.सी. बैंक लि.	14.27%
हाउसिंग डेवलपमेंट फाइनेंस कॉरपोरेशन लि.	11.69%
रिलायंस इंडस्ट्रीज लि.	11.62%
आई.टी.सी. लि.	7.55%
टाटा कंसल्टेंसी सर्विसेज लि.	6.88%
हिंदुस्तान यूनिलीवर लि.	5.21%
मारुति सुजुकी इंडिया लि.	4.85%
लार्सन एंड टुब्रो लि.	4.66%
टाटा मोटर्स लि.	4%
महिंद्रा एंड महिंद्रा लि.	3.03%
भारती एयरटेल लि.	2.40%
इन्फोसिस लि.	2.25%
बजाज ऑटो लि.	2.11%
ऑयल एंड नेचुरल गैस कॉरपोरेशन लि.	1.91%
हीरो मोटोकॉर्प लि.	1.75%
आई.सी.आई.सी.आई. बैंक लि.	1.68%
डॉ. रेड्डीज लैबोरेटरीज लि.	1.67%
एन.टी.पी.सी. लि.	1.59%
विप्रो लि.	1.53%
टाटा स्टील लि.	1.50%
सिपला लि.	1.42%

कंपनी का नाम	सूचकांक में भार
सन फार्मास्यूटिकल्स इंडस्ट्रीज लि.	1.30%
हिंडाल्को इंडस्ट्रीज लि.	1.27%
गेल (इंडिया) लि.	1.01%
कोल इंडिया लि.	0.84%
भारत हैवी इलेक्ट्रिकल्स लि.	0.70%
टाटा पावर कंपनी लि.	0.67%
स्टेट बैंक ऑफ इंडिया	0.40%
जिंदल स्टील एंड पावर लि.	0.23%

नेशनल स्टॉक एक्सचेंज का सूचकांक निफ्टी या एन.एस.ई. फिफ्टी है। यह आधार अवधि के दौरान चुनिंदा 50 शेयरों के भाव में हुए परिवर्तन की सूचना देता है।

एस एंड पी सी.एन.एक्स. निफ्टी, औसत भारित सूचकांक एन.एस.ई. की बड़ी कंपनियों का प्रमुख सूचकांक है। इसमें अर्थव्यवस्था के 24 सेक्टरों की 50 कंपनियाँ शामिल हैं। 3 नवंबर, 1995 को इसका आधार स्तर 1,000 परिभाषित किया गया था।

16 मई, 2017 को निफ्टी में शामिल 50 शेयरों की उनके भारित सूचकांक सहित सूची—

कंपनी का नाम	सूचकांक में भार
एच.डी.एफ.सी. बैंक लि.	12.32%
हाउसिंग डेवलपमेंट फाइनेंस कॉरपोरेशन लि.	10.45%
रिलायंस इंडस्ट्रीज लि.	9.60%
आई.टी.सी. लि.	6.69%
टाटा कंसल्टेंसी सर्विसेज लि.	5.34%
हिंदुस्तान यूनिलीवर लि.	4.43%
लार्सन एंड टुब्रो लि.	4.06%
मारुति सुजुकी इंडिया लि.	3.97%
टाटा मोटर्स लि.	3.33%

कंपनी का नाम	सूचकांक में भार
महिंद्रा एंड महिंद्रा लि.	2.70%
इंडसइंड बैंक लि.	2.59%
इन्फोसिस लि.	1.99%
अल्ट्राटेक सीमेंट लि.	1.96%
भारती एयरटेल लि.	1.93%
बजाज ऑटो लि.	1.75%
कोटक महिंद्रा बैंक लि.	1.56%
आई.सी.आई.सी.आई. बैंक लि.	1.51%
हीरो मोटोकॉर्प लि.	1.49%
डॉ. रेड्डीज लैबोरेटरीज लि.	1.49%
एन.टी.पी.सी. लि.	1.42%
ऑयल एंड नेचुरल गैस कॉरपोरेशन लि.	1.41%
लुपिन लि.	1.33%
टाटा स्टील लि.	1.31%
पावर ग्रिड कॉरपोरेशन ऑफ इंडिया लि.	1.27%
सिपला लि.	1.24%
हिंडाल्को इंडस्ट्रीज लि.	1.09%
सन फार्मास्यूटिकल्स इंडस्ट्रीज लि.	1.06%
एच.सी.एल. टेक्नोलॉजीज लि.	0.96%
अंबुजा सीमेंट लि.	0.86%
भारत पेट्रोलियम कॉरपोरेशन लि.	0.82%
गेल (इंडिया) लि.	0.80%
कोल इंडिया लि.	0.75%
ए.सी.सी. लि.	0.70%
एक्सिस बैंक लि.	0.68%

कंपनी का नाम	सूचकांक में भार
टाटा पावर कंपनी लि.	0.59%
भारत हैवी इलेक्ट्रिकल्स लि.	0.58%
एन.एम.डी.सी. लि.	0.44%
वेदांता लि.	0.40%
रिलायंस इन्फ्रास्ट्रक्चर लि.	0.36%
आई.डी.एफ.सी. लि.	0.34%
स्टेट बैंक ऑफ इंडिया	0.34%
डी.एल.एफ. लि.	0.33%
ग्रासिम इंडस्ट्रीज लि.	0.32%
एशियन पेंट्स लि.	0.22%
जिंदल स्टील एंड पावर लि.	0.19%
बैंक ऑफ बड़ौदा	0.14%
पंजाब नेशनल बैंक	0.10%
जयप्रकाश एसोसिएट्स लि.	0.06%

एस.जी.एक्स. निफ्टी

यह सिंगापुर स्टॉक एक्सचेंज में ट्रेड हो रहा एन.एस.ई. निफ्टी इंडेक्स फ्यूचर है। इसके द्वारा अंतरराष्ट्रीय निवेशक डेरिवेटिव ट्रेडिंग के माध्यम से भारतीय बाजार में भागीदारी करते हैं।

डेफ्टी

एस.जी.एक्स. निफ्टी का एक और नाम है। चूँकि एस.जी.एक्स. उत्पाद डॉलर में नामित होते हैं, इसलिए इसे निफ्टी की जगह 'डेफ्टी' कहा जाता है। विदेशी पोर्टफोलियो या एफ.डी.आई. निवेशक, जो एस.जी.एक्स. उत्पाद की हेजिंग करता है, उसे सीधे मुद्रा सुरक्षा प्राप्त हो जाती है। दूसरे शब्दों में—डेफ्टी, निफ्टी तथा अमेरिकी डॉलर की तुलना में आई.एन.आर. (भारतीय रुपया) दोनों में होनेवाली गतिविधियों पर नजर रखता है।

जूनियर निफ्टी

सी.एन.एक्स. निफ्टी में सूचीबद्ध शेयरों के अलावा कुछ और 50 तरल शेयर (निरंतर अधिसंख्या में ट्रेड होनेवाले)।

बैंक निफ्टी

एन.एस.ई. का सी.एन.एक्स. बैंक इंडेक्स, जिसमें बारह सबसे तरल व बड़े पूँजीकृत भारतीय बैंकिंग स्टॉक शामिल हैं। एन.एस.ई. में बैंक इंडेक्स का मार्केट लॉट 25 शेयरों का है।

एशियाई बाजार

एशिया के शेयर बाजारों को संदर्भित, जैसे—चीन, जापान, थाईलैंड, सिंगापुर, हांगकांग आदि।

निक्की 225

निक्की 225 टोक्यो स्टॉक एक्सचेंज (टी.एस.ई.) का शेयर बाजार सूचकांक है। निक्की जापानी शेयरों के लिए औसतन सबसे अधिक संदर्भित किया जाता है। निक्की 225 फ्यूचर भी सिंगापुर एक्सचेंज में सन् 1986 से, ओसाका सिक्योरिटीज एक्सचेंज में सन् 1988 से, शिकागो मर्केंटाइल में सन् 1990 से ट्रेड हो रहे हैं।

सन् 1989 में निक्की 225 ने शीर्ष 38,957 अंक को छू लिया था और इसके बाद से इसमें लगातार गिरावट जारी है और 2009 में यह 7,054 के न्यूनतम अंक को छू गया। यह बीस वर्षों में 89% की गिरावट है।

हेंग-सेंग

हेंग-सेंग सूचकांक (एच.आई.एस.) हांगकांग शेयर बाजार का सूचकांक है। यह 45 बड़ी कंपनियों के भाव-परिवर्तन पर नजर रखता है, जो हांगकांग स्टॉक एक्सचेंज के 67% पूँजीकृत भाग का प्रतिनिधित्व करता है। एच.एस.आई. की शुरुआत सन् 1969 में हुई थी।

एस.जी.एक्स.

सिंगापुर एक्सचेंज लिमिटेड (एस.जी.एक्स.) एशिया-प्रशांत की पहली और एकीकृत सिक्योरिटीज व डेरिवेटिव्स एक्सचेंज है। एस.जी.एक्स. का उद्घाटन 1 दिसंबर,

1999 को दो स्थापित व सम्मानित वित्तीय संस्थानों—स्टॉक एक्सचेंज ऑफ सिंगापुर (एस.ई.एस.) और सिंगापुर इंटरनेशनल मॉनीटरी एक्सचेंज (सिमेक्स) के विलयन के बाद हुआ।

अमेरिकी बाजार

आमतौर पर इसे उत्तरी अमेरिकी शेयर बाजार और विशेष रूप से न्यूयॉर्क स्टॉक एक्सचेंज के संदर्भ में लिया जाता है। डाऊ जोंस, नैस्डेक तथा एस एंड पी 500 इन तीनों को यू.एस. स्टॉक मार्केट के तीन प्रमुख सूचकांक माना जाता है।

नैस्डेक (NASDAQ)

'द नेशनल एसोसिएशन ऑफ सिक्योरिटीज डीलर्स ऑटो-मेटिड कोटेशंस' का संक्षिप्त रूप नैस्डेक है। यह अमेरिका का सबसे बड़ा स्क्रीन-आधारित स्टॉक एक्सचेंज है।

इसमें तकरीबन 3,800 कंपनियाँ सूचीबद्ध हैं। नैस्डेक की स्थापना सन् 1971 में नेशनल एसोसिएशन ऑफ सिक्योरिटीज डीलर्स (एन.ए.एस.डी.) ने की थी।

नैस्डेक-100 इंडेक्स

नैस्डेक स्टॉक एक्सचेंज के 11 सूचकांकों में से एक नैस्डेक-100 है। इसमें नैस्डेक स्टॉक एक्सचेंज की पूँजीगत आधार पर 100 बड़ी घरेलू और अंतरराष्ट्रीय गैर-वित्तीय सिक्योरिटीज सूचीबद्ध हैं। इस सूचकांक में कंप्यूटर हार्डवेयर और सॉफ्टवेयर, दूरसंचार, रीटेल/थोक कारोबार और बायोटेक्नोलॉजी समेत कई प्रमुख औद्योगिक समूहों की कंपनियाँ शामिल हैं। इसमें वित्तीय कंपनियों की निवेश कंपनियों समेत निवेश कंपनियों की सिक्योरिटीज शामिल नहीं हैं। नैस्डेक 100 के 100 शेयरों की सूची में एक भारतीय कंपनी इन्फोसिस भी मौजूद है।

वॉल स्ट्रीट

न्यूयॉर्क की एक सड़क, जहाँ न्यूयॉर्क स्टॉक एक्सचेंज स्थित है (नंबर 11, वॉल स्ट्रीट, लोअर मैनहट्टन)। इसे अकसर यू.एस. स्टॉक मार्केट्स के ही एक और नाम के तौर पर उपयोग किया जाता है।

दलाल स्ट्रीट

मुंबई की एक सड़क, जहाँ बॉम्बे स्टॉक एक्सचेंज स्थित है, साथ ही यह भारतीय शेयर बाजार के लिए प्रयुक्त होनेवाला एक और नाम भी है।

एन.वाई.एस.ई.

न्यूयॉर्क स्टॉक एक्सचेंज का संक्षिप्त रूप, जो वॉल स्ट्रीट, लोअर मैनहट्टन न्यूयॉर्क. यू.एस.ए. में स्थित है। सूचीबद्ध कंपनी सिक्योरिटीज में डॉलर के आधार पर देखें तो यह अमेरिका स्थित विश्व का सबसे बड़ा स्टॉक एक्सचेंज है। यह विश्व की सबसे पुरानी स्टॉक एक्सचेंजों में से एक है। एन.वाई.एस.ई. की शुरुआत सन् 1792 से प्राप्त होती है।

डाऊ जोंस इंडस्ट्रियल एवरेज

इंडस्ट्रियल एवरेज, डाऊ जोंस, डाऊ 30 या केवल डाऊ के रूप में संदर्भित किया जानेवाला डाऊ जोंस इंडस्ट्रियल एवरेज उन कुछ शेयर बाजार सूचकांकों में से है, जिसकी रचना 'वॉल स्ट्रीट जर्नल' के संपादक और डाऊ जोंस एंड कंपनी के सह-संस्थापक चार्ल्स डाऊ ने की थी। 'एवरेज' को डाऊ और उनके एक बिजनेस भागीदार एडवर्ड जोंस के नाम के पीछे लगाया गया है। यह सूचकांक बताता है कि बड़ी सार्वजनिक स्वामित्ववाली कंपनियों में से कितनी ने शेयर बाजार के मानक कारोबारी सत्र में कितना निश्चित कारोबार किया है। डाऊ अमेरिकी अर्थव्यवस्था के भीतर इन औद्योगिक क्षेत्रों के इस प्रदर्शन को संकलित कर सूचकांक के रूप में दरशाते हैं।

एस एंड पी 500

स्टैंडर्ड एंड पूअर 500 को संक्षेप में ए एंड पी 500 कहा जाता है। ये अमेरिकी बाजारों का एक और शेयर बाजार सूचकांक है। इसमें एन.वाई.एस.ई. और नैस्डेक दोनों में शेयरों की भाग गतिविधि शामिल रहती है।

यूरोपियन बाजार

यूँ तो यूरोप में इंगलैंड, फ्रांस और जर्मनी के बाजारों जैसे कई स्टॉक एक्सचेंज हैं, लेकिन इन्हें साधारणत: यूरोपियन बाजारों के तौर पर संदर्भित किया जाता है।

सी.ए.सी. 40 (फ्रांस)

सी.ए.सी. 40 फ्रांसीसी स्टॉक एक्सचेंज का सूचकांक है। इसका नाम पेरिस बोर्स की शुरुआती ऑटोमेशन प्रणाली कोटेशन एसिस्टी एन कोन्टिन्यू (निरंतर भाव-विवरण सुविधा) से मिला। यह फ्रांसीसी शेयर बाजार सूचकांक का बेंचमार्क है। यह सूचकांक पेरिस बोर्स (अब यूरोनेक्स्ट पेरिस) की 100 सबसे अधिक बाजार पूँजी वाली में से 40 सबसे महत्त्वपूर्ण पूँजीकरण-भारित मानक का प्रतिनिधित्व करता है। यह पैन-यूरोपियन स्टॉक एक्सचेंज समूह 'यूरोनेक्स्ट' के ब्रूसेल्स के बेल 20, लिस्बन के पी.एस.ई.-20 और एम्सटर्डम के ए.ई.एक्स. में से एक प्रमुख राष्ट्रीय सूचकांक है।

एफ.टी.एस.ई. 100 ई (इंग्लैंड)

इंग्लैंड स्टॉक एक्सचेंज का सूचकांक एफ.टी.एस.ई. 100 इंडेक्स वह शेयर सूचकांक है, जिसमें लंदन स्टॉक एक्सचेंज में सूचीबद्ध यू.के. की 100 सबसे उच्च पूँजीकृत कंपनियाँ शामिल हैं। इस सूचकांक की शुरुआत 1,000 के आधार स्तर से 3 जनवरी, 1984 को हुई थी।

डेक्स (जर्मनी)

जर्मनी स्टॉक एक्सचेंज का सूचकांक फ्रैंकफर्ट स्टॉक एक्सचेंज जेट्रा डेक्स जर्मनी का मुख्य शेयर सूचकांक है। यह जर्मनी की सबसे बड़ी ब्लू चिप कंपनियों का प्रतिनिधित्व करता है। किसी भी अन्य स्टॉक एक्सचेंज की तरह यहाँ भी बहुत से सूचकांक हैं। इन सब में जर्मनी का 'जेट्रा डेक्स 30' सबसे प्रतिष्ठित सूचकांक है।

शेयर

शेयर अर्थात् किसी खास कंपनी की पूँजी के स्वामित्व में भागीदारी। इसकी फेस वैल्यू और मार्केट वैल्यू भी होती है। फेस वैल्यू की दर 1 से 100 रुपए तक कुछ भी हो सकती है। (उदाहरण : रिलायंस इंडस्ट्रीज लि. की फेस वैल्यू 10 रुपए और टी.सी. एस. की 1 रुपए है।)

इक्विटी शेयर

बी.एस.ई. और एन.एस.ई. में सूचीबद्ध व ट्रेड होनेवाले सभी शेयर इक्विटी शेयर कहलाते हैं। इनसे शेयरधारकों को मालिकाना हक प्राप्त होता है। प्रत्येक इक्विटी शेयर में लाभांश मिलना अनिवार्य नहीं होता और इसकी घोषणा व भुगतान केवल तभी होता

है, जब बोर्ड ऑफ डायरेक्टर्स इसका निर्णय लें, शेयरधारकों के सामने प्रस्ताव रखें और उनकी मंजूरी प्राप्त करें।

इक्विटी शेयरों में रिटर्न की कोई गारंटी नहीं होती। शेयरधारक चाहें तो इसे बाजार में जो भी इसे खरीदने का इच्छुक हो, उसे बेच सकते हैं (इसे 'ऑफ मार्केट ट्रांजेक्शन' कहा जाता है)। जरूरत पड़ने पर प्रबंधन शेयरों को शेयरधारकों से वापस खरीदने का प्रस्ताव रख सकता है।

किसी कारण यदि कंपनी भंग हो जाती है तो ऐसे समय इक्विटी शेयरधारकों समेत सभी शेयरधारकों को कंपनी की कुल संपत्ति से प्राप्त मूल्य के आधार पर भुगतान मिल जाता है।

प्रिफरेंस शेयर

प्रिफरेंस शेयर भी होते तो शेयर ही हैं, लेकिन ये इक्विटी शेयर जैसे नहीं होते। ये पूर्व निश्चित दर से लाभांश देते हैं, फिर चाहे कंपनी का मुनाफा कितना भी हो। प्रिफरेंस शेयरों को इक्विटी शेयरधारकों पर प्राथमिकता भी मिलती है और कंपनी बंद होने की स्थिति में इन्हें सबसे पहले भुगतान किया जाता है। इक्विटी शेयरधारकों के बीच शेष राशि को बाँटा जाता है।

डिबेंचर

डिबेंचर वह ऋण है, जो कंपनी पब्लिक इश्यू के माध्यम से लेती है। शेयर की ही तरह डिबेंचर की भी फेस वैल्यू (प्रायः 100 रुपए) और पूर्व घोषित ब्याज होता है। बैंकों के फिक्स्ड डिपॉजिट की भाँति डिबेंचर भी निश्चित भाव पर जारी किए जाते हैं। मैच्योरिटी अवधि पूर्ण होने पर कंपनी निवेशकों को उनके प्राप्त ब्याज सहित पूरा पैसा वापस लौटा देती है। कुछ डिबेंचर एक वर्ष आदि जैसे नियमित अंतराल पर ब्याज का भुगतान करते हैं।

डिबेंचर भी शेयरों की तरह स्टॉक एक्सचेंज में सूचीबद्ध और ट्रेड होते हैं। इनकी प्रस्तावित ब्याज के आधार पर भाव में परिवर्तन होता है।

डिबेंचर दो प्रकार के होते हैं—परिवर्तनीय डिबेंचर और अपरिवर्तनीय डिबेंचर। परिवर्तनीय डिबेंचर को निर्दिष्ट अवधि के दौरान पहले से घोषित या बाद में निर्णित प्रीमियम पर इक्विटी शेयरों में परिवर्तित किया जा सकता है।

ब्लू चिप शेयर्स

कुछ बहुत अच्छे शेयरों को 'ब्लू चिप शेयर' कहा जाता है। इन शेयरों के उदाहरणों में इन्फोसिस, एच.यू.एल., आई.टी.सी., रिलायंस इंडस्ट्रीज और एस.बी.आई. शामिल हैं, जो इस वर्ग में आते हैं। ब्लू चिप को दीर्घावधि के लिए सुरक्षित निवेश माना जाता है। तुलनात्मक रूप से इनके भाव अन्य शेयरों के मुकाबले कुछ अधिक होते हैं; जबकि इस निवेश से प्राप्ति भी कुछ कम, लेकिन निश्चित होती है। बड़े सट्टेबाजी केंद्रों में वास्तविक पैसा दाँव पर नहीं होता। धन का प्रतिनिधित्व एक छोटा सा गोलाकार काउंटर करता है। चूँकि ये काउंटर विभिन्न रंगों के होते हैं और नीले रंग का मूल्य सबसे अधिक होता है (पोकर ब्लू चिप), इसलिए उच्च मूल्यवाले विश्वसनीय शेयरों को भी 'ब्लू चिप' कहा जाने लगा।

स्वेट इक्विटी

कंपनी द्वारा अपने कर्मचारियों से बिना पैसे लिये उन्हें दिए इक्विटी शेयर 'स्वेट इक्विटी' कहलाते हैं। उन्हें यह उनके काम की एवज में दिए जाते हैं (पसीने का मोल)। इनका लॉक-इन पीरियड होता है।

लॉक-इन पीरियड

कंपनी द्वारा कुछ खास लोगों को जारी शेयरों को निश्चित अवधि के भीतर बेचा नहीं जा सकता। इस अवधि को 'लॉक-इन पीरियड' कहते हैं।

एंपलॉई स्टॉक ऑप्शन

लॉक-इन पीरियड के दौरान कर्मचारियों को बाजार से कम भाव पर प्रस्तावित इक्विटी शेयरों को 'एंपलॉई स्टॉक ऑप्शन' कहा जाता है।

फेस वैल्यू

यह शेयर का मूल व वास्तविक मूल्य होता है, जिसे कंपनी अपनी बैलेंस शीट में उपयोग करती है। फेस वैल्यू से मार्केट वैल्यू अलग हो सकती है (इन्फोसिस के शेयर की फेस वैल्यू 5 रुपए है और मई 2014 में इसकी मार्केट वैल्यू 2,960 रुपए है)।

प्रीमियम

निवेशकों को शेयर जारी करते समय कंपनी द्वारा शेयरों की फेस वैल्यू पर

और इसके अतिरिक्त प्राप्त की गई अतिरिक्त राशि, जो इसकी पूँजी का हिस्सा नहीं होती, उसे प्रीमियम कहते हैं। लाभांश प्रीमियम राशि पर नहीं, केवल फेस वैल्यू पर ही मिलता है।

छूट

प्रीमियम का उलटा छूट होता है। यह फेस वैल्यू से कम संदर्भित होता है। कई बार कंपनी में निवेश को आकर्षित करने के लिए कंपनी शेयरों को छूट के साथ जारी कर सकती है। हालाँकि खुले बाजार में बहुत सी खराब प्रदर्शन करनेवाली कंपनियों के शेयर छूट के साथ उपलब्ध होते हैं।

अधिकृत पूँजी (ऑथोराइज्ड कैपिटल)

जिस राशि के लिए कंपनी को शेयरधारकों की मंजूरी मिल गई हो, उसे अधिकृत पूँजी कहा जाता है। कई कंपनियों की अधिकृत पूँजी उनकी पूँजी से अधिक होती है। यह प्राप्त नहीं, बल्कि उपलब्ध स्वीकृति है।

निर्गत पूँजी (इश्यूड कैपिटल)

निर्गत पूँजी अधिकृत पूँजी से कम राशि होती है। यह वह वास्तविक धनराशि है, जो पूँजी के तौर पर कंपनी में लगाई गई थी। हर कंपनी की वार्षिक रिपोर्ट में ये जानकारियाँ रहती हैं।

प्रमोटर

प्रमोटर वे लोग हैं, जो कंपनी की शुरुआत करते हैं और जिनके पास किसी कंपनी के मात्रात्मक रूप से सबसे अधिक शेयर होते हैं। नारायण मूर्ति, गोपालकृष्ण, नंदन नीलेकणी इन्फोसिस के प्रमोटर हैं। के.पी. सिंह और उनका परिवार डी.एल.एफ. के प्रमोटर हैं और अंबानी आर.आई.एल. के प्रमोटर हैं।

मित्र व परिवार

ये वे लोग हैं, जिन्हें प्रमोटर जानते हैं और जो कंपनी की शुरुआत के समय इसके शेयर खरीदते हैं।

इनमें से कुछ लोग बहुत लंबे समय तक अपने शेयर नहीं बेचते। इससे प्रमोटर को यह भय सताने लगता है कि कहीं वे कंपनी का टेकओवर न कर लें (वे बाजार से

कंपनी के और अधिक शेयर खरीदकर अंतत: प्रमोटरों से अधिक शेयरों के मालिक न बन बैठें।)

अधिमानी आवंटन (प्रिफरेंशियल अलॉटमेंट)

शेयरों (पब्लिक इश्यू, आई.पी.ओ.) को जारी करते समय यदि शेयरों की माँग अधिक हो जाए (ओवर सबस्क्रिप्शन), तो आवंटन के लिए आधार तय किया जाता है और इसी के मुताबिक शेयर आवंटित किए जाते हैं।

सामान्य आवंटन के अतिरिक्त उपर्युक्त प्रकार के और भी कई आवंटन होते हैं और ये फर्म आवंटन होते हैं, जिन्हें अधिमानी आवंटन कहते हैं। जब भी कोई नई कंपनी अपना पब्लिक इश्यू निकालती है तो वह अपने ग्रुप कंपनियों के शेयरधारकों को अधिमानी आवंटन प्रदान कर सकती है।

स्टॉक स्पिलिट

कई बार कंपनी शेयरों की फेस वैल्यू घटा देती है और उसी वैल्यू पर और शेयर जारी कर देती है। उदाहरण के लिए, 10 रुपए मूल्य के एक शेयर को पाँच शेयरों में स्पिलिट कर प्रत्येक शेयर को 2 रुपए का कर दिया।

ऐसा करने से शेयरों की संख्या बढ़ जाती है, जबकि पूँजीगत राशि या कुल मूल्य वही रहता है। ऐसा शेयरों की तरलता बढ़ाने के लिए किया जाता है (संचलन में रहनेवाले शेयरों को 'फ्लोटिंग स्टॉक' कहा जाता है)।

बोनस शेयर

जब कंपनी का रिवर्स व सरप्लस (बीते वर्षों का अवितरित मुनाफा) निश्चित राशि (इसे तय करने का कोई निश्चित नियम नहीं है, लेकिन यह इतना अवश्य होना चाहिए कि दिए जा रहे बोनस शेयरों के भुगतान को कवर कर ले) से अधिक हो जाता है, तब कंपनियाँ अपने मौजूदा शेयरधारकों को बिना कोई पैसा लिये बोनस शेयर जारी करती हैं। यानी कि शेयरधारकों को कोई भुगतान करने की जरूरत नहीं, लेकिन उन्हें शेयर दे दिए जाते हैं।

बोनस रेश्यो

यह वह रेश्यो है, जिसके अनुसार बोनस शेयर दिए जाते हैं। यह एक पर एक (1:1 के रूप में अभिव्यक्ति) या एक पर दो (शेयरधारक के प्रति दो शेयर पर एक

मुफ्त शेयर)। यह दस पर एक जितना छोटा और एक पर पच्चीस जितना अधिक भी हो सकता है।

राइट्स शेयर्स

इसमें मौजूदा शेयरधारकों को एक निश्चित भाव (फेस वैल्यू या प्रीमियम) पर ताजा शेयर जारी किए जाते हैं, जिन्हें 'राइट्स ऑफ इश्यू' कहा जाता है। जैसे बोनस शेयरों की तरह राइट्स शेयर अनुपात भिन्न हो सकता है और ये किसी भी अनुपात में हो सकते हैं।

डीमैट

शेयर का अर्थ कंपनियों का स्वामित्व है और ये शेयर सर्टिफिकेट के रूप में होते हैं। कंप्यूटरीकरण के आगमन से भौतिक शेयर सर्टिफिकेट वापस लेकर उनकी जगह शेयर इलेक्ट्रिक फॉर्म में (यह और कुछ नहीं, केवल एंट्री होती है; जैसे पास बुक में बैंक एंट्री के जैसी) शेयरधारकों को मिलने लगे। चूँकि शेयरों का भौतिक रूप समाप्त हो गया है, इसे डीमैट (इकरण) कहा जाता है। आजकल के दिनों में शेयर केवल डीमैट रूप में जारी किए जाते हैं।

डीमैट अकाउंट

इस अकाउंट में केवल डीमैट शेयर ही जमा (प्रविष्ट) करवाए या कारोबार किए जाते हैं।

री मैट

यदि किसी कारण शेयरधारक भौतिक प्रारूप में शेयर लेना चाहते हैं तो वे रजिस्ट्रार ऑफ कंपनी से कह सकते हैं कि निश्चित संख्या में शेयरों को रीमैटिरियलाइज किया जाए और कंपनी शेयरों को री मैटिरियलाइज भौतिक प्रारूप में जारी करने के लिए बाध्य है (बैंक एफ.डी. जैसे सर्टिफिकेट्स)। इसका कारण डीमैट अकाउंट में शेयर रखने के लिए भुगतान करने से बचने के लिए या शेयरधारक हाल-फिलहाल में शेयर न बेचने का फैसला कर रहा हो। हालाँकि इसे बेचने के लिए इसे पुनः डीमैट किया जा सकता है।

डिपॉजिटरी (निक्षेपागार)

डिपॉजिटरी सुविधा में प्रतिभूतियों (सिक्योरिटी) को इलेक्ट्रॉनिक प्रारूप में रखने

और प्रतिभूति संव्यवहार को डिपॉजिटरी पार्टिसिपेंट द्वारा बुक एंट्री प्रसंस्करण में सक्षम बनाती है। भारत में दो डी.पी. हैं, जैसे—एन.एस.डी.एल. और सी.एस.डी.एल.।

एन.एस.डी.एल.

एन.एस.ई. के साथ ही इंडस्ट्रियल डेवलपमेंट बैंक ऑफ इंडिया (आई.डी.बी.आई.) और यूनिट ट्रस्ट ऑफ इंडिया (यू.टी.आई.) ने पहला नेशनल सिक्योरिटी डिपॉजिटरी लिमिटेड (एन.एस.डी.एल.) शुरू किया। इन्होंने अपना परिचालन नवंबर 1996 में आरंभ किया।

सी.एस.डी.एल.

सी.एस.डी.एल. को बॉम्बे स्टॉक एक्सचेंज लिमिटेड (बी.एस.ई.) प्रमुख बैंकों जैसे स्टेट बैंक ऑफ इंडिया, बैंक ऑफ इंडिया, बैंक ऑफ बड़ौदा, एच.डी.एफ.सी. बैंक, स्टैंडर्ड चार्टर्ड बैंक, यूनियन बैंक ऑफ इंडिया और सेंचूरियन बैंक के साथ संयुक्त रूप से प्रोत्साहन देता है।

डिपॉजिटरी पार्टिसिपेंट (डी.पी.)

डी.पी. निवेशकों को डिपॉजिटरी सेवा देनेवाले डिपॉजिटरी का एजेंट होता है। सेबी (SEBI) के निर्देशों के अनुसार, वित्तीय संस्थान, बैंक, संरक्षक, स्टॉक ब्रोकर आदि डी.पी. के रूप में काम कर सकते हैं। लाभकारी स्वामी (बी.ओ.) कहे जानेवाले निवेशक को अपनी होल्डिंग को डीमैटिरियलाइज करने और प्रतिभूतियों के हस्तांतरण हेतु डी.पी. के माध्यम से डीमैट अकाउंट खोलना होता है।

पूँजी उत्पादन

कंपनियों को अपने व्यापार के लिए धन की आवश्यकता होती है। बड़ी कंपनियों को बड़ी मात्रा में धन की आवश्यकता होती है। अपने खुद के पैसे और बैंकों तथा अन्य बड़े संस्थानों से लिये ऋण के अलावा प्रमोटरों को दीर्घावधि के लिए अतिरिक्त राशि की आवश्यकता होती है। यदि ये बिना किसी प्रतिबद्धता (ब्याज न देना पड़े) के हासिल हो सके तो और भी अच्छा है। ऐसा करने के लिए कंपनियाँ निजी रूप से शेयर आवंटन, पब्लिक इश्यू आदि जैसे विभिन्न तरीकों से पूँजी उत्पादन करती हैं।

प्राइवेट प्लेसमेंट (निजी स्थान)

कंपनियाँ चुनिंदा निजी निवेशकों को आपस में तय किए भाव पर बड़ी मात्रा में शेयर प्रदान करती हैं। यदि इन निवेशकों की संख्या 50 से कम हो तो इसे 'शेयरों का प्राइवेट प्लेसमेंट करना' कहा जाता है।

पब्लिक इश्यू

आम जनता के लिए 50 से अधिक संख्या में बड़े पैमाने पर जारी शेयरों को पब्लिक इश्यू के रूप में जाना जाता है। कंपनी जितना चाहे उतनी बार पब्लिक इश्यू निकाल सकती है। ये पब्लिक इश्यू सेबी (SEBI) से अनुमति प्राप्त होने चाहिए। पब्लिक इश्यू के पश्चात् इन शेयरों को शेयर बाजार में सूचीबद्ध करवाना होता है, जिससे इनकी तरलता बढ़ती है। तरलता शेयरधारकों द्वारा शेयरों को नकद में बदलने की क्षमता के लिए संदर्भित है।

पब्लिक इश्यू निश्चित समयावधि के लिए खोले जाते हैं। तब इन्हें खरीदने की प्रतीक्षा कर रहा निवेशक प्रस्तावित अवधि के भीतर इनके लिए आवेदन कर सकता है। कंपनी के उस शेयर की न्यूनतम माँग होना आवश्यक है, अन्यथा इस इश्यू को अवक्रमित माना जाता है तथा सभी निवेशकों (आवेदनकर्ताओं) को उनकी आवेदन राशि वापस लौटानी पड़ती है।

आई.पी.ओ.

आई.पी.ओ. या इनीशियल पब्लिक ऑफर वह प्रक्रिया है, जिसके तहत किसी कंपनी के शेयर कंपनी के इतिहास में पहली बार पब्लिक के लिए प्रस्तावित किए जाते हैं। इसी अंतर के कारण इसे 'पब्लिक इश्यू' भी कहा जाता है।

राइट्स इश्यू

कंपनी द्वारा मौजूदा शेयरधारकों को शेयर जारी करने को 'राइट्स इश्यू' कहते हैं। ये निवेशक की वर्तमान शेयर होल्डिंग, संभवतः प्रीमियम के समानुपात में मिलते हैं।

प्रॉस्पेक्टस

वह दस्तावेज, जिसमें कंपनी के बीते रिकॉर्ड और भविष्य की योजनाओं समेत सभी जरूरी जानकारियाँ दी जाती हैं। इसे कंपनी उस समय जारी करती है, जब वह कोई इश्यू जैसे पब्लिक इश्यू, आई.पी.ओ. या राइट्स इश्यू जारी कर रही हो। उसे प्रोस्पेक्टस कहते हैं।

आवेदन (सह आवेदन, संयुक्त आवेदन)

अवयस्क समेत जो भी व्यक्ति कंपनी के शेयरों के लिए आवेदन करता है, उसे आवेदक कहते हैं। यदि आवेदकों की संख्या एक से अधिक हो तो उन्हें 'सह आवेदक' या 'संयुक्त आवेदक' कहा जाता है, अर्थात् दोनों आवेदकों का उस शेयर पर समान अधिकार व स्वामित्व है। आसानी के लिए और अभ्यास रूप में हर तरह का संवाद और भुगतान (जैसे लाभांश) केवल आवेदन के समय निर्दिष्ट प्रथम आवेदक के साथ ही किए जाते हैं। हालाँकि शेयर की डिस्चार्जिंग (विक्रय के बाद डिलीवरी) में दोनों को हस्ताक्षर करने होते हैं।

आवेदन शुल्क

इश्यू के दौरान शेयर के लिए आवेदन करते समय आवेदक को कंपनी द्वारा कहे गए आवेदन शुल्क का भुगतान करना होता है।

ऑनलाइन आवेदन

यह किसी आई.पी.ओ. या पब्लिक इश्यू या राइट्स इश्यू के दौरान इंटरनेट के माध्यम से आवेदन करने की प्रक्रिया होती है।

बुक बिल्डिंग प्रक्रिया

वह प्रक्रिया, जिसमें आई.पी.ओ. या पब्लिक इश्यू में शेयरों के लिए आवेदन करते समय उस दर का उल्लेख करना होता है, जिस पर व्यक्ति उस शेयर को खरीदना चाहता है। यह नीलामी के जैसा होता है। यह दर कंपनी द्वारा घोषित भाव सीमा के अंदर ही होनी चाहिए और निश्चित ही यह फ्लोर प्राइस (न्यूनतम दर) पर या उससे अधिक होनी चाहिए।

आवंटन

आवंटन का अर्थ है—किसी भी पब्लिक इश्यू के दौरान आवेदन के बदले शेयर प्रदान करना।

सबस्क्रिप्शन

यह आवेदन राशि सहित शेयरों के लिए आवेदन करने की प्रक्रिया है।

ओवर सबस्क्रिप्शन/अंडर सबस्क्रिप्शन

जब आवंटन के लिए प्राप्त आवेदनों की संख्या प्रस्तावित शेयर संख्या से अधिक हो जाती है तो इसे 'ओवर सबस्क्रिप्शन' कहा जाता है, वहीं जब यह कम रहती है तो इसे 'अंडर सबस्क्रिप्शन' कहते हैं।

अंडरराइटिंग

जब कोई कंपनी अंडर सबस्क्रिप्शन के जोखिम को कम करने के लिए पब्लिक इश्यू या आई.पी.ओ. निकालती है तो इसके साथ ही वह कुछ अंडरराइटर्स के साथ ऐसी व्यवस्था करके रखती है, जो इन शेयरों के वितरण का जोखिम उठाते हैं। यदि वे पर्याप्त निवेशकों को नहीं खोज पाते तो उन्हें कुछ शेयर अपने लिए खरीदने पड़ते हैं।

ग्रीन शू विकल्प

ग्रीन शू विकल्प को अधि-आवंटन प्रावधान के नाम से भी जाना जाता है। यदि माँग परिस्थितियों के मुताबिक जरूरत हो तो इसके द्वारा मूल रूप से अंडरराइटर्स को जारीकर्ता द्वारा निश्चित मूल संख्या से 15% अधिक शेयर बेचने की अनुमति मिल जाती है।

आवंटन का आधार

जब कोई भी पब्लिक इश्यू या आई.पी.ओ. ओवर सबस्क्राइब हो जाता है तो आंशिक आवंटन के आधार रूप में कुछ मानक तय किए जाते हैं, जैसे—प्रत्येक 5 में से 1 आवेदनकर्ता को या जिसने 100 शेयरों के लिए आवेदन किया है, उसे 50 शेयर देना आदि।

शेयर प्राइस प्रीमियम

शेयर जारी करनेवाली कंपनी जिस फेस वैल्यू पर शेयर जारी किए जा रहे हैं, अपने व्यापारी बैंक से सलाह करके उस भाव पर प्रीमियम राशि तय कर सकती है।

सेबी (SEBI)

सेबी—पर्यवेक्षी सरकारी निकाय, भारतीय प्रतिभूति और विनिमय बोर्ड का संक्षिप्त रूप है।

1) http://www.sebi.gov.in/sebiweb/
2) http://investor.sebi.gov.in/

रजिस्ट्रार

जो निजी संगठन, सेकंडरी मार्केट समेत निवेशकों को क्रय-विक्रय के लिए पब्लिक इश्यू, आई.पी.ओ. और प्रतिभूतियों के लेन-देन की सुविधाएँ प्रदान करते हैं, उन्हें रजिस्ट्रार कहा जाता है।

लिस्टिंग (सूचीबद्ध)

शेयर (पब्लिक इश्यू/आई.पी.ओ. आने के बाद) के लिए अनुमति प्रक्रिया है, जिसके बाद उसका शेयर स्टॉक एक्सचेंज से अनुबंध हो जाता है कि संबंधित कंपनी अब उस एक्सचेंज में कारोबार कर सकती है।

डी-लिस्टिंग

किसी शेयर विशेष का स्टॉक एक्सचेंज की लिस्टिंग (कारोबार) से बाहर आना डी-लिस्टिंग कहलाता है। ये कंपनी द्वारा स्वैच्छिक या कंपनी द्वारा अनुबंधित परिस्थितियों को भंग करने पर एक्सचेंज द्वारा जबरन भी करवाया जा सकता है। डी-लिस्टिंग के बाद कंपनी का वह शेयर उस एक्सचेंज में ट्रेड करने का अवसर खो देता है।

ब्रोकरेज

शेयर खरीदने व बेचने के लिए ब्रोकर द्वारा लिया जानेवाला शुल्क। एन.एस.ई. के निर्देशानुसार, कोई भी ब्रोकर (ट्रेडिंग सदस्य) बेचे या खरीदे गए शेयर के मूल्य का 2.5% तक ले सकता है। हालाँकि प्रतिस्पर्धा के कारण यह दर इससे काफी कम है; बल्कि एक ही ब्रोकर के विभिन्न प्रकार के हस्तांतरण की दरें भिन्न हो सकती हैं।

डिलीवरी

जब कोई निवेशक किसी शेयर को खरीदने के बाद उसे उसी दिन नहीं बेचता तो इसे 'पर्चेज फॉर डिलीवरी' के तौर पर जाना जाता है। इसका अर्थ है कि निवेशक द्वारा खरीदे शेयर उसे डिलीवर कर दिए जाएँगे। इसी तरह जब कोई शेयर किसी निवेशक द्वारा जिस दिन बेचा जाता है, उसी दिन खरीदा नहीं जाता तो इसे 'सेल ऑफ डिलीवरी' कहते हैं।

इंट्रा-डे ट्रेड

यदि शेयर को एक ही कारोबारी दिवस में खरीदा और फिर बेचा जाए या बेचने के बाद खरीदा जाए तो इसे 'इंट्रा-डे ट्रेडिंग' के नाम से जाना जाता है।

नेट रेट

नेट रेट का अर्थ है—बेचे गए शेयर में से ब्रोकरेज घटाकर उसका वास्तविक रेट या खरीदे गए शेयर की वास्तविक दर में ब्रोकरेज जोड़ने के बाद शेयर का वास्तविक रेट। यदि शेयर 98 रुपए पर खरीदा गया और उन पर ब्रोकरेज चार्ज 25 पैसा है तो इसका नेट रेट (निवेशक के लिए) 98.25 रुपए हो जाएगा। बेचनेवाले के लिए यह 97.75 रुपए (यदि उसका ब्रोकर भी 0.25% की ब्रोकरेज ले रहा हो) होगा।

कर (टैक्स)

ब्रोकरेज के अलावा शेयरों के क्रय-विक्रय पर कुछ टैक्स भी लिये जाते हैं। ये चार प्रकार के टैक्स हैं, जो सिक्योरिटी ट्रांजेक्शन टैक्स (एस.टी.टी.) से शुरू होकर टर्नओवर टैक्स पर समाप्त होते हैं। इनकी दर की घोषणा बजट में की जाती है।

मार्जिन राशि

एफ एंड ओ सेगमेंट में शेयर खरीदने के लिए निवेशकों को मार्जिन राशि देनी होती है, जो दो प्रकार की है—स्पैम मार्जिन और एक्सपोजर मार्जिन।

एक्सपोजर

ब्रोकर के पास रखे गए पैसे की एवज में ग्राहक (निवेशक) को जितनी बार पोजीशन लेने की अनुमति मिलती है, उसे एक्सपोजर कहते हैं। कई ब्रोकर इंट्रा डे ट्रेड के लिए 5 बार तो कुछ अन्य 15 बार की अनुमति देते हैं। ब्रोकर 1 लाख रुपए के लिए ग्राहक को 5 गुना होने पर 5 लाख रुपए तक और 15 गुना होने पर 15 लाख रुपए तक की पोजीशन लेने का एक्सपोजर दे सकता है।

लीवरेज

लीवरेज एक्सपोजर का ही पारिभाषिक शब्द है।

टी+2

दो कारोबारी दिवसों का संक्षिप्त पारिभाषिक शब्द है। टी+2 निपटान चक्र के वे दिन हैं, जिनमें शेयर खरीदने तक डिलीवरी और बेचनेवालों तक पैसे पहुँच जाने चाहिए।

डिलीवरी

शेयर बेचनेवाले को बेचे गए शेयर एक्सचेंज को देने होते हैं, जिससे वे इन्हें खरीदनेवाले व्यक्ति को सौंप सकें। शेयर देने की इस प्रक्रिया को डिलीवरी के रूप में जाना जाता है।

डिलीवरी इंस्ट्रक्शंस स्लिप (डी.आई.एस.)

शेयरों की डिलीवरी के लिए इन्हें बेचनेवाले व्यक्ति को, जिसके पास ये थे, एक स्लिप पर हस्ताक्षर करने होते हैं, जो बैंक की चेक स्लिप जैसी ही होती है, जिस पर शेयर से जुड़ा सारा विवरण, मात्रा और सेटलमेंट नंबर आदि लिखे होते हैं। वह इस स्लिप को ब्रोकर के माध्यम से उस तक पहुँचा देता है, जिसने इन्हें खरीदा होता है।

डी.आई.एस. प्रदान करने का कार्य संबंधित वह डी.पी. का होता है, जिसके पास व्यक्ति का डी.पी. अकाउंट खुला हो। यदि शेयर ऑनलाइन बेचे गए हों तो डी.आई.एस. की जरूरत नहीं पड़ती, क्योंकि व्यक्ति का ब्रोकर के पास ऑनलाइन अकाउंट होता है।

स्पीड-इ

जिन व्यक्तियों का ऑनलाइन अकाउंट नहीं है, वे भी ब्रोकर को इंटरनेट के माध्यम से अपने बेचे गए शेयरों की डिलीवरी दे सकते हैं। इसे 'स्पीड-इ' के नाम से जाना जाता है।

बी.टी.एस.टी.

'बाय टुडे एंड सेल टुमारो' (आज खरीदें और कल बेचें) का संक्षिप्त रूप है। यह एक व्यवस्था है, जो कुछ ब्रोकर अपने ग्राहकों के साथ तय करते हैं, जिसमें वे एक दिन खरीदकर ठीक अगले दिन बेचने की अनुमति देते हैं (टी+2 के तहत)।

एस.टी.बी.टी.

'सेल टुडे एंड बाय टुमारो' (आज बेचें और कल खरीदें) का संक्षिप्त रूप है। यदि डी.पी. अकाउंट में शेयर हों तो निवेशक इसका उपयोग कर ठीक अगले दिन भावों में हुए परिवर्तन का फायदा उठा सकता है।

कवरिंग

जब किसी कारण विक्रेता बेचे गए शेयरों की समय पर डिलीवर नहीं कर पाता

तो एक्सचेंज किसी अन्य इच्छुक व्यक्ति से उसी मात्रा में यह शेयर प्राप्त करता है। नया विक्रेता जिस भाव पर बेचना चाहता है, वही भाव लगाया जाता है और इस प्रक्रिया को 'ऑक्शन' (नीलामी) कहा जाता है। प्रथम विक्रेता को नए भाव और जिस भाव पर उसने स्वयं बेचा है, उसके बीच के अंतर का भुगतान करना होता है।

आधारभूत विश्लेषण (फंडामेंटल एनालिसिस)

कंपनी के अतीत और उपलब्ध डाटा के आधार पर उसकी वित्तीय शक्ति और उपार्जन क्षमता का विश्लेषण करने की पद्धति।

तकनीकी विश्लेषण

एक पद्धति, जिससे यह जाना जाता है कि किसी शेयर या डेरिवेटिव को कब खरीदा या बेचा जाए। अतीत के डाटा और गतिविधियों के आधार पर शेयर के भाव और सूचकांक अंकों की आगामी गतिविधियों की भविष्यवाणी की जाती है।

शोध

किसी शेयर विशेष, उद्योग या किसी भी अन्य प्रतिभूति के बारे में समग्र बाजार संबंधी विवरण खोजने संबंधी गतिविधियाँ।

शोध रिपोर्टें

कंपनियों, प्रतिभूतियों, सेक्टरों या बाजार के शोध विवरण संबंधी रिपोर्ट।

तालिका

शेयर या सूचकांक में भाव गतिविधियों को दरशानेवाला ग्राफ।

बाय अबव (अधिक पर खरीद)

वह दर, जिससे अधिक पर खरीद की गई है (किसी की तकनीकी संस्तुति के कारण)।

सेल बिलो (कम पर बिक्री)

वह दर, जिससे कम पर बिक्री की गई है (किसी की तकनीकी संस्तुति के कारण)।

समर्थन

इस स्तर (भाव) से किसी शेयर या सूचकांक को अच्छा समर्थन मिलता है और आम हालात में इसके और नीचे गिरने की संभावना नहीं होती, लेकिन सुधार संभव हो सकता है। ऐसे कई स्तर हो सकते हैं, जिन्हें एस1 (सपोर्ट लेवल 1), एस2, एस3 इत्यादि से व्यक्त किया जाता है।

रेसिस्टेंस

यह स्तर (भाव) किसी शेयर या सूचकांक की कमजोरी है और आम हालात में इसका और ऊपर चढ़ना संभव नहीं होता, लेकिन वहाँ से वापस आ सकता है। ऐसे कई स्तर हो सकते हैं, जिन्हें आर1 (रेसिस्टेंस लेवल 1), आर2, आर3 इत्यादि से व्यक्त किया जाता है।

उच्च/न्यून

शेयर जिन दरों पर ट्रेड हुआ है, उनमें से उनमें तब तक की उच्चतम/न्यूनतम दर।

नया उच्च/न्यून

वह उच्च/न्यून दर, जिस पर पहले कभी न पहुँचा हो।

ऑल टाइम उच्च/ऑल टाइम न्यून

वह सबसे उच्च/न्यून दर, जिस पर पहले कभी न पहुँचा हो।

लाइफ टाइम उच्च/लाइफ टाइम न्यून

वह सबसे उच्च/न्यून दर, जिस पर पहले कभी न पहुँचा हो।

52 हफ्तों का उच्च/52 हफ्तों का न्यून

वह उच्च/न्यून दर, जो बीते 52 हफ्तों (एक साल) में हासिल न हुई हो।

सर्किट ब्रेकर

एक योजनाबद्ध ब्रेकर, जिसे बाजार (सेंसेक्स या निफ्टी) के ऊपर या नीचे खास प्रतिशत छूने पर लागू करने के लिए डिजाइन किया गया है। यह अस्थायी रुकावट होती है, जो 10% उतार या चढ़ाव पर 1 घंटे के लिए और यदि सर्किट ब्रेकर पुनः पिछली वृद्धि समेत 15% को छू जाता है तो 2 घंटे के लिए लगता है।

ट्रेड के लिए ट्रेड

ट्रेड के लिए ट्रेड में नियंत्रण जाँच की दृष्टि से एक्सचेंज कुछ शेयरों को 'ट्रेड टू ट्रेड' के लिए चुनती है, जिनके इंट्रा-डे ट्रेड की अनुमति नहीं होती। इसमें जो कुछ भी खरीदा जाता है, उसे केवल वास्तविक डिलीवरी के बाद ही बेचा जा सकता है और जो कुछ भी बेचा जाता है, उसकी डिलीवरी भी करनी पड़ती है और उसे एक ही कारोबारी दिवस में खरीदा नहीं होना चाहिए। भाव गतिशीलता को भी निश्चित प्रतिशत (आमतौर पर 5% प्रतिदिन) तक ही नियंत्रित रखा जाता है।

सेलर फ्रीज

वह परिस्थिति, जहाँ बाजार में शेयर का कोई खरीदार न हो। उस दिन उस शेयर को कोई नहीं बेच पाता। यह 5%, 10%, 20% की विभिन्न दरों पर या जैसा एक्सचेंज निर्धारित करे, उस पर होता है।

बायर फ्रीज

वह परिस्थिति, जहाँ बाजार में शेयर का कोई विक्रेता नहीं हो। उस दिन उस शेयर को कोई नहीं खरीद पाता। यह 5%, 10%, 20% की विभिन्न दरों पर या जैसा एक्सचेंज निर्धारित करे, उस पर होता है।

ऊपरी सीमा/निचली सीमा

यह वह भाव है, जिससे शेयर एक दिन में ऊपर या नीचे नहीं जा सकता। किसी शेयर विशेष में अत्यधिक सट्टेबाजी को नियंत्रित करने के लिए यह सीमा शेयर बाजार तय करता है। यह एफ एंड ओ सेक्शन के शेयरों पर लागू नहीं होता।

कॉन्सॉलिडेशन

लंबे समय तक शेयरों के भाव या सूचकांक अंकों का निकट अवस्था में गतिशील होना। कई हफ्तों, बल्कि महीनों तक अधिक परिवर्तन न होना।

ब्रेक आउट

शेयरों के भाव या सूचकांक के अंकों का कॉन्सॉलिडेशन की अवधि के बाद (ऊपर या नीचे) एक दिशा में अचानक बढ़ जाना।

ओपन प्राइस

वह भाव, जिस पर दिन या हफ्ते का पहला सौदा हुआ हो।

क्लोजिंग प्राइस

वह भाव, जिस पर दिन का अंतिम सौदा हुआ हो। यह हफ्ते का भी हो सकता है (साप्ताहिक बंद भाव)।

दिन का अधिकतम

किसी दिन का सबसे अधिक भाव।

दिन का न्यूनतम

किसी दिन का सबसे न्यूनतम भाव।

पिछले दिन का बंद भाव

पिछले दिन जिस भाव पर अंतिम सौदा हुआ था।

पिछले हफ्ते का बंद भाव

पिछले हफ्ते जिस भाव पर अंतिम सौदा हुआ था।

200 दिनों की औसत गति

बीते 200 कारोबारी दिवस का औसत। भाव आगे क्या रुख लेंगे, यह जानने का इसे सबसे अच्छा सूचकांक माना जाता है। यह बीते 200 कारोबारी दिवसों में भाव या/ सूचकांक अंकों का औसत है। यह निकट भविष्य में भाव क्या रुख लेने वाले हैं, इसका बेहतरीन सूचकांक है।

एक्युम्यूलेटिंग (संग्रह करना)

निरंतर कोई खास शेयर या डेरिवेटिव्स खरीदते रहना।

अनविंडिंग (खोलना)

शेयर और डेरिवेटिव्स का निश्चित अवधि के भीतर क्रमिक तरीके से विक्रय करना।

एक्जिटिंग (बाहर निकलना)

विदेशी संस्थागत निवेशकों या निवेशकों के किसी भी अन्य समूह द्वारा किसी कंपनी या किसी खास सेक्टर की कंपनियों या किसी खास देश के शेयरों के पूरे लॉट बेचना।

डिलीवरी वॉल्यूम

खरीदे गए, लेकिन उसी दिन में बेचे न गए शेयंरों की कुल संख्या।

डेप्थ

किसी खास अवधि में बहुत से शेयरों/सूचकांकों की लिवाली या बिकवाली करनेवाले, जिन्हें देखा या जाना जा सके।

मार्केट ब्रेथ (बाजार का रुख)

बहुत से शेयरों के बढ़ने (पिछले बंद भाव से ऊपर होते भाव) या गिरने (पिछले बंद भाव से नीचे होते भाव) को अनुपात में व्यक्त करना। उदाहरण के लिए, 5:1 का मतलब हुआ बाजार में पाँच शेयर चढ़ रहे हैं और एक शेयर गिर रहा है। इससे पता चलता है कि बाजार में सकारात्मकता का रुख है।

कैश मार्केट (नकद बाजार)

बाजार का साधारण हिस्सा, जहाँ डिलीवरी और इंट्रा-डे के लिए शेयर खरीदे व बेचे जाते हैं। इसके अलावा वहाँ फ्यूचर्स और ऑप्शंस का कारोबार भी होता है।

डेरिवेटिव्स

डेरिवेटिव्स वे उत्पाद होते हैं, जिनका मोल किसी दूसरे उत्पाद पर निर्भर होता है और उसका खुद का कोई मोल नहीं होता। उदाहरण के लिए, निफ्टी सूचकांक। इसका मूल्य एन.एस.ई. के शीर्ष 50 शेयरों की भाव गतिविधियों से तय होता है।

फ्यूचर मार्केट

बाजार का एक भाग, जहाँ चुनिंदा शेयर और डेरिवेटिव्स (इनकी घोषणा नियमित व्यापारिक मात्रा के आधार पर संबंधित स्टॉक एक्सचेंज करती है) का बड़े लॉट में विभिन्न शर्तों, जैसे भुगतान राशि (बतौर मार्जिन मूल्य का थोड़ा सा हिस्सा लेना), अनुबंध अवधि की वैधता (1 से 3 माह) आदि पर सौदा होता है।

एफ एंड ओ

'फ्यूचर एंड ऑप्शंस' का संक्षिप्त रूप।

मार्केट लॉट

फ्यूचर और ऑप्शंस मार्केट में जिस मात्रा में कोई खास शेयर या डेरिवेटिव खरीदा या बेचा गया हो, उसे 'मार्केट लॉट' कहा जाता है।

एफ एंड ओ क्लोजिंग

महीने में जिस भी दिन सभी अनुबंध, फिर चाहे वे बेचने के हों या खरीदने के, समाप्त होते हैं, उसे 'एफ एंड ओ क्लोजिंग डे' कहा जाता है। यह महीने का अंतिम गुरुवार होता है। यदि अंतिम गुरुवार को छुट्टी हो तो उससे पहलेवाला दिन एफ एंड ओ क्लोजिंग डे हो जाता है।

एफ एंड ओ अनुबंध

एफ एंड ओ में तीन तरह के अनुबंध होते हैं—वर्तमान माह (करंट मंथ), अगला माह (नियर मंथ), उससे अगला माह (फार मंथ)। वर्तमान माह, यानी जो माह चल रहा हो। अगला महीना, यानी इसके बादवाला माह और उससे अगला माह, यानी उससे तीसरा महीना।

समापन दिवस

जिन दिनों में अनुबंध समाप्त होते हैं।

मार्केट-वाइड लिमिट (बाजार-व्यापी सीमा)

एफ एंड ओ सेक्शन में किसी खास शेयर को लेकर उपयोग होनेवाला पारिभाषिक शब्द है। यदि यह सीमा पूरी हो जाती है या यदि अनुबंधों की संख्या किसी निश्चित संख्या से अधिक हो जाती है तो उस शेयर विशेष में ट्रेडिंग बंद कर दी जाती है। यदि कुछ अनुबंध परवान नहीं चढ़ पाते (यदि अत्यधिक लिवाली हुई हो तो उनमें से कुछ लोग बेच देते हैं और यदि बाजार में अतिरिक्त बिकवाली हुई हो तो कुछ लोग खरीदते हैं) तो इस बंद को हटा लिया जाता है।

रोल ओवर

जब कोई व्यक्ति एक अनुबंध को पूरा कर अगले महीने या उससे अगले महीने फिर उसी को दोहराए तो उसे 'रोल ओवर' के रूप में जाना जाता है। रोल ओवर मार्केट विस्तार प्रतिशत को बाजार की ताकत व कमजोरी के लक्षण के तौर पर देखा जाता है।

मार्क्ड टू मार्केट

इसे अकसर 'एम टू एम' कहा जाता है। मार्क्ड टू मार्केट वह राशि है, जिसे फ्यूचर मार्केट से खरीदे शेयर या डेरिवेटिव की दरों के अंतर के आधार पर निकाला जाता है।

इस अंतर की गणना अनुबंध करने के दौरान के भाव और दिन के बंद भाव (एक्सचेंज द्वारा घोषित—आमतौर पर कुछ सौदों के औसत पर) के आधार पर की जाती है।

ऑप्शंस

ऑप्शंस कई मायने में फ्यूचर जैसे ही होते हैं, जैसे इनकी उपलब्धता केवल कुछ शेयरों तक सीमित होती है—मार्केट लॉट तथा वर्तमान, अगले व उससे अगले महीने के अनुबंध। ऑप्शंस दो तरह के होते हैं—कॉल ऑप्शंस और पुट ऑप्शंस। ऑप्शंस में रोल ओवर नहीं होता। ऑप्शंस में टाइम वैल्यू का विचार होता है, जो फ्यूचर्स में उपलब्ध नहीं होता।

कॉल ऑप्शंस

ऑप्शन, जिसमें बिना खरीदने का वादा किए खरीदने का अधिकार मिलता है।

पुट ऑप्शंस

ऑप्शन, जिसमें बिना बेचने का वादा किए बेचने का अधिकार मिलता है।

इन द मनी

कॉल ऑप्शन के दौरान ट्रेडर जिस स्ट्राइक प्राइस पर खरीदारी कर रहा है, अगर वे उस शेयर या डेरिवेटिव्स के बाजार भाव से नीचे होता है तो उसे 'इन द मनी' कहा जाता है। वास्तव में ट्रेडर या वह शेयर को बाजार भाव से कम पर खरीदने की अर्हता रखता है। इसके लिए उसे कुछ प्रीमियम चुकाना होता है। प्रीमियम के लिए दी जानेवाली राशि को जोड़ने के बाद अगर यह शेयर या डेरिवेटिव्स के बाजार भाव से अधिक भी हो जाता है तो भी इसे 'इन द मनी' ही कहा जाएगा।

यही तर्क पुट ऑप्शंस के साथ है। यदि कोई ट्रेडर पुट ऑप्शन को स्ट्राइक प्राइस पर खरीद रहा है, जो बाजार भाव से अधिक है तो इसे भी 'इन द मनी' कहा जाएगा। एक बार फिर ऑप्शन प्रीमियम से भाव अलग हो सकता है और यह संभवत: सकारात्मक अंतर तक बढ़ सकता है।

आउट ऑफ मनी

'इन द मनी' की ठीक विपरीत अवस्था।

स्ट्राइक प्राइस

जिस भाव पर ऑप्शन अनुबंध हस्ताक्षरित होता है। स्ट्राइक प्राइस के लिए सौदा करने के लिए निश्चित भाव पर खरीदने और बेचने के लिए कोई इच्छुक ट्रेडर होना चाहिए।

गोइंग लॉन्ग

किसी खास शेयर या डेरिवेटिव को खरीदना।

गोइंग शॉर्ट

किसी खास शेयर या डेरिवेटिव को बेचना।

बुकिंग प्रॉफिट

उपलब्ध शेयर या डेरिवेटिव को बेचना और उस समय उपलब्ध मुनाफा प्राप्त करना।

शॉर्ट कवरिंग

पहले जो बिना अपने पास हो बेचा था, उसे वापस खरीदना।

स्टॉप लॉस

वह भाव, जिस पर विक्रेता शेयर या डेरिवेटिव्स को बेचना चाहता है, को उसी दिन या अगले किसी भी दिन बेचना चाहता है, जिससे वह भाव गिरने पर और नुकसान से बच सके।

वह भाव, जिस पर विक्रेता शेयर या डेरिवेटिव्स को खरीदना चाहता है, को उसी

दिन या अगले किसी भी दिन बेचना चाहता है, जिससे वह भाव बढ़ने पर और नुकसान से बच सके।

स्टॉप लॉस ट्रिगरिंग

जब दिया गया स्टॉप लॉस सेल ऑर्डर या स्टॉप लॉस बाय ऑर्डर निष्पादित होता है तो इसे स्टॉप लॉस ऑर्डर की ट्रिगरिंग के रूप में जाना जाता है।

ट्रेलिंग स्टॉप लॉस

एक स्टॉप लॉस ऑर्डर जिन पर लगातार नजर रखी जाए और जो शेयरों के भाव/डेरिवेटिव्स दर की गतिविधियों में बढ़ने या गिरने पर आधारित हो, उसे 'ट्रेलिंग स्टॉप लॉस' कहते हैं।

एफ.आई.आई.

किसी दूसरे देश का कॉरपोरेट निवेश करनेवाले विदेशी संस्थागत निवेशक का संक्षिप्त नाम।

डी.आई.आई.

घरेलू संस्थागत निवेशक (डी.आई.आई.) वैसे ही संस्थागत निवेशक हैं जैसे बीमा कंपनियाँ, बैंक, म्यूचुअल फंड्स और अन्य फंड्स, जिन्हें शेयरों में निवेश की अनुमति है आदि।

एच.एन.आई.

एफ.आई.आई. और डी.आई.आई. की तरह हाई नेटवर्थ इंडिविजुअल्स (एच.एन.आई.) सभी शेयर बाजार में बड़े पैमाने पर निवेश करते हैं और बाजार में दीर्घावधिक दृष्टि के साथ प्रवेश करते हैं।

ऑपरेटर (संचालक)

वे निवेशक और ट्रेडर, जो किसी खास शेयर को अपनी चयनात्मक और बड़ी लिवाली या बिकवाली द्वारा ऊपर या नीचे करने का प्रयास करते हैं।

कार्टेल

लोगों का एक समूह, जो किसी खास शेयर के भावों को बड़े पैमाने पर ऊपर या नीचे करने के विशिष्ट उद्देश्य के विचार से काररवाई करते हैं।

रीटेल

जो निवेशक या ट्रेडर छोटे पैमाने पर क्रय और विक्रय करते हैं। लेकिन इनकी संख्या इतनी अधिक है कि संयुक्त रूप से ये काफी अधिक हो जाते हैं। इनमें से बहुत से लोग जानकारी के अभाव या उचित दृष्टिकोण न होने के कारण सही दृष्टिकोण के साथ ट्रेड या निवेश नहीं कर पाते।

डे ट्रेडर्स

जो लोग एक ही दिन में खरीदते और बेचते हैं, वे अपने सौदे को एक दिन से आगे लेकर नहीं जाते। इनमें से कई तो बहुत सारे सौदे करते हैं और कुछ लोग ऐसा बड़े पैमाने पर करते हैं।

ट्रेडिंग सदस्य

एन.एस.ई. के ब्रोकरों को ट्रेडिंग सदस्य कहा जाता है।

ब्रोकर

ये शेयरों और अन्य प्रतिभूतियों की सौदेबाजी में मध्यस्थ का कार्य करते हैं और किसी स्टॉक एक्सचेंज के सदस्य होते हैं।

सब ब्रोकर

वे लोग, जिनका ब्रोकिंग ऑफिस तो है, लेकिन वे किसी स्टॉक एक्सचेंज के ब्रोकर/ट्रेडिंग सदस्य नहीं हैं। सब ब्रोकर किसी एक या अधिक ब्रोकरों के साथ व्यवस्था बनाते हुए नियामक आवश्यकता का पालन करते हैं। सब ब्रोकर को अपनी आय का कुछ हिस्सा प्रमुख ब्रोकर को देना होता है।

फ्रैंचाइज

कई मायनों में फ्रैंचाइज सब ब्रोकर के जैसी ही होती है; लेकिन इन्हें अपना कारोबार प्रमुख ब्रोकर के नाम से करना होता है।

एन.सी.एफ.एम.

नेशनल स्टॉक एक्सचेंज द्वारा आयोजित ऑनलाइन परीक्षा उत्तीर्ण करने पर वे यह सर्टिफिकेट जारी करते हैं। इसके लिए अध्ययन सामग्री भी एन.एस.ई. उपलब्ध करवाती है। इसमें बेसिक, कैपिटल मार्केट, डेरिवेटिव्स, बैक ऑफिस करेंसी डेरिवेटिव्स आदि जैसे कुछ मॉड्यूल होते हैं, जिनमें से प्रत्येक की अलग परीक्षा होती है। एन.एस.ई. इसके लिए कुछ फीस भी लेता है। एन.एस.ई. के साथ ट्रेडिंग करनेवाले सदस्यों को इनमें से संबद्ध परीक्षा उत्तीर्ण करनी होती है।

डिविडेंड (लाभांश)

यह वह धनराशि है, जो कंपनी शेयरधारकों को देती है। बोर्ड ऑफ डायरेक्टर्स इसका प्रस्ताव रखते हैं और शेयरधारकों की अनुमति के बाद इसकी घोषणा की जाती है। यह शेयर की फेस वैल्यू के आधार पर दिया जाता है। इक्विटी शेयरों पर दिए जाने पर यह आय कर से पूर्णतः मुक्त है।

बोनस

शेयर से मिलनेवाले सभी लाभ प्राप्त करने की पात्रता रखनेवाले मौजूदा शेयरधारकों को स्वीकृत अनुपात में अतिरिक्त शेयर बिल्कुल मुफ्त दिए जाते हैं।

रिकॉर्ड तारीख

वह तारीख, जिसके अनुसार शेयर पर दिए जा रहे लाभ (जैसे बोनस शेयर, डिविडेंड, राइट्स शेयर आदि) की पात्रता हासिल करता है। इसकी पहले ही घोषणा कर दी जाती है और कोई अवधि सुनिश्चित होती है (हफ्ते से लेकर पखवाड़े तक)।

कम बोनस

जो शेयर घोषित बोनस अधिकार के साथ ट्रेड करते हैं। ये ट्रेड रिकॉर्ड तारीख से पहले किए जाते हैं।

कम डिविडेंड

जो शेयर घोषित लाभांश (डिविडेंड) अधिकार के साथ ट्रेड करते हैं। ये ट्रेड रिकॉर्ड तारीख से पहले किए जाते हैं।

कम राइट्स

जो शेयर घोषित राइट्स अधिकार के साथ ट्रेड करते हैं। ये ट्रेड रिकॉर्ड तारीख से पहले किए जाते हैं।

एक्स राइट्स

जो शेयर घोषित राइट्स अधिकार के बिना ट्रेड करते हैं। ये ट्रेड रिकॉर्ड तारीख के बाद किए जाते हैं।

एक्स बोनस

जो शेयर घोषित बोनस अधिकार के बिना ट्रेड करते हैं। ये ट्रेड रिकॉर्ड तारीख के बाद किए जाते हैं।

एक्स डिविडेंड

जो शेयर घोषित डिविडेंड (लाभांश) के बिना ट्रेड करते हैं। ये ट्रेड रिकॉर्ड तारीख के बाद किए जाते हैं।

डिविडेंड टैक्स (लाभांश कर)

लाभांश की मद में आय पर वसूला जानेवाला कर। फिलहाल ऐसा कोई कर नहीं है।

कैपिटल गेन्स टैक्स (पूँजीगत अधिलाभ कर)

आय को सुनिश्चित दर (जैसे उस संपत्ति को खरीदने में उपयोग की गई पूँजी पर लगा ब्याज और कुछ ट्रांजेक्शन चार्ज) पर समायोजित करने के बाद संपत्ति के विक्रय से प्राप्त लाभ पर वसूला जानेवाला कर। अन्य संपत्तियों पर लगनेवाले 20% पूँजीगत अधिलाभ कर की जगह शेयरों के विक्रय और शेयरों (संपत्ति) में निवेश करनेवाले म्यूचुअल फंड्स, जिन्हें 12 महीने या इससे अधिक तक रखा गया हो। यह शून्य है (वर्तमान 2014 में) और इन्हें 12 महीने की न्यूनतम अवधि तक रखे बिना बेचने पर 15% की निचली दर लगाई जाती है।

वार्षिक रिपोर्ट

प्रत्येक कंपनी को वार्षिक रिपोर्ट तैयार करनी होती है और उन्हें इसे अपने सभी

शेयरधारकों को भेजना होता है, फिर उनके पास चाहे जितने, सिर्फ एक ही शेयर क्यों न हो। वार्षिक रिपोर्ट में कंपनी की संपत्तियों, देनदारियों, उस वर्ष के प्रदर्शन, नफे-नुकसान आदि से संबंधित न्यूनतम जानकारी अवश्य होनी चाहिए।

ए.जी.एम.

एनुअल जनरल बॉडी मीटिंग (वार्षिक साधारण बैठक), जिसमें कोई भी शेयरधारक भाग ले सकता है। कंपनी इस बैठक के बारे में पहले ही नोटिस भेजती है और ऐसी बैठकों के लिए शेयरधारकों की मंजूरी लेना आवश्यक है। सभी शेयरधारकों के पास मतदान का अधिकार होता है। शेयरधारक अपनी जगह प्रतिनिधि के तौर पर किसी और को भी भेज सकते हैं। इसे 'प्रॉक्सी' कहा जाता है।

ई.जी.एम.

प्रबंधन किसी प्रस्ताव/निर्णय पर मंजूरी लेने के लिए आवश्यकता पड़ने पर बीच में एक्स्ट्राऑर्डिनरी जनरल बॉडी मीटिंग भी बुला सकता है। हालाँकि इसके लिए भी सभी शेयरधारकों तक जानकारी पहुँचाना आवश्यक होता है।

प्रॉक्सी (प्रतिनिधित्व)

वह व्यक्ति, जो किसी ए.जी.एम. या ई.जी.एम. में शेयरधारक का प्रतिनिधित्व करता है। जिसे शेयरधारक अधिकृत करने की सूचना लिखित में और पहले ही देता है, उसे 'प्रॉक्सी' कहते हैं।

बुल्स (तेजड़िए)

उन निवेशकों/ट्रेडर्स का समूह, जो बाजार या शेयर के भावों को लेकर आशावादी होते हैं। बुल्स वे होते हैं, जो शेयर का भाव बढ़ने को प्रभावित करने या इसकी कल्पना में लगातार लिवाली करते रहते हैं।

बीयर्स (मंदड़िए)

उन निवेशकों/ट्रेडर्स का समूह, जो बाजार या शेयर के भावों के नीचे आने की उम्मीद लगाए रहते हैं और इसी उम्मीद में या भाव को नियमित रूप से प्रभावित करने के लिए वे निरंतर बिकवाली करते रहते हैं।

प्रमोटर होल्डिंग

यह प्रमोटरों के पास मौजूद शेयर प्रतिशत के लिए संदर्भित होता है। यह बहुत तरह से मायने रखता है।

बाय बैक

कंपनी शेयरों को बेचने में रुचि रखनेवाले और इच्छुक शेयरधारकों के सामने पूर्व घोषित विशिष्ट भाव (प्राय: घोषणा के समय बाजार भाव से अधिक) पर वापस खरीदने का प्रस्ताव रखती है।

डेब्ट (ऋण)

कंपनी के चुकौती-योग्य ऋण को 'डेब्ट' कहा जाता है और इसके लिए उन्हें ब्याज भी देना पड़ता है। अत: एक स्तर के बाद इसे बोझ के रूप में देखा जाता है और यह व्यापार के ठीक न चलने का चिह्न भी होता है।

पोर्टफोलियो

व्यक्ति या किसी के भी पास रखे शेयरों की संख्या/मात्रा।

एफ.सी.सी.बी.

फॉरेन कन्वर्टिबल करेंसी बॉण्ड वह ऋण है, जो एक कंपनी किसी विदेशी ऋणदाता से प्राप्त करती है, जिसे उन्हें ब्याज समेत किसी अन्य मुद्रा (जैसे डॉलर या येन आदि) में चुकाना होता है। इसलिए यह मुद्रा दर के उतार-चढ़ाव पर निर्भर करता है और इसी के अनुसार यह बोझ बढ़ या घट जाता है।

सिप (SIP)

सिस्टमैटिक इन्वेस्टमेंट प्लान नियमित रूप से स्थिर दर पर निवेश का तरीका है। ये स्थिर राशि या स्थिर संख्या में शेयर या म्यूचुअल फंड्स या डेरिवेटिव्स कुछ भी हो सकते हैं।

म्यूचुअल फंड्स

कंपनी/बैंक द्वारा रुचि रखनेवाले कुछ निवेशकों से एकत्रित फंड (पूँजी) का सृजन, जिसे वे प्रतिभूतियों और अन्य संपत्तियों में निवेश करते हैं। सरकार द्वारा नियामक

इस फंड में भी बाजार के उतार-चढ़ाव से संबंधित अनिश्चितताएँ होती हैं—संभवतः कुछ सीमा तक ही, क्योंकि इनका प्रबंधन उन विशेषज्ञों के हाथ में (माना जाता) होता है, जिन्हें 'फंड मैनेजर' कहा जाता है। http://portal.amfiindia.com

यूलिप (ULIP)

यूनिट लिंक्ड इंश्योरेंस प्लान ऐसी बीमा योजनाएँ हैं, जिनकी प्रीमियम राशि का एक हिस्सा बीमा कंपनियों द्वारा प्रबंधित फंड में निवेश किया जाता है, जिसका उद्देश्य निवेशकों को अधिक बेहतर रिटर्न प्रदान करना होता है। यूनिट्स को डेब्ट्स और इक्विटी में भी निवेश किया जा सकता है।

टॉप लाइन

टॉप लाइन, जिसका अर्थ विक्रय से प्राप्त आय होता है, इसे खर्च जैसी किसी भी चीज से पहले शीर्ष पर पहली पंक्ति में लिखा जाता है। इसी कारण इसे 'टॉप लाइन' कहते हैं।

बॉटम लाइन

बॉटम लाइन यानी कुल मुनाफा। वर्कशीट में सभी खर्च निकालने के बाद अंत में मुनाफे तक पहुँचा जाता है। इसी कारण इसे 'बॉटम लाइन' कहा जाता है।

जी.पी.एम. (सकल लाभ मार्जिन)

ग्रॉस प्रॉफिट मार्जिन—कुल आय को प्रतिशत में व्यक्त करना होता है। ग्रॉस प्रॉफिट जानने के लिए आय में से भी खर्च निकालने पड़ते हैं। इस खर्च में आय कर और मूल्य-ह्रास शामिल नहीं होते।

एन.पी.एम. (निवल लाभ मार्जिन)

नेट प्रॉफिट मार्जिन वह राशि है, जो सकल लाभ में से आय कर व मूल्य-ह्रास को घटाने के बाद प्राप्त की जाती है। नेट प्रॉफिट मार्जिन कुल राजस्व या आय के निवल लाभ का प्रतिशत होता है।

डेब्ट इक्विटी रेश्यो (ऋण इक्विटी अनुपात)

इक्विटी कैपिटल, जिसे वापस करने या चुकाने की जरूरत नहीं (कोई दबाव नहीं)

और ऋण (डेब्ट), जिसे नफे-नुकसान का विचार किए बिना तय समयावधि में वापस लौटाना और नियमित चुकाना होता है, के बीच का राशि अनुपात है।

डिविडेंड पे-आउट रेश्यो (लाभांश भुगतान अनुपात)

किसी खास वर्ष में कंपनी द्वारा अर्जित कुल मुनाफे की तुलना में भुगतान की गई लाभांश राशि की अनुपात अभिव्यक्ति।

ई.पी.एस.

अर्निंग्स पर शेयर (प्रति शेयर उपार्जन) की गणना कंपनी के कुल मुनाफे को इक्विटी शेयरों की संख्या से भाग देने पर होती है।

पी.ई. रेश्यो (मूल्य अर्जन अनुपात)

प्राइस अर्निंग रेश्यो (पी.ई. रेश्यो) किसी खास शेयर के बाजार भाव और प्रति शेयर उपार्जन (ई.पी.एस.) के बीच का अनुपात है।

सेंसेक्स पी.ई.

सेंसेक्स के सभी 30 शेयरों के कुल ई.पी.एस. को बाजार भाव से भाग देने से ज्ञात होता है कि बाजार अंडरप्राइस है या ओवरप्राइस (ओवरहीटेड)। इससे निवेशक अन्य देशों के स्टॉक मार्केट पी.ई. की तुलना में अपने बाजार भाव की आगामी गतिविधि की तुलना करने में सक्षम हो जाता है।

मार्केट पी.ई.

हजारों की संख्या में शेयर होने के कारण केवल निफ्टी और सेंसेक्स पी.ई. को ही मार्केट पी.ई. माना जाता है।

जी.डी.पी. (सकल घरेलू उत्पाद)

ग्रॉस डोमेस्टिक प्रोडक्ट का संक्षिप्त रूप। जी.डी.पी. किसी खास वित्तीय वर्ष में वस्तु एवं सेवा उत्पादों के मूल्य में वृद्धि व कमी का कुल योग है। इसे पिछले वर्ष की तुलना में प्रतिशत के रूप में व्यक्त किया जाता है। इसकी मासिक व तिमाही आदि जैसी छोटी अवधि में भी गणना की जा सकती है।

एफ.ई.डी. रेट

फेडरल रिजर्व ऑफ यूनाइटेड स्टेट्स ऑफ अमेरिका द्वारा घोषित ब्याज दरें।

रेट कट्स

आमतौर पर इसका अर्थ केंद्रीय बैंकों जैसे भारतीय रिजर्व बैंक (भारत), फेडरल रिजर्व (यू.एस.), यूरोपियन सेंट्रल बैंक (ई.सी.बी.), बैंक ऑफ जापान (बी.ओ.जे.) आदि द्वारा ब्याज दरों में कटौती करना होता है।

सी.आर.आर. (आरक्षित नकदी निधि अनुपात)

कैश रिजर्व रेश्यो (सी.आर.आर.) प्रतिशत वह जमा रकम है, जिसे भारत में किसी भी वाणिज्यिक बैंक को आर.बी.आई. के पास जमा करवाना होता है। सी.आर.आर. जितनी कम होगी, देश में मुद्रा संचलन तथा ऋण (उधार) देने के लिए उपलब्ध धन उतना ही अधिक होगा। आमतौर पर सी.आर.आर. की सीमा 4% से 9% तक हो सकती है। सी.आर.आर. में 1 प्रतिशत का मतलब मोटे तौर पर 80,000 करोड़ के बराबर होता है।

रेपो रेट

वह ब्याज दर है, जिस पर वाणिज्यिक बैंक आर.बी.आई. से अस्थायी अग्रिम (ऋण) लेते हैं।

रिवर्स रेपो रेट

आर.बी.आई. द्वारा वाणिज्यिक बैंकों से ऋण लिये जाने पर वे जिस ब्याज दर पर बैंकों को भुगतान करते हैं।

रेटिंग एजेंसियाँ

सी.आर.आई.एस.आई.एल. जैसी स्वतंत्र निजी कंपनियाँ, जो संबद्ध विवरण और जानकारी लेने के बाद वर्णाक्षरों (AAA आदि) में रेटिंग देती हैं, जिससे कंपनी की साख, चुकौती क्षमता आदि की सूचना मिलती है। इन्हें रेटिंग एजेंसियाँ कहा जाता है।

उद्योग

शेयर बाजार में उद्योग केवल उत्पाद क्षेत्र में ही नहीं, फिशिंग या खनन जैसे खास क्षेत्रों में परिचालित समूहों के लिए संदर्भित होता है।

आई.आई.पी. (औद्योगिक उत्पादन सूचकांक)

'इंडेक्स फॉर इंडस्ट्रियल प्रोडक्शन' का संक्षिप्त रूप। भारत सरकार प्रति माह गणना करने के बाद इसकी सार्वजनिक घोषणा करती है।

सेक्टर

कंपनियों का समूह, जो एक ही संवर्ग में कार्य कर रहा हो। इसे 'उद्योग' भी कहा जाता है।

मार्केट लीडर

ऐसी बहुत सी बड़ी और अच्छी कंपनियाँ हैं; जैसे—रिलायंस इंडस्ट्रीज, टी.सी.एस., इन्फोसिस, स्टेट बैंक ऑफ इंडिया आदि, जिन्हें मार्केट लीडर्स माना जाता है। एक मायने में ये समग्र रूप से भारतीय शेयर बाजार का प्रतिनिधित्व करती हैं, सिर्फ इसलिए नहीं कि सेंसेक्स और निफ्टी जैसे सूचकांकों में इसका महत्त्व अधिक है, बल्कि इसलिए कि इनका बाजार पूँजीकरण बहुत विशाल है। बाजार इन मार्केट लीडर्स की संवेदनाओं को अनुसरित व प्रतिध्वनित करता है।

इंडस्ट्री लीडर

वे कंपनियाँ, जो अपने उद्योग में प्रमुख हैं। भेल (BHEL) इंजीनियरिंग उद्योग में प्रमुख है, ग्रेट ईस्टर्न शिपिंग जहाजरानी उद्योग में प्रमुख है और इन्फोसिस एवं टी.सी.एस. आई.टी. उद्योग में प्रमुख हैं।

मार्केट कैपिटलाइजेशन (बाजार पूँजीकरण)

किसी एकल शेयर के बाजार पूँजीकरण की गणना किसी खास समय पर शेयर के बाजार भाव द्वारा की जाती है। समस्त शेयर मार्केट का बाजार पूँजीकरण ज्ञात करने के लिए भी यही फॉर्मूला उपयोग किया जाता है। यह सभी सूचीबद्ध शेयरों का कुल बाजार पूँजीकरण होता है। बाजार पूँजीकरण को जी.डी.पी. के प्रतिशत के रूप में भी अभिव्यक्त किया जाता है।

पारंपरिक रूप से शेयरों को लार्ज, मिड और स्मॉल कैप स्टॉक के रूप में वर्गीकृत किया जाता है। ये शेयरों की बाजार साख को सूचित करते हैं।

लार्ज कैप

लार्ज कैपिटलाइजेशन (बड़े पूँजीकरण) का संक्षिप्त रूप। ये वे शेयर होते हैं,

जिनका बाजार पूँजीकरण निश्चित स्तर से अधिक होता है। इसके लिए कोई औसत मानक तय नहीं है। यह केवल मोटा नियम भर है।

वैश्विक स्तर पर दिसंबर 2013 को सबसे बड़ी मार्केट कैप कंपनी अपने 5,04,770.8 मिलियन अमेरिकी डॉलर (5,047 करोड़ यू.एस.डी.) के साथ एप्पल इन्कॉ. थी। भारत में जून 2014 में टी.सी.एस. (4,04,208.70 करोड़ रुपए) सबसे बड़ी थी। शेयरों के भाव में परिवर्तन के साथ ही बाजार पूँजीकरण और रैंक भी हमेशा परिवर्तित होते रहते हैं।

मिड कैप

मध्य स्तरीय बाजार पूँजीकरण का संक्षिप्त रूप। यह निश्चित स्तर से अधिक व कम शेयरों के लिए संदर्भित है। इसके लिए मानक राशि नहीं है। यह केवल मोटा नियम भर है। समय के साथ मुद्रास्फीति, कंपनियों की संख्या और शेयरों के भाव में परिवर्तन आने के कारण दीर्घावधि में इस राशि में भी परिवर्तन आ जाता है।

स्मॉल कैप

लघु स्तरीय बाजार पूँजीकरण का संक्षिप्त रूप। ये मोटे तौर पर शेयरों के निश्चित स्तर से कम के बाजार पूँजीकरण के लिए संदर्भित है।

मिलियन

1 मिलियन 10 लाख के बराबर होता है।

बिलियन

1 बिलियन 100 करोड़ के बराबर होता है। 1 बिलियन डॉलर को डॉलर की दर से गुणा करने के बाद यह 100 करोड़ रुपए के बराबर होता है।

ट्रिलियन

1 ट्रिलियन, 1 लाख करोड़ के बराबर होता है।

अर्निंग गाइडेंस (अर्जन मार्गदर्शन)

पब्लिक लिमिटेड कंपनियाँ निवेशकों और आम जनता को अपने अनुमानित/अपेक्षित व्यापारिक राजस्व और निकट भविष्य में मुनाफे के बारे में सूचित करती हैं।

वास्तविक नफा-नुकसान पाने के साथ ही निवेशक कंपनी द्वारा प्रदत्त अर्निंग गाइडेंस के आधार पर शेयर में प्रवेश व निकास भी कर सकते हैं। यह अनिवार्य नहीं है। कुछ कंपनियाँ, विशेष रूप से आई.टी. कंपनियाँ, अर्निंग गाइडेंस पेश करती हैं; क्योंकि इनमें से अधिकांश शेयर बाजार में भी सूचीबद्ध होती हैं।

मार्केट एक्सपेक्टेशन (बाजार प्रत्याशा)

यहाँ बाजार का अर्थ वे विश्लेषक हैं, जो कंपनियों के प्रदर्शन पर नजर रखते हैं। इन्हें 'स्ट्रीट एक्सपेक्टेशन' भी कहा जाता है तथा इन्हें परिणाम, वित्तीय प्रदर्शन, राजस्व, मुनाफे आदि की प्रत्याशा को लेकर संदर्भित किया जाता है।

तिमाही परिणाम

भारत में वित्त वर्ष अप्रैल से मार्च तक होता है (अमेरिका में यह जनवरी से दिसंबर है)। इन 12 महीनों की अवधि को चार तिमाहियों में विभाजित कर इनके परिणाम प्रकाशित किए जाते हैं। पहली तिमाही (क्यू-1) 1 अप्रैल से 30 जून होती है, क्यू-2 जुलाई से सितंबर तक, क्यू-3 अक्तूबर से दिसंबर तक और क्यू-4 जनवरी से मार्च तक होती है।

क्यू ऑन क्यू

तिमाही के परिणामों का विश्लेषण करते हुए विश्लेषक इसकी तुलना पिछले वर्ष की इसी तिमाही से करते हैं। इसे क्वार्टर ऑन क्वार्टर (क्यू ऑन क्यू) कहा जाता है।

यागो

यागो—'ईयर गो', अर्थात् एक वर्ष पूर्व या पिछले वर्ष का संक्षिप्त रूप है।

□□□